개정3판

DB 설계 입문자를 위한

데이터베이스 설계 및 구축

오세종 지음

생능출판

저자 소개

오세종

'89: 서강대학교 컴퓨터학과 졸업(공학사)
'91: 서강대학교 대학원 컴퓨터학과 졸업(공학석사)
'01: 서강대학교 대학원 컴퓨터학과 졸업(공학박사)
'91～'97: 대우정보시스템(주) 근무
'01～'03: George Mason University
Lab. for Information Security Technology(LIST)
Post Doc. Researcher
'03～현재: 단국대학교 SW융합대학 소프트웨어학과 교수

DB 설계 입문자를 위한 **데이터베이스 설계 및 구축**

초판발행 2006년 1월 20일
제3판2쇄 2024년 1월 24일

지은이 오세종
펴낸이 김승기
펴낸곳 (주)생능출판사 / **주소** 경기도 파주시 광인사길 143
출판사 등록일 2005년 1월 21일 / **신고번호** 제406-2005-000002호
대표전화 (031)955-0761 / **팩스** (031)955-0768
홈페이지 www.booksr.co.kr

책임편집 이종무 / **편집** 신성민, 최동진 / **디자인** 유준범, 노유안
마케팅 최복락, 김민수, 심수경, 차종필, 백수정, 송성환, 최태웅, 명하나, 김민정
인쇄 성광인쇄 / **제본** 일진제책사

ISBN 979-11-92932-16-3 93000
정가 23,000원

개정3판 머리말

초판이 나온 후 오랜 시간이 흘렀습니다. 그동안 IT 분야에도 많은 변화가 있었고 최근에는 4차 산업혁명, 빅데이터, 인공지능과 같은 용어들이 주목받고 있습니다. 이러한 기술 변화의 기반을 이루고 있는 것이 바로 데이터입니다. 상업용 컴퓨터가 만들어질 당시 주목받았던 데이터가 다시금 주목받고 있는 것입니다. 데이터를 가공하고 처리하고 분석하여 유용한 정보를 얻어내기 위한 수많은 기술이 개발되고 있지만, 데이터를 관리하기 위한 기본적인 도구로서 데이터베이스는 여전히 중요한 자리를 차지하고 있습니다. 데이터 관련 직종에 입문하기를 원하는 사람들은 기본적으로 데이터베이스를 다룰 줄 알아야 합니다. 여기에다 데이터베이스를 설계할 수 있는 능력까지 갖춘다면 금상첨화일 것입니다. 이 교재는 데이터베이스 설계에 대한 기본적인 지식을 전달하고자 집필되었습니다. 여러 번 개정했는데 이번 개정에서 주요하게 달라진 점은 다음과 같습니다.

1. 데이터베이스 설계 도구를 erwin으로 변경하였습니다. erwin은 데이터베이스 설계 또는 모델링 도구 중 가장 널리 알려진 도구이며, 본 교재에서 전달하고자 하는 지식을 실습해 보기에 충분한 기능을 갖추고 있습니다. erwin 도구에 익숙해진다면 다른 설계 도구들도 쉽게 다룰 수 있을 것입니다.
2. 본 교재의 실습 대상 DBMS를 MySQL로 변경하였습니다. MySQL은 Oracle에서 제공하는 오픈소스 소프트웨어로서 비교적 단순하여 입문용 데이터베이스로서 적합합니다. 특별히 MySQL을 효과적으로 이용할 수 있도록 MySQL Workbench라는 사용자 인터페이스를 제공하고 있어서 쉽게 DBMS를 이용, 관리할 수 있도록 지원합니다. MySQL Workbench의 이용 방법은 부록에 상세히 설명하였습니다.

이 책이 데이터의 세계에 입문하려는 여러분에게 좋은 기초가 되기를 기원합니다.

2023년 4월

오세종

개정판 머리말

데이터베이스 설계 분야에 처음 입문하는 분들을 위해 가장 쉽게 이해할 수 있는 교재를 만들어보자는 의도 하에 초판이 나온 지도 여러 해가 지났습니다. 그동안 개정의 필요성이 꾸준히 제기되어 이번에 개정판을 새롭게 내게 되었습니다. 이번 개정판은 초판의 기본적인 내용을 유지하면서 데이터베이스 설계 환경의 변화에 따라 변경이 필요한 부분들을 고쳐 담았습니다. 주요 개정 내용은 다음과 같습니다.

1. 초판에서 사용된 설계 도구인 Case Studio 도구의 버전을 업그레이드하였습니다. 현재 Case Studio는 Toad Data Modeler라는 제품명으로 개명하여 사용되고 있으며, 엔티티를 한꺼번에 6개 이상 저장할 수 없었던 제약이 사라져 보다 편리하게 실습에 활용할 수 있게 되었습니다. 몇 가지 부가 기능도 추가되어 설계 작업 시 유용하게 활용할 수 있습니다.
2. 데이터베이스 설계의 예제로 사용하던 '비디오 대여점 관리 업무'를 '도서관 관리 업무'로 전환하여 설명하였습니다. 현재는 비디오 대여점이 거의 사라져가고 있어서 예제의 내용이 피부에 와 닿지 않는다는 지적이 있어서 바꾸게 되었습니다. 비디오 대여점 업무와 도서관 관리 업무는 유사한 점이 많아 초판의 비디오 대여점 업무를 이해한 분들은 쉽게 도서관 관리 업무도 이해할 수 있을 것입니다.
3. 연습문제를 보강하였습니다. 각 단원별로 연습문제가 부족하다고 판단되거나 보다 많은 연습이 필요하다고 판단되는 단원을 집중적으로 보강하였습니다. 데이터베이스 설계는 이론에 대한 이해만으로는 설계 능력을 기르기 어렵기 때문에 다양한 연습문제 해결을 통해 연습해보는 것이 중요합니다.
4. 실전예제를 추가하였습니다. 각 단원별로 실제 현실세계에서 접할 수 있는 문제들을 하나씩 골라서 설계 문제를 해결해 가는 과정을 단계적으로 설명하였습니다. 독자들은 실전예제의 이해를 통해 현실감 있는 설계 능력을 기를 수 있을 것입니다.

이번 개정판이 처음 데이터베이스 설계를 접하는 모든 분들에게 유익한 책이 되기를 바라며 그동안의 관심에 감사드립니다.

2012년 12월

오세종

머리말

오늘날 웹을 포함한 응용 프로그램의 개발에 있어서 데이터베이스를 제외하고 생각하기는 어려울 정도로 데이터베이스가 일반화되었고, 데이터베이스 연동 프로그래밍은 프로그램 개발자들이 알아야 할 기본 지식 중의 하나가 되었습니다. 그러나 많은 개발자들은 데이터베이스를 데이터를 저장하기 위한 수단 정도로 이해하고 있으며, 몇 개의 간단한 테이블을 만들고 여기에 SQL문을 이용해 데이터를 저장하거나 프로그램으로 불러오는 정도의 수준에서 데이터베이스를 이용하고 있는 실정입니다. 그러나 데이터베이스를 효과적으로 이용하기 위해서는 데이터베이스 설계에 대한 지식이 있어야 합니다. 개발하고자 하는 시스템의 규모가 커지면 커질수록 데이터베이스를 효율적으로 설계하는 일이 중요해집니다. 그러나 데이터베이스를 설계하는 일은 쉬운 일이 아닙니다. 단순히 설계에 대한 지식이 있다고 할 수 있는 일이 아니기 때문입니다. 마치 Java 프로그래밍에 대한 문법을 알고 있다고 해서 Java 프로그래밍을 잘할 수 있는 것은 아닌 것과 마찬가지입니다.

그동안 데이터베이스 설계에 관한 책들이 국내에 많이 소개되었습니다. 활용 중심의 책들은 설계에 대한 이론적인 설명이 부족하고, 실무적 관점에서 쓰인 책들은 유용한 지식들을 많이 담고 있지만, 처음 설계를 배우고자 하는 사람이 이해하기에는 내용이 방대하고 어려운 경우가 많았습니다. 번역서의 경우 번역의 한계와 역자가 원서의 내용을 충분히 이해하지 못한 가운데 직역한 것들이 많아 역시 내용의 이해가 쉽지 않았습니다. 데이터베이스 설계에 관심을 가진 이들이 쉽게 이해할 수 있으면서도 이론적으로, 실무적으로 단단한 기반을 제공할 수 있는 저서가 필요한 상황입니다.

본 저서는 이러한 필요성을 충족시키고자 노력하였습니다. 설계에 관련된 이론적인 부분들을 최대한 쉽게 설명하였으며, 다양한 예제를 통하여 독자의 이해를 돕고자 노력하였습니다. 또한 설계 이론의 습득에 그치지 않고 학습과정 동안 다양한 실습 및 그룹 프로젝트를 통하여 설계를 직접 경험할 수 있도록 하였습니다. 따라서 본 저서는 처음 데이터베이스 설계를 배우고자 하는 이들에게 좋은 입문서가 될 것입니다.

최근 각 대학에서는 공학교육 인증제의 시행에 따라 공학 설계에 관련된 교과목을 보강하고자 노력하고 있습니다. 그러나 마땅히 설계 과목으로 할 수 있는 과목이 부족하여 어려움을 겪고 있는 실정입니다. 데이터베이스의 설계는 문제의 분석부터 시작하여 설계 및 구축에 이르는 전 과정을 포함하고 있기 때문에 훌륭한 공학 설계 과목이 될 수 있습니다. 본 저서는 공학 설계 과목이 필요로 하는 요소들을 포함하고 있으며, 강의자들에게는 강의자료 및 프로젝트 자료가 제공될 것입니다.

본 저서를 통하여 데이터베이스를 배우고자 하는 이들이 조금이나마 도움을 얻게 되기를 바라며, 저서의 내용에 대해서 개선 의견이 있다면 언제든지 환영합니다 (sejongoh@dku.edu).

2005년 12월

오세종

이 책을 강의하는 분들께

본 교재는 머리말에 소개한 바와 같이 공학인증의 설계 교과 과정을 위해 저술되었으며, 총 16주 강의를 할 수 있도록 구성하였습니다. 설계 교과목은 이론 강의보다는 설계 실습을 중요시하기 때문에 이론 강의와 설계 실습의 비율을 3:7 또는 4:6 정도로 하면 됩니다. 설계 실습은 이론 강의에 이어서 진행하며, 3인을 1조로 편성하여 조별로 실습하도록 합니다. 설계 실습을 위해 매시간 실습 과제가 주어지고, 학생들은 수업을 마칠 때 완성된 과제를 제출하여 평가받도록 합니다. 설계 실습은 대부분 종이와 연필만 있으면 가능하기 때문에 특별한 시설을 필요로 하지 않는 장점이 있습니다. 수업시간에 진행하는 설계 실습과는 별도로 각 조는 조별 프로젝트를 한 학기 동안 수행하여 프로젝트 보고서(설계 포트폴리오)를 제출하여야 하며, 기말고사 직전에 발표회를 갖습니다.

강의하시는 분들을 위하여 (주)생능출판사 홈페이지를 통해 충분한 수업 자료를 제공할 예정이며, 매년 자료가 새롭게 추가될 것입니다(상세한 강의계획서, 설계 실습 자료, 프로젝트 보고서 양식 및 샘플 등). 다음은 16주 강의계획서의 요약입니다. 4장 '모델링 도구'의 경우 도구 사용법을 설명하는 것이기 때문에 강의 일수가 모자라는 경우 학생들이 각자 해보는 것으로 하고 생략하여도 무방합니다.

주	이론 강의	설계 실습	조별 프로젝트
1	과목 소개 및 조 편성	(강의계획서 배부)	
2	1장 관계형 데이터베이스의 주요 개념	-	
3	2장 정보시스템 구축 절차와 데이터베이스 설계	설계실습 #1	
4	3장 데이터 모델링의 주요 개념	설계실습 #2	
5	4장 모델링 도구	설계실습 #3	
6	5장 업무 분석	설계실습 #4	프로젝트 계획서 제출
7	6장 엔티티의 정의	설계실습 #5	
8	중간고사		
9	7장 식별자, 관계, 속성의 정의	설계실습 #6	
10	8장 정규화	설계실습 #7	중간보고서 제출

11	9장 도메인과 용어사전의 정의	설계실습 #8	
12	10장 모델의 검토	설계실습 #9	
13	11장 논리적 설계를 물리적 설계로 전환하기	설계실습 #10	
14	12장 데이터베이스의 구축	설계실습 #11	
15	조별 프로젝트 발표회		최종보고서 제출
16	기말고사		

차례

CHAPTER 04 모델링 도구

CHAPTER 05 업무 분석

CHAPTER 06 엔티티의 정의

CHAPTER 07 식별자, 관계, 속성의 정의

CHAPTER 08 정규화

CHAPTER 09 도메인과 용어사전의 정의

CHAPTER 10 모델의 검토

PART 03 물리적 데이터베이스 설계

CHAPTER 11 논리적 설계를 물리적 설계로 전환하기

PART

01

데이터베이스 개요

PART 01 학습목표

- 데이터베이스의 기본 개념에 대해 이해한다.
- 정보시스템에서 데이터베이스의 역할에 대해 이해한다.
- 정보시스템 구축 절차와 데이터베이스의 설계 절차와의 관계성을 이해한다.
- 데이터베이스를 설계한다는 것이 무엇인지를 이해한다.
- 추상화 과정으로서의 데이터 모델링에 대해 이해한다.

CHAPTER

01 관계형 데이터베이스의 주요 개념

contents

CHAPTER 01

관계형 데이터베이스의 주요 개념

| 단원목표 |

- 데이터베이스의 기본 개념에 대해 이해한다.
- 정보시스템에서 데이터베이스의 역할에 대해 이해한다.
- 정보시스템 구축 절차와 데이터베이스의 설계 절차와의 관계성을 이해한다.
- 데이터베이스를 설계한다는 것이 무엇인지를 이해한다.
- 추상화 과정으로서의 데이터 모델링에 대해 이해한다.

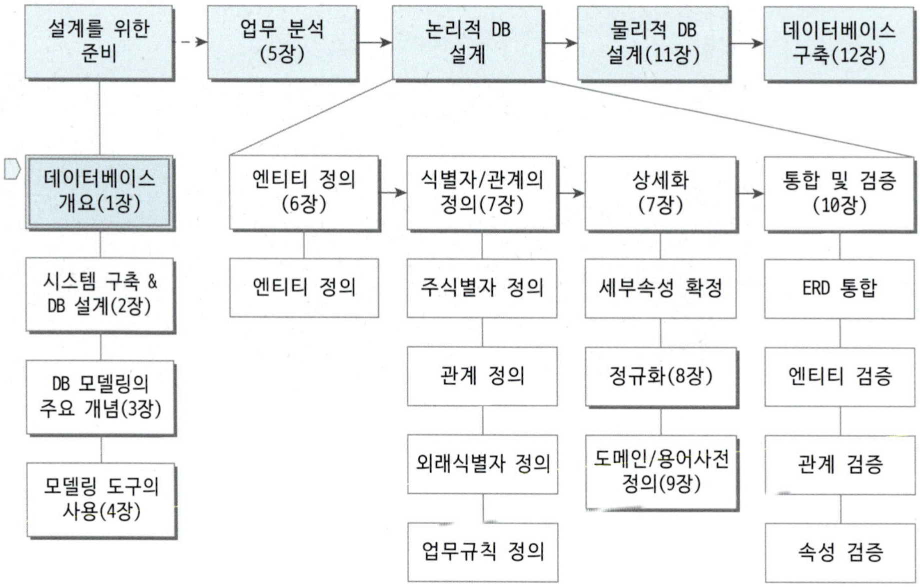

1.1 데이터베이스의 역사

1.1.1 파일 시스템의 위기

컴퓨터 분야에서 어떤 개념을 이해하고자 할 때 좋은 방법 중의 하나는 그 개념이 나오게 된 배경과 역사를 살펴보는 것이다. 1946년 최초의 전자식 컴퓨터인 에니악(ENIAC)이 개발된 이후 컴퓨터 발전의 역사는 데이터 처리의 발전사와 그 맥을 함께하였다. 1980년대까지 컴퓨터 시스템을 지칭하는 데 사용되었던 EDPS(Electronic Data Processing System)라는 용어는 컴퓨터와 데이터 처리가 얼마나 밀접한 관계에 있었는지를 보여준다.

제1세대 컴퓨터 시스템들은 소프트웨어나 저장장치 등의 개발이 부족했기 때문에 주로 기술 분야의 계산, 자료 분류 등에 사용되었다. 운영체제가 도입되고 FORTRAN, COBOL과 같은 프로그래밍 언어를 사용하는 제2세대 컴퓨터가 등장하면서부터 컴퓨터 시스템은 자료를 분석하고 처리하는 일에 본격적으로 사용되기 시작하였다.

이 시기에 도입된 '파일(File)' 개념은 자료를 저장하는 기본적인 방법으로 사용되었으며 오늘날까지도 널리 이용되고 있다. 파일에 기초하여 자료나 정보를 처리하는 시스템을 **파일 시스템**(file system)이라고 부른다. 〈그림 1.1〉은 파일을 이용한 일반적인 자료 처리의 모델을 보여준다. 파일 시스템에서는 개별 응용프로그램이 직접 파일에 접근하여 기록, 갱신, 삭제를 할 수 있으며, 파일에 있는 데이터의 올바른 관리 여부는 전적으로 응용프로그램에 달려있다.

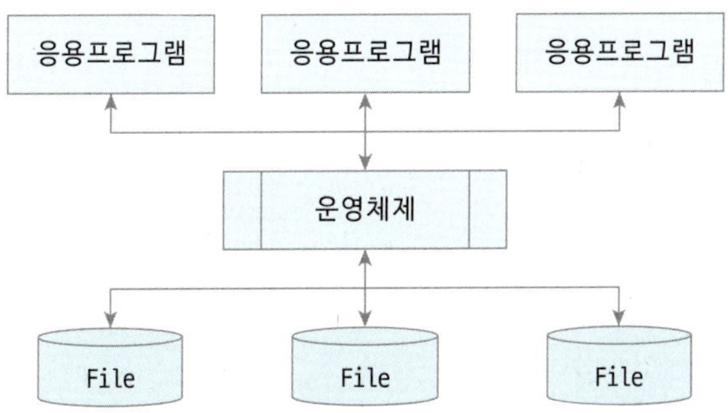

〈그림 1.1〉 파일 시스템에 기초한 자료처리 모델

컴퓨터 시스템이 일반적인 비즈니스 업무에 효과적으로 적용될 수 있음이 알려지면서 각 기업들은 앞다투어 정보시스템을 구축하기 시작하였다. 그 결과 컴퓨터의 저장장치에는 방대한 양의 데이터들이 축적되기 시작하였다. 파일에 기초한 정보시스템에서 데이터의 급속한 증가는 하드웨어나 소프트웨어의 성능 향상에도 불구하고 다음과 같은 문제점들을 드러내었다.

■ 데이터 종속성(data dependency)

데이터 종속성이란 데이터를 사용하는 프로그램의 구조가 데이터 구조(파일 구조)의 영향을 받는다는 것을 의미한다. 〈그림 1.2〉와 같이 파일에서 학생 정보를 읽어 처리하는 COBOL 프로그램을 생각해 보자.

이 경우 응용프로그램은 파일에 저장된 학생 정보 레코드(record)에 대한 구조를 기술하는 부분을 포함하며 한 레코드가 읽혀오면 이 구조 정보에 따라 여러 필드(field)들로 분리하여 처리하게 된다. 어떤 이유에 의해 학생의 이름을 저장하는 필드의 길이를 현재 20자리에서 30자리로 늘려야 하는 경우가 발생한다면 학생 정보 파일을 읽어서 처리하는 모든 응용프로그램을 변경해야 하는 문제가 생긴다. 만일 10개의 프로그램 중 9개는 변경을 했는데 나머지 1개의 프로그램을 변경하지 못한 채로 시스템을 운영하게 되면, 변경되지 못한 프로그램이 학생 정보 파일에 잘못된 데이터를 기록하여 다른 프로그램에 문제를 일으킬 수 있다. 이와 비슷하게 학생 정보 파일에서 필드의 순서를 바꾸어 저장하고자 하는 경우에도 이를 이용하는 모든 프로그램을 변경해야 한다.

이와 같이 데이터의 구조 변화에 따라 응용프로그램이 영향을 받을 때 '프로그램이 데이터에 종속되어 있다'라고 말한다. 이와 같은 데이터 종속성은 프로그램의 개발과 유지보수를 어렵게 한다.

응용프로그램

```
01 STUDENT-TBL.
  03 STUDENT-RECORD.
    05 S-ID        PIC X(05).
    05 S-NAME      PIC X(20).
    05 S-TEL-NO    PIC X(12).
    05 S-AGE       PIC 9(02).
```

⟺

학생 정보 파일		
98001김철수	0212345613	20
98002홍길동	0114341212	21
98003이민수	0415742512	21
98004이해용	0311231234	20
98005강남석	0192325672	20
98006박병길	0101232131	21

〈그림 1.2〉 학생 정보를 읽어 처리하는 COBOL 프로그램

■ 데이터 무결성(data integrity)의 침해

데이터 무결성이란 저장된 데이터의 내용이 본래 의도했던 데이터의 형식, 범위를 준수해야 한다는 성질이다. 예를 들면 〈그림 1.2〉의 학생 정보 파일에서 나이(AGE) 필드는 숫자

형식이어야 하고 음수가 아닌 양수이어야 한다. 또한 그 범위는 20~60 사이가 일반적일 것이다. 이러한 조건을 위배하는 데이터가 저장될 때 데이터의 무결성이 침해되었다고 말한다.

파일을 이용하는 과거의 정보시스템에서는 데이터 무결성을 지켜야 할 책임이 개발자에게 있었다. 즉, 응용프로그램에서 사용자가 데이터를 올바르게 입력했는지 검사하는 기능을 구현해야 했다. 만일 응용프로그램이 올바르지 않은 데이터가 저장되는 것을 허용하게 된다면 저장된 데이터에 근거해서 어떤 판단을 내려야 하는 경우 문제가 된다. 정보화 사회에서는 인간의 삶이 많은 부분 컴퓨터 시스템에 저장된 데이터에 의존하고 있기 때문에 데이터 무결성의 침해는 매우 심각한 문제가 된다.

■ 데이터 중복성(data redundancy)

데이터 중복성이란 같은 내용의 데이터가 여러 곳에 중복하여 저장되는 것을 의미한다. 과거의 정보시스템에서는 개별부서나 응용프로그램에서 필요로 하는 데이터 파일을 각각 만들어 사용하는 일이 많았고, 그 결과 동일 데이터가 여러 파일에 중복 저장되는 일이 많았다. 데이터가 중복 저장되면 저장 공간의 낭비라는 문제 외에도 다음에 설명할 데이터의 불일치, 보안의 어려움과 같은 문제들이 발생할 수 있다.

■ 데이터 불일치(data inconsistency)

데이터 불일치란 중복 저장된 데이터들이 서로 일치하지 않는 것을 의미한다. 예를 들어 이사를 하게 되면 변경된 주소를 학교나 직장, 은행, 가입된 웹사이트 등에 통보를 해야 한다. 그렇지 않으면 우편물이 이전 주소로 배달될 것이다. 이와 같은 현상은 주소 정보가 여러 기관에 중복 저장되어 있다는 데서 기인한다. 하나의 조직 내에서도 이와 같은 문제가 발생할 수 있다. 어떤 학생이 교무과에 휴학신청을 하여 휴학을 했는데, 그 사실을 모르는 재무과에서는 등록금 고지서를 그 학생에게 발송할 수 있다. 이는 교무과의 학생 정보와 재무과의 학생 정보가 각각 관리되면서 불일치할 때 발생할 수 있는 문제이다.

■ 데이터 표준화(data standardization)의 어려움

일정 규모 이상의 정보시스템을 개발하기 위해서는 많은 수의 개발자들이 협력 작업을 해야 한다. 이러한 환경에서는 작업 방법의 표준화가 필수적이다. 예를 들면 개발자 A는 응용프로그램에서 학생 이름을 'S-NAME' 으로 길이는 20자리로 사용하는데, 개발자 B는 학생 이름을 'SNME' 로 길이는 15자리로 사용한다면 제3자가 프로그램을 이해하기도 어렵고 두 응용프로그램 간의 호환성에도 문제가 된다. 학생 이름을 지칭하고 표현하는 표준화된 규칙이 있다 하더라도 응용 개발자가 이를 지키지 않을 수 있는 여지가 있기 때문에 과거의 정보시스템 개발 환경에서는 표준화가 어려운 문제였다.

■ 데이터 보안성(data security)의 결여

데이터가 저장되어 있는 파일은 그 내용이 Text 형식이나 잘 알려진 형식으로 저장되기 때문에 응용프로그램 없이도 쉽게 파일을 열어 내용을 볼 수가 있고 파일의 공유를 위해 접근이 쉬운 위치에 파일을 저장했기 때문에 보안을 유지하기가 어려웠다. 현대의 정보시스템에는 기업의 영업 비밀이나 고객의 사생활 정보와 같은 보안을 필요로 하는 데이터가 많이 저장되기 때문에 보안성의 결여는 심각한 문제가 된다.

〈그림 1.3〉 파일 시스템의 위기

이상의 문제들은 파일을 이용하는 정보시스템에서는 해결하기 어려운 문제였다. 이를 해결하기 위한 대안으로 제시된 것이 데이터베이스이다.

1.1.2 데이터베이스의 등장

파일 시스템의 단점을 극복하면서도 다수의 사용자들이 정보를 공유할 수 있어야 한다는 시대적 요구에 부응하기 위하여 연구자들은 데이터베이스 개념을 제안하였다. 데이터베이스의 철학은 간단하다. 첫째는 파일 형태로 여기저기에 흩어져 있는 데이터, 정보들을 하나로 모아 관리하자는 것이고, 둘째는 응용프로그램들이 운영체제를 통해 시스템 자원을 이용하는 것처럼 모아놓은 데이터들을 관리하고 사용자(응용프로그램)와 데이터 사이에 인터페이스 역할을 할 수 있는 S/W를 만들자는 것이다. 이때 모아놓은 데이터의 집합을

데이터베이스(database), 데이터를 관리하는 S/W를 **데이터베이스 관리 시스템**(DBMS: Database Management System)이라 부른다. 또한 데이터베이스에 기초해서 데이터나 정보를 처리하는 체제를 **데이터베이스 시스템**(database system)이라고 부르는데, 이는 파일 시스템에 대응되는 개념이다. 〈그림 1.4〉는 데이터베이스 시스템의 개요를 보여준다.

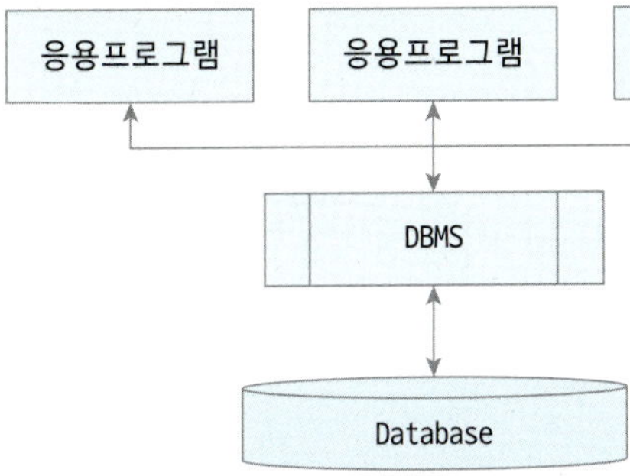

〈그림 1.4〉 데이터베이스 시스템의 개요

데이터베이스라는 용어는 1963년 6월 미국 SDC(System Development Corporation)가 산타모니카에서 개최한 'Development and Management of a Computer-centred Data Base' 심포지엄 제목에서 처음 공식적으로 사용하였다.

현대적인 의미의 데이터베이스 개념을 확립한 사람은 당시 제너럴일렉트릭(General Electric) 사에 있던 C. Bachman으로, 그는 1963년 IDS(Integrated-Data Store)라는 데이터베이스 관리 시스템을 만들었다. 데이터베이스의 역사를 살펴보면 1960년대와 1970년대 초까지는 IBM의 IMS, MRI System Corp.에서 설계 제작한 System 2000 등으로 대표되는 계층형(hierarchical) 데이터베이스 시스템과 Calliname Corp.의 IDMS, CINCOM System의 TOTAL 등의 네트워크(network) 데이터베이스 시스템이 주도를 하였다.

이후 1970년 E. F. Codd에 의해 제안된 관계형(relational) 데이터 모델은 튼튼한 이론적 기반과 선언적 질의를 통한 사용의 용이성을 바탕으로 기존의 계층형 데이터베이스와 네트워크 데이터베이스를 대체하기 시작하였다. 현재는 상업용 데이터베이스 시스템의 대부분을 관계형 시스템이 차지하고 있다.

데이터베이스 시스템은 파일 시스템에 비하여 다음과 같은 특징을 갖는다.

■ 데이터 독립성(independency) 지원

데이터베이스 시스템에서는 사용자 혹은 응용프로그램이 직접 데이터베이스에 접근할 수 없고 반드시 DBMS를 통해서만 접근이 가능하다. DBMS는 데이터베이스 내에 있는 데이터의 물리적, 논리적 변화가 응용 시스템에 영향을 미치지 않도록 함으로써 데이터 독립성을 보장한다.

■ 데이터 무결성 유지

DBMS는 데이터베이스 내에 저장될 데이터에 대하여 데이터의 타입(type), 길이, 값의 범위 등에 대한 정보를 가지고 있으며, 이를 위반하는 데이터가 들어올 경우 처리를 거절함으로써 데이터의 무결성을 지원한다.

■ 데이터 중복성 및 불일치 최소화

데이터베이스 내의 데이터는 한 개인의 관점이나 특정 부서의 관점에서 관리되는 것이 아니라 데이터베이스를 공용하는 조직 전체의 관점에서 관리를 한다. 그 때문에 동일 데이터가 여러 부서에서 사용하는 경우 이를 하나로 관리함으로써 중복성을 방지하며 그 결과로서 중복된 데이터 간의 불일치 문제를 해결한다.

■ 데이터 표준화의 용이성

데이터베이스 시스템에는 응용 개발자와는 별도의 데이터베이스 관리자(DBA)가 존재하며 DBA는 데이터베이스의 설계과정을 주도함으로써 부서 간 이해를 조정하고 관리될 데이터를 표준화시킬 수 있다. 또한 DBMS는 데이터의 구조에 관한 정보(예: 테이블 이름, 컬럼 이름, 컬럼의 데이터 타입)를 가지고 있으며 응용프로그램에서 데이터에 접근하기 위해서는 DBMS가 가지고 있는 구조 정보에 따라야 하기 때문에 자연스럽게 표준화가 이루어질 수 있다.

■ 높은 데이터 보안성

DBMS는 사용자의 권한에 따라 데이터베이스 내에 있는 데이터에 대한 접근을 제한할 수 있다. 또한 저장된 데이터베이스는 일반적으로 DBMS를 통하지 않고는 외부에서 내용을 알아내기 매우 어렵기 때문에 데이터가 보호될 수 있다.

■ 데이터 공유(data sharing)의 용이성

데이터베이스 시스템의 기본 철학이 데이터를 통합 관리하고 이를 여러 부서, 사용자들이 공유하도록 하는 것이다. DBMS는 여러 사용자의 요구를 동시적으로 처리할 수 있는 능력을 가지고 있으며 데이터를 쉽게 이용할 수 있는 수단을 제공한다.

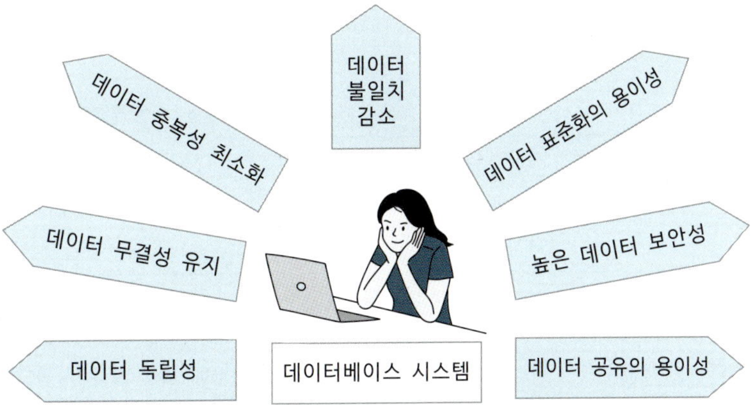

〈그림 1.5〉 데이터베이스 시스템의 장점

1.1.3 관계형 데이터베이스 모델

사용자의 입장에서 보았을 때 데이터가 어떤 모양으로 표현되고 관리되는가에 따라 데이터베이스는 계층형 모델, 네트워크 모델, 관계형 모델로 분류된다. 최근에는 객체지향(object-oriented) 모델, 객체-관계형(object-relational) 모델이 발표되었으나 상용 DBMS 제품에서는 관계형 데이터베이스 모델이 압도적으로 많이 사용되고 있다. 관계형 모델의 특징은 〈그림 1.6〉과 같이 데이터가 테이블 형태로 표현되며, 사용자가 데이터를 쉽게 다룰 수 있도록 해주는 질의어(SQL)가 제공된다는 것이다.

테이블 형태로 표현된 데이터는 단순해서 누구나 쉽게 이해할 수 있다. SQL은 자연어에 가까운 문법을 가지고 있어서 배우기 쉽고, 데이터를 어떻게(how) 가져올 것인가 대신에 어떤(what) 데이터를 원하는지만 기술해주면 되기 때문에 사용자나 개발자의 입장에서는 데이터를 다루는 작업이 매우 단순해진다. 또한 SQL 명령어나 문법은 표준화되어 있기 때문에 대부분의 명령어는 모든 관계형 데이터베이스 제품에서 공통적으로 사용될 수 있다.

〈표 1.1〉 상용 관계형 데이터베이스 제품들

제품명	제조사	비고
Oracle	Oracle	
MS SQL Server	Microsoft	
Informix	IBM	
Adaptive Server Enterprise	Sybase	
DB2	IBM	
Progress	Progres SQL Global Development Group	오픈소스 SW
Ingres	Action Corporation	
MySQL	Oracle	오픈소스 SW
Access	Microsoft	개인용

empno	ename	dept	tel	salary
100	김기훈	영업	1241	200
101	홍성범	기획	5621	200
102	이만수	영업	5251	250
103	강나미	생산	1231	300

"영업부에 속한 모든 사원의 이름과 전화번호를 보이시오"
⇒

```
SELECT ename, tel
FROM   employer
WHERE  dept = '영업'
```

〈그림 1.6〉 사원 테이블과 질의의 예

본 저서에서 다루는 데이터베이스 설계는 어떤 데이터베이스 모델을 선택하는가에 따라 방법론이 달라질 수 있다. 현재까지는 관계형 데이터베이스 제품이 주류를 이루고 있으므로 관계형 모델에 기초한 방법론을 따르도록 한다. 관계형 데이터베이스에 대한 설계에 익숙해지면 객체지향 데이터베이스의 설계 개념에 대해서도 쉽게 이해할 수 있게 된다. 관계형 데이터베이스를 설계할 수 있기 위해서는 관계형 모델의 개념을 이해하고 있어야 한다. 1장의 나머지 부분에서는 관계형 데이터베이스 설계를 위해 반드시 알아야 하는 내용들을 요약하여 설명한다.

1.2 관계형 데이터베이스 용어

앞에서 설명한 바와 같이 관계형 모델에서는 데이터가 테이블 형태로 표현된다. 〈그림 1.7〉을 통하여 테이블과 관련된 용어들을 설명하기로 한다. 〈그림 1.7〉에서 사용한 용어들은 E. F. Codd가 정의한 것으로 오늘날 일반적으로 사용하는 용어와는 차이가 있다.

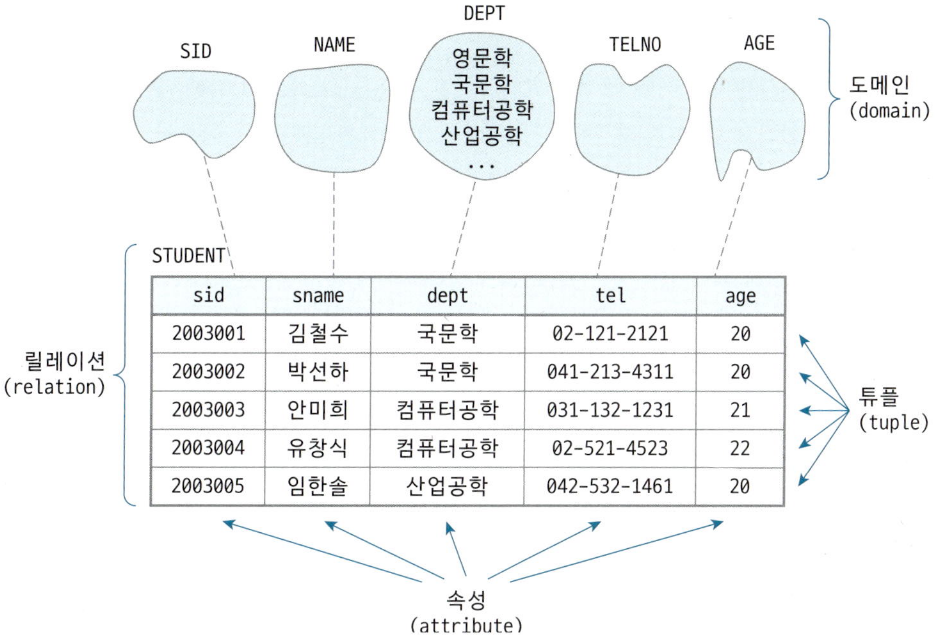

sid	sname	dept	tel	age
2003001	김철수	국문학	02-121-2121	20
2003002	박선하	국문학	041-213-4311	20
2003003	안미희	컴퓨터공학	031-132-1231	21
2003004	유창식	컴퓨터공학	02-521-4523	22
2003005	임한솔	산업공학	042-532-1461	20

〈그림 1.7〉 학생 릴레이션

■ 릴레이션(relation)

릴레이션은 우리가 지금까지 테이블이라고 지칭했던 것으로 관계형 데이터베이스에서 정보를 구분하여 저장하는 기본 단위가 된다. 예를 들면 학생에 관한 정보를 저장하기 위해서는 STUDENT 릴레이션이 필요하고 과목에 대한 정보를 저장하기 위해서는 SUBJECT라는 릴레이션이 필요하다. 릴레이션들은 서로를 구분할 수 있는 이름을 가지며 동일한 데이터베이스 내에서는 같은 이름을 가진 릴레이션이 존재할 수 없다. 일반적으로 데이터베이스는 많은 수의 릴레이션들을 포함하게 된다.

■ 속성(attribute)

하나의 릴레이션은 현실세계의 어떤 개체(entity)를 표현하고 저장하는 데 사용되는데, 표현할 개체의 구체적인 정보 항목에 해당하는 것이 속성이다. 현실세계의 개체(예: 학생, 교수, 과목, …)들은 많은 속성들을 가지는데, 그중에서 관리해야 할 필요가 있는 속성들만을 선택하여 릴레이션에 포함시킨다. 속성 역시 고유한 이름을 가지며 동일 릴레이션

내에서는 같은 이름의 속성이 존재할 수 없다. 단, 릴레이션이 다르면 같은 속성 이름을 공통으로 사용할 수 있다.

■ 튜플(tuple)

릴레이션이 현실세계의 어떤 개체를 표현한다면 튜플은 그 개체에 속한 구성원들 개개의 정보를 표현한다고 할 수 있다. 예를 들면 '학생'은 개체를 나타내는 이름이고 '김철수', '박선하', '안미희', … 등은 '학생' 개체의 구성원이라고 할 수 있다. 개체의 각 구성원에 대해 관리해야 할 정보의 항목은 동일하지만 그 내용은 서로 다르므로 이를 튜플이라는 형태로 릴레이션 안에 표현하는 것이다. 한 릴레이션에 포함된 튜플의 개수는 시간에 따라 변할 수 있다. 한 릴레이션은 적게는 수십 개, 많게는 수십만 개의 튜플을 포함할 수 있다. 〈그림 1.7〉의 STUDENT 릴레이션에서 첫 번째 튜플의 의미는 학번이 '2003001'인 학생의 이름은 '김철수'이고, 전공은 '국문학'이며, 전화번호는 '02-121-2121'이고, 나이는 '20'세임을 나타낸다. 김철수라는 동일인의 정보를 담고 있는 튜플은 STUDENT 릴레이션 내에서 오직 하나만 존재해야 한다(동명이인의 경우는 서로 다른 사람으로 간주).

■ 도메인(domain)

도메인이란 릴레이션에 포함된 각각의 속성들이 가질 수 있는 값들의 집합이라고 할 수 있다. 도메인이라는 개념이 필요한 이유는 릴레이션에 저장되는 데이터 값들이 본래 의도했던 값들만 저장되고 관리되도록 하는 데 있다. 예를 들면 '성별'이라는 속성이 있다면 이 속성이 가질 수 있는 값은 {남, 여}이다. 데이터베이스 설계자는 성별의 도메인으로 'SEX'를 정의하고 그 값으로 {남, 여}를 지정한 뒤, '성별'이라는 속성은 'SEX' 도메인에 있는 값만을 가질 수 있다고 지정해 놓으면 사용자들이 실수로 남,여 이외의 값을 입력하는 것을 DBMS가 막을 수 있다. 도메인의 이름은 속성이름과 같을 수도 있고 다를 수도 있다. 또한 하나의 도메인을 여러 속성에서 공유할 수 있다.

도메인의 유용성에도 불구하고 본래의 관계형 모델에서 의도했던 도메인의 개념을 100% 구현하고 있는 DBMS 제품은 없다. 그 이유는 '성별', '색상', '전공' 등과 같이 도메인에 포함해야 할 값을 미리 알 수 있고 선언해 놓을 수 있는 속성도 있지만 '이름', '주소'와 같이 도메인에 포함될 값의 경우의 수가 너무 많아서 미리 선언할 수 없는 속성도 있기 때문이다. 현실적으로는 특정 속성에 대해 그 속성과 관련 없는 값이 들어오는 것을 완벽하게 막을 수 있는 방법은 없다. DBMS 제품들이 기본적으로 제공하는 방법은 각 속성에 대해 데이터 타입과 길이를 미리 지정하여 그에 맞는 값들만 들어오도록 하는 것과, 데이터

값의 범위를 지정하여 범위에 맞는 값만 저장되도록 하는 것이다.

릴레이션, 튜플, 속성 등의 용어는 과거에 파일 시스템을 사용하던 개발자들이 사용하던 용어와도 다르고, 일반 사용자들에게 익숙하지 않기 때문에 상용 DBMS 제품이 일반화되면서 보다 쉬운 용어가 등장하였다. 〈표 1.2〉는 이를 정리한 것인데, 오늘날에는 여러 용어가 혼용되고 있으므로 이름은 다르지만 유사 개념인 용어들을 알고 있는 것이 필요하다. 본 저서에서는 앞으로 **테이블, 컬럼, 튜플**이라는 용어를 사용하기로 한다.

〈표 1.2〉 용어 대비표

E. F. Codd의 용어	File 시스템의 용어	자주 사용되는 용어
릴레이션(relation)	파일(file)	테이블(table)
속성(attribute)	필드(field)	열(column), 컬럼
튜플(tuple)	레코드(record)	행(row)

1.3 기본키와 외래키

데이터베이스 설계를 위해 반드시 이해해야 할 개념 중의 하나가 기본키(primary key)와 외래키(foreign key)이다. 우리는 이미 일상생활에서 '키(key)'라는 용어를 열쇠의 의미로 사용하고 있는데, 데이터베이스에서의 키 개념과는 다르기 때문에 키에 대해 이해하는 데 어려움이 있다. 키의 개념에 대해 설명하기 전에 〈그림 1.8〉을 통하여 키의 필요성

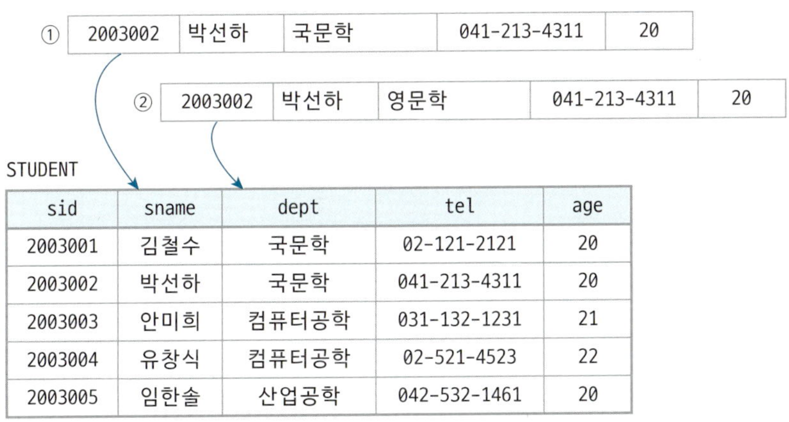

〈그림 1.8〉 중복된 튜플의 삽입

에 대해 이해하도록 한다.

〈그림 1.8〉은 STUDENT 테이블에 두 개의 새로운 튜플을 삽입하려고 하는 상황을 표현한 것이다. ①번 튜플은 각 컬럼의 값이 STUDENT 테이블의 두 번째 튜플과 완전히 일치한다. 만일 ①번 튜플이 정상적으로 삽입된다면 STUDENT 테이블은 중복된 두 개의 튜플을 가지게 되는데, 이렇게 되면 여러 문제가 발생할 수 있다. 예를 들면 전체 학생수가 몇 명인지를 알아내기 위해 튜플수를 카운트하는 연산을 수행시키면 중복된 튜플이 각각 카운트되므로 실제 학생수보다 더 많은 학생수를 반환하게 되므로 문제가 된다.

②번 튜플은 'dept' 컬럼이 STUDENT 테이블의 두 번째 튜플과 다르기 때문에 중복된 튜플의 삽입은 아니다. 그러나 ②번 튜플의 내용을 보면 학번이 2003002인 박선하 학생에 대한 정보이고 STUDENT 테이블의 두 번째 튜플 역시 동일 학생에 대한 정보이므로 의미적으로 중복이라고 할 수가 있다. ②번 튜플이 정상적으로 삽입된다면 '학번이 2003002인 학생의 전공은 무엇인가'라는 질의에 대하여 DBMS는 '국문학'과 '영문학'이라는 답을 할 것이고, 사용자는 어느 것이 맞는지 혼란에 빠질 것이다. 이와 같은 문제를 방지하기 위하여 관계형 데이터베이스에서는 중복된 튜플의 삽입을 막아야 할 필요가 있다.

그런데 DBMS를 구현해야 하는 입장에서 보면 중복된 튜플이 삽입되는지를 확인하는 것은 쉬운 일이 아니다. ①번 튜플이 삽입되는 경우는 이미 존재하는 모든 튜플에 대해 모든 컬럼이 같은지를 일일이 검사해보면 중복 여부를 알 수 있지만, 튜플수가 수십만 개에 달하는 경우는 비교 시간이 매우 오래 걸리기 때문에 현실적인 방법이 아니다. ②번 튜플의 경우는 의미적 중복이지만 데이터의 의미를 이해할 수 없는 DBMS로서는 ②번 튜플이 의미적으로 중복인지를 알아낼 방법이 없다.

그렇다면 어떻게 중복 여부를 효과적으로 확인할 수 있을까? 이에 대한 답이 바로 키(key), 보다 정확히 말하면 후보키(candidate key)이다. 후보키를 간단히 정의하면 다음과 같다.

> 후보키(candidate key)란 테이블에서 각 튜플을 구별하는 데 기준이 되는 하나 혹은 그 이상의 컬럼들의 집합이다(후보키는 테이블에 있는 각 튜플을 고유하게 식별할 수 있어야 한다).

〈그림 1.8〉의 STUDENT 테이블을 살펴보자. STUDENT 테이블은 학생 한 명 한 명의

정보를 관리하기 위한 것이다. 현실세계에서 학생 한 명 한 명을 무엇으로 구분할 수 있는지를 생각해 보자. 이름은 동명이인이 존재할 수 있으므로 구분의 기준이 될 수 없다. 전공 역시 한 전공이 같은 학생이 많으므로 구분의 기준이 될 수 없다. 같은 이유로 전화번호나 나이 역시 구분의 기준이 될 수 없다. 그래서 현실세계에서는 학생 한 명 한 명을 구분하기 위해 학번(학생 번호)이라는 것을 부여하여 사용한다. 따라서 STUDENT 테이블에서 sid 컬럼이 각 튜플을 구분하는 기준으로 사용될 수 있으며, 이때 sid를 STUDENT 테이블에 대한 후보키라고 부른다.

DBMS는 새로운 튜플이 릴레이션에 삽입될 때 새로운 튜플의 후보키 값이 기존의 튜플들의 후보키 값과 동일한지 여부를 비교하여 중복 여부를 확인하게 된다. 후보키 값의 비교는 모든 컬럼들을 비교하여 보는 것에 비해 시간이 절약되고, 인덱스 기법을 이용하면 매우 빠른 시간에 중복 여부를 알아낼 수 있다. 〈그림 1.8〉의 경우 ①, ②번 튜플 모두 후보키 값이 이미 존재하고 있으므로 중복으로 간주되어 DBMS는 삽입 연산을 거절하게 된다. 키는 일반적으로 테이블이 생성될 때 지정한다.

후보키(candidate key)는 **기본키**(primary key)와 **대체키**(alternate key)로 구분된다. 〈그림 1.9〉를 통해 각각의 개념을 이해하도록 한다.

STUDENT

sid	sname	dept	pid	age
2003001	김철수	국문학	031212-3213112	20
2003002	박선하	국문학	030823-4130121	20
2003003	안미희	컴퓨터공학	020224-4013112	21
2003004	유창식	컴퓨터공학	010509-3934131	22
2003005	임한솔	산업공학	031227-3324123	20

〈그림 1.9〉 후보키, 기본키, 대체키

〈그림 1.9〉의 새로운 테이블에는 주민등록번호(pid) 컬럼이 추가되었다. 이 경우 학번(sid)도 각 튜플을 구분하는 기준으로 사용될 수 있지만, 주민등록번호도 우리나라 국민이라면 개인별로 유일하기 때문에 튜플을 구분하는 기준으로 사용될 수 있다. 이와 같이 하나의 테이블은 한 개 이상의 후보키를 가질 수 있다. 〈그림 1.9〉의 경우는 sid와 pid 컬럼이 후보키가 될 수 있다. 설계자는 후보키 중 어느 것을 튜플을 구분하는 기준으로 사용

할지를 선택해야 하는데 이때 선택된 후보키를 **기본키**, 선택되지 않은 후보키를 **대체키**라고 한다. 후보키 중 어느 것을 기본키로 정할 것인가에는 정해진 규칙은 없으나 대체로 데이터의 길이가 짧고 현실세계에서 빈번히 이용하는 컬럼을 기본키로 정한다. 〈그림 1.9〉의 경우는 일반적으로 학교에서는 주민등록번호보다는 학번이 더 많이 사용되므로 학번을 기본키로 정하는 것이 유리하다. 어떤 릴레이션에 후보키가 하나만 존재한다면 당연히 그 후보키가 기본키가 된다. 기본키를 지정하는 문제는 데이터베이스 설계에 있어서 매우 중요한 부분이므로 나중에 자세히 설명하도록 한다.

후보키, 기본키, 대체키와 더불어서 키와 관련된 용어가 하나 더 있는데 그것은 **복합키**(composite key)이다. 앞에서 살펴본 릴레이션들은 하나의 컬럼이 후보키의 역할을 하지만 어떤 릴레이션에서는 두 개 이상의 컬럼이 합쳐져야만 후보키의 역할을 할 수 있다. 이렇게 두 개 이상의 컬럼이 모여 키의 역할을 하는 경우를 복합키라고 부른다. 〈그림 1.10〉은 **복합키**의 예를 보여준다.

STUDENT_CLUB

sid	club	club_president
2003001	영어회화반	강우혁
2003001	낚시회	김민우
2003002	영어회화반	강우혁
2003003	한문강독	박문길
2003004	해커스	안홍섭

기본키

〈그림 1.10〉 복합키의 예

〈그림 1.10〉에서 STUDENT_CLUB 테이블은 학생들이 가입한 동아리 정보를 관리하는 테이블이다. 튜플들에서 보는 바와 같이 한 학생은 여러 동아리에 가입하는 것이 가능하다. STUDENT_CLUB 테이블에서 후보키를 찾아보자. 먼저 학번(sid)이 키가 될 수 있는지 검토해본다. 만일 학번이 키가 될 수 있다면 각 튜플의 학번 컬럼은 중복된 값이 들어올 수 없으므로 유일해야 한다. 그런데 한 학생은 여러 취미가 있을 수 있으므로 학번 2003001은 첫 번째와 두 번째 튜플에 저장되어 있다. 즉, 2003001은 튜플들 사이에서 유일하지 않으며, 결과적으로 후보키의 자격이 없다.

이번에는 동아리이름(club)이 키가 될 수 있는지 살펴보자. 한 동아리는 여러 학생이 가입할 수 있으므로 같은 동아리이름이 여러 튜플에 나타날 수 있다. 결론적으로 동아리

이름도 튜플들 사이에서 유일하지 않으므로 후보키가 될 자격이 없다. 동아리회장(club_student)도 마찬가지로 유일하지 않으므로 후보키가 될 수 없다. 〈그림 1.10〉에는 혼자서 후보키의 역할을 할 수 있는 컬럼이 없다.

그렇다면 학번(sid)과 동아리이름(club)을 합친 경우는 어떠한가. STUDENT_CLUB 테이블이 학생들이 가입한 동아리 정보를 관리하는 것이기 때문에 A라는 학생이 B라는 동아리에 가입했다는 정보는 오직 한 번만 기록되어야 한다. 그렇지 않다면 중복이다. 〈그림 1.10〉에서 | 2003001 | 영어회화반 | 정보는 모든 튜플을 통틀어 오직 한 번만 나타나야 한다. 만일 두 번 나타난다면 2003001 학생이 영어회화반에 가입했다는 정보가 두 번 기록된 것이기 때문에 중복이다. 따라서 두 컬럼의 집합 {sid, club}은 후보키가 될 수 있으며 두 개 이상의 컬럼이 합쳐져서 후보키의 역할을 하므로 복합키이다. 복합키의 극단적인 경우는 테이블의 모든 컬럼을 합쳐야 후보키의 역할을 하는 경우이다.

DAILY_SALES

sdate	model	amount	customer
2021.5.6	TV	50	영진전자
2021.5.6	MP3	200	영진전자
2021.5.6	TV01	50	대한전자
2021.5.6	AUDIO	150	하니통신
2021.5.6	PHONE	180	한미산업

기본키

〈그림 1.11〉 모든 컬럼들로 구성된 기본키

〈그림 1.11〉의 테이블은 매일 어떤 모델의 제품을 누구에게 얼마나 판매했는지의 정보를 포함하고 있다. 이 테이블에서는 어떤 식으로 컬럼을 조합해도 키의 역할을 할 수가 없다. 예를 들어 판매일자(sdate)와 모델(model)을 복합키라고 가정하고 테이블 생성 시 기본키로 지정했다고 하자. 2021년 5월 6일에 PHONE 200대를 하니통신에 추가로 판매하게 되어 이 정보를 입력하려고 하면 | 2021.5.6 | PHONE | 정보가 마지막 튜플에 이미 존재하기 때문에 기본키 규칙에 따라 중복 입력을 할 수 없다. 그러나 테이블의 마지막 튜플은 한미산업에 판매한 정보이고 새로 입력하려는 정보는 하니통신에 판매한 정보이기 때문에 의미상 중복이 아니다. 그러므로 두 컬럼의 집합 {sdate, model}은 키가 될 수 없는 것이다. 이와 같이 여러 컬럼의 조합에 대해 검토해 보면 결국 모든 컬럼을 조합해야만 키의 역할을 할 수 있게 된다.

실제 DBMS 제품에 있어서 기본키와 대체키

앞에서 기본키는 어떤 튜플이 새로 추가되려고 할 때 중복된 튜플이 이미 존재하는지를 확인하는 데 사용이 된다고 설명하였다. 중복을 확인하는 방법은 추가되려고 하는 튜플의 기본키 컬럼의 값과 추가 대상 테이블의 기본키 컬럼의 값을 비교하는 것이다. 만일 추가 대상 테이블의 모든 튜플들에 대해서 순차적으로 비교를 해 나간다면 역시 많은 시간을 소모하게 될 것이다. 따라서 대부분의 DBMS 제품들에서 테이블의 기본키 컬럼들에 대해서는 자동으로 인덱스(index)를 생성하여 중복성 여부를 빠르게 검사할 수 있도록 지원한다(인덱스에 대해서는 물리적 데이터베이스 설계에서 다시 다루도록 한다). 그에 비해 대체키로 지정된 컬럼에 대해서는 중복성 여부는 체크하되 자동으로 인덱스가 만들어지지는 않는다.

기본키 컬럼에 다른 컬럼이 추가된다면

만일 기본키의 역할을 잘 수행하고 있는 컬럼(들)에 다른 컬럼을 추가하면 어떻게 될까? 여전히 기본키의 역할을 수행할 수 있지만 다른 문제가 발생하게 된다. 〈그림 1.9〉의 STUDENT 테이블을 가지고 설명해 보자. 〈그림 1.9〉에서 sid는 혼자서 키의 역할을 잘 수행할 수 있다. 그런데 {sid, sname}을 함께 기본키로 지정하면 어떻게 될까? 의미상 sid는 학번을 의미하고 학번으로도 모든 학생을 구별할 수 있으므로 여기에 학생이름(sname)을 추가하여도 역시 학생 개개인을 구별하는 데 문제가 없다. 그런데 이렇게 지정하는 경우는 〈그림 1.12〉와 같은 튜플이 추가될 수 있다.

2003001	김성봉	영문학	020325-3213120	21

STUDENT

sid	sname	dept	pid	age
2003001	김철수	국문학	031212-3213112	20
2003002	박선하	국문학	030823-4130121	20
2003003	안미희	컴퓨터공학	020224-4013112	21
2003004	유창식	컴퓨터공학	010509-3934131	22
2003005	임한솔	산업공학	031227-3324123	20

〈그림 1.12〉 불필요한 컬럼이 포함된 기본키

그림에서 추가하려는 튜플은 STUDENT 테이블의 첫 번째 튜플과 sid 값이 같지만 이름이 다르므로 {sid, sname}을 합쳐서 기본키로 하게 되면 두 튜플은 서로 다른 튜플로 간주되므로 새로이 테이블에 추가될 것이다. 그러나 현실에서는 같은 학번을 갖는 학생 두 명이 존재하지는 않을 것이므로 데이터의 무결성이 침해된 것이다. 여기에 후보키를 정할 때 고려해야 할 규칙이 있다. 즉, 최소한의 컬럼 혹은 컬럼들의 집합으로 후보키를 구성해야 한다는 것이다.

후보키는 하나의 테이블 내에서 튜플이 중복되지 않음을 보증하는 수단이다. 이와는 달리 테이블 간의 데이터의 일치와 무결성을 보증해주는 수단이 **외래키**(foreign key)이다. 〈그림 1.13〉은 사원과 부서의 정보를 담고 있는 테이블을 보여준다. 사원(emp) 테이블에서 사원이 속한 부서의 이름은 알 수가 없다. 부서의 이름을 알려면 부서번호(deptid)를 가지고 부서(dept) 테이블에 가서 부서번호에 해당하는 부서명(dname)을 찾아보아야 한다. 결국 사원 테이블은 부서에 대한 여러 정보를 포함하는 대신 정보를 찾을 수 있는 키를 가지고 있는 셈이다. 이러한 관계에 있을 때 '사원 테이블이 부서 테이블을 참조한다'라고 말한다. 이를 일반화시켜서 설명하면 테이블 A가 테이블 B의 기본키에 해당하는 컬럼을 가지고 있을 때 테이블 A가 테이블 B를 참조한다고 말한다. 그리고 테이블 A에 있는 테이블 B의 기본키 컬럼을 외래키라고 부른다. 외래키는 참조하는 테이블(사원 테이블)과 참조되는 테이블(부서 테이블)의 연결고리 역할을 한다. 〈그림 1.14〉는 이러한 관계를 보여준다.

EMP

empid	ename	deptid	hire_date	job	manager	salary
1001	홍성길	100	2021.2.1	특수영업	1002	350
1002	곽희준	100	2019.1.1	영업관리	1004	400
1003	김동준	200	2020.9.1	품질관리	1005	300
1004	성재규	300	2017.2.1	급여	1009	450
1005	박성범	200	2020.2.1	수입자재	1004	320

DEPT

deptid	dname	budget
100	영업부	100k
200	관리부	300k
300	구매부	220k
400	생산부	500k

〈그림 1.13〉 사원과 부서 정보 테이블

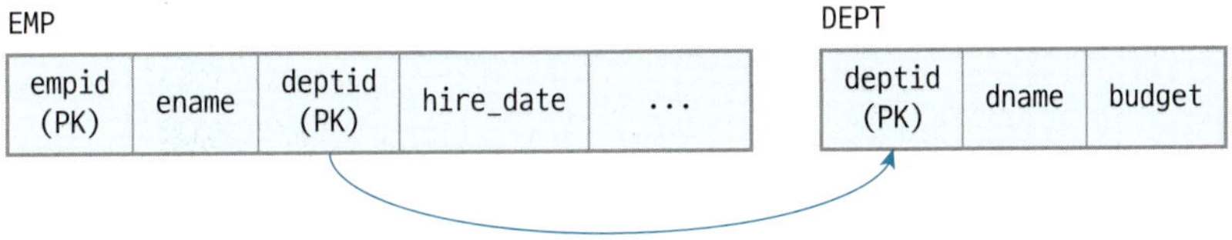

(PK: primary key, FK: foreign key)

〈그림 1.14〉 기본키와 외래키

이와 같이 어떤 테이블에 외래키가 설정되어 있으면 어떤 좋은 점이 있을까? 인사 담당자가 사원 테이블에 아래의 튜플을 삽입하는 경우를 생각해 보자.

1089	신영희	900	2018.5.1	재무관리	1009	400

만일 이 튜플이 삽입된다면 데이터의 무결성에 문제가 생긴다. 왜냐하면 900번 부서는 존재하지 않기 때문이다. 그러나 사원 테이블에 외래키가 설정되어 있다면 DBMS는 튜플이 삽입될 때 부서 테이블을 찾아가서 900번 부서가 있는지를 확인하게 되고 없는 것을 확인하면 튜플의 삽입을 거절함으로써 데이터의 무결성을 유지할 수 있다.

이번에는 〈그림 1.13〉의 부서 테이블에서 세 번째 튜플(부서번호 '300')이 삭제되는 경우를 생각해 보자. 만일 튜플이 그냥 삭제된다면 이를 참조하는 사원 테이블의 다섯 번째 튜플(사원번호 '1004')에 문제가 생긴다. 사원번호 '1004'인 사원의 부서번호가 '300'인데, 이 부서의 정보가 삭제되었기 때문에 '300'은 더 이상 존재하지 않는 오류 데이터가 되는 것이다. 이와 같이 참조되는 쪽 테이블의 튜플이 삭제되거나 기본키 값이 변경되므로 해서 참조하는 쪽 테이블에 무결성이 깨어지게 되면 이를 막기 위해 DBMS는 다음과 같이 몇 가지 조치를 취할 수 있다.

■ 제한(restricted)

만일 삭제하려는 튜플의 부서번호 값을 사원 테이블에서 가지고 있는 튜플이 있으면 삭제 연산을 거절한다.

■ 연쇄(cascade)

삭제 연산을 수행한 뒤 삭제된 부서번호 값을 갖는 사원 테이블의 튜플도 함께 삭제한다. 만일 또 다른 테이블이 사원 테이블을 참조하고 있다면 삭제된 사원의 사원번호 값을 가지고 있는 튜플을 삭제한다. 이와 같이 참조 관계를 따라가면서 연쇄적으로 관련된 튜플들을 삭제한다.

■ 널값으로 대체(nullify)

삭제 연산을 수행한 뒤 삭제된 부서번호 값을 갖는 사원 테이블의 튜플에서 부서번호를 null값으로 바꾸어준다.

이와 같이 외래키를 통해 두 테이블 간의 데이터 무결성을 유지하는 것을 '참조 무결성 제약조건'이라고 한다.

외래키는 사람이 지정하는가, DBMS가 알아서 처리해 주는가?

사람이라면 〈그림 1.13〉의 두 테이블을 보고 참조 관계에 있음을 쉽게 알 수 있다. 그러나 DBMS는 사람과 같이 지능이 있는 것이 아니므로 테이블 간, 데이터 간 연관성을 알 수가 없다. 따라서 참조 무결성 제약조건을 DBMS에게 알려주려면 데이터베이스 설계자가 명시적으로 외래키를 지정해 주어야 한다.

자기 참조(self reference)

〈그림 1.13〉의 사원 테이블에서 홍성길 사원의 직장상사(manager) 이름을 알려면 직장상사의 사원번호 '1002'를 가지고 다시 사원 테이블의 튜플 중 사원번호가 '1002'인 것을 찾아야 한다. 그 결과 '곽희준'이 '홍성길'의 상사인 것을 알 수 있다. 〈그림 1.15〉가 이러한 상황을 보여준다. 이와 같이 한 테이블이 자신을 참조하는 경우를 '자기 참조'라고 한다.

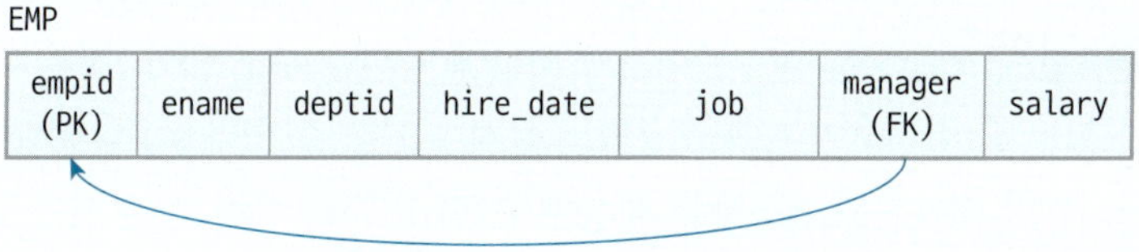

〈그림 1.15〉 자기 참조의 예

1.4 뷰

관계형 데이터베이스를 이해하는 데 빼놓을 수 없는 것이 바로 뷰(view)이다. 뷰는 단어의 뜻 그대로 하나의 테이블, 혹은 여러 테이블에 대하여 특정 사용자나 조직의 관점에서 데이터를 바라볼 수 있도록 해주는 수단으로서 가상 테이블이라고도 부른다. 어떤 회사의 사원 정보를 생각해보자. 회사 내에서 업무를 위해 사원 정보를 필요로 하는 부서가 많이 있을 것이다. 인사팀에서는 급여 지급을 위해 {사번, 이름, 입사일자, 급여액}이 필요하고 기획실에서는 인력 배치를 위해 {사번, 이름, 근무부서, 담당 업무}를 필요로 한다. 사내복지팀에서는 사원의 생일에 선물을 보내기 위해 {사번, 이름, 생년월일, 주소}를 필요로 한다. 같은 사원에 대한 정보이지만 이렇게 부서별로 필요로 하는 세부항목은 다를 수 있다. 과거의 파일 시스템 환경에서는 이런 경우 세 개의 부서에서 필요한 사원 파일을 각각 생성하여 사용하였다. 그 결과 데이터의 중복성, 불일치와 같은 문제가 발생하였다. 관계형 데이터베이스에서는 데이터를 개인이나 개별 부서 단위의 관점에서 보는 것이 아니라 조직 전체의 차원에서 보기 때문에 세 개의 사원 정보를 관리하지 않고 하나의 사원 정보 테이블에 모아서 관리한다. 〈그림 1.16〉은 통합된 사원 정보 테이블을 보여준다.

EMP

empid	ename	dept	hire_date	birthday	address	job	salary
1001	홍성길	영업부	2021.2.1	2006.10.12	서울 대림동	특수영업	350
1002	곽희준	영업부	2019.1.1	2005.9.10	안양 용봉동	영업관리	400
1003	김동준	생산부	2020.9.1	2005.5.16	부산 대하동	품질관리	300
1004	성재규	인사부	2017.2.1	2002.4.10	대구 달서동	급여	450
1005	박성범	구매부	2020.2.1	2005.12.4	광주 금남동	수입자재	320

〈그림 1.16〉 전체 조직 관점에서의 사원 테이블

이와 같은 사원 테이블이 인사팀, 기획실, 사내복지팀에 주어진다면 각 부서에서는 자신들에게 불필요한 정보가 포함되어 주어지기 때문에 불편할 수도 있고, 또한 다른 부서에 보여서는 안 되는 급여 정보가 함께 제공되는 문제가 생길 수 있다. 이를 위해 데이터베이스 관리자는 EMP 테이블을 제공하는 대신에 〈그림 1.17〉과 같이 각 부서의 필요에 맞는 뷰를 생성하여 제공할 수 있다.

VIEW_EMP1

empid	ename	hire_date	salary
1001	홍성길	2021.2.1	350
1002	곽희준	2019.1.1	400
1003	김동준	2020.9.1	300
1004	성재규	2017.2.1	450
1005	박성범	2020.2.1	320

VIEW_EMP2

empid	ename	dept	job
1001	홍성길	영업부	특수영업
1002	곽희준	영업부	영업관리
1003	김동준	생산부	품질관리
1004	성재규	인사부	급여
1005	박성범	구매부	수입자재

VIEW_EMP3

empid	ename	birthday	address
1001	홍성길	2006.10.12	서울 대림동
1002	곽희준	2005.9.10	안양 용봉동
1003	김동준	2005.5.16	부산 대하동
1004	성재규	2002.4.10	대구 달서동
1005	박성범	2005.12.4	광주 금남동

〈그림 1.17〉 사원 테이블에 대한 세 가지 뷰

사용자의 관점에서 보면 뷰는 일반 테이블(base table)과 거의 구분이 되지 않는다. 일반 테이블과 마찬가지로 뷰에 대해서도 질의가 가능하기 때문이다. 일반 테이블과 뷰의 중요한 차이점은 일반 테이블이 실제로 물리적인 데이터를 갖고 있는 반면에 뷰는 물리적인 데이터를 갖고 있지 않고, 뷰가 정의된 일반 테이블로부터 데이터를 가져다 보여준다는 것이다. 따라서 뷰는 일반 테이블이 있어야 정의가 가능하다. 뷰의 정의는 다음과 같은 SQL 명령을 사용한다.

```
CREATE VIEW view_emp1
 AS SELECT empid, ename, hire_date, salary
    FROM   emp;

 CREATE VIEW high_salary
 AS SELECT empid, ename, dept, salary
    FROM   emp
    WHERE  salary >= 350;
```

만일 사용자가 뷰 high_salary에 대하여 다음과 같은 질의를 한다면

```
SELECT empid, ename, salary
FROM   high_salary
WHERE  dept = '영업부';
```

DBMS는 다음과 같이 일반 테이블에 대한 질의로 바꾸어 실행한다.

```
SELECT empid, ename, salary
FROM   emp
WHERE  salary >= 350
AND    dept = '영업부';
```

일반적으로 뷰는 다음과 같은 목적으로 사용한다.

- 〈그림 1.17〉의 경우와 같이 하나의 테이블에 대하여 여러 부서에서 서로 다른 관점으로 보기를 원할 때
- 테이블에 급여와 같이 일반 사용자에게는 감추어야 할 컬럼이 있을 때 그것을 제외하고 뷰를 만들어 제공함으로써 보안을 유지할 필요가 있을 때
- 자주 사용하는 복잡한 질의문을 미리 뷰로 정의하여 두고 간편하게 쓰고자 할 때

뷰에 대해서도 튜플의 삽입과 삭제가 가능한가?

뷰에 대해서는 일반 테이블에 적용되는 모든 SELECT문이 적용된다. INSERT, UPDATE, DELETE문의 실행 여부는 경우에 따라 다르게 처리된다. 즉, 어떤 경우는 튜플의 삽입, 삭제가 가능한 경우도 있고 그렇지 않은 경우도 있다. 상식적으로 생각했을 때 튜플의 삽입이나 삭제가 테이블에 문제를 일으키지 않고, 무결성 규칙을 만족한다면 실행될 것이고 문제가 된다면 DBMS는 실행을 시키지 않을 것이다. 〈그림 1.17〉의 뷰 view_emp2에 튜플을 삽입하는 상황을 생각해 보자. view_emp2에 대한 INSET 연산은 일반 테이블 emp에 대하여 실행될 것이고 〈그림 1.18〉과 같이 view_emp2에 포함되지 않은 나머지 컬럼들에 대해서는 null값이 적용된다.

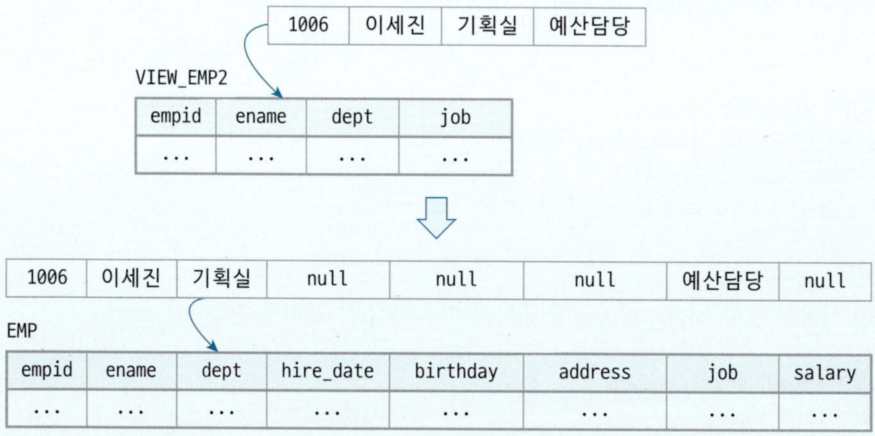

〈그림 1.18〉 뷰에 대한 튜플의 삽입

〈그림 1.18〉에서 튜플의 삽입 가능 여부는 null값이 저장될 컬럼들(hire_date, birthday, salary)이 null값을 허용하는가에 달려 있다. 만일 이들 중 어느 하나라도 null값을 허용하지 않는 컬럼으로 정의되어 있다면 튜플은 삽입되지 못할 것이다. 세 컬럼이 모두 null 값을 허용한다면 view_emp2를 통한 튜플의 삽입은 허용될 수 있다. 튜플의 삭제에 대해서도 비슷한 판단기준이 적용된다. 일반적으로 여러 테이블을 조인(join)하여 뷰를 만들거나 원래 테이블에 있던 값을 SUM, AVG 등의 함수를 사용하여 가공한 뒤 뷰를 만든 경우는 뷰에 대하여 삽입과 삭제가 불가능하다.

1.5 SQL 언어

관계형 데이터베이스의 장점 중 하나는 사용자들이 쉽게 사용할 수 있는 SQL (Structured Query Language) 언어를 제공한다는 것이다. 사용자는 간단한 SQL문을 사용하여 DBMS에게 작업을 요청할 수 있다. 또한 기본적인 SQL문들은 표준화되어 있기 때문에 거의 대부분의 DBMS 제품에 동일하게 적용이 된다. SQL은 1974년 IBM연구소에서 System R 프로젝트를 통해 개발되었고 1986년 미국 표준기구 ANSI에서 SQL 표준을 제정하였다. 현재 SQL-89, SQL2(SQL-92), SQL3(SQL-99) 등 여러 버전이 존재한다. 현재 SQL:2019까지 발표되었다.

SQL 언어는 비절차적 언어(non-procedural language)이다. 사용자는 자신이 원하는 것만을 명시하며, 원하는 것을 DBMS가 어떻게 처리할지는 명시할 필요가 없다. 또한 SQL 언어는 자연어와 비슷한 문법체계를 가지고 있기 때문에 처음 보는 사람도 SQL문의 의미를 이해하는 것이 어렵지 않다. 이러한 요인으로 해서 사용자들은 SQL이 다른 언어에 비해 배우기 쉬운 것으로 느낀다. 사용자/개발자는 〈그림 1.19〉와 같이 두 가지 방식으로 SQL을 이용할 수 있다.

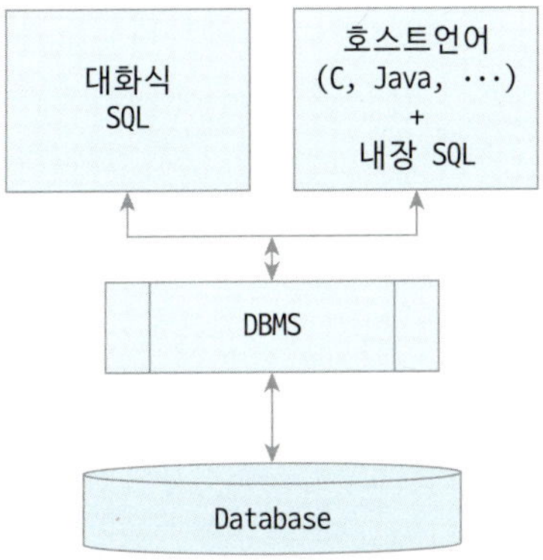

〈그림 1.19〉 SQL을 이용하는 두 가지 방법

대화식 SQL이란 DBMS 회사에서 제공하는 유틸리티 프로그램(예: ORACLE의 SQL*Plus)을 이용하여 사용자가 직접 SQL문을 입력하고 실행결과를 확인하는 방식을 말한다. 그에 비해 내장 SQL은 SQL문이 C, Java 등의 다른 언어로 작성된 삭제 프로그램 안에 포함되어져서 사용되는 방식이다. 〈그림 1.20〉은 대화식 SQL의 예를, 〈그림 1.21〉은 내장 SQL의 예를 보여준다.

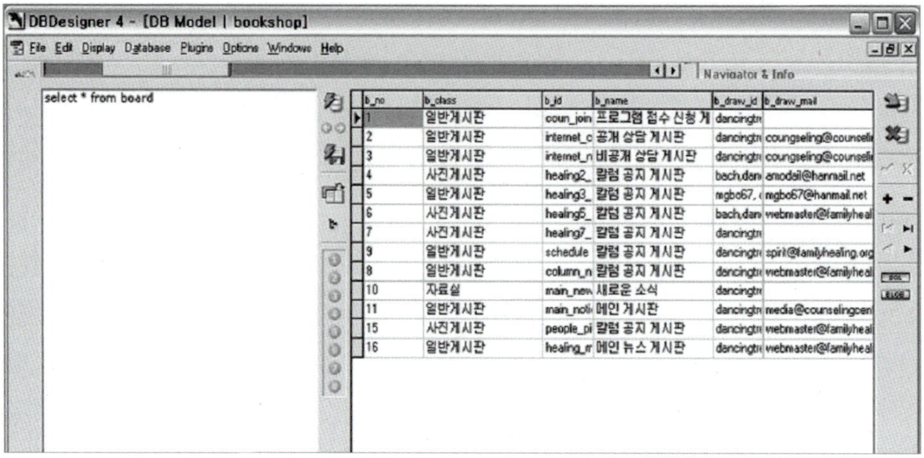

〈그림 1.20〉 대화식 SQL을 지원하는 유틸리티의 예

```
<HTML>
<HEAD>
<TITLE> Dept </TITLE>
</HEAD>

<BODY>
<center><h2>부서정보 조회 (전체)</h2>
<%
    String deptid, dname, dloc ;

    Class.forName("org.gjt.mm.mysql.Driver");
    con = DriverManager.getConnection(DB_URL, DB_USER,
          DB_PASSWORD);

    String query = "SELECT * FROM dept";
    PreparedStatement pstmt =
        con.prepareStatement(query);
    ResultSet result = pstmt.executeQuery();

        while (result.next()){
                    deptid = result.getString(1);
                    dname  = result.getString(2);
                    dloc = result.getString("loc");
%>
    <tr>
```

```
        <td><%=deptid%></td><td><%=dname%></td><td>
            <%=dloc%></td>
    </tr>
<%
    pstmt.close();
%>
</table>
</BODY>
</HTML>
```

〈그림 1.21〉 JSP에 포함된 내장 SQL의 예

데이터베이스를 설계하기 위해서는 SQL 언어에 익숙할 필요가 있다. 데이터베이스 설계의 목표 중 하나는 개발자나 사용자들의 SQL 질의를 효과적으로 처리해 줄 수 있는 구조로 데이터베이스를 구성하는 것이다. 설계자는 사용자들이 어떤 SQL을 사용하게 될지를 사전에 파악하고 그에 맞추어 데이터베이스를 설계해야 한다. SQL 언어에는 다음과 같은 명령어가 있다.

```
SELECT
INSERT
UPDATE
DELETE
CREATE
ALTER
DROP
```

SQL 언어의 문법에 대해서는 자세히 설명한 책들이 많으므로 여기서는 각 명령어에 대하여 여러 형태의 SQL문을 살펴보는 것으로 설명을 대신한다. 각 SQL문은 〈그림 1.13〉의 사원(emp)과 부서(dept) 테이블상에서 실행됨을 가정한다.

DBMS는 SQL문을 실행할 때 대소문자를 구분하지 않는다. 테이블 이름, 컬럼의 이름에 대해서도 마찬가지이다. 다음의 예에서는 편의상 SQL 문법에 있는 예약어(reserved word)에 대해서는 대문자로, 테이블이나 컬럼 이름은 소문자로 기술하기로 한다. 또한 대화식 SQL에서 많은 경우 SQL문이 끝났음을 알려주기 위해 ';'를 사용하므로 예제에서도 SQL문 끝에 ';'를 붙였다. SQL문은 한 줄에 이어서 기술해도 되고 여러 줄에 나누어 기술해도 된다.

■ SELECT

SELECT는 테이블에 저장된 정보를 조회하는 데 사용한다. 데이터베이스의 목적이 정보를 한곳에 모아 관리하면서 다수가 공유하는 것임을 생각할 때 SQL 명령어 중에서 가장 빈번히 사용되는 명령어가 SELECT임을 쉽게 짐작할 수 있다. 따라서 SELECT는 다양한 형태의 문법을 갖는다.

사원에 대한 모든 정보를 보이시오.

```
SELECT *
FROM   emp ;
```

곽희준 사원의 담당업무는 무엇인가?

```
SELECT job
FROM   emp
WHERE ename = '곽희준' ;
```

급여가 300을 넘고 담당업무가 영업관리인 사원의 모든 정보를 보이시오.

```
SELECT *
FROM   emp
WHERE  salary > 300 AND job = '영업관리' ;
```

모든 사원의 이름과 급여를 보이되 사원 이름을 가나다순으로 보이시오.

```
SELECT ename, salary
FROM   emp
ORDER BY ename ;
```

부서번호와 그 부서에 속한 사원들의 급여액 합계를 보이시오.

```
SELECT deptid, SUM(salary)
FROM   emp
GROUP BY deptid ;
```

가장 많은 급여를 받는 사원의 급여액과 가장 적은 급여를 받는 사원의 급여액을 보이시오.

```
SELECT MAX(salary), MIN(salary)
FROM   emp ;
```

가장 많은 급여를 받는 사원의 이름을 보이시오.

```
SELECT ename
FROM   emp
WHERE salary = ( SELECT MAX(salary)
                 FROM   emp ) ;
```

사원들의 현재 급여와 급여를 10% 인상했을 때의 예상 급여를 보이시오.

```
SELECT ename, salary, salary*1.1
FROM   emp ;
```

모든 사원들의 이름과 부서 이름을 보이시오.

```
SELECT emp.ename, dept.dname
FROM   emp, dept
WHERE  emp.deptid = dept.deptid ;
또는
SELECT e.ename, d.name
FROM   emp e, dept d
WHERE  e.deptid = d.deptid ;
```

곽희준 사원이 속한 부서의 예산은 얼마인가?

```
SELECT d.dname, d.budget
FROM   emp e, dept d
WHERE  e.deptid = d.deptid
AND    e.ename = '곽희준';
```

사원의 이름과 그 사원의 상사(manager) 이름을 보이시오.

```
SELECT e.ename, m.ename
FROM   emp e, emp m
WHERE  e.manager = m.empid;
```

▪ INSERT

INSERT는 테이블에 튜플을 삽입할 때 사용한다. 기본적으로 INSERT문은 한 번에 하나의 튜플을 삽입할 수 있다.

```
INSERT INTO emp (empid, ename, deptid, hire_date, job, salary)
VALUES (106, '강윤호', 200, '2001-01-10', '연말정산', 400);
```

(사원 정보에 튜플을 삽입. 위와 같이 모든 컬럼의 값에 대해 테이블에 있는 컬럼 순서대로 저장하는 경우는 다음과 같이 간단히 기술할 수 있다.)

```
INSERT INTO emp
VALUES (106, '강윤호', 200, '2001-01-10', '연말정산', 400);
```

```
INSERT INTO emp (empid, ename, salary)
VALUES (107, '남진선', 500);
```

(위와 같이 일부 컬럼을 생략하고 튜플을 삽입하는 경우, 생략된 컬럼들의 값은 null로 저장된다.)

▪ UPDATE

UPDATE는 테이블에 저장되어 있는 튜플의 값을 변경할 때 사용한다.

홍성길 사원의 부서번호를 400으로, 급여를 500으로 변경하시오.

```
UPDATE emp
SET    deptid=400, salary=500
WHERE  ename='홍성길' ;
```

```
영업부에 속한 사원의 급여를 20% 인상하시오.

UPDATE emp
SET     salary = salary*1.2
WHERE   deptid = (SELECT deptid
                  FROM dept
                  WHERE dname = '영업부') ;
```

▪ DELETE

DELETE는 테이블에 있는 튜플을 삭제할 때 사용한다.

```
홍성길 사원의 정보를 사원 정보에서 삭제하시오.

DELETE FROM emp
WHERE   ename='홍성길' ;
```

```
모든 사원의 정보를 사원 정보에서 삭제하시오.

DELETE FROM emp ;
```

▪ CREATE

CREATE는 테이블, 뷰, 사용자 등 데이터베이스 내의 객체들을 생성하는 데 사용된다. 앞에서 살펴본 SELECT, INSERT, UPDATE, DELETE가 테이블 내에 있는 튜플들에 대한 명령어이고 일반 사용자들이 이용할 수 있는 명령어이나 CREATE는 데이터베이스의 구조와 관련이 있기 때문에 데이터베이스 관리자나 설계자들이 사용하게 된다. 또한 CREATE문은 표준화된 문법을 가지고 있지만 DBMS 제품마다 상이한 부분이 있으므로 사용할 제품에서 어떤 문법을 제공하는지 살펴보아야 한다.

```
다음은 dept, emp 테이블을 생성하는 문장이다.

CREATE TABLE emp
( deptid int(10) NOT NULL,
```

```
  dname char(20),
  budget char(5),
  PRIMARY KEY(deptid)
);

CREATE TABLE emp
( empid int(10) NOT NULL,
  ename char(20),
  deptid int(5),
  hire_date date,
  job char(20),
  salary int(10) NOT NULL,
  PRIMARY KEY(empid),
  FOREIGN KEY (deptid) REFERENCES dept(deptid)
);
```

다음은 dept, emp 테이블을 연결하여 뷰를 만드는 문장이다.

```
CREATE VIEW new_emp
 AS SELECT e.empid, e.ename, d.dname, e.salary
    FROM   emp e, dept d
    WHERE  e.deptid = d.deptid ;
```

▪ ALTER

ALTER는 CREATE로 생성한 데이터베이스 내의 객체를 변경할 때 사용한다.

다음은 emp 테이블에 전화번호(tel) 컬럼을 추가하는 SQL문이다.

```
ALTER TABLE emp
   ADD tel varchar(30) ;
```

▪ DROP

DROP은 CREATE의 반대 역할을 하는 명령어로 데이터베이스 내의 객체를 제거하는 역할을 한다.

다음은 dept 테이블과 뷰 new_emp를 제거하는 문장이다.

```
DROP TABLE dept ;
DROP VIEW new_emp ;
```

연습문제

1. 동일 데이터가 중복하여 존재할 때 발생할 수 있는 문제가 무엇인지 설명하시오.

2. 데이터베이스(database)와 DBMS의 차이점을 설명하시오.

3. 릴레이션, 컬럼, 튜플에 대해 간단히 설명하시오.

4. 다음 테이블에서 기본키와 외래키는 무엇인지 찾아보시오.

학생

학번	이름	전공	지도교수
2003001	김철수	국문학	P001
2003002	박선하	국문학	P002
2003003	안미희	컴퓨터공학	P001
2003004	유창식	컴퓨터공학	P003
2003005	임한솔	산업공학	P002

교수

지도교수	이름
P001	한성식
P002	김설훈
P003	박광민

5. 뷰(view)의 필요성에 대해 설명하시오.

6. mySQL DBMS를 이용하여 〈그림 1.13〉의 사원과 부서 정보 테이블을 생성하시오. (45페이지의 CREATE문 참조)

7. 사원과 부서 정보 테이블에 〈그림 1.13〉과 동일한 튜플을 입력하시오.

※ 앞에서 생성한 사원과 부서 정보 테이블에 대해 다음 명령에 해당하는 SQL을 작성하여 실행하시오.

8. 담당업무(job)가 '영업관리'인 사원의 모든 정보를 보이시오.

9. 급여(salary)가 400 이상인 사원의 이름과 그 사원이 속한 부서 이름을 보이시오.

10. ‘영업부’와 ‘구매부’ 사원들의 급여(salary) 합계를 보이시오.

11. 가장 급여를 많이 받는 사원과 가장 적게 받는 사원의 급여액 차이는 얼마인지 보이시오.

12. ‘영업’ 사원 중 급여가 380 이상인 사원의 이름, 담당업무(job), 급여액을 보이시오.

13. ‘성재규’ 사원의 소속 부서 이름을 보이시오.

14. ‘구매부’에 속한 사원을 제외한 나머지 사원들에 대해 ‘사원번호’, ‘이름’, ‘부서명’, ‘담당업무’, ‘급여’를 조회할 수 있는 뷰(view)를 생성하시오. 그리고 그 뷰를 조회한 결과를 보이시오.

CHAPTER

02

정보시스템 구축 절차와 데이터베이스 설계

contents

CHAPTER

02 정보시스템 구축 절차와 데이터베이스 설계

| 단원목표 |

- 추상화와 모델링과의 관계를 이해한다.
- 현실세계에 대한 추상화 과정을 배운다.
- 데이터베이스를 설계한다는 것이 무엇을 의미하는지를 이해한다.
- 정보시스템 구축 과정에서 데이터베이스 설계가 차지하는 위치를 이해한다.

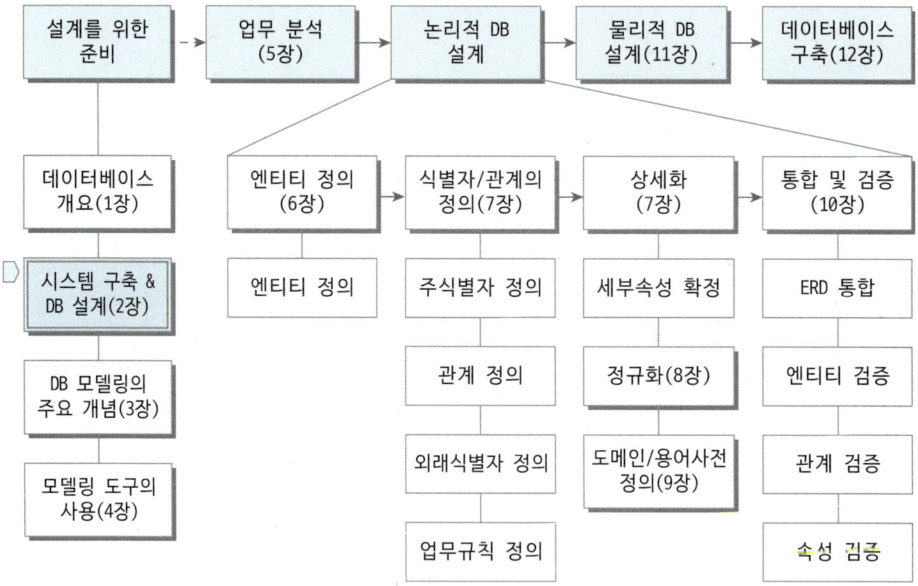

2.1 추상화와 모델링

추상화(abstraction)와 모델링(modeling)이라는 용어는 얼핏 보기에는 데이터베이스 설계와 별로 상관이 없는 것처럼 보인다. 그러나 데이터베이스 설계 과정은 소프트웨어(정보시스템) 개발 과정의 일부이며, 소프트웨어의 개발 과정은 곧 현실세계에 대한 추상화 과정으로 설명될 수 있다. 데이터베이스 설계 능력은 곧 현실세계를 추상화할 수 있는 능력과 일치한다. 따라서 추상화의 개념을 이해하는 것은 소프트웨어의 개발이나 데이터베이스 설계를 이해하는 데 많은 도움이 된다.

추상화는 모델(model)이라는 수단을 통해 이루어지기 때문에 추상화를 모델링이라고 표현하기도 한다. 우리는 모델이라고 지칭하지는 않지만 생활에서 많이 이용하고 있다. 모델의 대표적 예는 지도이다.

〈그림 2.1〉 서울에 대한 위성사진[1)]

1) 출처: http://photo.empas.com

우리는 〈그림 2.1〉의 위성사진에서 서울의 시가지 모습이나 서울의 중심을 흐르는 한강의 모습을 확인할 수 있다. 그러나 이러한 위성사진은 실생활에는 별로 도움이 되지 않는다. 앞의 사진은 현실세계를 정확히 반영하고 있지만 이 사진을 보고 서울 시내에 있는 종묘를 찾아가는 것은 어려운 일이다. 종묘를 찾아가려면 위성사진 대신에 〈그림 2.2〉와 같은 지도가 더 유용하다.

〈그림 2.2〉 종로3가 부근의 지도[2)]

〈그림 2.2〉를 보면 지하철 종로 3가역 부근의 간략한 지형과 건물이 표시되어 있다. 현실세계에 존재하는 모든 건물과 도로가 표시되어 있는 것은 아니지만 종묘를 찾아가는 데 충분한 정보를 담고 있다. 이와 같이 지도에서는 현실세계가 간단한 도형, 선, 색깔로 표현되며 현실세계와 정확히 일치하지는 않지만 현실세계에 대한 '모델'의 역할을 충분히 하고 있다. 〈그림 2.3〉은 또 다른 형태의 지도를 보여준다.

2) 출처: 종로구청(http://tour.jongno.go.kr)

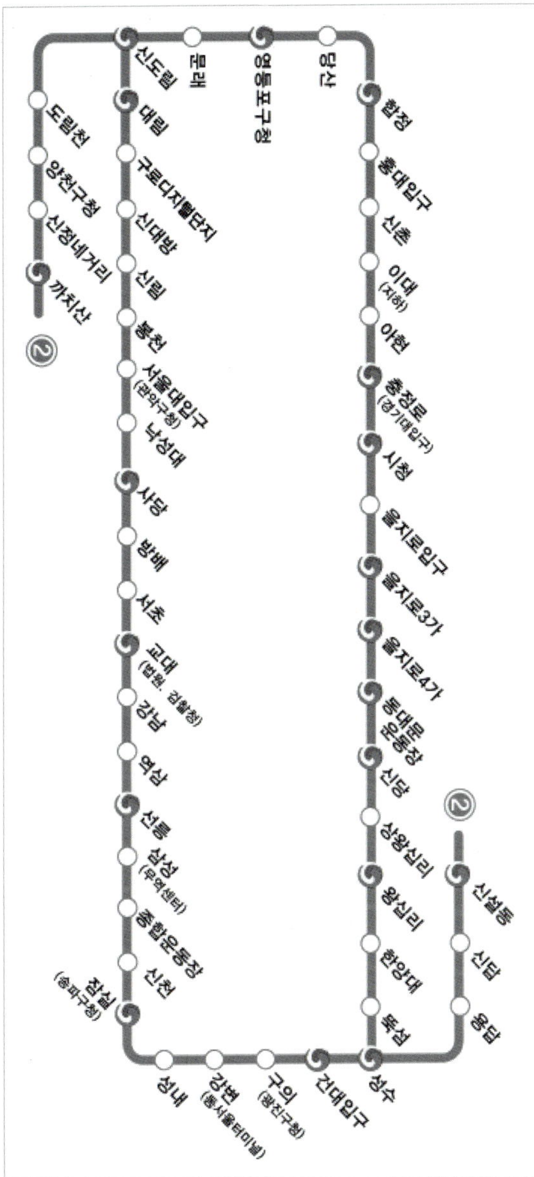

〈그림 2.3〉 지하철 2호선 노선도

〈그림 2.3〉의 지하철 2호선 노선도는 현실세계를 더욱 개념화하고 단순화하여 표현하고 있다. 이 노선도를 보면 어느 역 다음에 한강 다리를 건너는지, 어떤 역에서 다른 역으로 갈 때 시간이 얼마나 걸리는지 알 수가 없다. 다만 어느 역에서 지하철을 갈아탈 수 있고 어떤 역 다음에 어느 역이 있는지를 알 수가 있다. 이렇게 매우 제한적인 정보를 담고 있

음에도 우리는 지하철 노선도를 매우 유용하게 사용한다.

이상의 사실들을 가지고 모델, 모델링, 추상화라는 개념을 설명해 보자. 모델이란 사람들이 복잡한 현실세계를 쉽게 이해하기 위해 현실세계를 개념화, 단순화시켜 표현한 것을 말한다. 모델을 만드는 과정을 **모델링**이라 하며 이러한 과정을 다른 말로 현실세계에 대한 **추상화** 과정이라고 한다. 〈그림 2.4〉에 요약하여 설명한 것처럼 지도나 약도, 도로 표지판, 악보 등은 현실세계의 어떤 부분을 표현하는 모델이다. 그리고 각 모델은 모델을 구성하는 요소들(기호, 선, 도형 등)을 가지고 있다. 이러한 구성요소들은 사람들이 직관적으로 알 수 있거나 관습이나 약속에 의해 그 의미가 정해져 있다. 사람들은 모델에서 구성요소들의 의미를 이해할 수 있다면 그 모델을 통해 현실세계를 이해할 수 있게 된다.

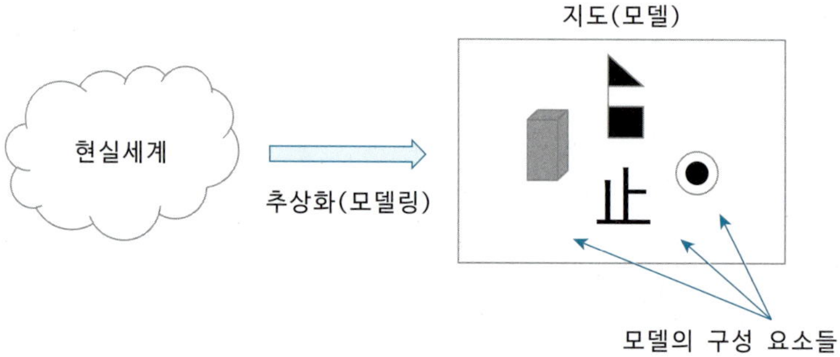

〈그림 2.4〉 추상화 과정

이러한 추상화 과정은 소프트웨어 개발과 밀접한 관련이 있다. 결론부터 말하자면 소프트웨어란 현실세계(real world)에서 수행되는 작업이나 행위가 컴퓨터세계(computer world)에서 수행될 수 있도록 해 주는 수단이다. 즉, 소프트웨어는 현실세계를 모델링한 결과이다.

1에서 1000까지의 합계를 계산하는 문제를 생각해 보자. 종이와 연필만 가지고 이 문제를 해결한다고 하면 1+2+3+4+…와 같이 순차적으로 숫자를 더해나가는 방법을 사용할 것이다. 컴퓨터로 하여금 이 문제를 해결하도록 하려면 어떻게 해야 할까? 컴퓨터도 사람이 문제를 푸는 것과 동일한 절차를 거쳐서 풀어야 할 것이다. 그렇게 하기 위해서는 컴퓨터에게 문제를 해결하는 절차를 알려주어야 한다. 컴퓨터가 알 수 있도록 문제를 해결하는 방법을 알려주는 수단이 **프로그램**이다. 따라서 컴퓨터가 문제를 풀기 이전에 문제를 해결하는 절차를 수립해야 하는데 이러한 절차를 보통 알고리즘이라고 한다. 결국 프로그램은 컴퓨터세계에서 현실세계의 인간에 대응되고, 사용된 알고리즘은 현실세계에서 인간이 문제를 해결하는 절차를 모델링한 것으로 설명할 수 있다.

전산학에서 유명한 명제 중에 '사람이 종이와 연필을 가지고 해결할 수 없는 문제는 컴퓨터도 해결할 수 없다'라는 명제가 있다. 이 말을 풀어서 설명하면 인간이 문제해결 절차를 모델링할 수 없다면, 즉 알고리즘을 만들 수 없다면 컴퓨터세계에서도 문제를 해결할 수 없다는 것이다. 〈그림 2.5〉는 1~1000의 합계를 구하는 문제를 프로그램으로 해결하도록 하는 절차를 보여준다. 이것은 현실세계에서 일어나는 일이 개념화, 모델링 단계를 거쳐 컴퓨터세계에서 일어나도록 하는 과정임을 보여준다. 이러한 이유로 소프트웨어의 개발 과정은 곧 현실세계에 대한 추상화 과정이라고 말할 수 있는 것이다. 훌륭한 소프트웨어 엔지니어는 코딩을 잘하는 사람이 아니라 현실세계의 문제를 잘 파악하고 모델링할 수 있는 능력을 가진 사람이다.

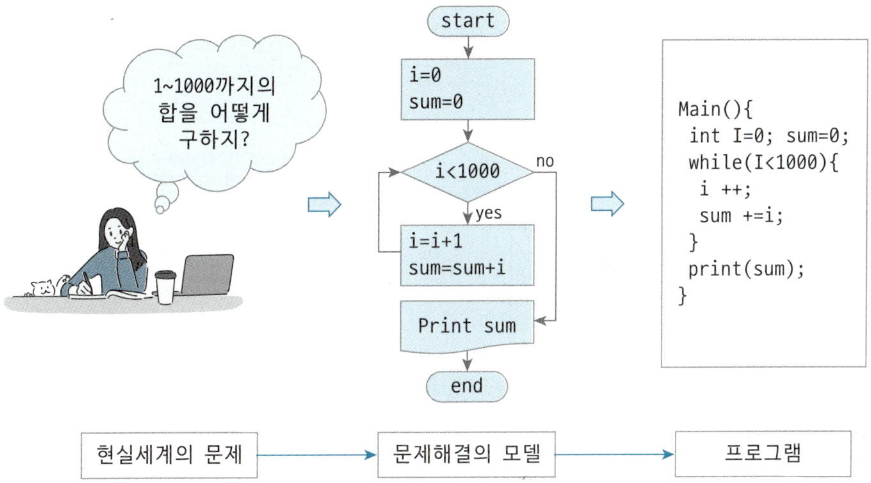

〈그림 2.5〉 1~1000까지의 합계를 구하는 문제

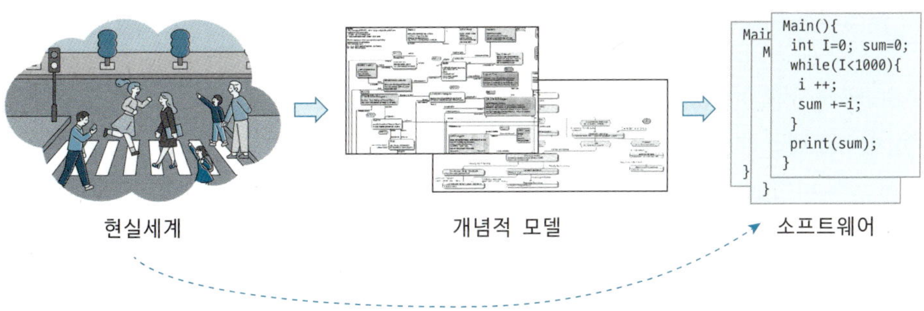

〈그림 2.6〉 현실세계를 반영하는 소프트웨어

2.2 데이터베이스 설계의 개념

오늘날 정보시스템을 구축하거나 웹사이트를 개발할 때 데이터베이스를 제외하고는 생각하기 어렵다. 즉, 정보시스템이나 웹사이트에서 필요로 하는 데이터를 데이터베이스에 저장하고 나중에 다시 불러오는 형태로 개발을 한다. 따라서 오늘날의 시스템 개발자들은 기본적으로 데이터베이스 연동 프로그래밍이 기본적인 지식으로 되어 있다(〈그림 2.7〉). 데이터베이스를 기반으로 시스템을 개발하기 위해서는 먼저 데이터베이스가 구축되어야 한다. 데이터베이스 설계란 데이터베이스 안에 어떤 테이블들이 있어야 하고 각 테이블들은 어떤 컬럼이 있어야 하며, 기본키와 외래키는 어떤 것인지를 정하고, 응용프로그램에서 필요로 하는 뷰와 인덱스를 생성하는 일련의 과정을 말한다. 데이터베이스를 설계하기 위해서는 프로그래밍과 마찬가지로 현실세계에 대한 분석이 있어야 한다. 데이터베이스 설계는 단순히 데이터베이스 안에 테이블을 생성하는 과정뿐만 아니라 현실세계에 대한 분석, 논리적 설계(데이터 모델링), 물리적 설계, 데이터베이스 구축에 이르는 전 과정을 포함한다.

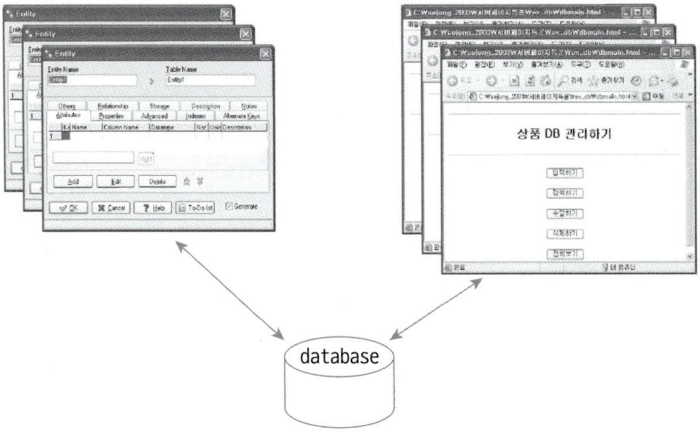

〈그림 2.7〉 데이터베이스를 기반으로 한 시스템 개발

데이터베이스 설계는 소프트웨어 개발 과정 중의 일부이므로 데이터베이스의 설계 역시 현실세계에 대한 모델링 과정에 속한다. 그리고 구축된 데이터베이스 역시 현실세계의 어떤 부분을 반영한 것이다. 학생이 수강신청을 하는 상황을 생각해 보자. 〈그림 2.8〉은 현실세계에서 학생의 수강신청이 데이터베이스에 어떻게 반영되었는지를 보여준다. 그림의 왼쪽에 있는 학생과 학생의 수강신청 정보는 그림 오른쪽의 데이터베이스 안에서 테이블로, 개별 학생 및 개별 학생의 수강신청 정보는 테이블 안의 튜플로 표현된 것을 알 수 있

다. 현실세계에 존재하는 개체(entity)가 데이터베이스 안에서는 데이터라는 형태로 존재하는 것이다. 그림 오른쪽과 같이 데이터베이스가 구축되기 위해서는 그림의 중간에 있는 것과 같이 현실세계를 개념적 모델로 표현하는 단계를 거치게 된다. 개념적 모델은 보통 'ERD(Entity-Relationship Diagram)'를 이용해서 표현한다(〈그림 2.13〉 참조). 이렇게 현실세계를 분석하여 이를 개념적 모델로 표현하고, 이를 바탕으로 데이터베이스를 구축하는 과정을 **데이터베이스 설계**라고 한다.

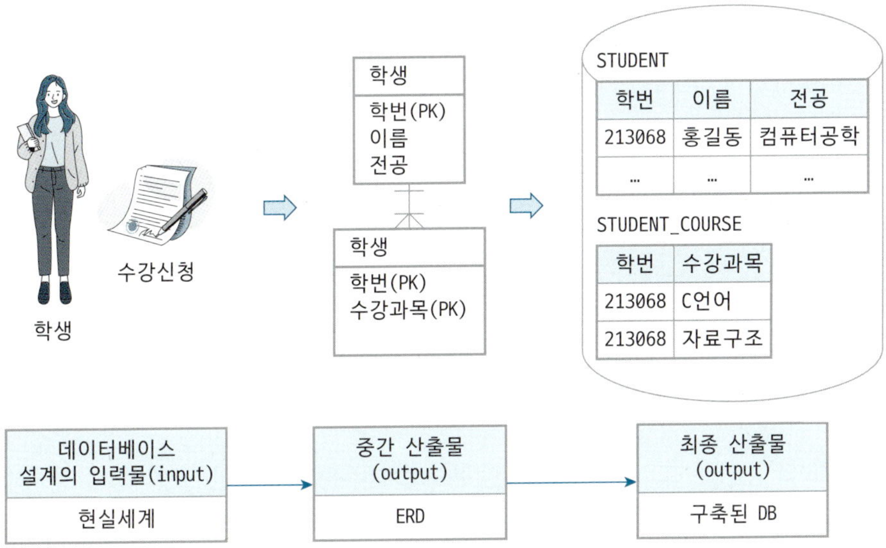

〈그림 2.8〉 데이터베이스 설계의 입력물과 산출물

데이터베이스 설계를 모델링의 관점에서 좀 더 생각해 보자. 〈그림 2.8〉의 데이터베이스를 유심히 관찰해 보면 현실세계의 어떤 부분은 반영되어 있지만 어떤 부분은 생략된 것을 알 수 있다. 즉, 현실세계에 존재하는 개체와 관련된 정보(information)나 데이터(data)는 나타나 있지만 그러한 개체들의 행위(behavior)나 발생한 사건(event)은 나타나 있지 않다. 그 이유는 데이터베이스가 현실세계를 컴퓨터세계로 추상화할 때 정보나 데이터 부분을 표현하는 데 그 목적이 있기 때문이다. 그렇다면 현실세계에서 발생하는 행위나 사건은 컴퓨터세계에서 무엇으로 표현될까? 그것은 앞에서 살펴본 바와 같이 프로그램으로 표현이 된다. 따라서 프로그램과 데이터베이스가 합쳐질 때 비로소 현실세계가 온전히 표현될 수 있다. 프로그램과 데이터베이스의 관계는 다음 절에서 보다 자세히 설명하도록 한다. 반복되는 이야기지만 소프트웨어의 개발 과정이나 데이터베이스의 설계 과정은 모두 현실세계를 컴퓨터세계로 추상화해 가는 과정임을 느낌으로 이해하는 것이 중요하다.

데이터베이스 설계는 일반적으로 논리적 데이터베이스 설계(logical database design)와 물리적 데이터베이스 설계(physical database design)로 구분된다. **논리적 데이터베이스 설계**란 현실세계를 관찰·분석하여 ERD로 불리는 개념적 모델을 만드는 과정을 말한다. 논리적 데이터베이스 설계 과정을 데이터 모델링(data modeling)이라고 부르기도 한다. 논리적 설계를 바탕으로 실제 데이터베이스를 구축하기 위해 테이블, 인덱스, 뷰 등을 설계하고 반정규화를 시행하는 과정을 **물리적 데이터베이스 설계**라고 한다. 논리적 설계는 DBMS 제품에 상관없이 진행이 되나 물리적 설계는 특정 DBMS 제품을 염두에 두고 진행하며, 데이터베이스 운영 시의 성능을 고려하게 된다. 물리적 설계의 결과는 보통 DB 설계도구나 DB 관리도구를 이용하여 DBMS에 연결한 후 자동으로 데이터베이스를 구축할 수 있다. 전체 데이터베이스 설계의 관점에서 보았을 때 논리적 설계가 시간도 많이 걸리고 어려운 부분이다. 그래서 논리적 설계(데이터 모델링)만을 따로 다루고 있는 책들도 많이 나와 있다.

2.3 정보시스템 구축과 데이터베이스 설계

데이터베이스 설계는 그 자체로 독립적인 분야로 간주될 수 있지만 일반적으로 정보시스템을 구축하는 과정의 일부이다. 따라서 데이터베이스 설계의 특성을 이해하기 위해서는 정보시스템 구축을 위한 전체적인 절차 가운데서 데이터베이스 설계가 어떤 위치를 차지하는가를 살펴보는 것이 중요하다. 정보시스템도 S/W이므로 기본적으로는 〈그림 2.9〉에 있는 바와 같은 개발 절차를 따른다.

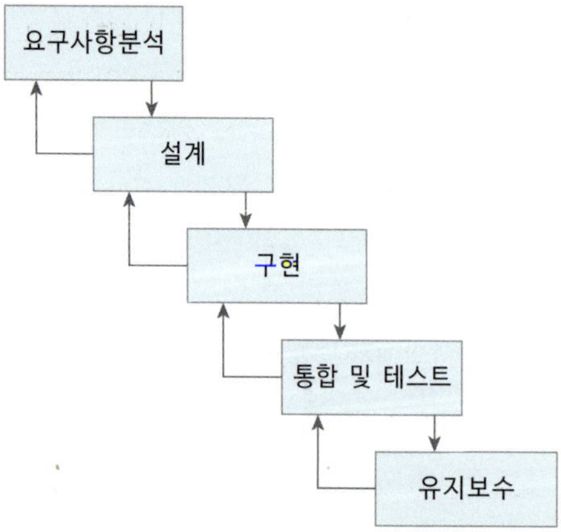

〈그림 2.9〉 소프트웨어 개발 절차(waterfall 모델)

그러나 다른 S/W와는 달리 대부분의 정보시스템은 데이터베이스를 기반으로 개발이 이루어진다는 특징이 있으며 〈그림 2.10〉과 같은 개발 방법론을 따른다(그림에서 색으로 표시된 부분이 데이터베이스 설계 영역이다).

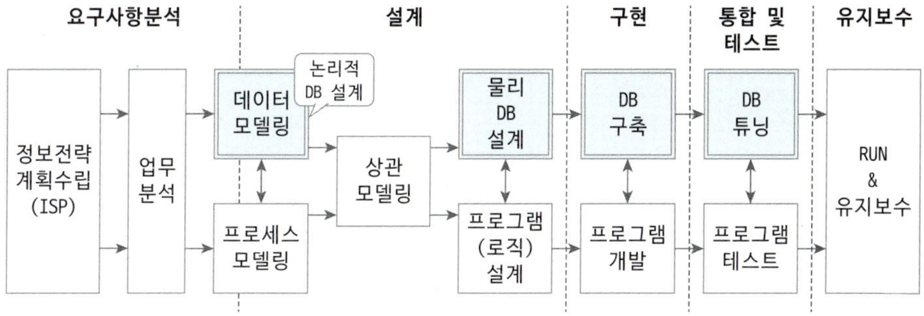

〈그림 2.10〉 정보시스템 구축 절차

〈그림 2.10〉의 정보시스템 구축 절차를 간단히 설명하면 다음과 같다.

■ 정보전략 계획 수립

정보전략 계획 수립(Information Strategic Planning)이란 정보시스템 구축의 선행 단계로서 정보시스템을 구축하고자 하는 기업의 경영전략 및 장단점을 분석하고 현행 업무 절차를 평가하여 개선사항을 도출하며, 새로운 전략 및 업무 절차에 기초하여 정보시스템 구축 계획을 수립하는 단계를 말한다. 특별히 기업 내에서 생산되고 관리되는 정보를 어떻게 관리하고 전략적으로 활용할 것인가에 대한 분석이 이루어진다. 이 단계는 정보시스템 구축과는 별개로 기업의 혁신을 위해 진행되기도 하며 경영학의 관점에서는 BPR(business process re-engineering) 과정에 해당한다. 〈그림 2.11〉은 정보전략 계획 수립 단계 산출물의 일부이다.

■ 업무의 분석

정보전략 계획이 수립되면 업무 분석과 모델링 단계를 거치게 된다. 업무 분석과 모델링은 업무의 내용상 겹치는 부분이 많다. **업무의 분석**이란 글자 그대로 현실세계에서 업무가 어떻게 이루어지는지를 파악하는 것으로 누가 어떤 행위를 하는지, 업무 과정에서 어떤 정보가 발생하거나 오고가는지, 어떤 절차를 거쳐 업무가 진행되는지 등을 파악하여 문서로 정리하는 단계이다. 〈그림 2.12〉는 업무 분석에서 일반적으로 사용되는 도표 중의 하나로서, 업무가 어떻게 진행되는지를 파악하기 쉽게 해준다.

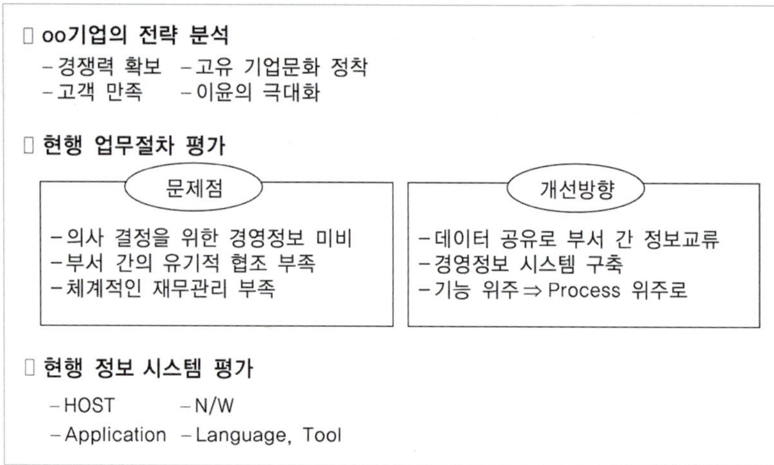

〈그림 2.11〉 정보전략 계획 수립 단계 산출물의 예

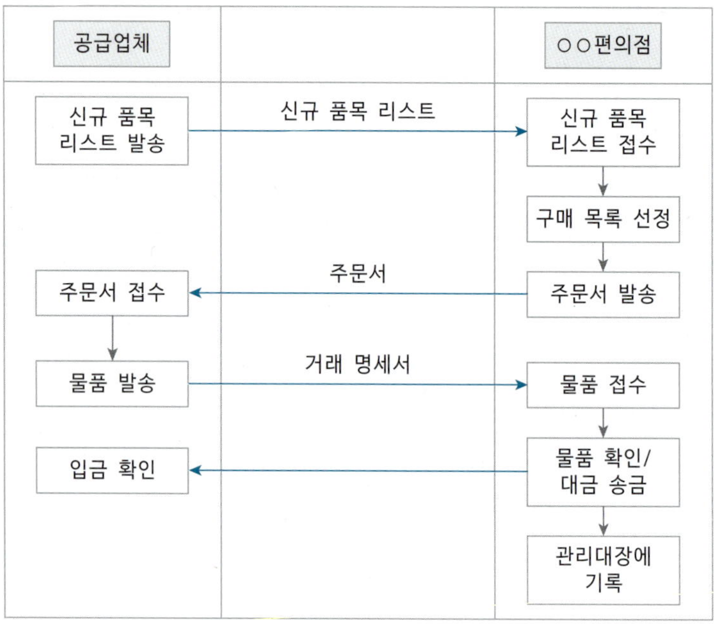

〈그림 2.12〉 업무 흐름도의 예

업무분석 이후 단계는 크게 두 가지의 흐름으로 진행된다. 하나는 **데이터** 관점에서의 개발 과정이고 따른 하나는 **프로세스**(process) 관점에서의 개발 과정이다. 프로세스란 업무의 처리 절차나 방법을 말한다.

■ 데이터 모델링

데이터 모델링이란 현실세계를 데이터의 관점에서 파악하여 개념적인 모델로 표현하는 단계를 말하며 논리적 데이터베이스 설계에 해당한다. **프로세스 모델링**이란 현실세계를 업무의 처리 절차나 흐름의 관점에서 파악하여 개념적 모델로 표현하는 단계를 말한다. 데이터 모델의 표현을 위해서는 〈그림 2.13〉과 같은 ERD가 많이 사용된다.

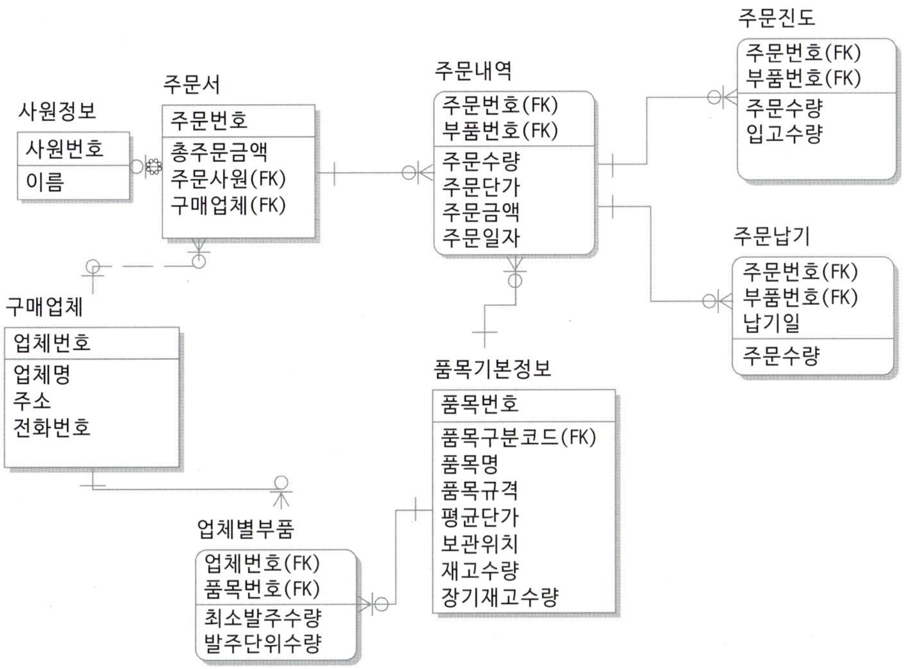

〈그림 2.13〉 ERD(Entity-Relationship Diagram)의 예

■ 프로세스 모델링

프로세스 모델링은 업무가 어떻게 구성되어 있는지, 업무의 처리 절차와 방법이 어떻게 되는지를 파악하는 것으로 〈그림 2.14〉의 기능분해도와 〈그림 2.15〉의 프로세스 흐름도 등이 사용된다.

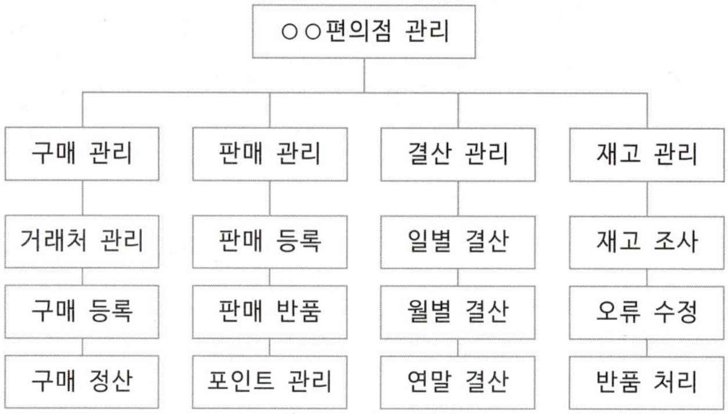

〈그림 2.14〉 기능분해도의 예

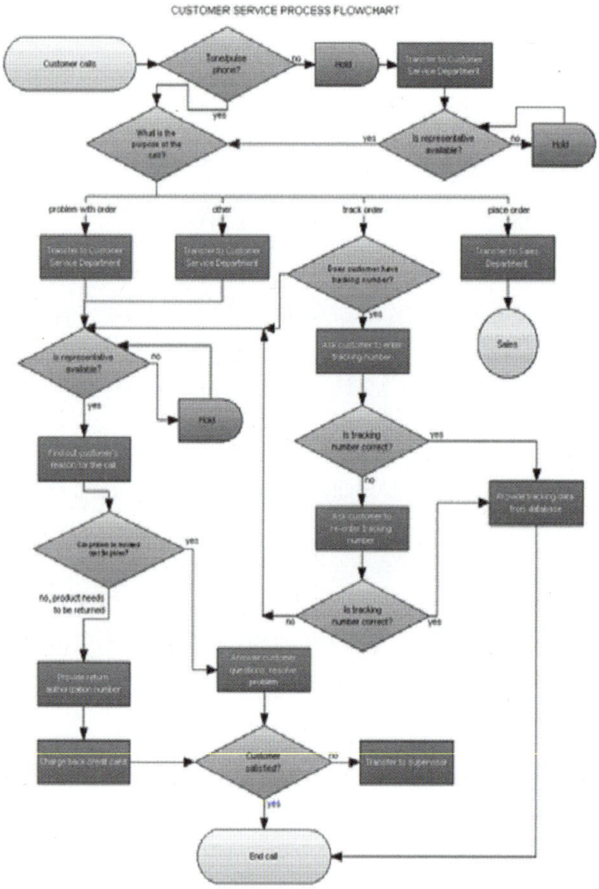

〈그림 2.15〉 프로세스 흐름도의 예[3]

3) 출처 : http://www.smartdraw.com

■ 상관 모델링

데이터 모델링과 프로세스 모델링이 완료되면 데이터 모델과 프로세스 모델을 비교 검토하여 서로 간에 잘 맞는지를 평가하게 되는데 이를 **상관 모델링** 단계라고 한다. 데이터 모델과 프로세스 모델은 동일한 현실세계의 서로 다른 면을 표현한 것이기 때문에 상호 조화를 이루어야 한다. 데이터는 업무의 처리 과정 가운데 생성되고 다른 업무 과정에서 조회되거나 변경된다. 따라서 업무의 과정이 명확히 파악되었는지(프로세스 모델), 그리고 업무 과정과 관련된 데이터나 정보가 올바로 파악되었는지(데이터 모델)를 평가하는 것은 매우 중요하다. 상관 모델을 위해서는 보통 〈그림 2.16〉과 같은 CRUD 매트릭스가 많이 이용된다. (CRUD : Create, Read, Update, Delete)

프로세스 \ 엔티티	거래처	주문서	거래명세서	품목정보
거래처 등록	C			
품목 등록				C
주문 신청	R			
물품 납품	R	R	C	
주문 취소		D	D	
거래처 조회	R			

〈그림 2.16〉 CRUD 매트릭스의 예

모델링 단계가 끝나면 모델링 단계의 산출물을 기반으로 설계 단계가 진행되는데 물리적 DB 설계와 프로그램 설계를 포함한다. 프로그램의 설계 및 개발, 테스트 과정은 잘 알고 있는 것이므로 설명을 생략한다.

■ 물리적 DB 설계

물리적 DB 설계에서는 실제 데이터베이스 구축을 위한 테이블, 뷰, 인덱스, 용량 등을 설계한다. 물리적 설계 단계부터는 특정 DBMS 제품을 염두에 두고 작업을 진행한다. 논리적 설계 단계와는 달리 구축될 데이터베이스의 용량, 성능, 보안요소 등도 고려하게 된다. 물리적 설계 단계의 대표적인 산출물은 〈그림 2.17〉에 있는 것과 같은 테이블 기술서이다.

<table>
<tr><td>Name</td><td>Orders</td><td rowspan="2">Table 기술서</td><td>작성일</td><td>2021. 11. 23</td><td rowspan="2">page
/</td></tr>
<tr><td>System</td><td>컴퓨터부품관리</td><td>작성자</td><td>한 소 연</td></tr>
<tr><td>Description</td><td colspan="5">주문 정보를 가지고 있는 테이블</td></tr>
</table>

NO	Column Name	Data Type	NN	KY	Default	Descirption
1	order_no	integer	✓	(PK)		주문 일련번호
2	Supplier_sup_no	integer	✓	(FK)		공급회사의 일련번호
3	send_date	date				주문 제품을 받는 날짜
4	total_money	integer				주문된 제품의 총 금액
5	order_date	date				주문한 날짜
6	end_date	date				납품 완료일
7						
8						
9						
10						
11						
비고						

〈그림 2.17〉 테이블 기술서의 예

■ 데이터베이스 구축

데이터베이스 구축이란 물리적 DB 설계의 내용을 가지고 실제 DBMS 안에 테이블, 인덱스, 뷰 등을 생성하는 과정을 말한다. 이렇게 구축된 데이터베이스를 가지고 프로그램을 개발하고 테스트하게 된다. 데이터베이스의 구축은 수작업으로 할 수도 있지만 보통은 모델링 도구에서 제공하는 기능을 이용하여 거의 자동적으로 데이터베이스를 구축한다. 〈그림 2.18〉은 구축된 데이터베이스의 일부를 보여준다.

```
mysql> show tables ;
+-----------------+
| Tables_in_mysql |
+-----------------+
| columns_priv    |
| db              |
| func            |
| host            |
| tables_priv     |
| user            |
+-----------------+
6 rows in set (0.01 sec)

mysql> desc db ;
+---------------------+----------------+------+-----+---------+------+
| Field               | Type           | Null | Key | Default |Extra |
+---------------------+----------------+------+-----+---------+------+
| Host                | char(60) binary |      | PRI |         |      |
| Db                  | char(64) binary |      | PRI |         |      |
| User                | char(16) binary |      | PRI |         |      |
| Select_priv         | enum('N','Y')  |      |     | N       |      |
| Insert_priv         | enum('N','Y')  |      |     | N       |      |
| Update_priv         | enum('N','Y')  |      |     | N       |      |
| Drop_priv           | enum('N','Y')  |      |     | N       |      |
| Grant_priv          | enum('N','Y')  |      |     | N       |      |
| References_priv     | enum('N','Y')  |      |     | N       |      |
| Index_priv          | enum('N','Y')  |      |     | N       |      |
| Alter_priv          | enum('N','Y')  |      |     | N       |      |
| Create_tmp_table_priv| enum('N','Y')  |      |     | N       |      |
| Lock_tables_priv    | enum('N','Y')  |      |     | N       |      |
+---------------------+----------------+------+-----+---------+------+
```

〈그림 2.18〉 구축된 데이터베이스 예

■ 데이터베이스 튜닝

데이터베이스 튜닝이란 데이터베이스가 일정한 성능을 유지할 수 있도록 비효율적인 요소를 제거하고 성능 개선을 위하여 SQL 문장을 포함, 데이터베이스의 여러 요소를 조정하는 작업을 말한다. 데이터베이스 내에 데이터 양이 증가하고 사용자 수가 증가하면 자연히 데이터베이스의 응답 속도 및 처리 속도가 저하되기 마련이다. 따라서 데이터베이스 튜닝을 통하여 일정한 성능을 유지시키는 것이 중요하다. 〈그림 2.19〉는 데이터베이스를 튜닝할 때 사용하는 DBMS의 시스템 테이블 내용의 일부를 보여준다.

```
C:\mysql\bin>mysqladmin extended-status
+-------------------------+-------+
¦ Variable_name           ¦ Value ¦
+-------------------------+-------+
¦ Aborted_clients         ¦ 0     ¦
¦ Aborted_connects        ¦ 0     ¦
¦ Bytes_received          ¦ 30    ¦
¦ Bytes_sent              ¦ 62    ¦
¦ Delayed_insert_threads  ¦ 0     ¦
¦ Delayed_writes          ¦ 0     ¦
¦ Handler_commit          ¦ 0     ¦
¦ Handler_delete          ¦ 0     ¦
¦ Max_used_connections    ¦ 0     ¦
¦ Not_flushed_delayed_rows ¦ 0     ¦
¦ Opened_tables           ¦ 6     ¦
¦ Qcache_total_blocks     ¦ 0     ¦
¦ Rpl_status              ¦ NULL  ¦
¦ Select_full_join        ¦ 0     ¦
¦ Slave_open_temp_tables  ¦ 0     ¦
¦ Slave_running           ¦ OFF   ¦
¦ Slow_launch_threads     ¦ 0     ¦
¦ Table_locks_immediate   ¦ 6     ¦
¦ Threads_cached          ¦ 0     ¦
¦ Threads_created         ¦ 1     ¦
¦ Threads_connected       ¦ 1     ¦
¦ Threads_running         ¦ 1     ¦
¦ Uptime                  ¦ 86    ¦
+-------------------------+-------+
```

〈그림 2.19〉 데이터베이스 튜닝을 위한 시스템 정보

■ 유지보수

시스템은 한 번 개발되면 영원히 사용할 수 있는 것이 아니다. 시스템의 개발이 완료되는 시점부터 시스템의 변경이 시작된다는 말이 있다. 시스템에 변경이 일어나는 이유는 시스템의 이용에 따라 사용자의 요구도 변화하고 비즈니스 환경이 변화됨에 따라 업무 절차도 지속적으로 변화하기 때문이다. 이에 따라 프로그램도 변경이 일어나지만 데이터베이스에도 지속적인 변경이 일어난다. 새로운 테이블이 생성되기도 하고 기존의 테이블에 새로운 컬럼이 추가되기도 한다. 이러한 일련의 작업을 **유지보수**라고 한다. 유지보수 비용

을 줄이기 위해서는 업무의 분석 및 설계 단계에서 신중하고 정확한 검토 및 설계가 이루어져야 한다.

이상에서 살펴본 바와 같이 데이터베이스 설계는 프로그램의 개발 과정과 밀접하게 맞물려서 진행이 된다. 모델링의 관점에서 정리를 해보면 정보시스템은 현실세계에서 진행되던 작업들을 컴퓨터세계 안에서 수행될 수 있도록 해주는 수단이며, 현실세계는 데이터베이스 부분과 프로그램 부분으로 나뉘어 정보시스템 안에 표현된다. 이를 요약하면 〈그림 2.20〉과 같다.

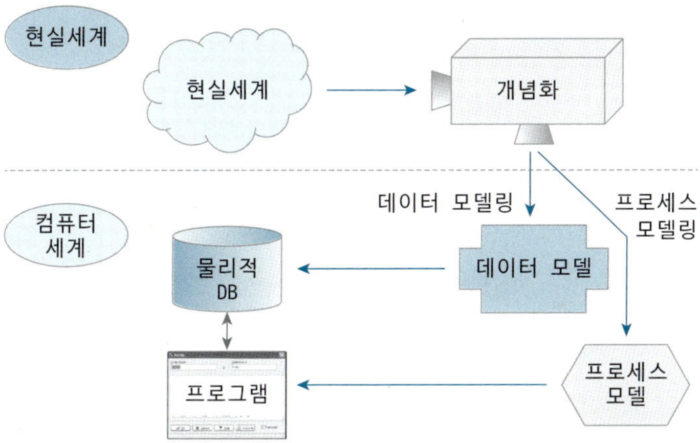

〈그림 2.20〉 현실세계가 컴퓨터세계로 모델링되는 과정

2.4 데이터베이스 설계의 상세 과정

데이터베이스의 설계 과정은 이미 2.3절에서 간략히 소개하였다. 2.3절의 내용이 전체 시스템 개발 과정 속에서 데이터베이스 설계가 차지하는 위치를 보여주었다면 이번 절에서는 데이터베이스 설계 그 자체에 초점을 맞추고 보다 상세한 설계 과정을 보여준다. 본 교재에서 다루는 데이터베이스의 설계는 〈그림 2.21〉에 있는 바와 같이 업무의 분석부터 데이터베이스의 구축에 이르는 전 과정을 포함한다. 그림에서 알 수 있는 것처럼 논리적 데이터베이스 설계(데이터 모델링)가 데이터베이스 설계의 핵심이며 가장 많은 부분을 차지한다. 저서에 따라서는 논리적 데이터베이스 설계만을 떼어서 기술할 만큼 중요하다. 3, 4장에서 데이터베이스 설계에 필요한 기초 지식을 습득한 뒤에 5장부터 본격적으로 설계 내용을 다룰 것이다.

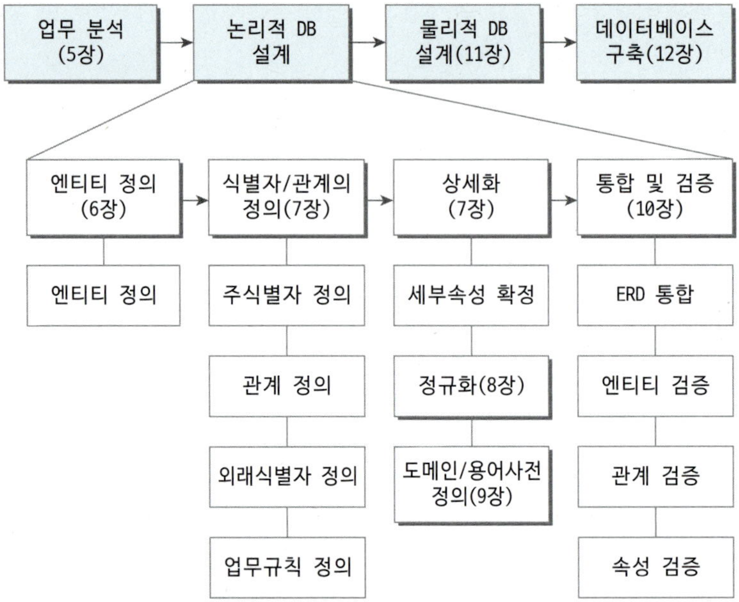

〈그림 2.21〉 데이터베이스 설계 과정

연습문제

1. 모델이란 어떤 의도를 가지고 현실세계를 개념화하여 가시적으로 표현한 것이다. 모델의 예를 교재에 나와 있지 않은 것으로 하나 제시하시오.

2. 다음은 교통 표지판의 하나이다. 이 표지판이 나타내는 의미는 무엇인가? 이 표지판에는 어떤 데이터가 포함되어 있는가?

3. 관계형 데이터베이스의 테이블은 현실세계를 보고 데이터 부분만을 모델링하여 도표 형태로 나타낸 것이다. 다음은 사원 테이블의 일부이다. 화살 표시가 되어 있는 튜플이 나타내는 현실세계의 의미를 풀어서 기술하시오(교재 1.2절의 '튜플' 부분 참조).

EMP

empid	ename	dept	hire_date	birthday	Address	job	salary
1001	홍성길	영업부	2021.2.1	2006.10.12	서울 대림동	특수영업	350
1002	곽희준	영업부	2019.1.1	2005.9.10	안양 용봉동	영업관리	400
⇨ 1003	김동준	생산부	2020.9.1	2005.5.16	부산 대하동	품질관리	300
1004	성재규	인사부	2017.2.1	2002.4.10	대구 달서동	급여	450
1005	박성범	구매부	2020.2.1	2005.12.4	광주 금남동	수입자재	320

4. (조별 실습) 주간 스케쥴을 기록할 수 있는 양식을 디자인하시오(각자 가지고 있는 다이어리를 참고).

   주간 스케쥴표는 현실세계의 어떤 부분을 반영하는 모델이다.

   1) 디자인한 스케쥴표를 보고 알 수 있는 정보는 무엇인가?

   2) 또한 이 스케쥴표를 보고 알 수 없는 정보(즉, 표현되지 않은 정보)는 무엇인가?

   3) 알 수 없는 정보를 표현하기 위해서 스케쥴표에 무엇을 추가하면 되겠는가? 또는 스케쥴표를 어떻게 변형하면 되겠는가?

5. (조별 실습) 다음은 어떤 회사 상담원의 상담업무를 설명한 것이다.

- 고객으로부터 전화를 받는다.
- 고객이 남성이면 A 타입 상담일지에 기록하고, 여성이면 B 타입 상담일지에 기록한다.
- 한 건의 상담에 대해 고유한 일련번호를 부여한다.
- 상담 내용이 수리 요청이면 상담일지를 A/S 부서에 Fax로 전송한다.
- 상담 내용이 반품 요청이면 반품 목록에 고객의 이름, 전화번호, 반품 내역을 기록한다.
- 반품 목록은 영업부에 Fax로 통보한다.

1) 순서도를 이용하여 위 업무 내용을 표현하시오.

2) 위 내용에서 업무를 수행하는 행위자들은 누구누구인가?

3) 위 내용에서 행위(behavior)에 해당하는 것은 무엇인가?

4) 위 내용에서 정보 또는 데이터에 해당하는 것은 무엇인가?

6. (조별 실습) 다음은 어떤 홈쇼핑 업체의 전화 주문 판매업무를 설명한 것이다.

- 고객으로부터 전화를 받는다.
- 고객이 원하는 물품을 물품 목록에서 찾는다.
- 고객이 원하는 물품의 재고가 있으면 주문 수량을 접수받는다.
- 고객의 주소, 연락처를 주문내역과 함께 기록한다.
- 고객 정보를 확인하여 총 주문금액 및 주문횟수를 누적하여 기록한다.

1) 순서도를 이용하여 위 업무 내용을 표현하시오.

2) 위 내용에서 업무를 수행하는 행위자(들)는 누구인가?

3) 위 내용에서 행위(behavior)에 해당하는 것은 무엇인가?

4) 위 내용에서 정보 또는 데이터에 해당하는 것은 무엇인가?

PART

02

논리적 데이터베이스 설계

PART 02 학습목표

- 데이터 모델링에 사용되는 개념들을 이해한다.
- 모델링 도구의 사용법을 익힌다.
- 현실세계의 업무를 분석하여 이를 모델로 표현하는 방법을 배운다.
- 실제 데이터 모델링에서 이슈가 되는 문제들을 이해한다.

CHAPTER

03 데이터 모델링의 주요 개념

contents

CHAPTER 03

데이터 모델링의 주요 개념

| 단원목표 |

- 데이터 모델링의 기본 요소인 엔티티, 속성, 관계의 기본 개념을 이해한다.
- 주식별자와 외래식별자를 이해한다.
- ERD를 그리는 방법을 익힌다.

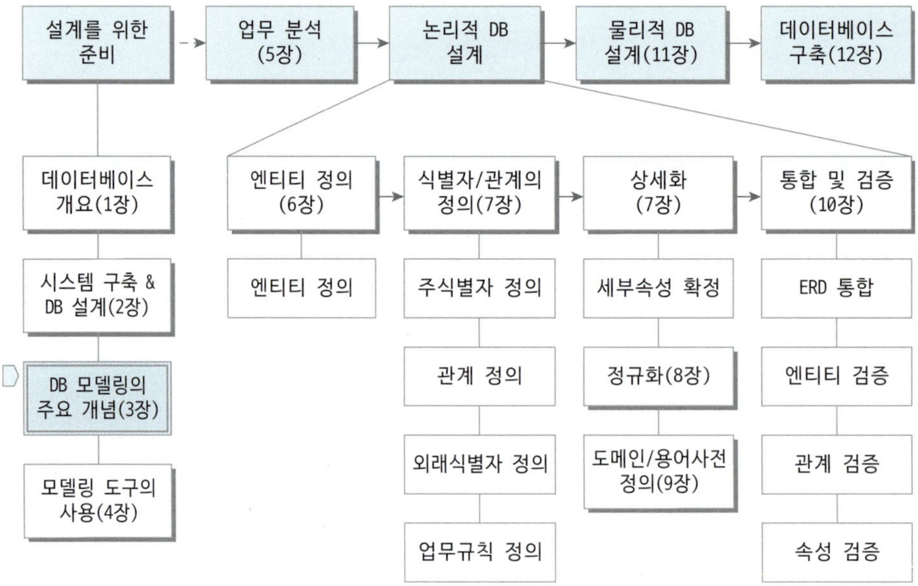

3.1 개요

논리적 데이터베이스 설계란 현실세계의 업무를 분석하여 이를 약속된 표기법을 사용하여 개념적 모델(ERD)로 표현하는 과정을 말하며 전체 데이터베이스 설계에서 핵심적인 부분이다. 논리적 데이터베이스 설계 과정은 데이터 모델링이라는 용어로 더 많이 알려져 있기 때문에 본 저서의 2부에서도 데이터 모델링이라는 용어를 사용하기로 한다. 데이터 모델링을 할 수 있기 위해서는 여러 가지 개념을 학습해야 한다. 또 모델링에 사용되는 주요 개념들에 대해 알고 있어야 한다. 마치 지도를 제작하기 위해서는 도로나 항만, 도시, 학교 등을 표현할 수 있는 방법을 알고 있어야 하는데, 이러한 방법은 대부분의 지도 제작에 공통적으로 사용되는 것이다. 예를 들면 온천은 ♨으로, 산의 정상은 ▲으로 표현한다. 마찬가지로 데이터 모델링에서도 약속된 개념들을 사용하여 현실세계를 표현하는데 엔티티(entity), 속성(attribute), 관계(relationship) 등이 그것이다. 데이터 모델링은 종이와 연필을 가지고도 진행할 수 있지만 효율적인 모델링을 위해 지원 도구를 사용하는 경우가 많다. 따라서 모델링 도구의 사용법을 익히는 것도 필요하다.

이와 같은 사전 학습이 끝나면 현실세계를 분석하는 방법을 배우게 된다. 또한 분석한 내용을 모델로 표현하는 방법을 단계적으로 배운다. 실제로 모델링을 하다보면 부딪치는 일반적인 문제들이 있는데 이러한 것을 어떻게 해결하는지도 배워야 한다. 이렇게 학습된 내용을 가지고 데이터 모델링을 수행하게 되면 최종적인 산출물(output)은 ERD이다. ERD를 그릴 줄도 알아야 하지만 다른 사람이 그려놓은 ERD를 보고 역으로 현실세계의 업무를 추론할 수 있어야 한다.

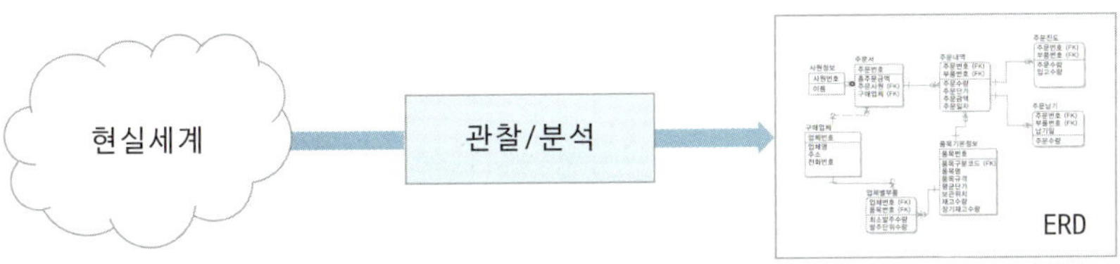

〈그림 3.1〉 데이터 모델링의 개념

3장에서는 먼저 데이터 모델링에 사용되는 주요 개념들에 대해 배우도록 한다. 데이터 모델링에 사용되는 주요 개념들은 ERD의 구성요소에 해당한다. 〈그림 3.2〉는 ERD의 간단한 예를 보여주며 3장에서 배워야 할 개념들이 포함되어 있다.

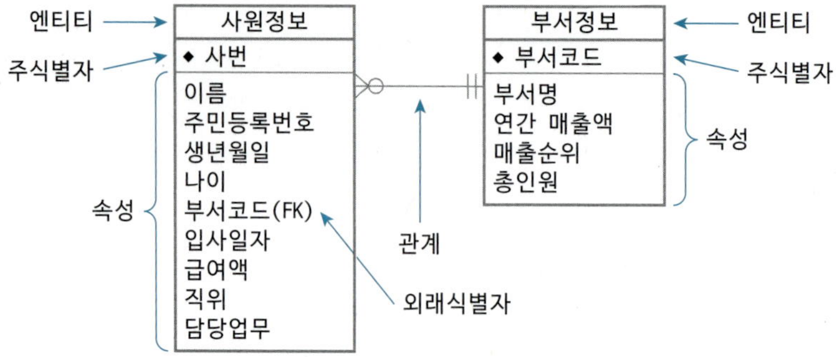

〈그림 3.2〉 ERD와 구성요소

3장에서 배울 모델링 용어들을 이미 알고 있는 데이터베이스 용어와 대비하여 생각을 한다면 보다 쉽게 모델링 용어를 이해할 수 있을 것이다. 다음은 데이터베이스와 모델링 용어의 대비표이다.

〈표 3.1〉 데이터베이스 용어 vs 모델링 용어

데이터베이스 용어	모델링 용어
테이블(table)	엔티티(entity)
컬럼(column), 열	속성(attribute)
튜플(tuple), 행(row)	인스턴스(instance)
기본키(primary key)	주식별자(primary identifier)
외래키(foreign key)	외래식별자(foreign identifier)

3.2 엔티티

3.2.1 엔티티의 정의

엔티티(entity)는 현실세계를 데이터 관점에서 모델링할 때 사용되는 핵심적인 개념으로서 다음과 같이 정의된다.

> 엔티티란 업무의 관심 대상이 되는 정보를 갖고 있거나 그에 대한 정보를 관리할 필요가 있는 유형, 무형의 사물(개체)을 말한다.

회원제 인터넷 쇼핑 사이트에서 상품을 판매하는 업무를 생각해보자. 판매자의 입장에서 보면 상품을 판매하기 위해서는 누가 구입하는지를 확인할 수 있기 위해 구매자(회원)에 대한 정보를 가지고 있어야 할 필요가 있다. 또한 구매자가 상품을 고르기 위해서는 상품에 대한 사양과 가격 정보를 가지고 있어야 한다. 구매자는 한 번에 여러 개의 상품을 구매할 수 있으므로 구매 중인 상품을 임시로 담아둘 쇼핑카트의 정보도 유지해야 할 것이다. 이와 같은 상황에서 정보를 관리해야 할 필요가 있는 **회원**, **상품**, **쇼핑카트**와 같은 사물을 엔티티라고 한다. 이 경우 회원이나 상품은 실제로 존재하는 유형의 사물이지만 쇼핑카트는 인터넷상에만 존재하는 무형의 사물이다. 이와 같이 눈에 보이지 않는 무형의 사물도 정보를 관리해야 할 필요가 있다면 엔티티가 될 수 있다.

일반적으로 엔티티는 엔티티의 **인스턴스**(instance)와 구분된다. 회원을 생각해 보자. 실제 회원정보는 홍길동, 김철수, 강만길 등과 같은 개인들로 구성된다. 이 경우 홍길동, 김철수, 강만길 등을 회원 엔티티의 인스턴스라고 부른다. 객체지향 개념에 익숙한 독자라면 엔티티가 클래스(class)에 해당하고 엔티티의 인스턴스는 객체(object)에 해당한다는 것을 알 수 있을 것이다. 모델링 단계에서는 인스턴스는 크게 중요하지 않다. 물리적 설계 단계에서 엔티티와 인스턴스는 각각 테이블과 튜플로 대응된다.

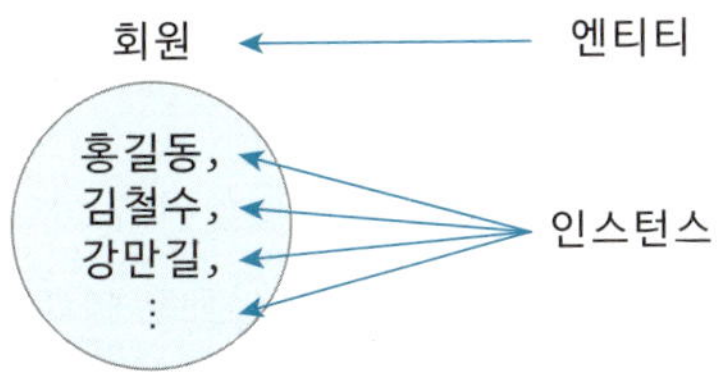

〈그림 3.3〉 엔티티와 인스턴스

엔티티는 ERD에서 〈그림 3.4〉와 같이 박스(box)로 표현된다.

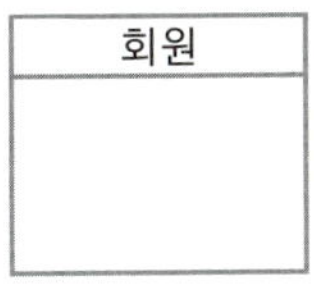

〈그림 3.4〉 ERD에서 엔티티의 표현

3.2.2 엔티티의 분류

엔티티는 명확한 분류기준이 없으나 그 특성에 따라 다음과 같이 분류할 수 있다.

(1) 유형 엔티티 : 물리적인 형태가 있고 쉽게 엔티티임을 알 수 있다. (예: 고객, 사원, 상품, 거래처, 학생, 교수, …)
(2) 무형 엔티티 : 물리적인 형태가 없고 개념적으로 존재하는 엔티티이다. (예: 생산계획, 부서조직, 색상별선호도, …)
(3) 문서 엔티티 : 업무 절차상에서 사용되는 문서나 장부, 전표에 대한 엔티티이다. (예: 거래명세서, 입출금전표, 주문서, 금전출납부, …)
(4) 이력 엔티티 : 업무상 반복적으로 이루어지는 행위나 사건의 내용을 일자별, 시간별로 저장하기 위한 엔티티이다. (예: 입고이력, 출고이력, …)
(5) 코드 엔티티 : 무형 엔티티의 일종으로 각종 코드를 관리하기 위한 엔티티이다. (예: 국가코드, 색상코드, 직급분류코드, 상태코드, …)

실제 모델링에서는 엔티티들을 일부러 분류할 필요는 없지만 분류에 대해 알고 있으면 엔티티들을 찾아내는 데 도움이 되고 엔티티의 특징을 이해하는 데도 도움이 된다. 예를 들면 이력 엔티티는 설계 과정상에서 내용에 변화가 많으므로 지속적인 관심의 대상이 된다.

3.2.3 엔티티의 성질

현실세계의 업무를 모델링할 때 어떤 사물이 엔티티인지 아닌지를 결정해야 하는 시점이 있다. 이때에는 다음과 같이 엔티티가 가져야 할 성질을 만족하는지를 알아보면 된다.

(1) **업무에서의 필요성** 엔티티는 엔티티의 정의에 나와 있는 바와 같이 업무의 관심 대상이 되는 사물이어야 한다. 아무리 그 사물이 관리해야 할 정보를 가지고 있다 하더라도 업무의 관심 대상이 아니거나 업무 절차상에서 사용되지 않는다면 엔티티로 표현할 필요가 없다. 예를 들면 책에 대한 저자, 제목, 출판사, 페이지수, 장르 등의 정보를 관리하기 위해 '도서'라는 엔티티를 선정했다고 가정해 보자. 이 도서 엔티티는 도서관 관리 시스템을 구축하는 경우에는 없어서는 안 될 엔티티이다. 그러나 초등학교에서 독서왕을 가리기 위해 어떤 학생이 어떤 책을 읽었는지를 카운트하는 시스템의 경우 학생이 읽은 책의 제목 정도만 관리하면 되기 때문에 굳이 책에 대한 상세정보를 저장하는 도서 엔티티는 필요가 없을 것이다.

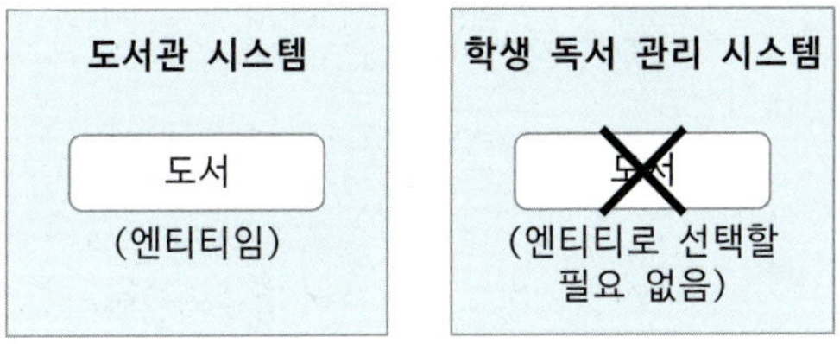

〈그림 3.5〉 업무에서의 필요성에 따른 엔티티 여부

(2) **두 개 이상의 인스턴스 소유** 엔티티가 의미 있기 위해서는 두 개 이상의 인스턴스를 갖는 것이 확인되어야 한다. 학원 관리 시스템에서 '과목' 엔티티를 생각해 보자. 학원에서는 여러 과목을 강의할 것이므로 국어, 영어, 과학, 논술 등의 과목에 대한 정보가 저장될 것이다. 관리해야 할 인스턴스가 두 개 이상이므로 과목은 엔티티로서의 의미가 있다. 그러나 수학만을 강의하는 전문학원을 생각해 보자. 이 학원의 관리 시스템을 위해 '과목' 엔티티를 만든다면 수학이라는 하나의 인스턴스만을 관리하게 될 것이다. 이렇게 인스턴스가 하나라면 이를 굳이 데이터베이스에 저장해 놓고 프로그램에서 불러서 사용할 이유가 없다. 이 경우 과목 엔티티는 엔티티로서의 의미가 없는 것이다.

(3) **속성의 소유** 엔티티는 다음 절에서 설명할 속성을 가지고 있어야 한다. 만일 어떤 엔티티에 대해 마땅한 속성을 찾을 수 없다면 업무 분석을 제대로 하지 못했거나 속성으로 분류해야 할 것을 엔티티로 분류한 것이다.

3.3 속성

속성(Attribute)은 다음과 같이 정의된다.

> 속성이란 엔티티에서 관리해야 할 최소 단위의 정보 항목을 말하며 엔티티는 하나 이상의 속성을 포함한다.

예를 들면 회원 엔티티는 회원의 ID, 이름, 주소, 전화번호 등을 관리하기 위한 것으로 ID, 이름, 주소, 전화번호 등을 회원 엔티티의 속성이라고 말한다. 현실세계에서 하나의 엔티티는 많은 정보를 포함할 수 있다. 그러나 모델링 과정에서는 포함하고 있는 모든 정보 항목을 속성으로 표현하지는 않는다. 엔티티의 경우와 마찬가지로 업무에서 관심이 있는 정보 항목만을 속성으로 취한다. 속성은 ERD에서 〈그림 3.6〉의 오른쪽과 같이 박스 하단에 세로 방향으로 표시한다.

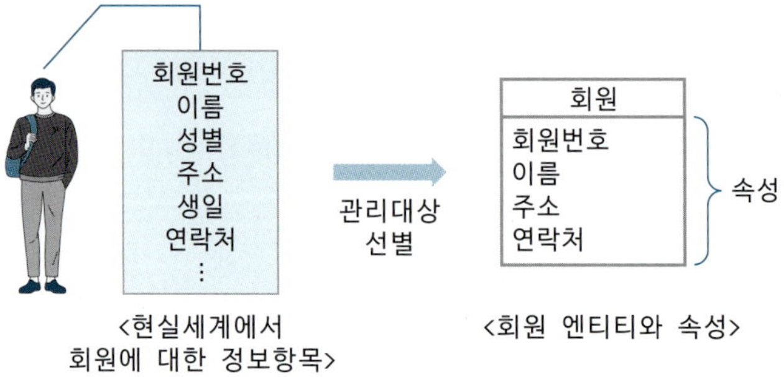

〈그림 3.6〉 속성의 결정

엔티티의 속성은 테이블의 컬럼과 대응한다. 테이블에서는 컬럼이 세로 방향으로 배치되는데, 엔티티의 속성은 세로로 배치되기 때문에 처음에는 엔티티와 테이블을 일치시켜 생각하기 어렵다. 데이터 모델링에서 연습해야 할 것 중의 하나는 엔티티를 테이블과 연관지어 생각하는 것이다. 예를 들면 〈그림 3.6〉의 회원 엔티티는 나중에 다음과 같은 테이블이 될 것이다.

회원

회원번호	이름	주소	연락처
1001	홍길동	서울	011-123-4561
1002	김우영	충남	019-555-1325
1003	김재일	부산	018-671-4435
1004	정태선	대전	011-801-1433

〈그림 3.7〉 회원 테이블

엔티티를 보면서 대응되는 테이블을 상상할 수 있어야 하며, 반대로 테이블을 보고 엔티티를 그려낼 수 있어야 한다. 이것은 모델링의 개념을 보다 빨리 배우기 위해 필요한 연습이다.

속성은 그 특성에 따라 기본 속성(basicattribute), 유도 속성(derived attribute), 설계 속성(designed attribute)으로 분류될 수 있다. **기본 속성**은 업무 분석 과정에서 업무의 관심 대상으로 분류된 정보 항목들로 전체 속성들 중에서 가장 많은 비중을 차지한다. **유도 속성**은 다른 속성의 값들로부터 유도될 수 있는 속성을 말한다. **설계 속성**은 현실세계에는 존재하지 않지만 설계를 보다 효과적으로 할 수 있기 위해서, 혹은 나중에 정보 시스템이 운영될 때의 필요성 때문에 강제적으로 만들어주는 속성을 말한다. 설계 속성의 대표적인 것은 코드(code) 속성이다. 속성의 분류에 대해서는 7장에서 자세히 설명하기로 한다.

3.4 관계

3.4.1 관계의 정의

관계(Relationship)란 두 엔티티 사이의 관련성을 나타내는 용어이다. 현실세계에서는 여러 사물들이 상호 관련성을 가지고 움직이기 때문에 이를 모델링하면 엔티티와 엔티티 사이의 관계로 표현된다. 예를 들어 학생들의 수강과목 정보를 파악하여 데이터베이스에 저장한다고 가정해 보자. 이 경우 '학생'과 '수강과목'은 독립적인 엔티티가 되고 개별학생의 정보는 '학생' 엔티티에서 관리하고, 학생이 수강한 과목 정보는 '수강과목' 엔티티에서 관리할 것이므로 '학생' 엔티티와 '수강과목' 엔티티는 어떤 관련성이 있다. 이를 ERD 형식으로 표현하면 〈그림 3.8〉과 같다. ERD에서는 두 엔티티가 관계있다는 사실을 나타내기 위해 두 엔티티를 선으로 연결한다. 그리고 학생 입장에서 수강과목이 어떤 관계에 있는지, 과목 입장에서 학생이 어떤 관계에 있는지를 연결선 위, 아래에 표현해준다.

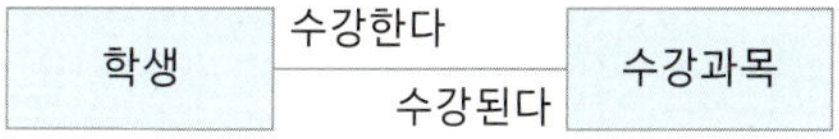

〈그림 3.8〉 두 엔티티 사이의 관계의 표현

두 엔티티가 관계가 있다는 것을 보다 구체적으로 설명해 보자. 실무적인 관점에서 보았을 때 **두 엔티티가 관계가 있다는 의미는 상호 공유하는 속성이 있다는 의미**이다. 〈그림 3.9〉를 보자. 만일 학생 엔티티와 수강과목 엔티티가 다음과 같은 형태의 테이블로 데이터베이스에 저장이 된다고 하면 현실세계에서는 분명히 두 엔티티가 관련성이 있지만 두 테이블 사이에서는 아무런 관련성을 찾을 수가 없다. 예를 들면 김철수가 수강하는 과목이 무엇인지를 알 수가 없는 것이다. 따라서 누가 어떤 과목을 수강하는지를 알기 위해서는 〈그림 3.10〉과 같이 데이터가 저장되어야 한다.

학생

학번	이름
21001	김철수
21002	양길현
21003	임영수
21004	박한나

수강과목

과목
전산학개론
이산수학
웹디자인

〈그림 3.9〉 학생과 수강과목 테이블(공유 속성 없음)

학생

학번	이름
21001	김철수
21002	양길현
21003	임영수
21004	박한나

수강과목

학번	과목
21001	전산학개론
21001	이산수학
21002	전산학개론
21003	웹디자인
21003	이산수학

공유하는 속성

〈그림 3.10〉 학생과 수강과목 테이블(공유 속성 있음)

〈그림 3.10〉과 같이 데이터가 저장되어 있다면 우리는 어떤 학생이 어떤 과목을 수강하는지 쉽게 알 수 있다. 이것이 가능한 이유는 두 테이블이 학번이라는 공유 속성을 가지고 있기 때문이다. 두 테이블의 공유 속성은 두 테이블을 연결하는 고리 역할을 한다. 두 테이블이 공유 속성을 가지고 있을 때 두 테이블은 '관계가 있다'라고 말한다. 이와 비슷하게 ERD상에서 두 엔티티가 공유 속성을 가지고 있을 때 두 엔티티는 '관계가 있다' 라고 말한다. 〈그림 3.11〉은 〈그림 3.10〉을 ERD로 표현한 것이다. 두 엔티티가 관계가 있다는 의미는 상호 공유하는 속성이 있다는 의미임을 꼭 기억해 두자.

(Note. 상호 관계가 있는 두 엔티티에서 공유하는 속성의 이름이 반드시 같을 필요는 없다. 속성의 이름은 달라도 실제 저장되는 값이 동일한 성격이고 동일한 데이터 타입을 가지면 공유하는 속성으로 볼 수 있다.)

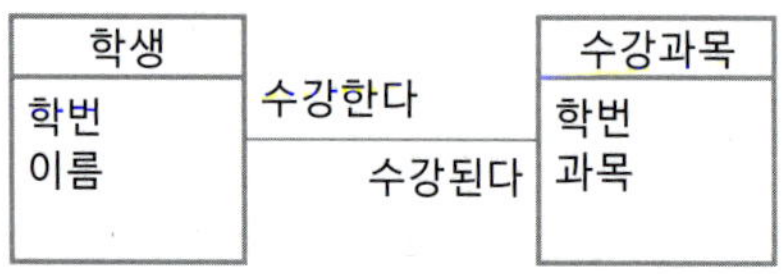

〈그림 3.11〉 학생과 수강과목 ERD

3.4.2 관계의 카디낼러티

카디낼러티(cardinality)는 두 엔티티 간의 관계를 보다 구체적으로 표현하는 방법의 하나로 **각 엔티티에 속해 있는 인스턴스들 간에 수적으로 어떤 관계에 있는지를 나타내는 개념**이다. 엔티티는 나중에 테이블이 되고, 엔티티의 인스턴스는 튜플로 전환된다고 했으므로 인스턴스 간의 관계는 튜플들 간의 관계로 바꾸어 설명할 수 있다. 〈그림 3.12〉는 학생 입장에서 보았을 때 수강과목이 어떤 관계에 있는지를 보여준다. 그림에서 학생 1명은 수강과목 정보 2개와 관련성을 가지고 있다. 일반적으로 한 명의 학생은 여러 과목을 수강할 것이므로 학생 1명에 대한 정보는 수강과목에 여러 번 나타날 것이다. 학생 1명이 N개의 수강과목과 관련이 있을 때 ERD에서는 〈그림 3.13〉과 같이 표현된다.

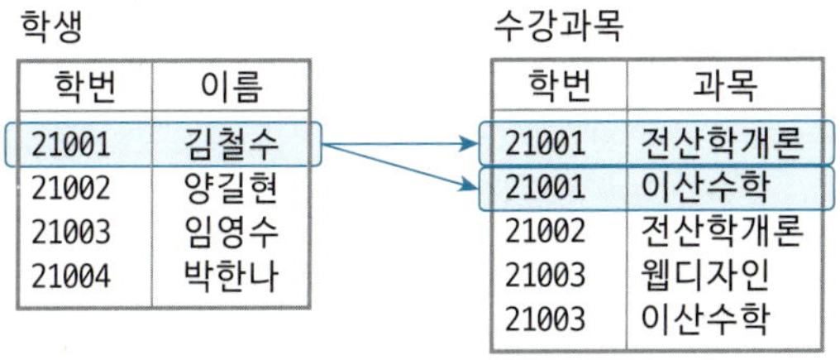

〈그림 3.12〉 학생 쪽에서 수강과목과의 카디낼러티

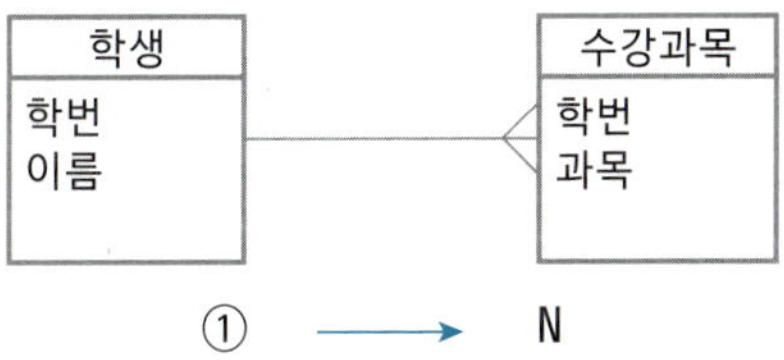

〈그림 3.13〉 학생 1명이 N개의 과목과 관련이 있음

〈그림 3.14〉는 수강과목의 입장에서 학생과의 관계를 나타낸 것이다. 그림에서 수강과목 튜플을 하나 선택하여 그것과 관련이 있는 학생 튜플을 찾아보면 반드시 하나의 학생 튜플과만 관련이 있음을 알 수 있다. 그림의 예를 보면 수강과목의 [21001|이산수학] 튜플을 선택했을 때 연결고리인 학번 데이터(21001)를 가지고 학생 테이블을 찾아가 보면 학번이 21001인 학생은 한 명밖에 없다. 이와 같이 수강과목 1개의 정보가 학생 1명과 관계를 가질 때 ERD에서는 〈그림 3.15〉와 같이 표현된다.

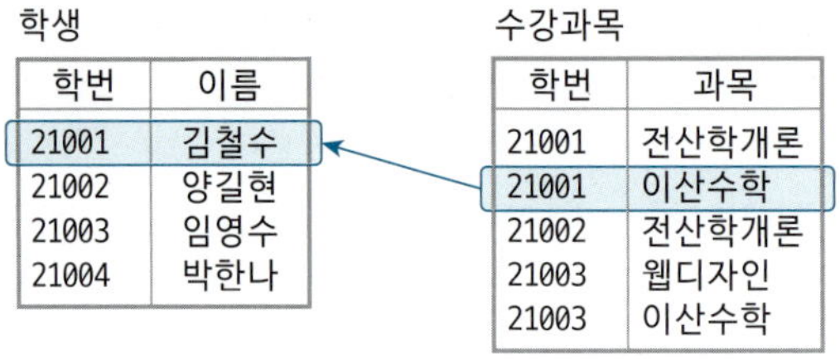

〈그림 3.14〉 수강과목 쪽에서 학생과의 카디널러티

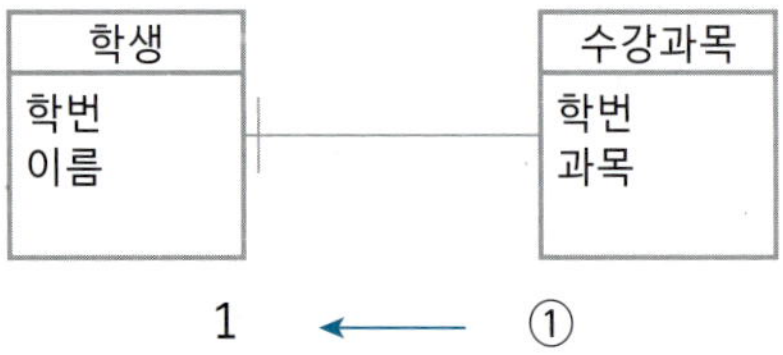

〈그림 3.15〉 수강과목 1개의 정보는 학생 1명과 관계를 가짐

〈그림 3.16〉에서 수강과목 정보라 하면 '전산학개론', '이산수학' 등의 과목 이름을 말하는 것이 아니라 '학번이 21001인 학생이 전산학개론을 수강한다', '학번이 21001인 학생이 이산수학을 수강한다' 등의 인스턴스 전체에 포함된 정보를 말한다. 개별 과목 입장에서 보면 같은 과목을 수강하는 학생이 여럿 있기 때문에 1개의 수강과목 정보는 N명의 학생과 관계가 있다고 오해할 수 있으나 과목정보의 의미가 개별 과목이 아닌 인스턴스 하나에 포함된 전체의 정보를 의미하기 때문에 수강과목 테이블에서 하나의 인스턴스는 학생 테이블의 1개의 인스턴스와만 관련이 있다. 두 개의 엔티티 혹은 테이블 간의 카디널러티를 생각할 때는 기준이 되는 쪽 엔티티(테이블)의 인스턴스(튜플) 1개가 상대쪽 엔티티(테이블)의 인스턴스(튜플) 몇 개와 관련성을 맺는지를 살펴보면 된다.

학생 쪽에서 수강과목과의 카디널러티와 수강과목 쪽에서 학생과의 카디널러티를 한꺼번에 표현하면 〈그림 3.16〉과 같다. 이와 같을 때 **학생 엔티티와 수강과목 엔티티는 1:N의 관계에 있다**고 말한다.

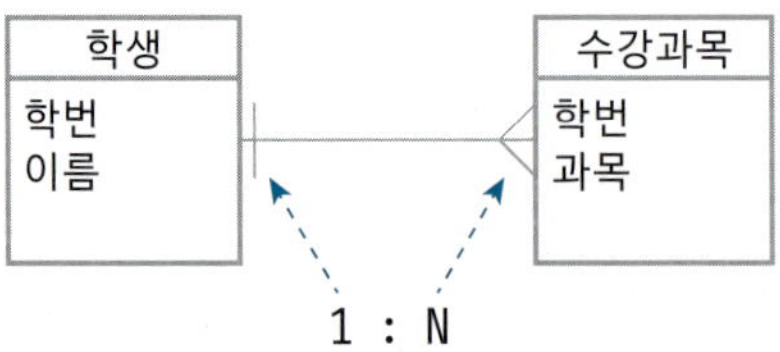

〈그림 3.16〉 학생~수강과목 간의 카디널러티

일반적으로 두 엔티티 간의 카디낼러티는 1:1(one-to-one), 1:N(one-to-many), M:N(many-to-many) 중의 하나가 된다. 〈그림 3.17〉은 카디낼러티가 1:1인 예를 보여준다. 그림에서 학생 엔티티는 학생에 대한 일반적인 정보를 관리하기 위한 엔티티이고 신체정보 엔티티는 학생의 여러 신체지수를 관리하기 위한 엔티티이다. 두 엔티티는 학번 속성을 공유하고 있기 때문에 관계를 가지고 있으며, 학생 엔티티의 1개의 인스턴스는 신체정보 엔티티의 1개의 인스턴스와 관계를 가지고 있기 때문에 카디낼러티는 1:1이다. 나중에 다시 다루겠지만 카디낼러티가 1:1인 경우는 두 엔티티를 하나로 합쳐도 되는데 어떤 이유로 해서 일부러 두 개로 나누어 놓은 경우에 해당한다.

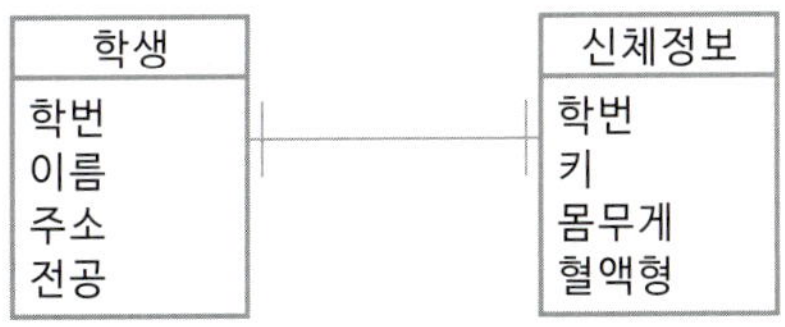

학생

학번	이름	주소	전공
21001	김철수	서울	영문학
21002	양길현	인천	컴퓨터
21003	임영수	광주	화학
21004	박한나	부산	수학

신체정보

학번	키	몸무게	혈액형
21001	175	70	A
21002	169	65	B
21003	180	60	O
21004	170	85	B

〈그림 3.17〉 1:1 카디낼러티의 예

〈그림 3.18〉은 카디낼러티가 1:N인 경우를 보여준다. 그림에서 학생 엔티티와 학생의취미 엔티티는 학번 속성을 공유하고 있다. 일반적으로 한 명의 학생은 취미가 두 개 이상일 수도 있으므로 두 엔티티 사이의 카디낼러티는 1:N이다.

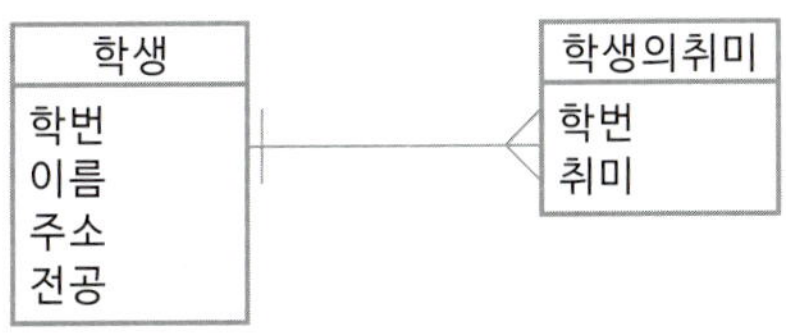

학생

학번	이름	주소	전공
21001	김철수	서울	영문학
21002	양길현	인천	컴퓨터
21003	임영수	광주	화학
21004	박한나	부산	수학

학생의취미

학번	취미
21002	낚시
21002	등산
21003	낚시
21004	여행

〈그림 3.18〉 1:N 카디낼러티의 예

〈그림 3.19〉는 카디널러티가 M:N인 경우를 보여준다. 그림은 전자제품을 판매하는 어떤 대리점의 업무를 모델링한 것이다. 이 대리점은 여러 회사로부터 제품을 납품받아 판매한다. ERD에서 제품 엔티티는 대리점에서 판매하는 제품의 종류를 관리하는 엔티티이고 제조업체 엔티티는 제품을 납품하는 업체 정보를 관리하는 엔티티이다. 업무상 판매하는 제품은 제조업체로부터 구매하여 판매하기 때문에 제품 엔티티와 제조업체 엔티티는 관련이 있다. 그런데 하나의 제품은 여러 업체와 관련을 맺는다. 예를 들면 TV는 대우와 현대에서 구매를 한다. 또한 한 제조업체는 여러 제품과 관련을 맺는다. 예를 들면 삼성은 MP3와 세탁기를 납품한다.

이와 같이 두 엔티티가 M:N의 관계에 있는 경우에는 두 엔티티가 관련이 있다는 정보를 두 엔티티만으로는 표현할 수가 없고, 두 엔티티의 관련성을 표현하기 위해서는 중간에 또 다른 엔티티를 필요로 한다. 데이터 모델링에서 M:N 관계는 아직 완성되지 않은 모델로 간주되어 M:N 관계를 1:N 관계로 전환시켜주는 작업을 필요로 한다. 이에 대해서는 10.4절 '관계의 검토'에서 자세히 설명하기로 한다.

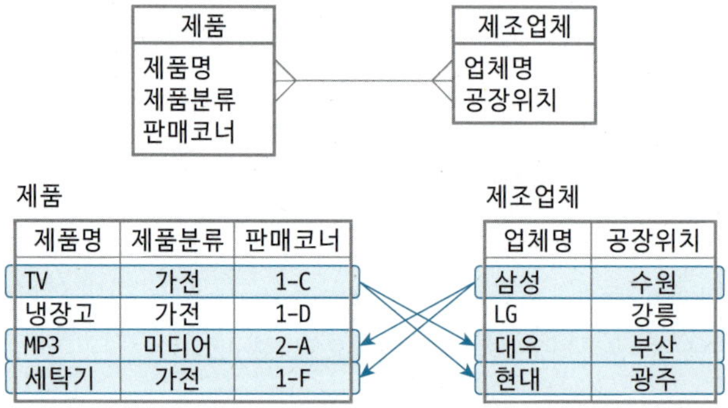

〈그림 3.19〉 M:N 카디널러티의 예

3.4.3 관계의 참여도

두 엔티티 사이의 관계는 카디널러티의 관점에서도 표현할 수 있겠지만 참여도의 관점에서도 표현할 수 있다. 참여도(partiality)에는 필수(mandatory), 선택(optional) 두 가지가 있다. 참여도 역시 어느 엔티티를 기준으로 바라보는가에 따라 달라진다.

먼저 선택 참여도에 대해 알아보자. 〈그림 3.18〉의 **학생**과 **학생의취미** 엔티티를 상기해 보자. 어떤 학생은 취미가 있겠지만 어떤 학생은 취미가 없을 수도 있다. 이를 바꾸어 말하면 **학생** 엔티티에 있는 인스턴스 중에서 **학생의취미** 엔티티에 있는 인스턴스와 관련되지 않은 인스턴스가 존재할 수 있다. 〈그림 3.18〉의 **학생** 테이블에서 김철수 학생은 **학생의취미** 테이블에 대응되는 튜플이 없다. 이와 같이 기준이 되는 엔티티의 인스턴스와 대응되는 인스턴스가 상대방 엔티티에 있을 수도 있고 없을 수도 있을 때 **선택 관계**에 있다고 말한다. ERD에서 선택 참여도는 〈그림 3.20〉과 같이 카디낼러티 앞에 동그라미로 표시한다.

필수 참여도는 선택과는 달리 기준이 되는 엔티티의 모든 인스턴스에 대하여 대응되는 인스턴스가 상대방 엔티티에 반드시 존재해야 하는 경우이다. 〈그림 3.18〉에서 **학생의취미** 엔티티를 생각해보자. '어떤 학생이 어떤 취미를 가진다'는 정보는 있는데 그 학생은 존재하지 않는다면 뭔가 잘못된 것이다. '학번이 21003인 학생의 취미는 낚시이다'라는 정보가 있다면 학번이 '21003'인 학생의 정보가 **학생** 엔티티에 반드시 존재해야 문제가 없을 것이다. 이와 같이 어느 한 쪽이 존재하면 다른 쪽도 반드시 존재해야 하는 관계를 **필수 관계**라고 한다. 필수 관계는 ERD에서 〈그림 3.21〉과 같이 카디낼러티 앞에 'ǀ'로 표시한다.

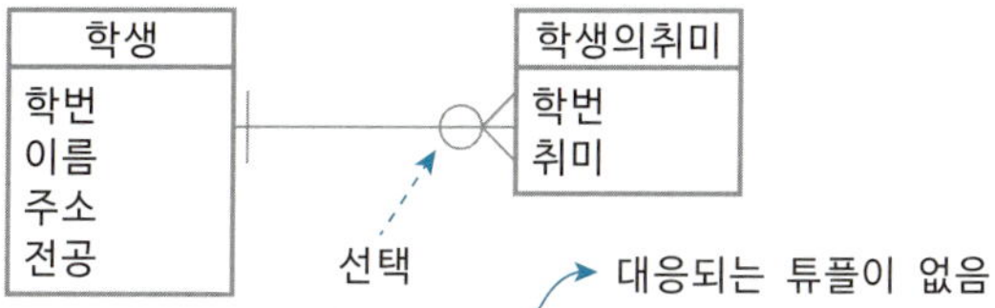

학생

학번	이름	주소	전공
21001	김철수	서울	영문학
21002	양길현	인천	컴퓨터
21003	임영수	광주	화학
21004	박한나	부산	수학

학생의취미

학번	취미
21002	낚시
21002	등산
21003	낚시
21004	여행

〈그림 3.20〉 취미를 선택적으로 갖는 학생

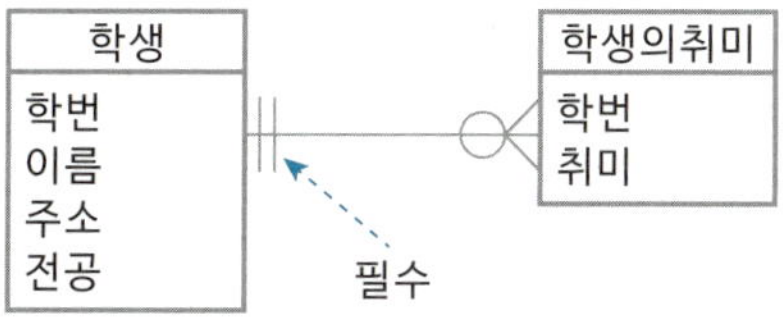

학생

학번	이름	주소	전공
21001	김철수	서울	영문학
21002	양길현	인천	컴퓨터
21003	임영수	광주	화학
21004	박한나	부산	수학

학생의취미

학번	취미
21002	낚시
21002	등산
21003	낚시
21004	여행

〈그림 3.21〉 관련된 학생 정보를 필수적으로 갖는 학생의 취미 정보

3.4.4 부모 엔티티와 자식 엔티티

상호 관계가 있는 두 엔티티는 부모-자식의 관계에 있는 경우가 많다. 두 엔티티의 부모, 자식 여부는 어느 쪽에 정보가 먼저 생성이 되는가에 따라 결정된다. 〈그림 3.21〉의 **학생**과 **학생의취미** 엔티티를 생각해 보자. 운영 시점에서 튜플이 입력될 때 학생 정보가 먼저 입력된 후 학생의취미 정보가 입력될지, 학생의취미 정보가 먼저 입력된 후 그에 관련된 학생 정보가 나중에 입력될지를 생각해보면 전자의 순서가 상식적이라는 것을 알 수 있다. 학생의취미 정보는 학생 정보가 있어야만 존재할 수 있을 것이다. 이와 같은 관계에 있을 때 **학생** 엔티티를 부모 엔티티(parent entity), **학생의취미** 엔티티를 자식 엔티티(child entity)라고 부른다. 어느 쪽이 부모 엔티티이고 어느 쪽이 자식 엔티티인지를 ERD상에 명시적으로 표현하지는 않지만 카디낼러티와 참여도를 보면 알 수 있다. 두 엔티티가 부모-자식의 관계가 있다면 일반적으로 부모 엔티티와 자식 엔티티의 카디낼러티는 1:N이고 참여도는 부모 쪽이 필수, 자식 쪽이 선택으로 나타난다. 이것은 거의 공식처럼 지켜지므로 기억해 두면 ERD를 작성할 때 도움이 된다.

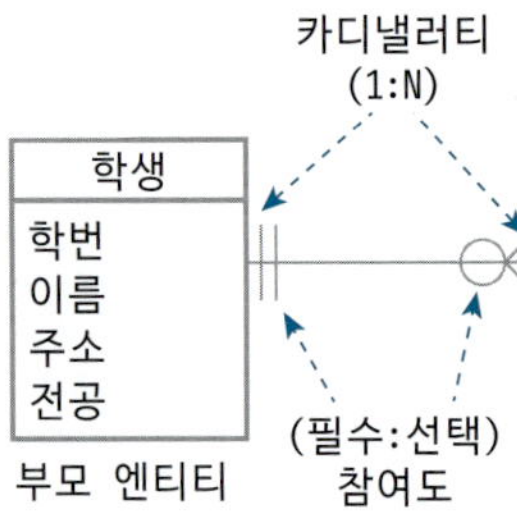

〈그림 3.22〉 부모-자식 관계에서 일반적인 카디낼러티와 참여도

3.5 주식별자와 외래식별자

주식별자(Primary identifier)와 외래식별자(Foreign identifier)의 개념은 관계형 모델에서 기본키(primary key)와 외래키(foreign key)의 개념에 대응한다고 생각하면 된다(관계형 모델에서의 대체키(alternate key)는 보조식별자에 대응하는데 크게 중요하지 않으므로 보조식별자는 설명에서 제외하기로 한다). 모델링에서는 '키'라는 용어 대신에 '식별자'라는 용어를 사용한다. 1장에서 키의 개념에 대해 충분히 설명했으므로 주식별자와 외래식별자에 대해서는 깊이 설명하지 않는다. 주식별자와 외래식별자는 엔티티에 포함된

속성들 중에서 선택을 한다. ERD상에서 주식별자를 다른 속성과 구분하기 위해서 〈그림 3.23〉과 같이 속성 이름 앞에 ◆로 표기하거나 속성 이름 뒤에 (PK)로 표기한다. 본 저서에서는 전자의 표기법을 따른다. 외래키는 속성 이름 뒤에 (FK)로 표기한다.

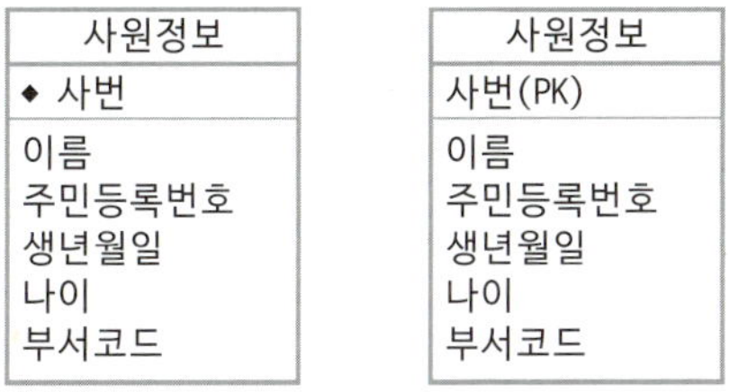

〈그림 3.23〉 주식별자를 표현하는 두 가지 표기법

주식별자는 엔티티 내에서 인스턴스와 인스턴스를 구별하는 기준의 역할을 한다. 테이블에서 주식별자가 튜플과 튜플을 구분하는 기준의 역할을 하는 것과 동일하다. 외래식별자는 엔티티와 엔티티를 연결해주는 고리의 역할을 한다. 외래식별자의 연결고리 역할에 대해 보다 자세히 살펴보도록 하자. 〈그림 3.24〉의 상단에는 사원정보 엔티티와 부서정보 엔티티가 있다. 두 엔티티는 각각 사원 한 사람 한 사람에 대한 정보와 각 부서에 대한 기본 정보를 관리하기 위한 것이다. 현실세계에서는 사원이 부서에 소속이 되기 때문에 의미상으로 사원정보와 부서정보는 관계가 있다. 그러나 데이터의 관점에서는 어떤 사원이 어떤 부서와 관련이 있는지를 표현할 길이 없다. 엔티티 구조가 그림과 같다면 홍길동 사원의 부서가 어디인지를 저장할 방법이 없는 것이다.

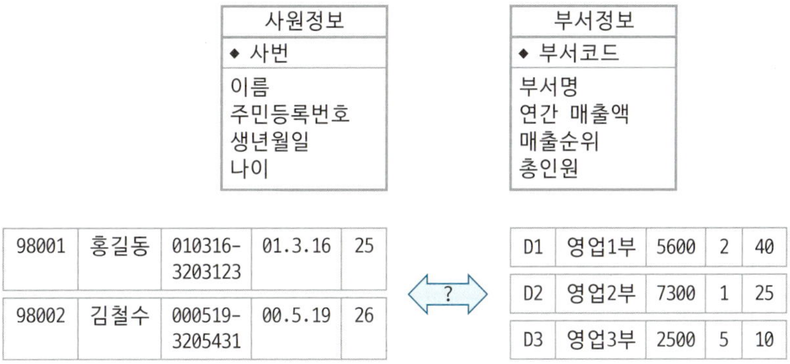

〈그림 3.24〉 데이터 관점에서는 상호 관련성이 없는 두 엔티티

어떤 사원이 어떤 부서에 속하는지를 관리하기 위해서는 〈그림 3.25〉와 같이 사원정보

엔티티에 부서코드 속성을 외래식별자로서 추가하여 부서정보와 연결할 수 있도록 해야 한다. 그림에서 홍길동의 부서는 영업1부임을 알게 된다. 또한 사원정보의 부서코드가 사원정보와 부서정보를 연결해 주는 고리 역할을 하는 것을 알 수 있다.

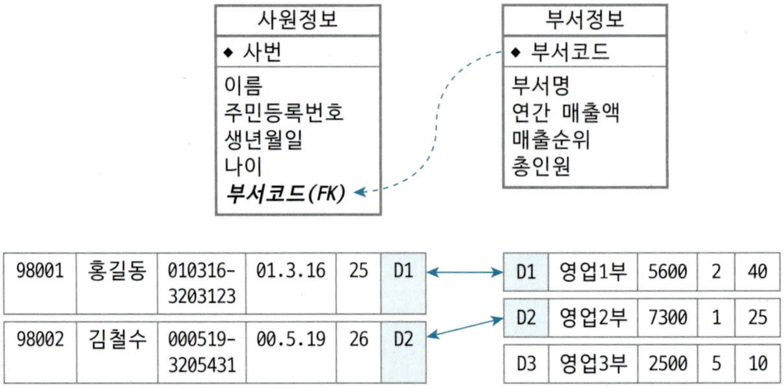

〈그림 3.25〉 외래식별자에 의해 연결된 두 엔티티

엔티티에서 외래식별자는 다른 엔티티와의 연결고리 역할을 한다는 것을 기억해 두자. 또한 부모 엔티티와 자식 엔티티 관계에서 자식 엔티티의 외래식별자는 부모 엔티티의 주식별자와 연결된다는 사실을 공식처럼 기억해두자.

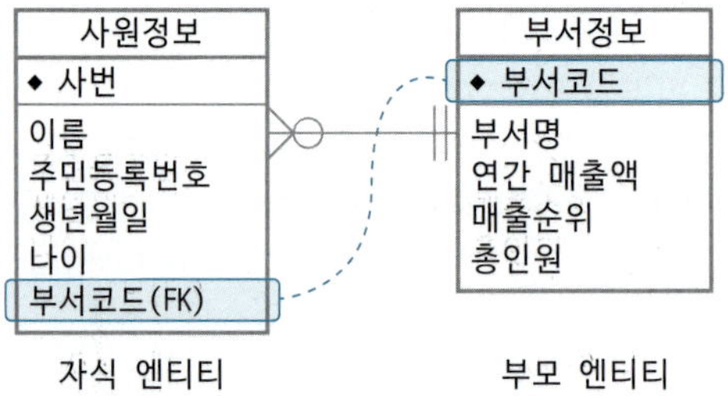

〈그림 3.26〉 자식 엔티티의 외래식별자는 부모 엔티티의 주식별자에 연결

3.6 ERD 표기법

ERD(Entity-Relationship Diagram)는 오늘날 데이터 모델링에서 일반적으로 사용하는 중요한 도구이다. ERD를 처음 제안한 사람은 Peter Chen으로 1988년에 발표한 논문 "The Entity-Relationship Model – Toward a Unified View of Data"에서 처음으로

소개하였다. 〈그림 3.27〉은 Chen이 제안한 ERD 표기법이다. 오늘날 우리가 사용하는 것과는 다소 차이가 있었다. 가장 두드러진 차이는 속성을 엔티티 밖에 타원으로 표기한 것이다.

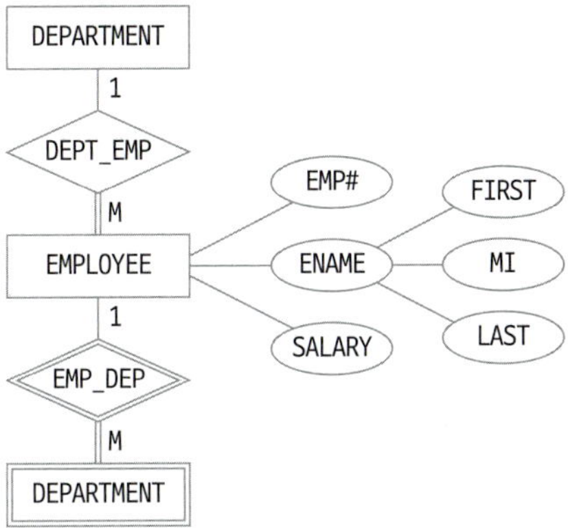

〈그림 3.27〉 초기의 ERD

본 저서에서는 〈그림 3.28〉의 표기법을 사용하여 ERD를 작성하기로 한다. ERD는 종이와 연필만으로도 작성할 수 있지만 실제 프로젝트에서는 ERD 작성을 도와주는 도구(S/W)를 이용한다. 어떤 도구를 사용하는가에 따라 ERD의 표기법에 약간의 차이가 있을 수 있다.

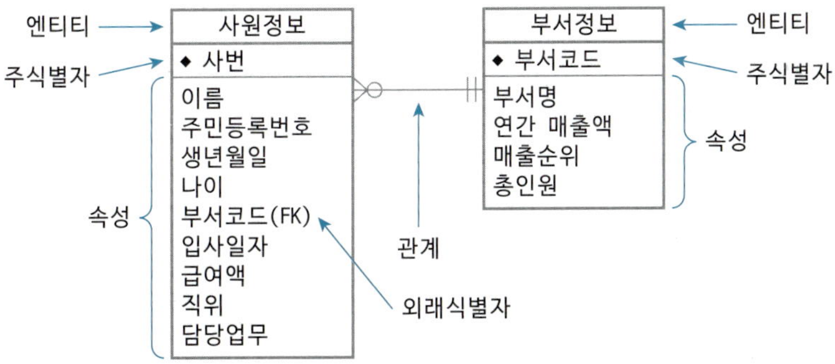

〈그림 3.28〉 ERD의 예

■ 단원 정리

이번 단원에서는 데이터 모델링에 사용되는 기본 개념들에 대해서 배웠다. 데이터 모델링이란 현실세계를 데이터의 관점에서 분석하여 개념적인 모델로 표현하는 과정이다. 데이터 모델링의 결과는 ERD로 표현되며, ERD에 포함된 엔티티, 속성, 관계가 ERD의 핵심 요소이다. 관계는 카디낼러티, 참여도의 두 가지 관점에서 표시가 되며 속성들 중에서 주식별자와 외래식별자가 별도로 구분된다. 데이터 모델링의 결과인 ERD는 물리적 설계 단계에서 테이블들로 전환되고 이것이 데이터베이스 내에 구축되면 거기에 데이터를 저장하게 된다. 데이터 모델링을 잘하기 위해서는 본 단원에서 설명한 여러 개념들을 명확히 이해하여야 한다.

ERD는 설계자나 사용하는 모델링 도구에 따라 표기법이 조금씩 다르다. 대부분의 모

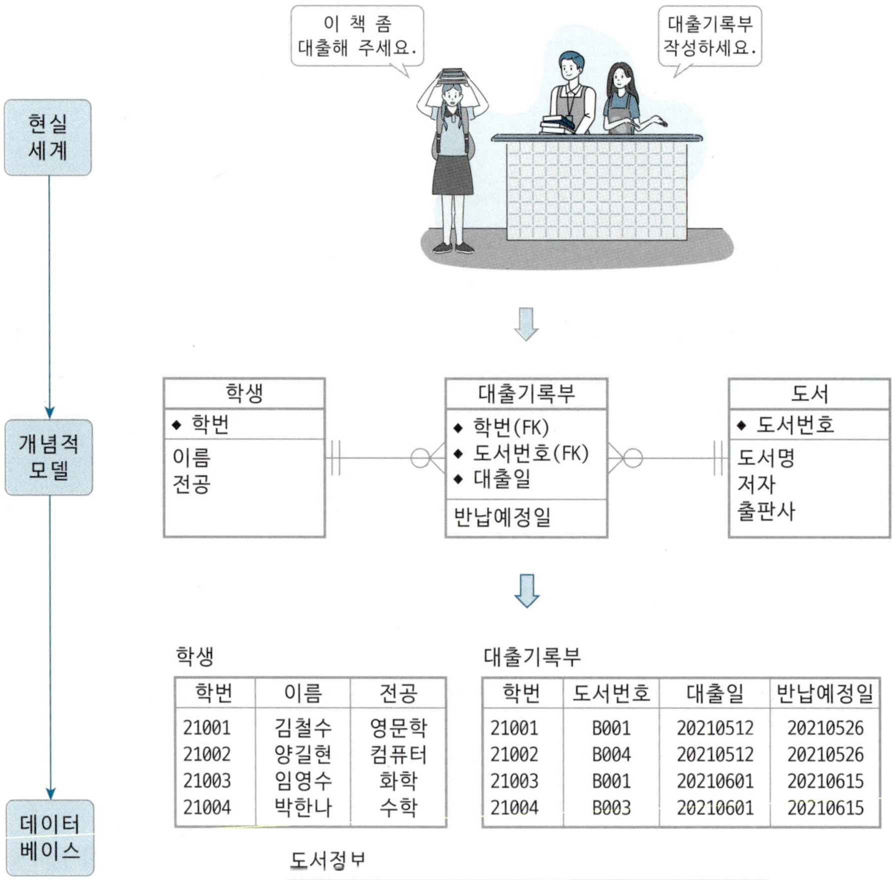

학생

학번	이름	전공
21001	김철수	영문학
21002	양길현	컴퓨터
21003	임영수	화학
21004	박한나	수학

대출기록부

학번	도서번호	대출일	반납예정일
21001	B001	20210512	20210526
21002	B004	20210512	20210526
21003	B001	20210601	20210615
21004	B003	20210601	20210615

도서정보

도서번호	도서명	저자	출판사
B001	자바 프로그래밍	정용주	글벗
B002	컴퓨터 교육론	이원규	C미디어
B003	운영체제론	강길만	홍익
B004	인터넷 윤리	오예인	좋은씨앗

〈그림 3.29〉 모델링과 데이터베이스 구축

델링 도구에서 참여도의 필수 관계는 표기를 생략하고 있다. 본 저서의 목표 중 하나는 ERD의 개념을 명확히 익히는 것이므로 연습 차원에서 참여도의 필수 관계도 표기하도록 한다. 〈그림 3.29〉는 현실세계가 어떻게 ERD로 표기될 수 있으며, ERD가 테이블로 전환되면 어떤 모습이 되는지, 데이터는 어떻게 저장되는지를 보여준다(〈그림 3.29〉의 ERD는 데이터 모델링의 과정 중 정규화(normalization)를 거치지 않은 상태임).

연습문제

1. 엔티티와 엔티티 인스턴스의 차이점에 대해 설명하시오.

2. 두 엔티티가 관계가 있다는 말의 의미를 자신의 말로 설명하시오.

3. 논리적 설계 단계에서 작성된 엔티티는 물리적 설계 단계에서는 튜플들을 저장할 수 있는 테이블로 전환된다. 〈그림 3.19〉, 〈그림 3.20〉을 참조하여 다음 테이블을 보고 이에 대응하는 엔티티를 그리시오. (엔티티 이름, 주식별자, 속성을 포함하시오.)

도서정보

도서번호(PK)	도서명	저자	구입년도
1001	자바 프로그래밍	정용주	2019
1002	컴퓨터 교육론	이원규	2020
1003	운영체제론	강길만	2021
1004	인터넷 윤리	오예인	2018

(PK는 기본키를 의미함)

4. 다음의 엔티티를 보고 대응하는 테이블을 그리시오. 또한 테이블에 샘플 데이터를 5개만 입력하시오.

문화재
◆ 관리번호
문화재 이름 소재지 관리자 관리예산 문화재 등급

5. 다음의 ERD를 보고 대응하는 테이블들을 그리시오. 또한 각 테이블에 샘플 데이터를 5개만 입력하시오. (카디낼러티와 참여도에 주의한다.)

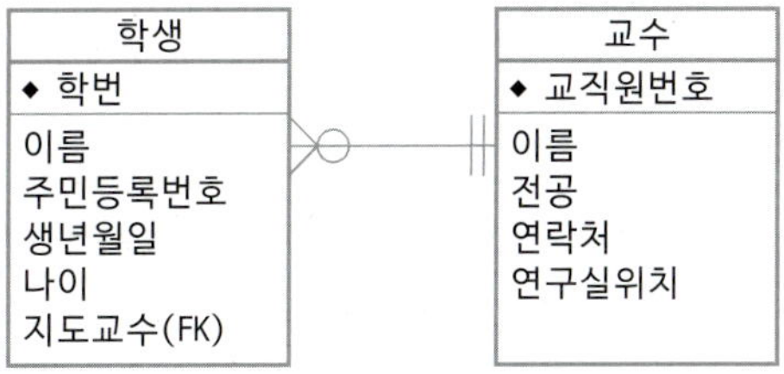

(Note. 학생 엔티티의 지도교수는 교수 엔티티의 교직원번호에 대응한다. 즉, 테이블로 만들어지면 학생 테이블의 지도교수에는 교수 테이블의 교직원번호를 가져다 저장한다. 일반적으로 외래식별자의 이름은 상대방 엔티티의 주식별자 이름과 동일한 경우가 많으나 반드시 동일해야 할 필요는 없다.)

6. 다른 사람으로부터 받은 명함을 데이터베이스로 관리하려고 한다. 다음의 명함을 보고 명함 엔티티를 설계하시오. (주식별자는 명함번호로 한다.)

7. 다음 ERD에 카디낼러티와 참여도를 표시하시오.

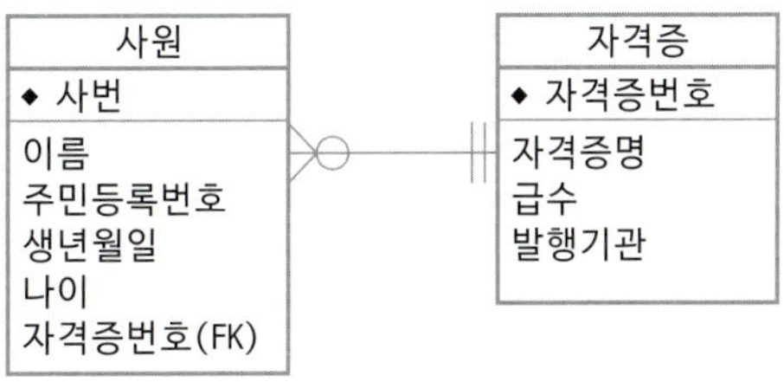

(Note. 위의 ERD는 설계가 잘못되어 있으나 현재 상태에 대해 카디낼러티와 참여도를 작성하도록 한다.)

8. 다음 ERD에 카디널리티와 참여도를 표시하시오. (해외 근무지 엔티티는 어떤 사원이 해외 근무를 할 경우 어느 국가, 어느 지역에 근무하는지를 관리하기 위한 엔티티이다.)

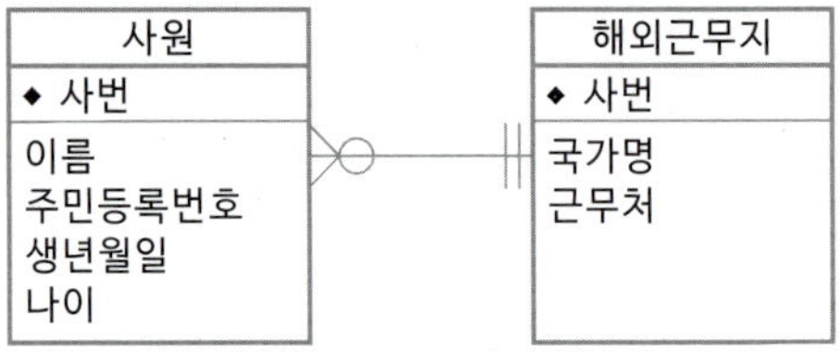

9. 다음의 두 테이블과 저장된 튜플들을 보고 ERD를 작성하시오. (카디널리티와 참여도도 표시. 각 환자는 하나의 질병만 있는 것으로 가정한다.)

환자

환자번호	이름	질병코드	나이
P1001	김철수	A01	30
P1002	양길현	A03	29
P1003	임영수	A01	50
Q1001	박한나	A04	40

질병

질병코드	질병명	증상
A01	뇌졸증	어지럼증
A02	콜레라	설사
A03	기관지염	발열
A04	장티푸스	발열

10. 다음 ERD에 카디널리티와 참여도를 표시하여 보시오. 또한 ERD에 대응하는 테이블을 그리고 샘플 데이터를 각 테이블에 5~10개 입력하여 보시오.

실전 예제

스마트폰에서 실행되는 간단한 일정관리 및 일기작성 어플을 작성하려고 한다. 일기는 간단한 메모 수준의 내용을 입력하고, 당일의 날씨를 기록하려고 한다. 일정관리는 그날의 약속을 여러 건 기록할 수 있도록 한다. 이러한 내용을 지원하기 위한 데이터베이스를 설계해 보자.

① 우선 저장해야 할 정보가 무엇인지를 파악하여 엔티티로 나타낸다. 위 설명을 보면 저장해야 할 데이터는 일기내용과 일정정보 두 가지로 구분되는 것을 알 수 있다. 일기내용은 특정한 날에 대해 한 번 작성하는 것이고 일정정보는 특정한 날에 대해 여러 번 기록하는 것이므로 성격이 다르고 별도의 엔티티로 관리해야 한다.

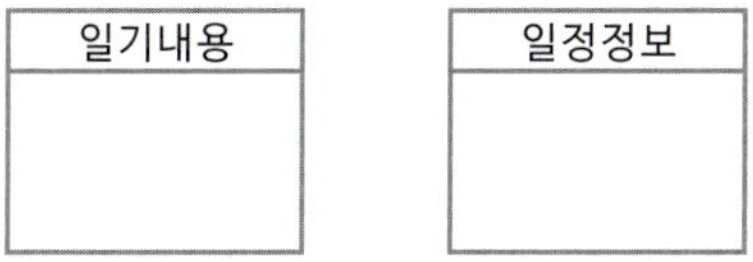

② 두 엔티티에 들어가야 하는 속성들을 살펴보면 일기내용에는 '일기메모', '날씨'가, 일정정보에는 '일정시간', '일정내용'이 저장되어야 함을 알 수 있다. 정보들은 날짜별로 저장되므로 '날짜'도 두 엔티티에 기본적으로 포함되어야 한다.

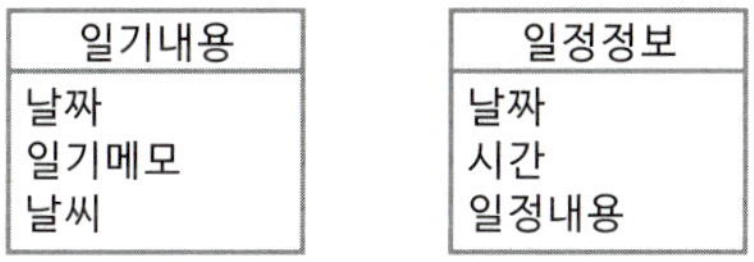

③ 이제 두 엔티티의 주식별자를 정해야 한다. 일기내용은 날짜별로 1회만 기록되어야 하기 때문에 '날짜'가 주식별자가 될 것이다. 일정정보는 같은 날에 대해 여러 건 기록될 수 있기 때문에 '날짜'만으로는 안 되고 '시간'까지를 포함하여야 한다. (만일 일정정보도 주식별자를 '날짜'로 하면 일정정보가 하루에 1건밖에는 기록되지 못한다.)

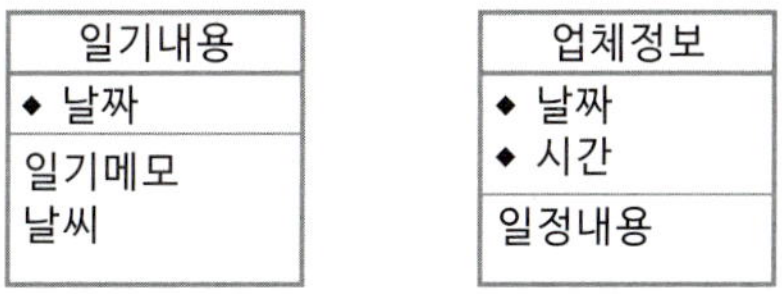

④ 이제 두 엔티티 사이의 관계를 표시한다. 동일한 날짜에 대해 일기와 일정정보를 관리하는 것이므로 두 엔티티는 관계가 있다. 그렇다면 어느 엔티티가 어느 엔티티를 참조하는지를 정해야 한다. 쉽게 생각하여 일기내용의 날짜 하루당 일정정보 여러 개가 존재할 수 있으므로 카디널러티가 1:N이 될 것이다. 이 경우는 1인쪽이 부모, N인 쪽이 자식인 관계가 성립하므로 관계는 다음과 같이 표시될 수 있다.

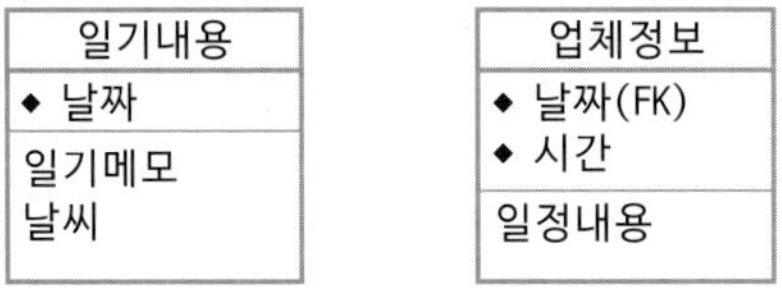

⑤ 위의 ERD대로 테이블을 만든다면 데이터는 다음과 같이 저장될 것이다.

1 : N

일기내용

날짜	일기메모	날씨
2021.10.1	과제물이 너무 많은..	맑음
2021.10.2	하루만 참아보자. ..	맑음
2021.10.3	오늘은 복권에 당첨..	흐림

일정정보

날짜	시간	일정내용
2021.10.1	11	영어 스터디
2021.10.1	12	창수 점심약속
2021.10.3	09	과제 제출
2021.10.3	15	은행 방문
2021.10.3	19	가족모임(신촌)

CHAPTER

04 모델링 도구

contents

CHAPTER

04 모델링 도구

| 단원목표 |

- 모델링 도구의 필요성을 이해한다.
- 모델링 도구를 이용하여 ERD를 작성하는 법을 배운다.

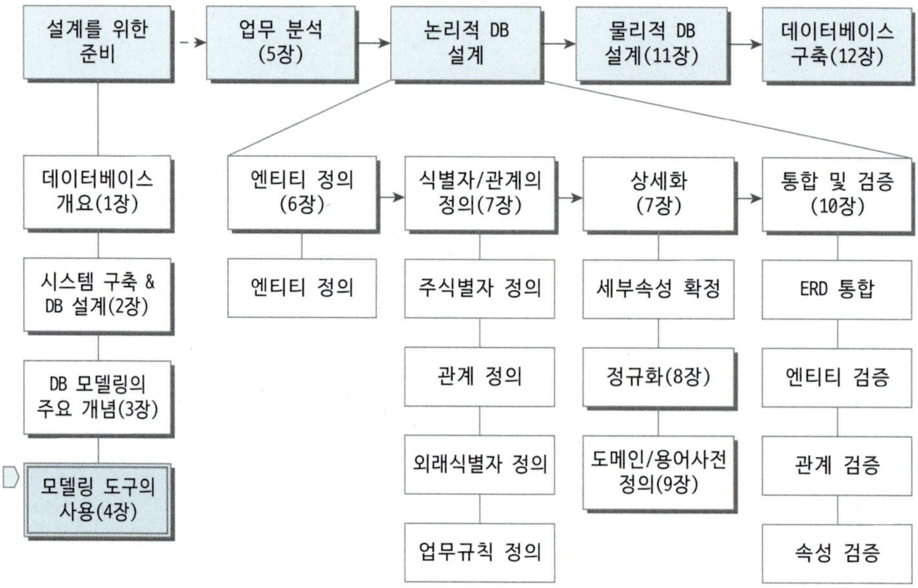

4.1 모델링 도구 개요

정보 시스템의 개발은 장시간이 소요되며 많은 개발 인력이 필요하다. 한 사람이 간단한 S/W를 개발하는 경우는 자신이 개발의 전 과정을 잘 파악하고 있고 개발과정에서 작성해야 하는 문서들 역시 간단하기 때문에 워드프로세서를 이용해서 작업을 해도 큰 문제가 없다. 그러나 대규모 시스템 개발환경에서는 개발과정에서 작성되는 문서들이 개발자들 간에 공유되어야 하고 하나의 문서는 모든 사람에게 동일한 의미로 이해되어야 한다. 이러한 환경에서는 문서 자체를 보관하고 공유하는 일 자체가 큰 일이 된다.

데이터 모델링 과정에 국한해서 생각해 보면 데이터 모델링을 위해 업무를 분석하는 사람도 여러 사람이고 모델을 작성하는 사람도 여러 사람이다. 워드프로세서를 이용해서 분석 내용을 정리하고 ERD를 그리다 보면 작성자에 따라 표기법이 조금씩 다를 수 있고 글씨의 폰트, 다이어그램에 사용되는 도형의 크기 등이 다를 수 있다. 이러한 문서들을 하나로 합쳐서 정리하고 분석을 하려면 시간이 많이 걸릴 것이다. 또한 여러 사람이 모델링을 하기 때문에 통합 ERD는 동일한 엔티티를 중복해서 포함할 수 있는데 이를 수작업으로 찾아내는 것은 어려운 일이다.

이와 같은 대규모 시스템을 효과적으로 개발하기 위하여 개발자들은 CASE(Computer Aided Software Engineering) 도구를 사용하여 왔다. CASE 도구는 분석, 설계, 구현, 테스트의 전 과정을 지원하는 S/W로서 문서화 기능까지를 포함하고 있기 때문에 개발자들이 동일한 CASE 도구를 이용하게 되면 자연스럽게 업무의 표준화도 이루어지고 상호 커뮤니케이션에도 큰 도움이 된다. 〈그림 4.1〉은 CASE 도구를 사용하여 작업하는 화면이다.

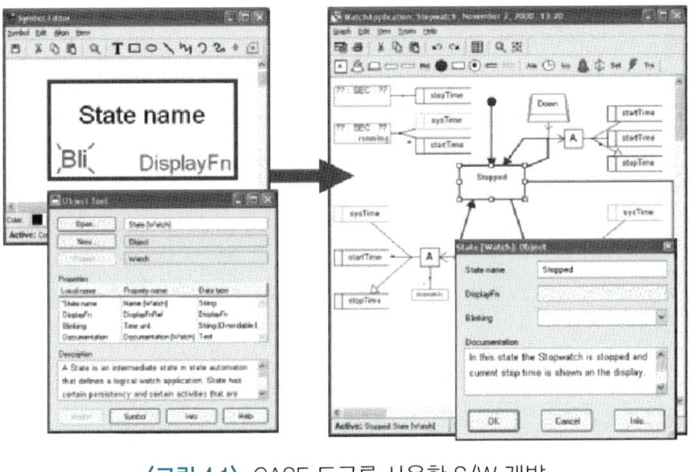

〈그림 4.1〉 CASE 도구를 사용한 S/W 개발

CASE 도구의 경우와 마찬가지로 데이터베이스 설계의 전 과정을 지원해 주는 전문적인 도구들이 있어서 개발자들을 돕고 있다. 제품마다 제공하는 기능이 차이가 있기는 하지만 논리적 모델링과 물리적 모델링, 그리고 DBMS와 연동하여 데이터베이스를 구축해 주는 기능을 제공한다. 〈표 4.1〉은 대표적인 데이터베이스 디자인 도구들이다. 본 저서에서는 모델링 실습을 위하여 Quest Software사의 erwin Data Modeler를 사용하도록 한다.

〈표 4.1〉 데이터베이스 설계 도구

제품		제조사
	Toad Data Modeler	Quest Software (https://www.quest.com/products/toad-data-modeler/)
erwin by Quest	erwin Data Modeler	Quest Software (https://www.erwin.com/products/erwin-data-modeler/)
THE MYSQL DATA-BASE DESIGNER DBDesigner 4	DB Designer	fabFORCE.net (http://www.fabforce.net) ※ 오픈소스 소프트웨어
	ER/Studio	Idera Inc. (https://www.idera.com/products/er-studio/enterprise-data-modeling)
	ORacle SQL Developer	Oracle (https://www.oracle.com/tools/downloads/sqldev-downloads.html)
DbSchema	DbSchema	DbSchema (https://dbschema.com/)
ER	ER builder	SoftBuilder (https://soft-builder.com/erbuilder-data-modeler/) ※ 학생용 무료 버전 제공

erwin Data Modeler는 1년간 사용이 가능한 Academic Edition과 30일간 사용이 가능한 Trial Version을 제공한다. Academic Edition은 License code를 신청해서 이용할 수 있는데, ac.kr로 끝나는 학교 이메일 주소가 있어야 한다. 4장에서는 erwin Data Modeler(2020 R2)의 기능 중 ERD를 작성하는 데 필요한 사용법을 설명한다. 다른 기능들은 필요할 때 다시 설명하기로 한다.

- Erwin Data Modeler 평가판 다운로드: https://www.erwin.com/register/129426/
- Academic Edition 신청: https://www.erwin.com/register/129709/

4.2 모델링 도구 따라하기

erwin Data Modeler의 기능을 상세히 살펴보기에 앞서 간단한 ERD를 작성해봄으로써 모델링 도구를 사용하는 감각을 익히도록 한다. 연습을 위해 〈그림 4.2〉의 ERD를 작성하도록 한다.

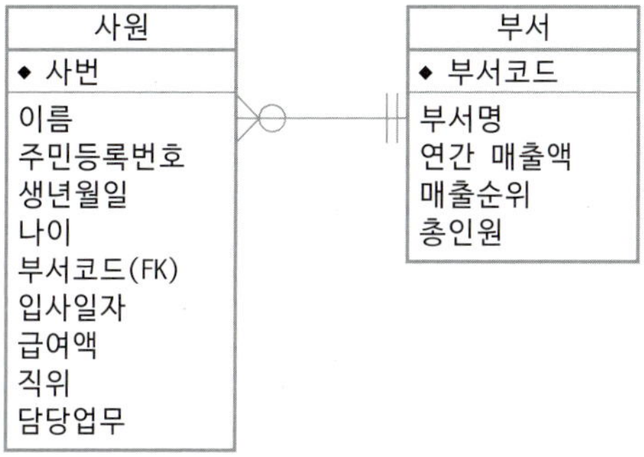

〈그림 4.2〉 예제 ERD

① erwin Data Modeler를 다운로드 받아 설치한다.

② erwin Data Modeler를 실행시키면 다음과 같은 화면이 표시된다.

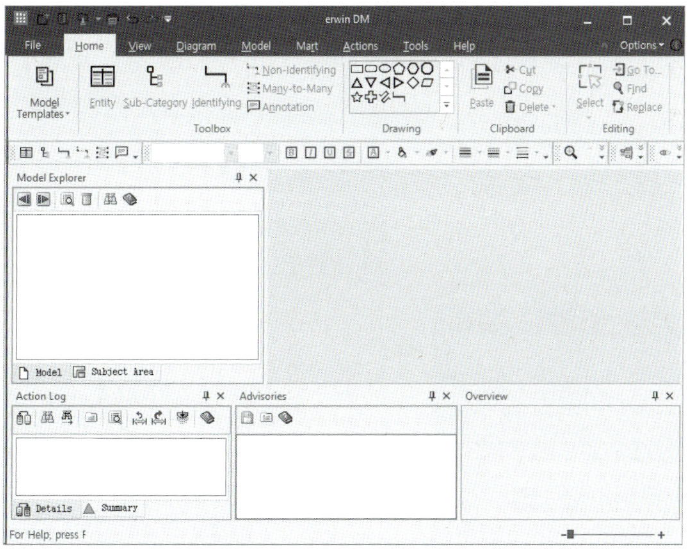

③ 새 문서(데이터 모델)를 생성한다. 메인 메뉴에서 [File] → [New]를 선택한다. 선택 옵

션에서 Type은 Logical/Physical, Target Server는 MySQL을 선택한다.

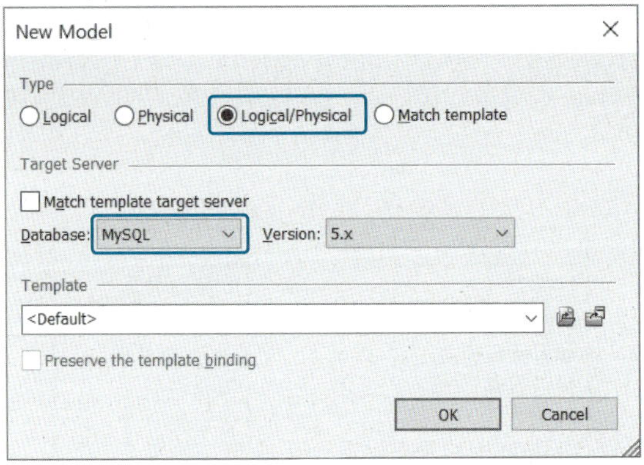

목표 서버(target server)란 나중에 물리적 데이터베이스 설계가 끝난 후 실제 데이터베이스를 구축하게 될 대상 DBMS 제품을 말한다. 목표 데이터베이스를 미리 선택하는 이유는 물리적 설계 시 DBMS 제품에 따라 속성의 타입, 제약조건 등의 기능을 달리 제공해야 하기 때문이다. erwin 도구는 물리적 모델(Physical Data Model)과 논리적 모델(Logical Data Model)을 모두 지원한다.

④ 테마를 변경한다. erwin 화면 오른쪽의 모델 창에서 마우스 오른쪽 버튼을 클릭하면 ERD의 속성(Property)을 편집할 수 있다. 속성 편집 창에서 테마(Theme)를 'Classic Theme'로 변경 후 [Close] 버튼을 클릭한다. 그러면 ERD 창의 배경이 흰색으로 바뀐다.

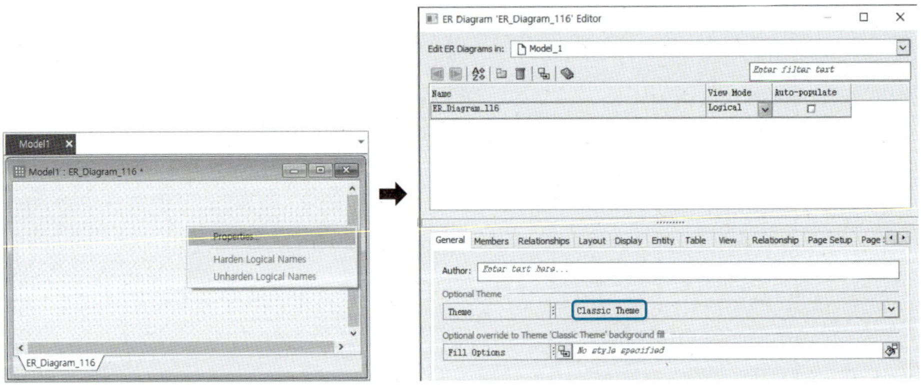

사용자 테마의 설정

ERD보다 보기 좋게 하기 위해서는 폰트의 종류, 폰트색, 배경색 등을 조절할 필요가 있는데 제공되는 테마로는 어렵기 때문에 사용자 테마를 설정하는 것이 필요하다. 사용자 테마를 설정하는 방법은 [부록3]을 참조하도록 한다.

⑤ 이제 엔티티를 생성할 준비가 되었다. [Home] 메뉴에서 다음과 같이 Entity 아이콘을 클릭 후 Model 창에서 엔티티가 위치할 곳을 클릭한다. 그러면 빈 엔티티가 하나 생성된다.

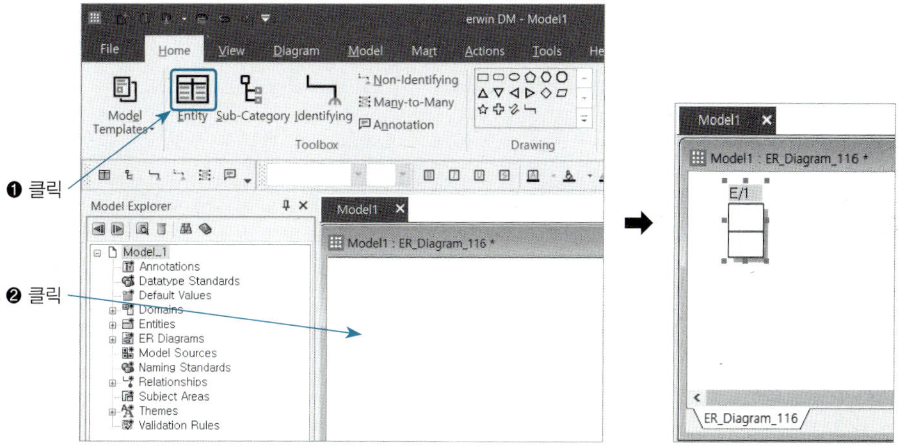

⑥ 같은 방법으로 두 번째 엔티티를 생성한다. 생성된 엔티티들은 마우스를 이용하여 크기 및 위치를 변경할 수 있다.

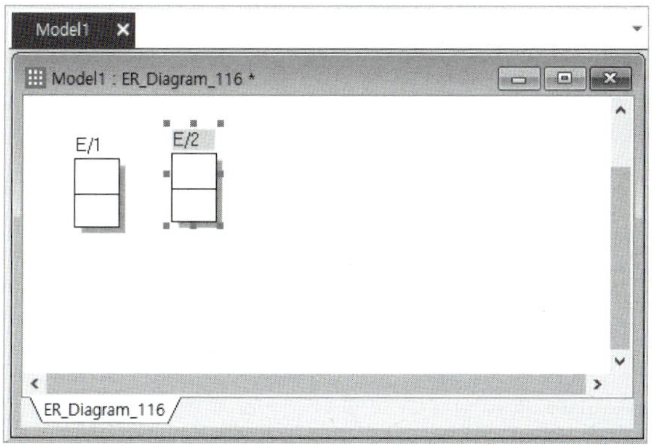

⑦ E/2에 부서 엔티티를 입력한다. E/2 엔티티에서 E/2라고 쓰인 영역을 클릭한 후에 '부서'라고 입력하면 엔티티 이름에 '부서'가 입력된다.

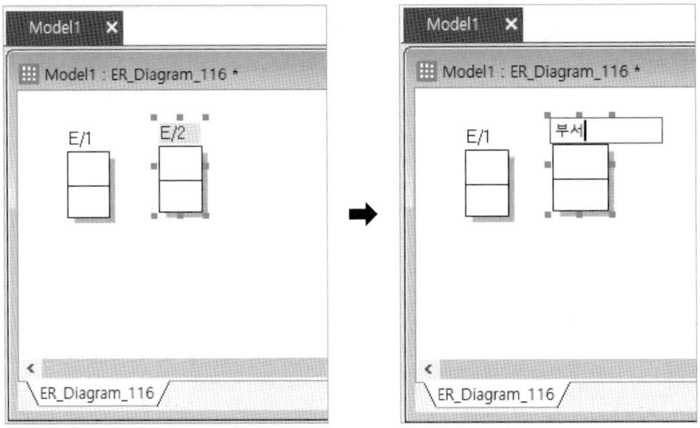

⑧ 위와 같이 엔티티명에 '부서'를 입력한 상태에서 〈Tab〉키를 누르면 커서가 주 식별자 항목으로 이동한다. 여기서 '부서코드'를 입력한다.

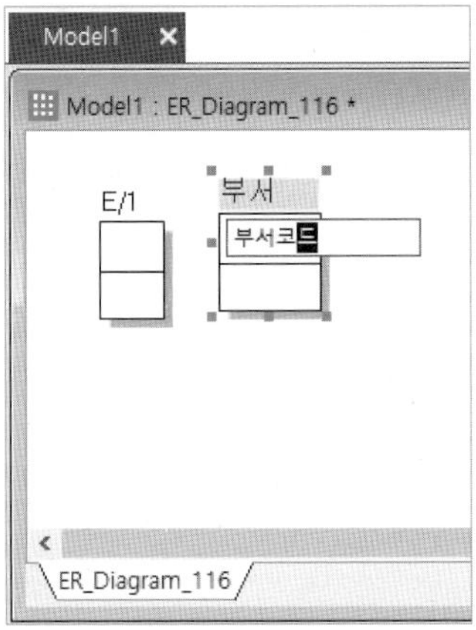

⑨ 위에 상태에서 다시 〈Tab〉키를 누르면 커서가 속성 영역으로 이동한다. 여기에 부서명을 입력한다.

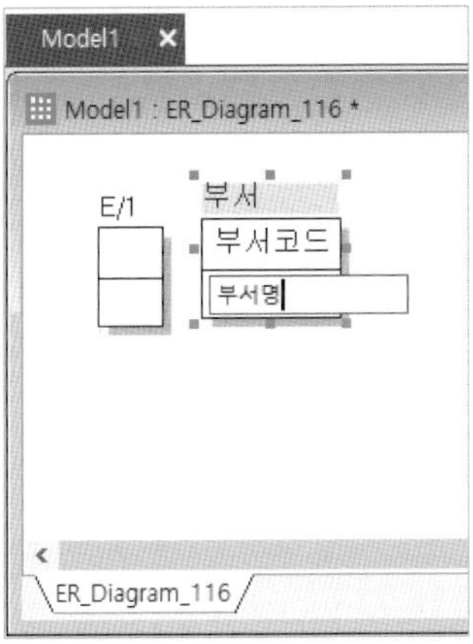

⑩ 이제 부서 엔티티의 나머지 속성들을 입력한다. 첫 번째 속성 입력 후 다음 속성을 입력하려면 〈Enter〉를 클릭한다. (〈Tab〉 키가 아닌 것에 주의)

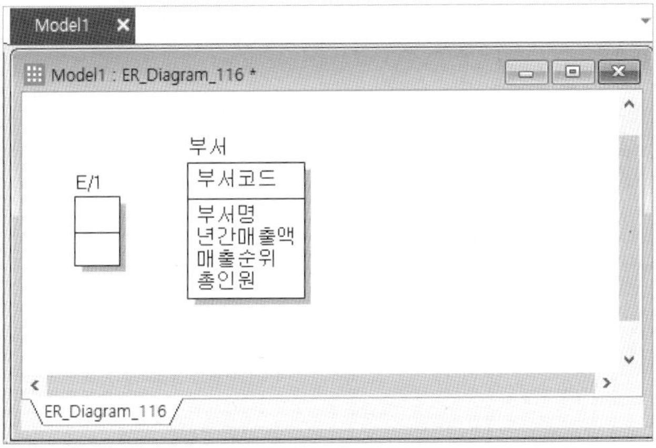

⑪ 부서 엔티티를 입력한 것과 동일한 방법으로 사원 엔티티를 입력한다. 단 속성 입력시 외래 식별자인 '부서코드'는 제외하고 입력한다.

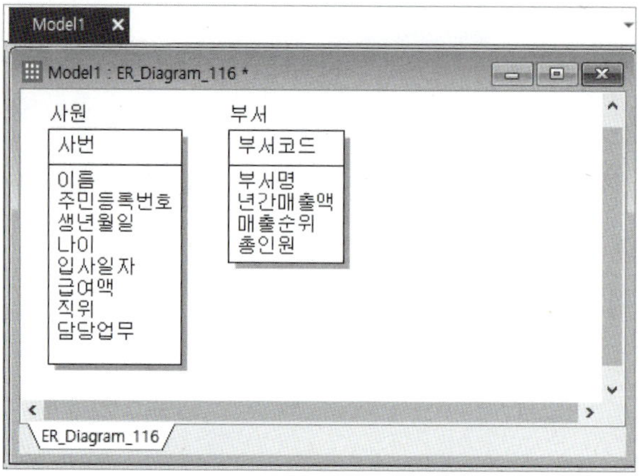

⑫ 이제 사원과 부서 엔티티의 관계를 맺어준다. erwin에서는 부서와 사원을 부모-자식 관계로 맺어주면 부모의 주식별자가 자동으로 자식의 외래식별자로 추가된다. 먼저 [Home] 메뉴에서 'Non-Identifying'을 선택한다. 그 다음 부모 엔티티인 부서를 먼저 클릭하고, 자식 엔티티인 사원을 나중에 클릭한다(순서에 주의).

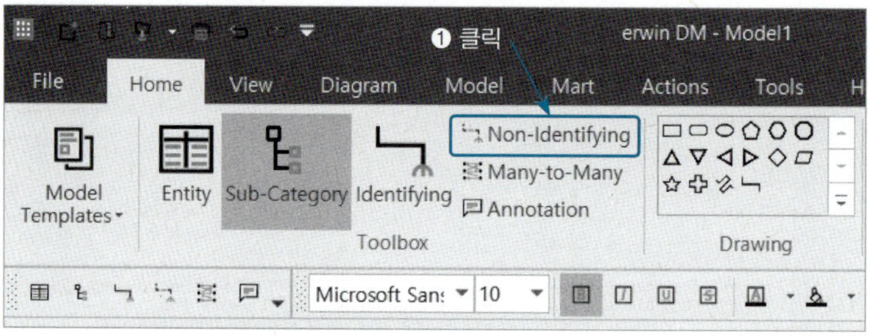

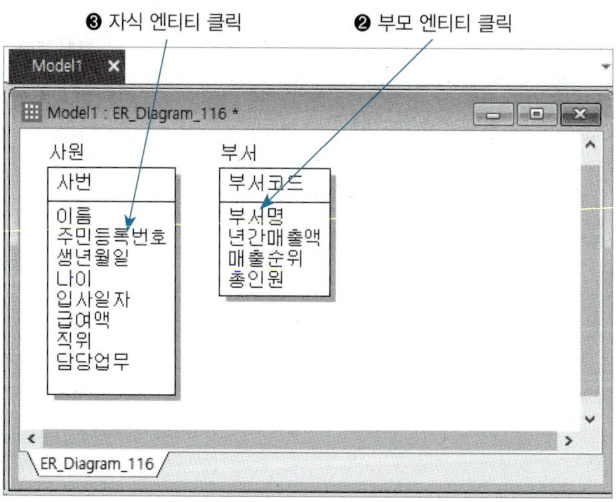

⑬ 다음은 완성된 ERD이다. ERD에서 관계선 역시 마우스를 이용하여 연결 위치를 변경할 수 있다.

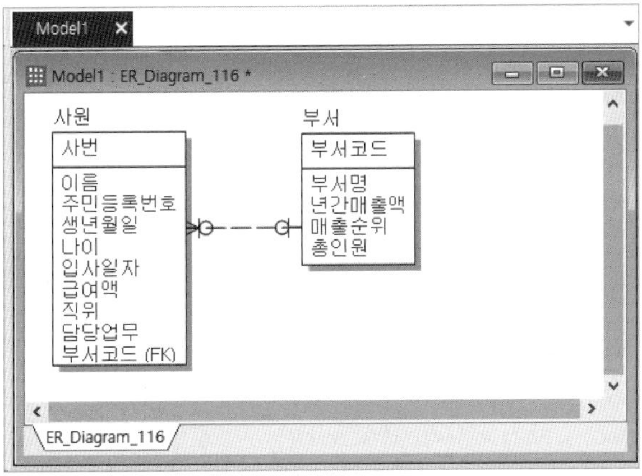

⑭ 완성된 모델을 저장한다. erwin 윈도우에서 저장 아이콘을 클릭하거나 메인 메뉴에서 [File] → [Save]를 선택하여 원하는 위치에 저장할 수 있다. erwin에서 모델을 파일에 저장하면 파일의 확장자는 .erwin으로 정해진다.

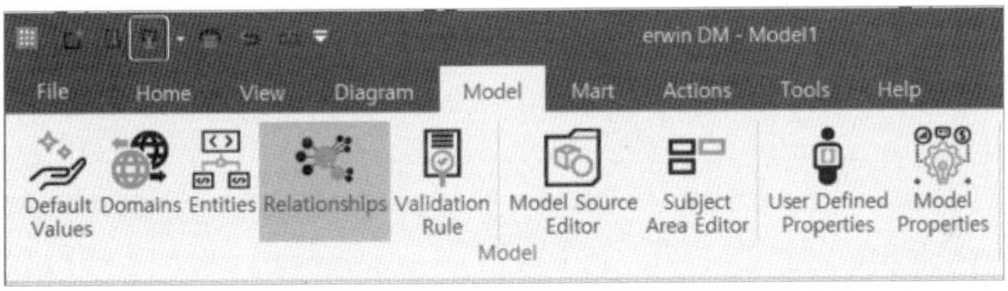

〈그림 4.2〉의 ERD와 erwin으로 작성한 ERD를 바교해 보면 관계의 참여도에서 약간의 차이가 있다. 〈그림 4.2〉에서는 부모 엔티티인 부서가 '필수', 자식 엔티티인 사원이 '선택'으로 되어 있는데, erwin에서는 부모 엔티티인 부서도 '선택'으로 표시된다. 따라서 erwin으로 작성된 ERD를 볼 때는 이를 감안해서 해석하도록 한다. (erwin에서는 부모 엔티티 쪽의 카디널리티나 참여도는 수정이 안 됨)

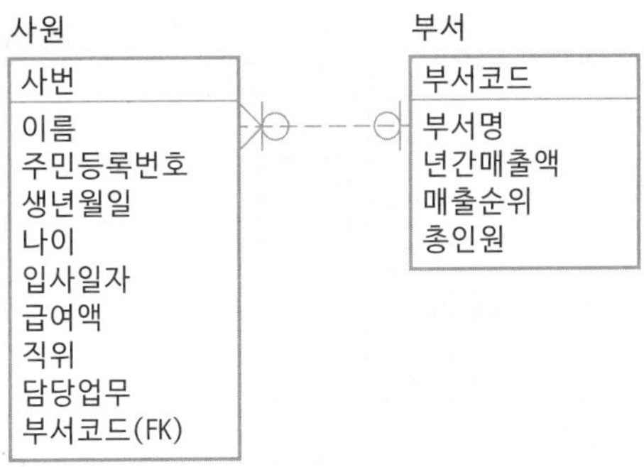

4.3 관계의 설정

4.2절의 내용을 따라 할 수 있다면 erwin Data Modeler를 이용하여 ERD를 작성하는 데 큰 어려움은 없을 것이다. 4.3절에서는 앞에서 충분히 다루지 못한 엔티티 간의 카디널리티 설정에 대해서만 보다 자세히 설명하도록 한다. 카디널리티 설정에 관련된 아이콘 메뉴는 다음과 같다.

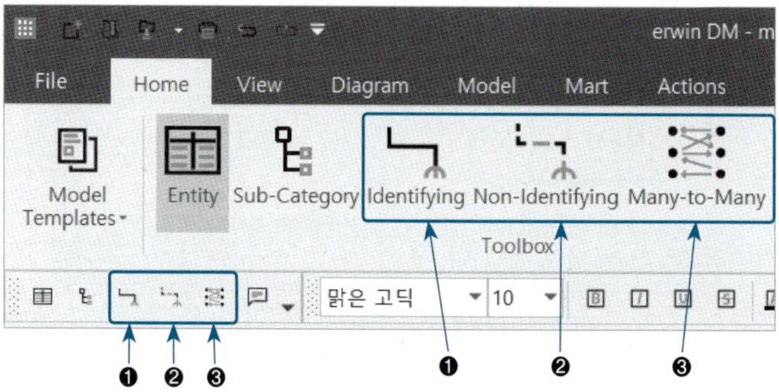

메뉴에서 ①, ②는 1:N 관계를, ③은 M:N 관계를 맺을 때 사용한다. erwin의 카디널리티와 참여도 표시기호는 교재의 내용과 약간 차이가 있으므로 먼저 이에 대해 설명하도록 한다. 표시기호에서 '>'는 다수(many)를, 'ㅣ'는 하나(one)를, 'ㅇ'은 없음(zero)을 의미한다. 이들이 합쳐져서 사용되면 다음과 같은 의미이다.

 zero, one, or more	B와 A는 1:N 관계. B의 인스턴스 하나에 연결되는 A의 인스턴스는 여러 개이거나, 하나이거나 없을 수 있다.
 one or more	B와 A는 1:N 관계. B의 인스턴스 하나에 연결되는 A의 인스턴스는 여러 개이거나 하나이다. (반드시 하나 이상)
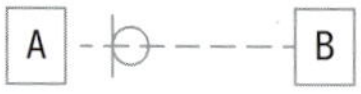 zero or one	B와 A는 1:1 관계. B의 인스턴스 하나에 연결되는 A의 인스턴스는 하나이거나 없다.

① 1:N 관계(Identifying Relationship)

1:N 관계 중에서 외래식별자가 주식별자의 일부인 경우에 사용한다. 관계를 맺어주게 되면 새로 추가되는 외래식별자 속성 옆에는 (FK)로 표시된다. (엔티티 간 연결선은 실선)

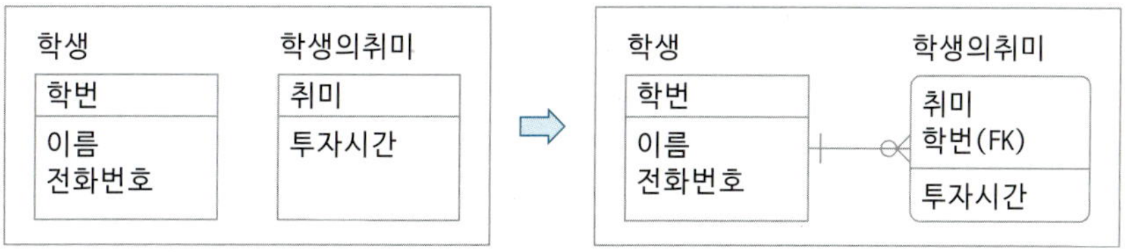

② 1:N 관계(Non-Identifying Relationship)

1:N 관계 중에서 외래식별자가 주식별자와 별도인 경우에 사용한다. 관계를 맺어주게 되면 새로 추가되는 외래식별자 속성 옆에는 (FK)로 표시된다. (엔티티 간 연결선은 점선)

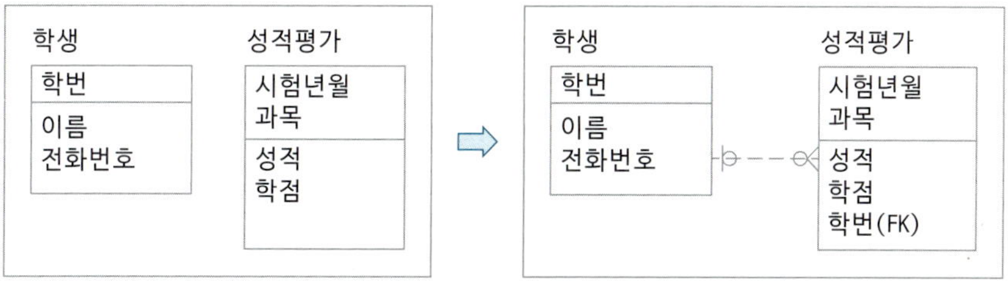

③ M:N 관계

M:N 관계를 표현할 때 사용한다. erwin에서 M:N 관계는 불완전한 관계로 보기 때문에 관계를 맺어주어도 외래식별자 속성이 추가되지 않고, 단지 M:N 관계라는 정보만 표시한다.

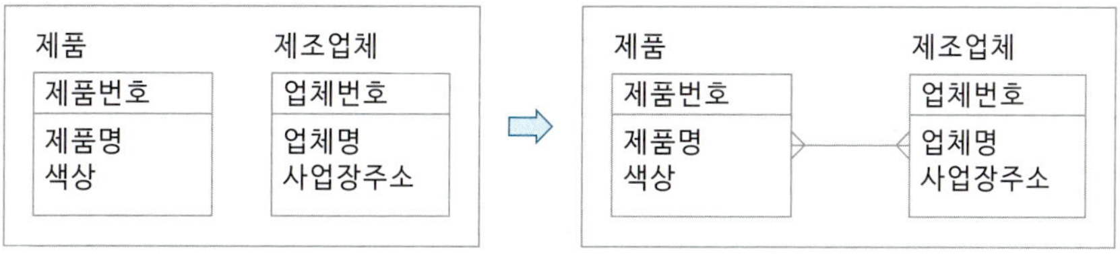

■ 외래식별자의 명칭 변경

관계를 설정하다 보면 외래식별자의 이름을 변경해야 할 필요가 생기는 경우가 있다. 예를 들면 다음의 상품과 상품접수 엔티티의 관계에서 상품접수가 상품을 참조하고 있기 때문에 상품의 주식별자 속성(상품번호)이 상품접수의 외래식별자로서 존재하고 있다. 상품접수의 외래식별자인 상품번호를 '상품코드'라고 이름을 고치는 것이 필요하다면 어떻게 하면 될까?

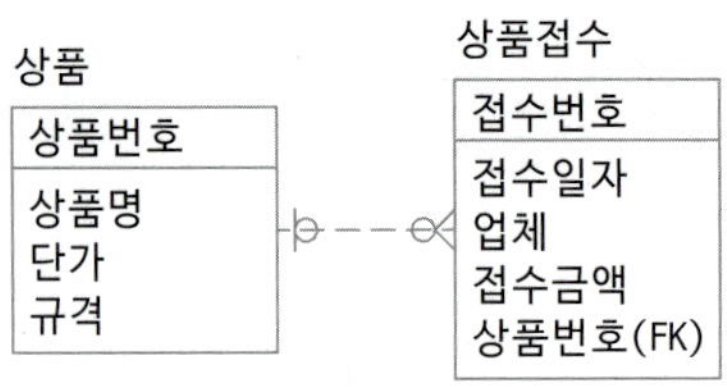

우선 상품접수 엔티티 위로 마우스 커서를 이동한 후 마우스의 오른쪽 버튼을 클릭한다. 팝업메뉴에서 [Attribute Properties..]를 클릭하면 엔티티의 속성을 편집할 수 있는 팝업 윈도우가 나타나는데, 여기서 속성명을 수정하면 된다.

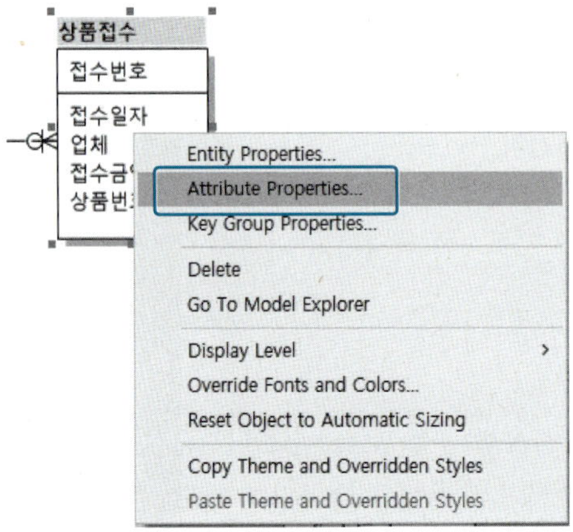

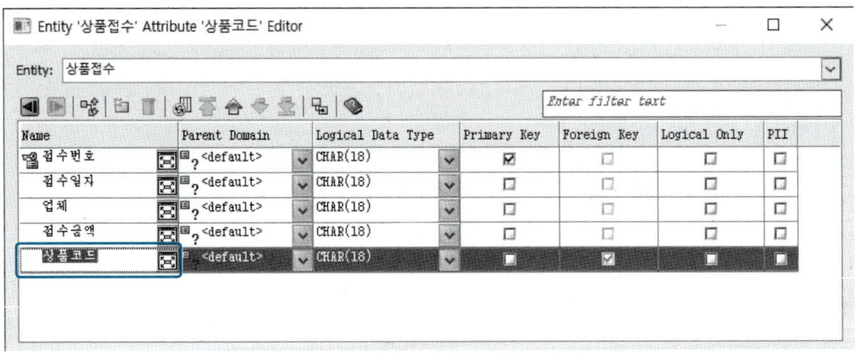

4.4 ERD를 레벨별로 보기

erwin에서는 ERD를 여러 레벨로 볼 수 있는 기능을 지원한다. 사용자는 엔티티 이름만 나타나도록 하여 ERD를 볼 수도 있고 속성까지 모두 나타나도록 하여 ERD를 볼 수도 있다. 메인 메뉴의 [View]를 클릭하면 아래와 같이 ERD의 표시 레벨을 선택할 수 있다.

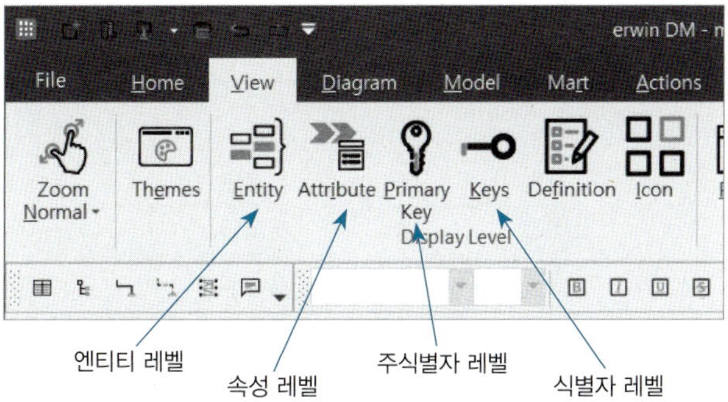

각 레벨별 ERD는 다음과 같다.

■ 엔티티(Entity) 레벨

엔티티의 이름만 표시된다.

■ 주식별자(Primary Key) 레벨

엔티티의 이름과 주식별자가 표시된다.

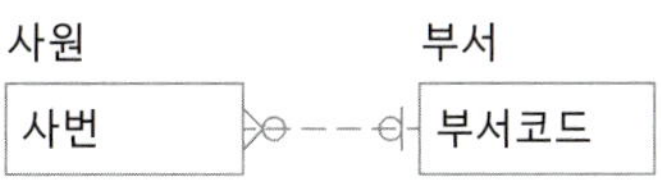

■ 식별자(Kyes) 레벨

엔티티의 이름, 주식별자, 외래식별자가 표시된다.

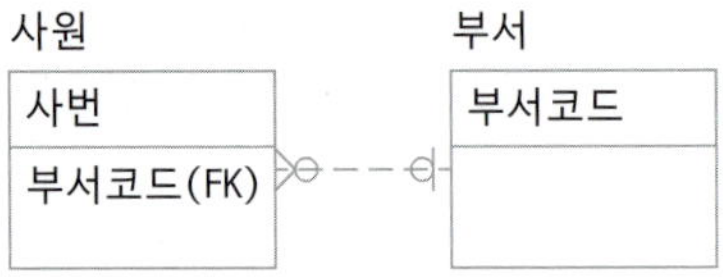

■ 속성(Attribute) 레벨

엔티티의 이름과 포함된 모든 속성들이 표시된다. 가장 자세히 표시되는 레벨로서, 보통 속성레벨 화면에서 ERD를 작성하게 된다.

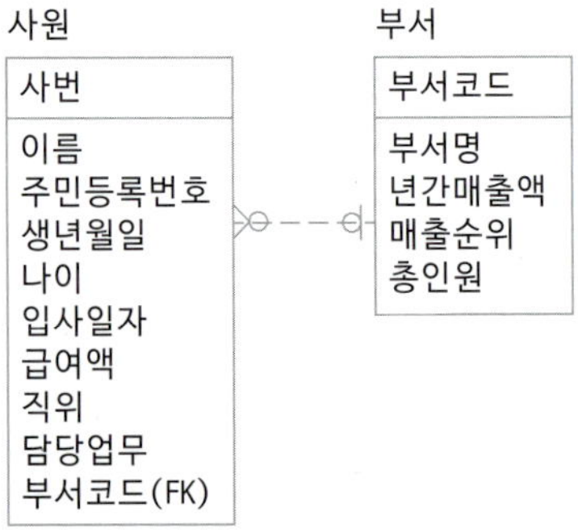

지금까지 살펴본 ERD는 논리적 설계의 내용을 나타낸다. 논리적 설계 후에는 물리적 설계를 진행하는데, erwin은 물리적 ERD도 표시할 수 있다. 아직 물리적 설계의 내용이 없으므로 물리적 ERD를 보는 방법은 물리적 설계를 진행한 이후에 다시 설명하도록 한다.

4.5 주석문의 삽입

ERD를 작성하다 보면 ERD상에 주석문(note)의 삽입이 필요한 경우가 있다. erwin에서는 ERD의 임의의 위치에 주석문을 삽입할 수 있는 기능과, 파워포인트 문서와 같이 각종 도형을 ERD상에 삽입할 수 있는 기능을 제공한다. 이러한 기능들은 복잡한 ERD에 설명을 추가함으로써 ERD의 이해도를 높이는 데 그 목적이 있다. 주석문 및 도형을 삽입하려면 메인 메뉴에서 [Home]을 클릭한다. 그러면 다음과 같이 주석문(Annotation), 도형(Drawing)을 삽입할 수 있는 아이콘들을 볼 수 있다.

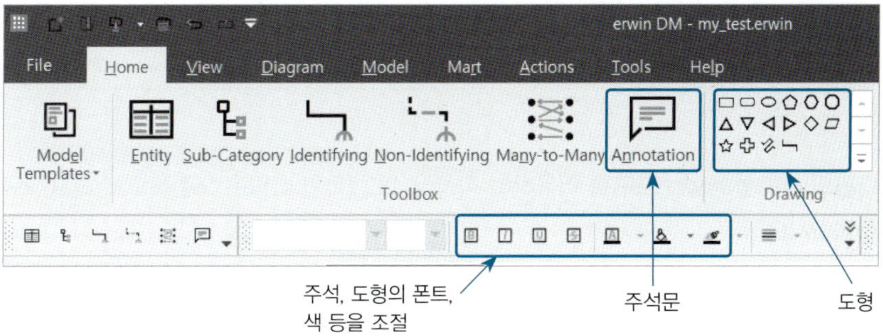

주석문 아이콘이나 도형 아이콘 중 하나를 클릭 후 ERD 화면의 빈 곳을 클릭하면 주석문 또는 도형이 입력된다. 다음은 도형과 주석문을 삽입하여 ERD를 작성한 예이다.

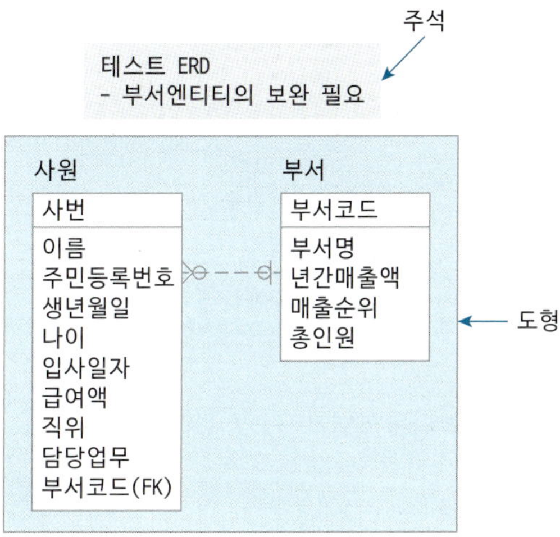

연습문제

1. 다음의 ERD를 erwin 도구를 이용하여 작성하시오. (화면 바탕은 노란색으로 하고, 스탬프도 삽입하시오.)

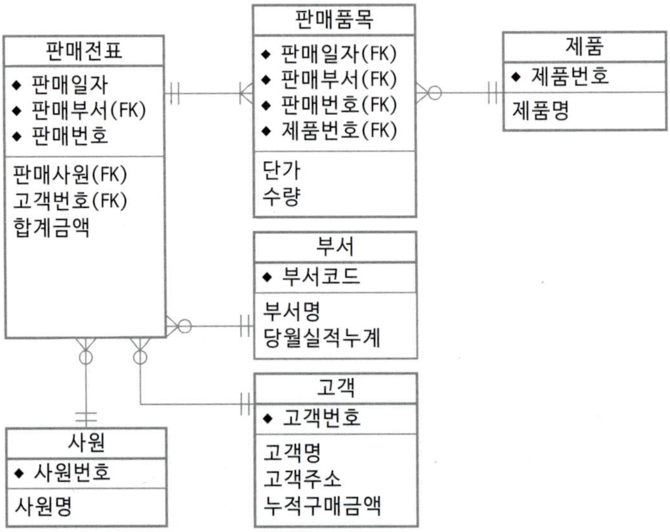

2. 1번에서 작성한 ERD에 대해 다음 레벨의 ERD를 보이시오.

   – 엔티티 레벨
   – 기본키 레벨
   – 모든키 레벨
   – 속성 레벨

3. 1번에서 작성한 ERD를 출력해 보시오.

   (메인 메뉴에서 [File] → [Print])

4. 데이터 모델링 단계에서의 엔티티는 나중에 데이터베이스 내의 테이블로 전환된다. 어떤 ERD를 테이블로 전환한 결과가 다음과 같을 때 EMP 엔티티와 DEPT 엔티티를 erwin 도구를 이용하여 작성해 보시오.

EMP

empid(PK)	ename	deptid(FK)	hire_date	job	manager	salary
1001	홍성길	100	2021.2.1	특수영업	1002	350
1002	곽희준	100	2019.1.1	영업관리	1004	400
1003	김동준	200	2020.9.1	품질관리	1005	300
1004	성재규	300	2017.2.1	급여	1009	450
1005	박성범	200	2020.2.1	수입자재	1004	320

DEPT

deptid(FK)	dname	budget
100	영업부	100k
200	관리부	300k
300	구매부	220k
400	생산부	500k

CHAPTER

05 업무 분석

contents

CHAPTER 05

업무 분석

| 단원목표 |

- 현실세계의 업무를 이해하고 분석하는 방법을 배운다.
- 업무 분석을 위해 어떤 문서, 자료들이 이용되는지 이해한다.
- 분석한 내용을 정리하는 방법을 배운다.

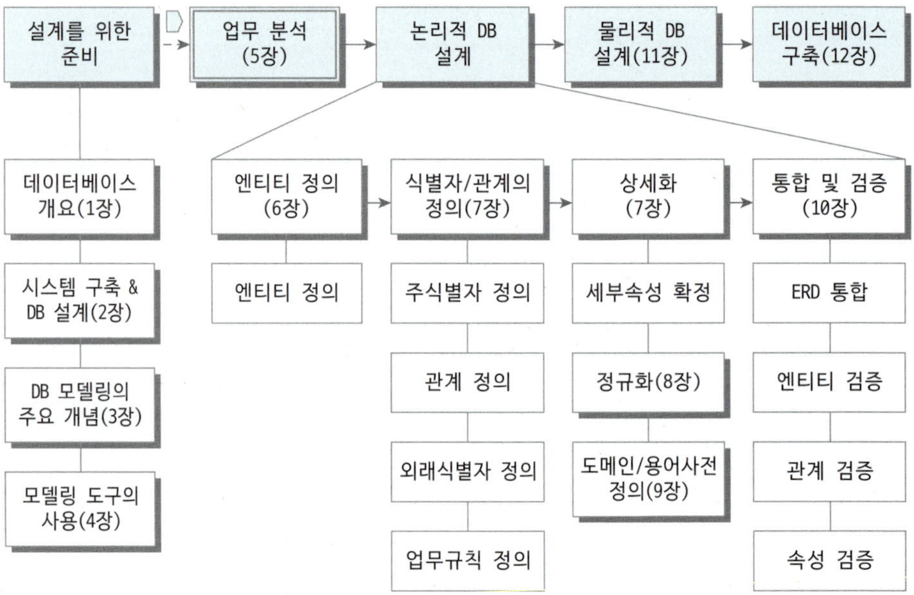

5.1 개요

소프트웨어 공학에는 '눈덩이 효과(snowball effect)'라는 용어가 있다. 소프트웨어 개발에는 단계가 있고, 각 단계에서의 실수가 최종 소프트웨어의 완성도에 영향을 미치는데, 초기 단계에서의 실수일수록 파급효과가 큼을 설명하는 용어이다. 소프트웨어가 완성되었는데 코딩이 잘못되었다면 쉽게 고칠 수 있을 것이다. 설계가 잘못된 것이라면 설계를 다시 해야 하고 코딩도 다시 해야 하므로 많은 시간과 비용이 필요하다. 만일 분석이 잘못되었다면 설계도 잘못되었을 것이고 코딩도 잘못되었을 것이다. 이를 바로잡기 위해서는 지금까지 개발한 기간만큼의 시간이 필요할지도 모르고 프로젝트 자체가 실패할 수도 있다. 따라서 소프트웨어를 개발할 때 과거에는 코딩을 중시하였으나 현재는 분석을 중시하는 추세에 있다.

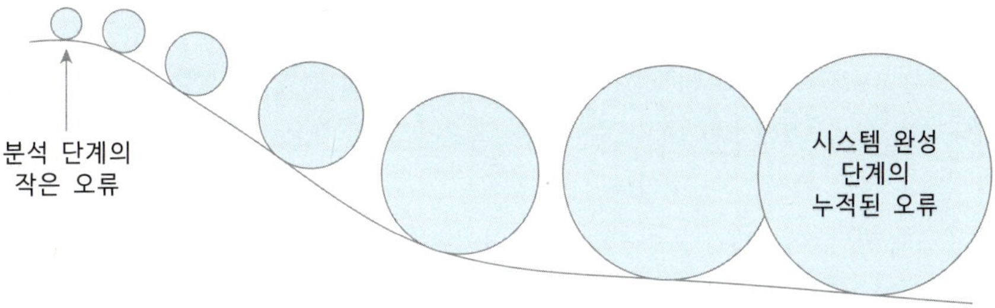

〈그림 5.1〉 눈덩이 효과

프로그래밍을 하거나 데이터베이스를 설계하기 위해서는 대상이 되는 업무를 알아야 한다. 당연한 말이겠지만 회계 업무에 대해 전혀 알지 못하는 사람이 회계 분야의 프로그램을 개발하는 것은 어려운 일이다. 기업체 전산실에서 업무 시스템을 운영하는 사원들은 실제 현업에서 업무를 수행하는 사원들만큼 업무에 대해서 잘 알고 있다. 그러므로 프로그램을 개발하거나 데이터베이스를 설계하기 위해서는 대상이 되는 업무를 파악하고 사용자의 요구사항을 정확히 도출할 수 있어야 한다. 본 교재는 소프트웨어 공학을 위한 것이 아니고 데이터베이스 설계를 위한 것이므로 업무의 파악과 요구사항 분석에 있어서 데이터베이스 설계에 관련된 부분을 중점적으로 다루도록 한다. 사실 업무의 분석은 전체 시스템 개발 과정 중에서 가장 어려운 단계이다. 특정 업무에 대해 설계하기 위해서는 그 분야에 대한 상당한 경험과 지식을 필요로 한다. 업무 분석은 IT 기술에 대한 지식만으로는 어렵고 업무에 대한 지식도 필요로 한다. 단시일 내에 업무 분석 방법을 배우기는 어렵겠지만 예제를 통하여 기본적인 방법을 익히도록 한다.

데이터베이스 설계의 준비 단계로서의 업무 분석은 다음과 같은 과정을 거쳐서 이루어진다.

① 먼저 시스템 개발을 의뢰한 회사에 대한 일반 사항을 이해한다. 회사의 매출 규모, 종업원 수, 주력 제품, 각 부서 조직, 전산 시스템 개발을 추진하게 된 배경, 전산 시스템 개발에 대한 사원들의 반응, 직장 문화 등등이다. 이러한 내용들은 데이터베이스 설계에 직접적으로 필요한 것은 아니지만 프로젝트의 계획을 수립하거나 세부 업무의 분석, 데이터베이스 설계의 방향을 올바로 잡는 데 있어서 나침반의 역할을 한다.

② 전체 업무를 대상으로 분석할 수는 없으므로 전체 업무를 분석하기에 적당한 크기로 나눈다. 영업, 인사, 회계, 생산 등 큰 분류를 하고 각 분류를 다시 잘게 나누어 간다. 업무 분석의 대상이 되는 단위 업무 영역을 서브젝트 에어리어(subject area)라고 하는데, 보통 회사의 부서들이 업무에 따라 나누어져 있으므로 조직도를 보고 서브젝트 에어리어를 기획한다.

③ 각 서브젝트 에어리어에 대해 업무에 관련된 문서들을 수집한다. 업무 매뉴얼, 업무상 기록하는 장부, 거래에서 주고받는 전표, 혹은 PC에서 Excel과 같은 스프레드시트로 관리되는 자료 등을 모아 정리하되 빈 양식으로 모으지 말고 데이터가 들어 있는 것을 모으도록 한다. 데이터가 들어 있으면 문서의 성격과 쓰임새를 이해하기 쉽다.

④ 업무 담당자들을 만나 인터뷰를 한다. 인터뷰의 목적은 해당 업무를 보다 명확히 이해하고 담당자들의 요구사항을 파악하기 위함이다. 인터뷰를 위해서는 충분히 준비를 해야 원하는 바를 얻어낼 수 있다.

⑤ 모아진 문서와 인터뷰 자료를 분류하고 체계적으로 정리한다. 여러 가지 다이어그램을 가지고 분석한 업무를 표현한다. 이렇게 정리된 자료들이 데이터베이스 설계를 위한 원천이 된다. 업무 분석 자료를 가지고 담당자들과 확인 회의를 갖는다. 회의의 목적은 업무를 올바로 파악했는지를 확인하는 것이다.

앞에서 설명한 업무 분석 과정 중 ③~⑤는 다시 자세히 설명하도록 한다.

프로젝트 실패 사례

역사상 가장 큰 정보 시스템 개발의 실패 사례 중의 하나는 1993년 영국 런던 증권거래소 타우르스(Taurus) 프로젝트이다. 증권거래소 측에는 약 1억 불, 거래소 고객에게는 약 4억 불 정도의 손해를 입힌 이 프로젝트는 사실 350명에 달하는 직원과 컨설턴트의 해고를 낳았고, 시스템 현대화 작업을 10년에 걸쳐 해야 하는 엄청난 기회비용의 손실을 불러왔다.

이 프로젝트는 경쟁 시장인 독일과 이탈리아의 증권거래소에 비해 런던거래소의 명성을 높이려는 의도에서 1986년 거래소 자율화 바람에 편승하여 시작되었다. 자율화로 거래물량이 증가하였고 런던이 가지고 있는 Talisman이라는 일괄(batch)거래 시스템은 거래 조정에 3주에서 6주가 소요되고 있었다. 미국이 3일에서 5일, 일본이 2일 걸리는 정도에 반해 런던은 서류에 의한 시스템이어서 타우르스 시스템은 이 거래를 자동화하여 전자거래가 가능하도록 하였는데, 런던의 금융센터와 각 증권회사, 은행 등의 데이터베이스를 연결하는 최고의 보안을 보장하는 초고속 네트워크를 기반으로 하였다.

실패에 대한 견해는 다양하다. 우선 선택된 데이터베이스는 실시간(On-line)에는 우수하나, 일괄처리와 분산 데이터베이스를 다루는 데는 부적합하다는 것이었다. 뿐만 아니라 보안성을 높이기 위해 기존 시스템의 60%에 달하는 부분을 고쳐야 했으므로 많은 오류가 일어났다는 것이다. 또 하나의 문제는 처음에는 작은 범위로 시작한 프로젝트가 시간이 지나면서 요구가 확장되었고 여러 이해 당사자의 입김이 작용하게 되었는데 이런 불협화음을 런던거래소가 정리해 주지 못했다는 것이다. 또 다른 이는 시스템이 영국 증권거래만을 위한 것이어서 600개 이상의 외국 증권이 상장된 거래소에 어울리지 않는다는 점을 들었다. 유연하지 못한 프로젝트 진행관리도 구조적인 원인으로 꼽았다.

(출처 : http://ftp.djs.hs.kr/cyberschool에서 인용)

5.2 문서 및 자료 수집

현실세계에서 이루어지는 업무는 말이나 생각으로만 이루어지지 않는다. 반드시 업무의 과정이나 업무의 결과가 문서나 데이터의 형태로 남는다. 예를 들면 상점에 가서 물건을 구입하면 영수증을 발행해 준다. 영수증에는 구입한 물건의 내역과 가격 정보가 포함되어 있다. 또한 상점의 POS 시스템에는 매일매일 판매한 물건의 명세와 판매금액, 상품에 대한 현재 재고 등이 실시간으로 관리된다. 따라서 업무 과정에서 발생하는 문서나 자료를 수집하여 분석해 보면 업무를 잘 이해할 수 있을 뿐만 아니라 데이터베이스에 저장하여 관리해야 하는 데이터나 정보들을 알아낼 수 있다. 수집, 분석해야 하는 문서들을 분류해 보면 다음과 같다.

① 업무 매뉴얼

일정 규모 이상의 회사에는 업무 매뉴얼이 있기 마련이다. 업무 매뉴얼은 특정 업무를 어떤 절차와 방법에 의해 수행해야 하는지를 명시적으로 기술해 놓은 문서이다. 보통 신입사원을 교육할 때 쓰이기도 하고 업무 담당자가 바뀌어서 인수인계를 할 때 쓰이기도 한다. 업무 매뉴얼은 분석자가 업무를 이해하는 데 매우 소중한 자료이다. 〈그림 5.2〉는 창고 관리 업무 매뉴얼 중 구입한 원자재가 납품되어 창고에 입고하는 업무의 일부를 기술한 것이다. 이 매뉴얼을 보면 납품되는 원자재는 수입산과 국산이 다르게 관리되는 것을 알 수 있고 업무 과정 중에 거래명세서, 반품리스트, 입고리스트, L/C 등의 문서들이 관여되는 것을 알 수 있다. 보다 정확히 업무를 파악하려면 그러한 문서들을 추가적으로 수집하여 검토하도록 한다. 업무 매뉴얼에는 해당 업무 분야에서 사용되는 용어들이 나와 있으므로 이를 이해하면 업무 담당자들과 인터뷰를 할 때 도움이 된다.

제3절 원자재의 입고

1. 원자재는 수입 원자재와 국산 원자재로 구분된다.
2. 수입 원자재는 품질 검사 없이 입고된다.
3. 국산 원자재는 품질 검사를 거쳐 입고시킨다. 불합격된 원자재는 반품 리스트를 작성한 뒤 반품용 원자재 보관소에 보관한다.
4. 원자재의 입고 시에는 거래명세서의 내역과 납품 내역이 일치하는지를 확인한다.
5. 수입 원자재의 입고 시에는 L/C와 대조한다.
6. 원자재가 입고되면 입고전표를 작성하여 보관한다.

〈그림 5.2〉 업무 매뉴얼의 예

② 다른 업무 주체와의 업무 과정에서 발생하거나 주고받는 문서들

현실세계에서의 업무를 살펴보면 업무 담당자가 물건을 구매 혹은 판매를 하는 것과 같이 다른 주체들과 상호작용을 해야 하는 경우가 많다. 이러한 경우 업무가 올바로 이루어졌음을 상호 보증하기 위해 문서를 남기게 된다. 〈그림 5.2〉의 업무 매뉴얼에서 거래명세서가 대표적인 경우이다. 원자재를 납품하는 쪽에서는 거래명세서를 원자재와 함께 납품을 하고, 납품을 받는 쪽에서는 납품된 물건이 거래명세서와 이상이 없는지 확인하게 된다. 즉, 하나의 납품이라는 행위가 이루어졌음을 증명하는 것이 거래명세서라 할 수 있다. 〈그림 5.3〉의 거래명세서 양식을 보면 누가, 언제, 어떤 물건을 납품했는지 알 수 있고, 누가 물건을 인수했는지 알 수 있다. 하나의 거래명세서에는 많은 종류의 데이터들이 포함되어 있는데 이러한 데이터 항목들을 보고 데이터베이스를 설계하게 된다.

No. 권 호

DATE : 20 . . .

거래명세표

STATEMENT OF TRANSACTION

貴下

공급자			
등록 번호			
상 호		성명	㉟
사업장주소			
업 태		종목	

總 計
GRAND TOTAL: (₩)

內 容 DESCRIPTION	規 格 SIZE	數 量 Q'TY	單 價 UNIT/PRICE	金 額 AMOUNT	稅 額 TAXABLE AMOUNT
合 計 TOTAL					

備 考 REMARKS	前殘額 BALANCE IN TOTAL		總 計 GRAND TOTAL	

上記와 같이 계산합니다. 감사합니다. 인수자 ㉟

〈그림 5.3〉 거래명세서 양식

③ 고유 업무를 위한 문서들

고유 업무를 위한 문서들은 다른 업무 주체와의 상호작용 속에서 만들어지는 것이 아닌 고유 업무 자체를 위해서 만들어지고 관리되는 문서들이다. 예를 들면 〈그림 5.2〉의 업무 매뉴얼에서 입고전표는 누군가가 보냈거나 누구에게 보내기 위해서 작성하는 것이 아니고 창고 관리의 필요에 의해 만드는 것이다. 〈그림 5.4〉는 입고전표의 예를 보여준다. 입고전표에는 거래명세서와는 달리 발주량, 부족량과 같이 창고 담당자 입장에서 필요한 데이터가 포함되어 있다. 창고 담당자는 주기적으로 창고의 재고를 조사하여 문서상의 재고와 일치하는지를 확인하는데, 이때 사용되는 재고 조사표 역시 창고 고유 업무를 위한 문서라고 할 수 있다. 이러한 문서들은 대외에 오픈된 것이 아니기 때문에 업무 담당자를 직접 찾아가서 얻어야 하는 경우가 많다.

입 고 전 표

부서명 :

입고 No.(　　)-(　　)　　20　년 00 월 00 일　　인수자 :

접수일자 No.	회사명	MODEL	발주량	입고량	부족량	Spec	p 수	REMARKS
						×		
						×		
						×		
						×		
						×		
						×		
						×		
						×		
						×		
						×		

결재	담당	계장	과장

〈그림 5.4〉 입고전표 양식

5.3 담당자 인터뷰

수집된 문서들을 살펴보는 것만으로는 업무를 명확히 파악할 수 없다. 문서를 통하여 어느 정도 업무에 대한 윤곽이 잡히면 실제 업무 담당자를 만나 인터뷰를 통하여 불명확한 점들을 해소하고 실제 업무에서 중요한 정보와 그렇지 않은 정보를 가려내야 한다. 또한 현재 업무의 문제점은 실무 담당자가 가장 잘 알고 있으므로 이를 파악하고 해결책을 모색해야 한다. 정보 시스템의 개발 목적은 단지 수작업으로 하던 일을 컴퓨터를 통해 하는 것뿐만 아니라 정보 시스템을 통해 업무 절차를 혁신하여 업무의 생산성을 높이는 데 더 큰 목적이 있다. 인터뷰는 이러한 목적을 이루는 데 중요한 과정이 된다.

인터뷰는 이처럼 중요한데, 사실 인터뷰를 통하여 어떤 정보를 얻어내는 일은 어렵다. 일반적으로 인터뷰에 응하는 현업 담당자의 경우 정보 시스템의 중요성에 대한 인식이 부족하기 때문에 인터뷰에 대해 수동적이거나 비협조적인 경우가 많다. 또한 매우 바쁜 가운데 잠시 틈을 내어 왔기 때문에 인터뷰를 빨리 끝내고 싶어할 것이다. 따라서 철저한 준비가 없는 인터뷰는 별 소득이 없이 그저 아는 내용을 확인하는 선에서 마무리될 가능성이 크다. 다음은 인터뷰를 준비하고 시행하는 데 있어서 고려해야 할 사항들이다.

〈그림 5.5〉 인터뷰의 진행

5.3.1 인터뷰의 계획

인터뷰를 시작하기 전 분석가는 다음과 같은 내용을 준비하는 것이 필요하다.

- 인터뷰를 통해 무엇을 얻고자 하는지 명확한 목표를 수립한다(업무 파악이 주목적인지 문제점의 도출이 주목적인지, 업무 담당자와 친분을 쌓는 것이 목적인지 등등).
- 데이터베이스 설계와 관련된 인터뷰의 일반적인 목적은 조직의 데이터 처리와 결정을 내리는 활동, 요구되는 기능에 대한 정보를 수집하는 일이다. 따라서 정보가 어디로 와서 어디로 흘러가는지, 데이터의 형식은 어떠한지, 하루에 어느 정도의 빈도로 발생하는지 등을 파악하도록 한다.
- 인터뷰 대상 업무에 대해 최대한 숙지한다. 업무 매뉴얼 등을 통해 업무 용어에 대해서도 숙지한다.
- 누구와 인터뷰할 것인가를 결정한다. 데이터의 수집이나 업무 파악을 위해서는 일선 업무 담당자를 만나는 것이 필요하고 의사결정 구조나 경영적 측면에 관련된 것은

중간 관리자를 만나는 것이 필요하다. 회사의 업무는 이어지는 것이므로 업무 흐름 상에 어떤 사람들이 있는지를 파악하여야 한다.

- 인터뷰에 응하는 사람이 미리 준비할 수 있도록 배려한다. 인터뷰할 내용을 사전에 알려주고 얻고 싶은 자료가 있다면 인터뷰 시 가져오도록 미리 요청을 한다.
- 인터뷰에 응하는 사람은 업무를 하다가 오는 경우가 대부분이기 때문에 업무에 지장이 가지 않도록 인터뷰 시간을 계획한다. 가급적 업무 담당자가 가장 여유 있는 시간에 인터뷰를 하고 인터뷰 시간도 한 시간을 넘지 않도록 한다.
- 질문하고 싶은 내용을 미리 문서로 작성한다. 어떤 순서로 질문을 해 나갈지도 계획한다.
- 분석자가 여러 사람이라면 인터뷰 시의 역할을 분담한다.

5.3.2 질문의 준비

질문은 인터뷰 대상자로부터 원하는 내용을 이끌어 내는 직접적인 도구이다. TV에서 인터뷰를 하는 장면을 보면 어떻게 질문하는가에 따라 답변이 달라지는 것을 많이 볼 수 있다. 보통 질문은 열린 질문(open questions), 닫힌 질문(closed questions), 추가 질문(probes questions)으로 구분이 되는데, 이 세 종류의 질문을 적절히 구사하는 것이 필요하다.

열린 질문이란 고정되어 있는 답을 요구하는 것이 아니라 인터뷰 대상자의 생각을 자유롭게 표현할 수 있도록 질문하는 것을 말한다. 예를 들면 "업무를 하시면서 가장 애로사항이라고 생각하시는 것은 무엇입니까?"와 같은 질문을 말한다. 열린 질문의 장점은 우선 인터뷰에 응하는 사람이 편안하게 느끼며 많은 구체적인 정보를 자발적으로 제공할 수 있다는 것이다. 또한 열린 질문을 통해 새로운 주제에 대한 질문을 찾아낼 수 있다. 열린 질문의 문제점은 주제와 관계가 없는 사항에 대하여 너무 구체적으로 들어가 시간을 낭비할 수 있다는 것이다. 또한 인터뷰에 응하는 사람이 분석가가 원하지 않는 정보에 대해 너무 많은 시간을 들이고 분석가는 인터뷰의 흐름에 대한 제어권을 상실할 가능성이 있다는 것이다.

닫힌 질문은 열린 질문 대신 사용할 수 있는 질문 유형으로서 인터뷰에 응하는 사람에게 지정되어 있는 몇 가지 답 중에서 고르도록 제약을 가하는 질문을 말한다. 예를 들면 "재고 관리가 잘되지 않는 이유는 제품의 위치 추적의 어려움, 보관 공간 부족, 수작업에 의한 부정확한 관리 중 어느 것이라고 생각하십니까?"와 같은 질문이다. 분석가가 알고 싶은 문제 중에 어떤 것은 여러 답 중에서 선택할 수 있는 경우가 있는데 이때 닫힌 질문을 사용한다. 닫힌 질문의 장점은 구체적인 주제를 가지고 직접적인 질문을 함으로써 시간을 절약할 수 있다는 것과 다른 인터뷰 결과와 비교하여 볼 수 있고, 질문을 계속할 수 있어 인터뷰의 주도권을 유지하는 것이 용이하다는 것이다. 닫힌 질문의 단점은 인터뷰가 인터뷰에 응하는 사람의 개인적인 의사를 나타내지 못해 인터뷰가 지루해지기 쉽고 물어보는 내용에 대해서만 답을 하기 때문에 열린 질문을 할 때 얻을 수 있는 추가적인 정보를 얻지 못할 수가 있다는 것이다. 또한 인터뷰 과정이 인간미가 떨어지기 때문에, 인터뷰 대상자와의 좋은 관계를 구축하는 데 별로 큰 도움을 주지 못한다.

추가 질문이란 인터뷰 대상자의 답변 중 명확히 알고 싶은 부분이 있을 때 사용하는 질문으로서 앞에서 던진 질문에 대한 보충 질문이다. 추가 질문은 분석가가 답변을 듣고 이해하고 있음을 상대방에게 전달할 수 있으며 열린 질문이나 닫힌 질문 어느 것이나 될 수 있다. 추가 질문의 예로는 "전산 시스템이 없어서 발생하는 문제를 예를 하나 들어주시겠습니까?" 또는 "생산라인 담당자와 업무 협조가 잘되지 않는다고 느끼시는 것 같은데 좀 더 구체적으로 설명해주시겠습니까?" 등이 있을 수 있다.

5.3.3 인터뷰 시 주의 사항

인터뷰는 인터뷰 대상자로부터 원하는 정보를 얻어내는 것이 주목적이므로 분석가는 인터뷰를 주도적으로 진행할 필요가 있다. 인터뷰가 잡담이 되거나 인터뷰 대상자의 하소연을 듣는 것으로 끝난다면 인터뷰를 통해 얻는 것이 없을 것이다. 이를 위해 분석가는 정직하고 직접적으로 자신의 의사를 표현할 필요가 있다. 또한 분석가는 인터뷰 대상자가 편안하게 이야기할 수 있도록 분위기를 조성하여야 한다. 많은 경우에 현업 담당자들은 분석가들에 대하여 우호적인 감정보다는 귀찮거나 비협조적인 태도를 가지고 있다는 사실을 미리 이해하고 이에 잘 대처해야 한다. 또한 어떤 사안들은 현업 담당자들에게 매우 민감할 수 있기 때문에 질문에 신중하여야 한다.

인터뷰를 마치면 인터뷰를 통해 얻은 내용을 문서로 정리하여 보관한다.

5.4 분석 내용의 정리

자료의 수집과 분석, 인터뷰를 거치고 나면 많은 분량의 문서들이 쌓이게 된다. 이러한 문서들을 체계적으로 정리하여 시스템 설계에 사용할 수 있도록 준비하는 것이 다음으로 해야 할 일이다. 자료의 정리와 분석을 통해서 현재 업무를 개념화, 도식화하여 표현하는 데에는 케이스 도구(case tool) 또는 모델링 도구가 사용되기도 하고 여러 종류의 다이어그램들이 동원된다. 분석된 내용을 개념화하는 도구들은 다음 절의 업무 사례 분석에서 확인할 수 있다. 〈그림 5.6〉~〈그림 5.9〉는 여러 모델링 도구들에서 분석 내용을 정리한 예들을 보여준다.

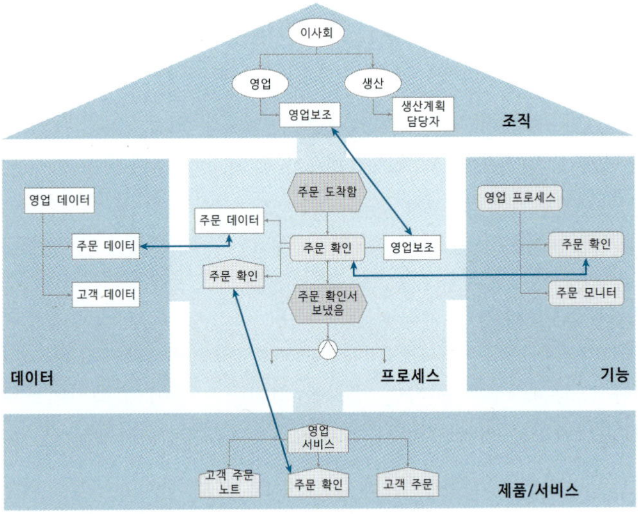

〈그림 5.6〉 조직-데이터-기능-프로세스 통합 뷰(ARIS)[1)]

1) http://www.knit.co.kr

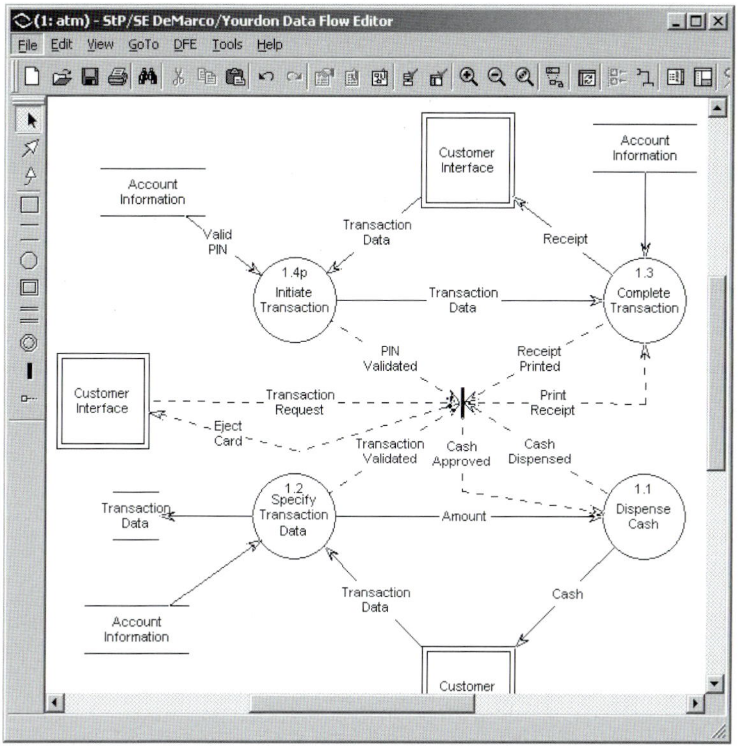

〈그림 5.7〉 데이터 흐름도(AONIX)[2]

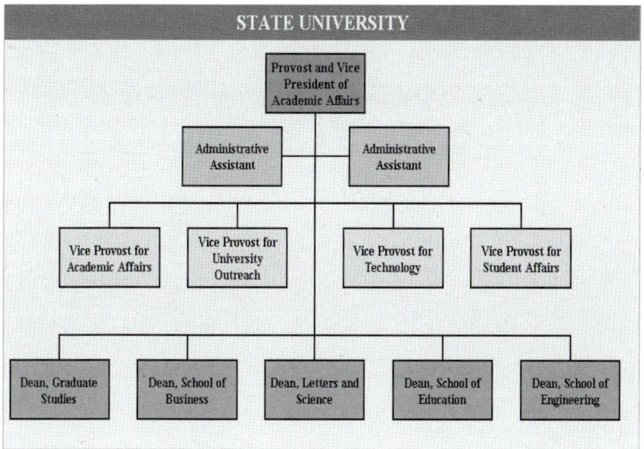

〈그림 5.8〉 조직도(SmartDraw)[3]

2) http://www.aonix.com
3) http://www.smartdraw.com

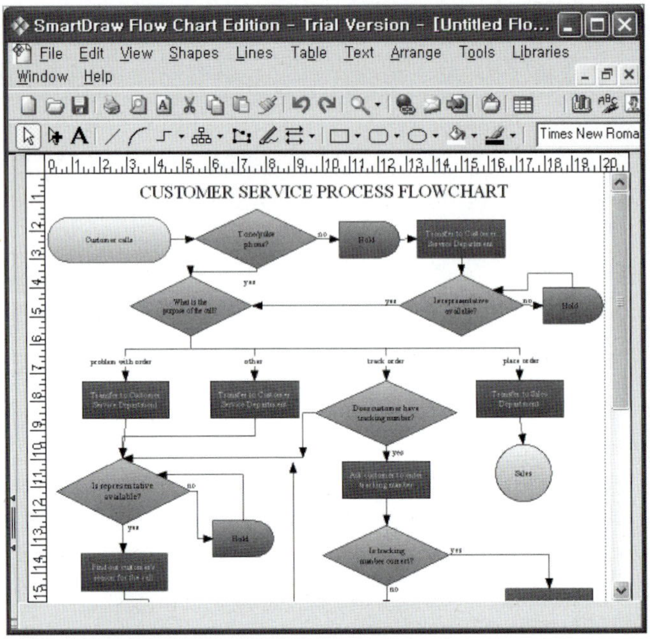

〈그림 5.9〉 프로세스 다이어그램(SmartDraw)

분석 내용의 정리에 사용하는 도표 중 데이터베이스 설계와 직접 관련이 있는 데이터 흐름도(DFD: data flow diagram)에 대해서 보다 자세히 설명하기로 한다. 데이터 흐름도는 업무의 분석 및 설계 시 사용하는 가장 기본적인 도구 중의 하나로서 시스템 내에서 데이터가 어떻게 생성되어 어떤 프로세스를 거쳐 어디로 저장이 되는지를 가시적으로 보여준다. 데이터 흐름도는 약속된 표기법(notation)에 따라 작성하게 되는데 사용하는 요소와 의미는 〈표 5.1〉과 같다. 데이터 흐름도는 별도의 도구를 사용하거나 Case 도구에서 지원하는 기능을 이용해서 작성할 수 있다. 〈그림 5.10〉은 DFD 도구로 작성한 데이터 흐름도의 간단한 예이다. 고객이 도서관에서 원하는 도서에 대한 대출을 예약하면 요청 도서가 현재 있는지, 이미 대출이 되어 있다면 언제 반납을 할지 확인하여 예약 가능일을 산출하고 이를 바탕으로 요청 도서에 대한 예약 정보를 생성하는 과정을 보여준다.

〈표 5.1〉 데이터 흐름도의 표기법

기호	명칭	설명
	데이터 저장소 (data store)	처리되기를 기다리면서 머물고 있는 자료의 집합을 나타내며, 연결된 데이터 흐름을 보면 저장 중인 것인지 읽히고 있는 것인지를 알 수 있다.
	처리과정, 프로세스 (process)	입력 데이터 흐름을 출력 데이터 흐름으로 변환시키는 단계, 요소를 나타내는 데 사용한다.
	데이터흐름 (data flow)	데이터가 이동하는 통로 및 방향을 나타내는 데 사용. 처리과정 사이를 움직이거나 자료저장소 및 단말 사이로 이동한다는 표시이다.
	종단점 (terminator)	자료의 발생지(source)와 목적지 또는 도착지(sink, destination)를 의미하는 것으로 명칭은 한 개인이나 부서보다 그 역할을 기술하는 것이 바람직하다.

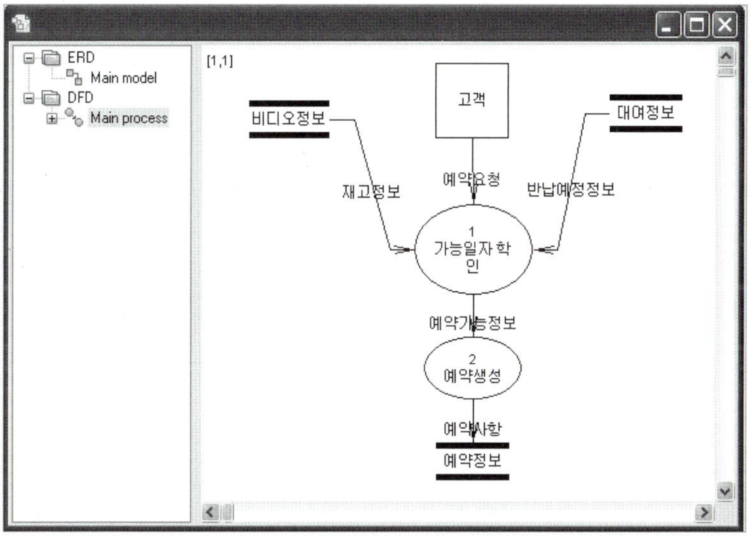

〈그림 5.10〉 DFD 도구로 작성한 데이터 흐름도

5.5 업무분석 사례 : 도서관 관리

이번 절에서는 도서관 관리 업무에 대하여 업무 분석을 하여 정리한 자료를 예시한다. 이번 절에서 사용된 양식이나 다이어그램은 데이터베이스 설계에 관련된 부분만을 선별한 것으로 실제 분석 자료는 이보다 많다. 도서관 관리 업무를 선택한 이유는 전문가가 아니더라도 업무 내용을 쉽게 이해할 수 있기 때문이다. 업무 분석 자료에는 다음과 같은 문서가 포함되어 있다.

- 프로젝트 개요서
- 시스템 기능도
- 업무 기술서
- 사용자 요구사항 분석서
- 관련 문서 목록
- 수집한 장부/전표 샘플

프로젝트 개요서

프로젝트명	서문 도서관 관리 시스템

1. 개요
본 프로젝트는 천안시에 위치한 서문 도서관의 관리 시스템 개발을 목표로 한다.

2. 서문 도서관 소개
서문 도서관은 1995년에 설립되었으며 천안 북부 지역 주민들이 주로 이용하고 있고 소장된 도서의 수는 약 8,000권이다. 하루 평균 이용 인원은 200명이다. 현재 시설의 노후화 및 이용자의 서비스 요구 수준 향상으로 운영에 어려움을 겪고 있다.

3. 전산 시스템 개발의 필요성
현재는 수작업으로 모든 업무를 처리하고 있어서 사용자들의 만족도가 낮고, 대출 도서의 장기 연체자에 대한 관리가 제대로 이루어지지 않고 있다. 또한 도서 대출 시 대출 장부에 일일이 기록하고 있는데 이용자가 많은 경우는 기다리는 시간이 오래 걸리는 문제점을 안고 있다. 이용자 수의 증가 및 서비스 요구 수준의 향상을 고려할 때 전산 시스템 구축에 의한 도서관 운영 혁신이 필요한 시점에 있다.

4. 시스템 구축 방향
- 바코드에 의한 도서 관리
- 데이터베이스 기반의 관리 시스템 구축

시스템 구성도

프로젝트명	서문 도서관 관리 시스템

- 도서관 관리
  - 회원 관리
    - 회원 등록
    - 우수회원 관리
    - 소모임 관리
  - 도서구매 관리
    - 신규 도서 주문
    - 신규 도서 등록
  - 대출/반납 관리
    - 대출 등록
    - 반납 등록
    - 미반납 조회
    - 도서 검색
  - 결산 관리
    - 일일 이용 통계
    - 월별 이용 통계
    - 도서 폐기 처리

업무 기술서			
시스템명	서문 도서관 관리 시스템	작성일	2021. 11. 02
서브시스템명	회원 관리	작성자	이학수
단위업무명	회원 등록		

- 도서를 대출하기 위해서는 회원 가입을 하여야 한다.
- 회원 가입 시에는 이용자 이름, 전화번호, 집주소, 이메일 주소를 입력한다.
- 회원 가입을 하면 회원증이 발급되고 회원카드에 부착된 바코드를 가지고 대출/반납 시 신분 확인을 할 수 있다.
- 회원 가입 즉시 도서를 대출할 수 있다.
- 회원에게는 자체 관리를 위해 회원번호가 부여된다.
- 일반 회원의 대출 가능 도서는 5권으로 제한한다.

- 회원 탈퇴를 하려면 미반납 도서가 없어야 한다.
- 회원이 탈퇴하면 회원 정보에 탈퇴 여부를 기록하고, 월말 결산 시 탈퇴한 회원을 일괄 정리한다.
- 탈퇴한 회원이 재가입 시에는 최초 가입과 동일한 절차를 거친다.

<table>
<tr><th colspan="4">업무 기술서</th></tr>
<tr><td>시스템명</td><td>서문 도서관 관리 시스템</td><td>작성일</td><td>2021. 11. 02</td></tr>
<tr><td>서브시스템명</td><td>회원 관리</td><td>작성자</td><td>이학수</td></tr>
<tr><td>단위업무명</td><td colspan="3">우수회원 관리</td></tr>
<tr><td colspan="4">- 우수회원의 기준은 다음과 같다.
최근 6개월간 월 4권 이상 도서를 대출한 실적이 있는 회원으로서 최근 6개월간 대출기간 내 미반납이 6회 이하인 회원

- 우수회원에 대한 특전
• 도서 대출 제한 권수를 10권까지 확대한다.
• 세미나실 예약 시 우선권을 부여한다.
• 매월 신간도서 목록을 발송한다.

- 우수회원은 시스템이 자동으로 분류한다.

- 우수회원 분류는 매월 결산 시 재분류한다.</td></tr>
</table>

<table>
<tr><th colspan="4">업무 기술서</th></tr>
<tr><td>시스템명</td><td>서문 도서관 관리 시스템</td><td>작성일</td><td>2021. 11. 02</td></tr>
<tr><td>서브시스템명</td><td>회원 관리</td><td>작성자</td><td>이학수</td></tr>
<tr><td>단위업무명</td><td colspan="3">소모임 관리</td></tr>
<tr><td colspan="4">- 독서 클럽 활성화를 위해서 클럽 정보를 관리한다.
- 클럽 정보에는 클럽명, 대표자(대표 회원), 인원수, 연령대 정보를 저장한다.
- 독서 클럽은 세미나실을 이용할 수 있다.
- 매월 1회 대표자 회의를 갖는다.
- 독서 클럽 회원들이 추천한 신간도서는 우선적으로 구매한다.</td></tr>
</table>

<table>
<tr><th colspan="4">업무 기술서</th></tr>
<tr><td>시스템명</td><td>서문 도서관 관리 시스템</td><td>작성일</td><td>2021. 11. 02</td></tr>
<tr><td>서브시스템명</td><td>도서 구매 관리</td><td>작성자</td><td>이학수</td></tr>
<tr><td>단위업무명</td><td colspan="3">신간도서 등록</td></tr>
<tr><td colspan="4">- 도서 납품 시에는 도서와 함께 세금계산서를 받는다.
- 신간도서가 납품되면 손상 페이지 여부 등 이상이 없는지 검사한다.
- 문제가 없으면 관리번호를 부여하고, 바코드 라벨을 출력하여 도서에 부착한다.
- 도서 정보를 관리대장에 등록한다.
- 각 도서에 대해서 제목, 저자, 분류기호, 출판사, 국내도서/해외도서 여부, 출판년도, 기타 정보를 등록한다.
- 신간도서는 신간도서 게시판에 1개월간 정보를 게시한다.</td></tr>
</table>

업무 기술서			
시스템명	서문 도서관 관리 시스템	작성일	2021. 11. 03
서브시스템명	대출/반납 관리	작성자	한준호
단위업무명	대출 등록		

- 대출를 원하는 이용자는 회원카드를 제시하거나 집 전화번호를 제시하여 신원을 확인한다.
- 미반납 도서가 있으면 대출할 수 없다.
- 도서의 대출 기간은 신간도서는 7일, 기타 도서는 14일로 한다.
- 신간도서의 기준은 도서관에서 구매한 날짜가 3개월 이내인 도서를 말한다.

업무 기술서

시스템명	서문 도서관 관리 시스템	작성일	2021. 11. 03
서브시스템명	대출/반납 관리	작성자	한준호
단위업무명	반납 등록		

- 도서의 반납은 회원이 직접 방문하여 반납하거나 무인 반납기를 이용하여 반납한다.
- 대출 기간이 경과한 도서에 대해서는 연체료를 부과한다.
  - 연체료는 하루당 100원이다.
  - 연체료는 도서관장이 필요시 재설정할 수 있다.
- 무인 반납기를 이용하여 반납된 도서 중 연체 기간이 경과한 것은 다음 대출 때 연체료를 청구한다.

사용자 요구사항 분석서	
프로젝트명	서문 도서관 관리 시스템

다음은 서문 도서관 사서인 김우성 씨와의 인터뷰를 통하여 파악된 요구사항이다.

- 이용자에게 발송할 우편물에 붙일 주소 라벨을 출력할 수 있도록 한다.
- 미납자 현황을 원하는 시점에서 즉시 확인할 수 있어야 한다.
- 월간 도서대출 순위를 작성할 수 있어야 한다(이용자들이 도서를 선택하는 데 도움을 주고자 함).
- 대출 순위는 10위까지 혹은 20위까지로 하고 몇 순위까지 출력할지는 사용자가 정할 수 있어야 한다.
- 도서를 검색할 때 제목으로, 저자 이름으로, 출판사별로 할 수 있어야 한다.
- 시스템은 초보자도 사용하기 쉽도록 만들고, 직접 입력은 최소화하고 메뉴나 마우스 클릭에 의해 작업을 할 수 있도록 해야 한다.

관련 문서 목록

프로젝트명	서문 도서관 관리 시스템

No	문서명	관련 업무
1	회원등록 신청서	회원관리
2	신규 출간 도서 팸플릿(출판사 배포)	도서구매관리
3	도서 구매 주문서	도서구매관리
4	거래명세서	도서구매관리
5	납품 도서 List	도서구매관리
6	세금계산서	도서구매관리
7	도서대출 전표	대출/반납관리
8	도서 재고 조사표	대출/반납관리
9	주간 도서대출 순위표	대출/반납관리
10	회원 목록	회원관리
11	도서 미납자 명단	대출/반납관리
12	소장 도서 List	대출/반납관리
13	일일 이용 통계	결산관리
14	월별 이용 통계	결산관리
15	폐기대상 도서 List	결산관리

서문 도서관

회원 가입 신청서

이 름 : ______________________________

집전화 : ______________________________

집주소 : ____

이메일 : ____

가입일자 : __________________________

회원 번호 부여 : [   ]

서문 도서관

도서대출 전표

대출일 : ________________________

회원번호 : ____________________ 이름 ______________________

no	도서 관리번호	제목	반납예정일

대출번호 : [   ]

서문 도서관

소장 도서 List

■ 조사일자 : ______________

no	도서 관리번호	제목	구매일자	분류

서문 도서관

일일 이용 통계

■ 일자 : ______________

당일 대출 도서 수 : ____________
당일 반납 도서 수 : ____________
당일 이용자 수 : ____________

대출 중인 총 도서 수 : ____________
연체 도서 수 : ______________

(청 색)

책 번 호 권 호

세금계산서(공급받는 자 보관용)

일 련 번 호 -

공급자	등 록 번 호	- -			공급받는자	등 록 번 호	- -		
	상호(법인명)		성 명 (대표자)			상호(법인명)		성 명 (대표자)	
	사업장 주소					사업장 주소			
	업 태		종 목			업 태		종 목	

작성			공급가액												세액										비고
년	월	일	공란수	백	십	억	천	백	십	만	천	백	십	일	십	억	천	백	십	만	천	백	십	일	

월	일	품 목	규 격	수 량	단 가	공 급 가 액	세 액	비 고

합 계 금 액	현 금	수 표	어 음	외 상 미 수 금	이 금액을 영수/청구 함

22226－28132일
1996.2.27. 개정

182㎜×128㎜
(인쇄용지(특급) 34g/㎡)

연습문제

1. 당신이 속한 조직(학교, 회사 등)의 조직도를 그려 보시오. (〈그림 5.8〉 참조)
   (http://www.smartdraw.com에서 필요한 s/w를 다운로드받을 수 있음)

2. 다음의 창고 관리 업무에 대해 창고 담당자를 만나 인터뷰를 하려고 한다. 인터뷰의 목적은 업무 과정에 대한 파악이다. 업무 기술서의 내용이 다음과 같을 때 인터뷰 시 필요한 질문 목록을 작성하시오. (최대한 자세히)

   > 창고 관리란 물건을 만들기 위한 원자재가 들어오면 입고시키고 생산 라인의 요청이 있을 때 요청한 원자재를 생산 라인으로 출고시키는 업무를 말한다. 창고 관리 업무는
   > - 입고 관리
   > - 출고 관리
   > - 재고 관리
   > - (월말) 결산 관리
   >
   > 로 구성된다.

3. 인터뷰 시 수강 신청업무에 대해 담당자가 다음과 같이 설명하였다. 업무를 보다 자세히 알기 위한 보충 질문을 작성하여 보시오.

   > "수강신청을 하기 위해서는 학생들은 다음 학기에 개설될 강의과목을 확인한 뒤 수강신청서를 작성하여 수강신청 기간 내에 교학과에 제출하여야 한다."

4. (조별활동) 조원들 중 한 명을 인터뷰 대상자로 정하고, 인터뷰 대상자 조원은 자신의 업무를 정한다. 조원들은 질문을 통하여 대상 업무를 파악하고 이를 5장의 업무 기술서 양식을 활용하여 정리하시오.

5. (조별활동) 당신이 속한 조가 입시학원 관리 사이트를 개발한다고 했을 때 어떤 기능을 개발할지 설계해 보고 이를 5.5절의 시스템 구성도 양식으로 정리하여 보시오.
   (1번 문제의 SmartDraw 도구 이용)

6. 흔글 소프트웨어의 기능을 5.5절의 시스템 구성도 양식으로 정리하여 보시오. (메인 메뉴를 중심으로 하위 메뉴들을 조사)

(1번 문제의 SmartDraw 도구 이용)

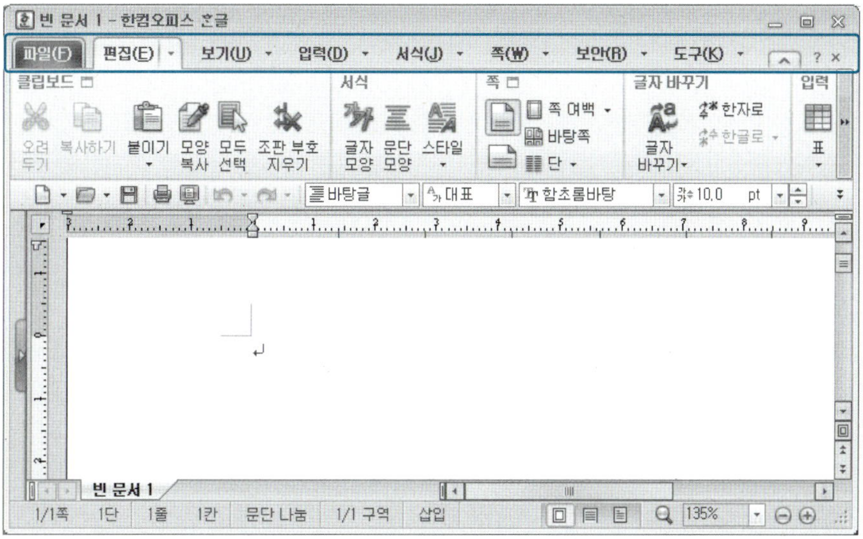

CHAPTER

06 엔티티의 정의

contents

CHAPTER 06

엔티티의 정의

| 단원목표 |

- 업무 분석 문서로부터 엔티티를 도출하는 방법을 배운다.

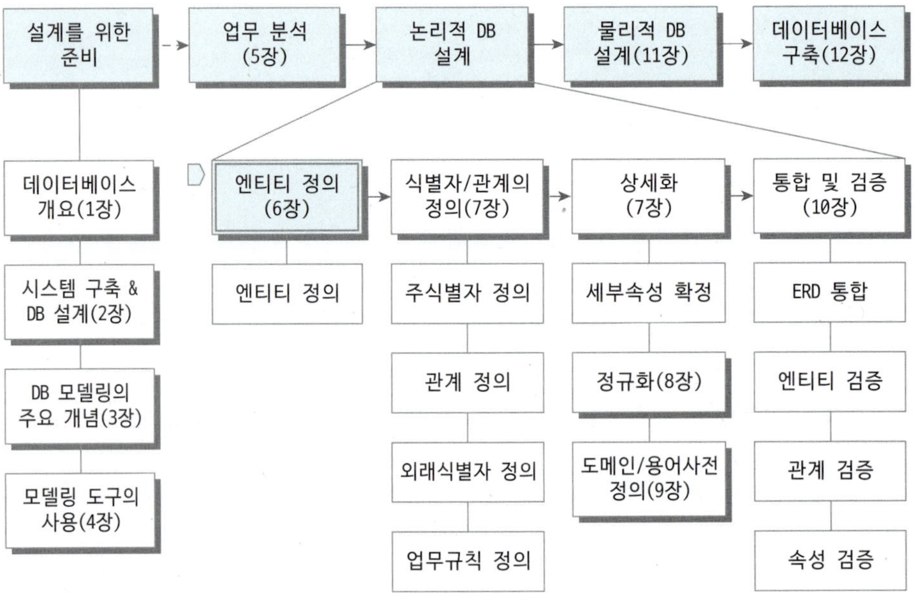

6.1 개요

현실 업무에 대한 자료수집 및 정리 작업이 어느 정도 끝나게 되면 본격적으로 모델링 단계로 넘어간다. 데이터의 관점에서 보면 데이터 모델링(논리적 데이터베이스 설계)에 들어가고 프로세스의 관점에서는 프로세스 모델링에 들어간다. 〈그림 6.1〉은 데이터 모델링의 과정을 나타낸다. 〈그림 6.1〉에서는 편의상 각 단계를 나누어 놓았지만 실제 모델링 과정에서는 여러 단계를 함께 진행하는 경우가 많다. 예를 들면 엔티티 정의 단계에서 일부 속성이 함께 정의될 수 있고 관계의 정의 이전에 주식별자가 정의될 수 있다.

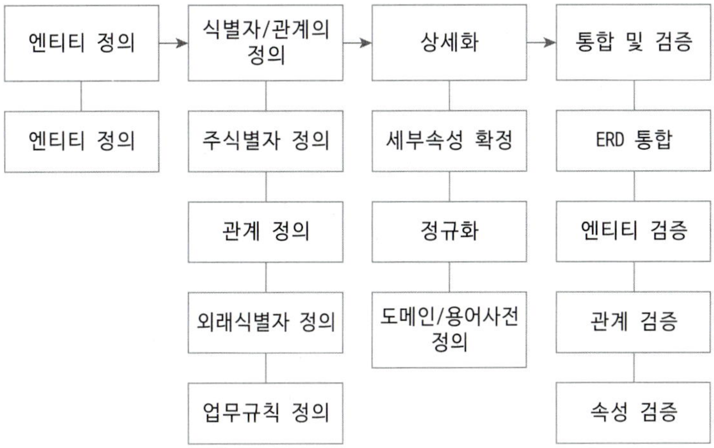

〈그림 6.1〉 데이터 모델링의 과정

데이터 모델링에서는 ERD라는 수단을 통하여 모델링을 하고, 모델링의 결과를 표현한다.

'Entity-Relationship Diagram'이라는 용어에서 알 수 있듯이 데이터 모델링에서의 핵심은 엔티티를 도출하는 일이다. 엔티티를 도출하기 위한 특별한 공식은 없다. 앞에서 수집된 자료들을 잘 살펴서 엔티티를 찾아내야 한다. 모든 작업에는 입력(input)과 산출물(output)이 있다고 할 때 엔티티 도출 작업의 입력과 산출물은 무엇일까? 〈그림 6.1〉에 있는 바와 같이 입력은 업무 기술서, 인터뷰 자료, 수집한 장부와 전표 등이다. 산출물은 엔티티 기술서이다.

〈그림 6.2〉 엔티티 도출 작업의 입력과 산출물

6.2 엔티티 다시 보기

엔티티의 도출 과정을 설명하기 전에 엔티티가 무엇인지 다시 생각해 보자. 3.2절에서 설명한 바와 같이 엔티티란 **업무의 관심 대상이 되는 정보를 갖고 있거나, 그에 대한 정보를 관리할 필요가 있는 유형, 무형의 사물(개체)을 의미**한다. 여기서 중요한 단어는 '**정보**'이다. 현실세계를 관찰하여 컴퓨터로 관리해야 할 정보, 혹은 데이터를 찾는 것이 데이터 모델링이다. 따라서 데이터 모델링의 산출물인 ERD는 현실세계를 '데이터의 관점'에서 관찰한 결과이다. 즉, 현실세계에서 어떤 정보들이 관리되어야 하는지를 파악하여 표현한 결과이다. ERD의 핵심 개념인 엔티티는 관리해야 할 정보를 가지고 있는 현실세계의 어떤 사물을 의미한다. 2장에서 설명했던 수강신청의 예를 생각해 보자. 수강신청 업무를 위한 시스템을 개발한다고 했을 때 현실세계에서 수강신청에 관여하는 개체는 **학생, 개설된 과목,** 그리고 누가 어떤 과목을 수강하기 원하는지의 정보를 담고 있는 **수강신청서**이다. 각각의 개체는 다음과 같이 관리해야 할 데이터들을 포함하고 있다.

- 학생 : 학번, 이름, 전공
- 개설과목 : 과목번호, 과목명, 대상학년, 학점수
- 수강신청서 : 학기, 학번, 수강과목

이 세 가지 개체는 ERD상에서 〈그림 6.3〉과 같이 엔티티의 형태로 존재한다. 데이터 모델링은 이와 같이 현실세계를 관찰하여 엔티티를 찾아내는 과정이다. 현실세계의 어떤 것이 엔티티가 될 수 있는지에 대해서는 3.2절의 엔티티의 분류를 다시 참고하도록 한다.

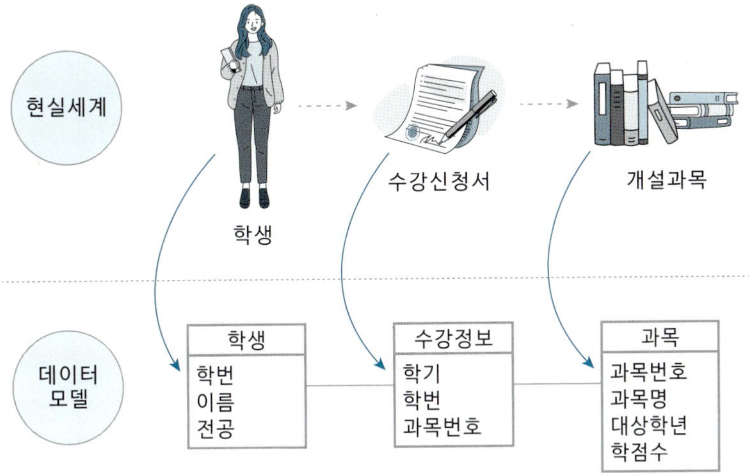

〈그림 6.3〉 현실세계로부터 엔티티의 도출

6.3 엔티티 도출 과정

엔티티를 도출하는 정해진 공식은 없으나 경험이 없는 상태에서는 다음과 같은 절차를 따르는 것이 도움이 된다. 어느 정도 모델링에 대한 경험이 쌓이면 수집된 자료를 보고 바로 엔티티를 찾아낼 수 있다. 먼저 엔티티 도출 작업의 입력이 되는 업무 기술서, 인터뷰 자료, 장부와 전표 등을 준비한 뒤 다음의 순서를 따라 작업을 한다.

① 엔티티 후보 풀과 엔티티 리스트를 그린다.

엔티티 후보 풀(pool)이란 엔티티를 찾는 과정에서 엔티티인지 아닌지가 애매한 경우 임시로 보관을 해 두는 보관소이다. 엔티티 리스트는 찾아낸 엔티티를 기록해 놓는 보관소이다. 엔티티 후보 풀과 엔티티 리스트는 〈그림 6.4〉, 〈그림 6.5〉에 있다.

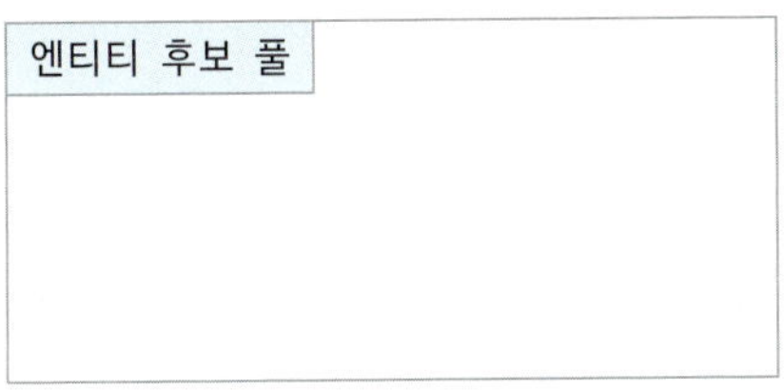

〈그림 6.4〉 엔티티 후보 풀

엔티티명	포함 속성	유사어

〈그림 6.5〉 엔티티 리스트

② 분석 대상 문서를 보고 명사를 찾아 표시한다.

분석 대상 문서에서 엔티티는 명사의 형태로 표현된다. (그에 비해 프로세스는 행위 동사로 표현된다.) 따라서 문서에서 명사를 찾아 표시하는 것은 엔티티를 도출하기 위한 기초 작업이다. 명사에 동그라미를 하거나 형광펜으로 표시한다.

③ 명사 하나하나에 대해 속성인지 엔티티인지를 구분한다.

찾아낸 하나하나의 명사를 보고 엔티티인지를 구분해 본다. 여기서 엔티티의 정의를 상기해 보자. 엔티티란 '업무의 관심 대상이 되는 정보를 갖고 있거나 그에 대한 정보를 관리할 필요가 있는 유형·무형의 사물(개체)'을 말한다. 이러한 정의에 비추어 찾아낸 명사가 엔티티가 될 수 있는지를 판단해 본다. 판단의 결과는 다음 네 가지 중의 하나가 될 것이다.

1) 찾아낸 명사는 엔티티이다.
2) 찾아낸 명사는 어떤 엔티티의 속성이다.
3) 찾아낸 명사는 어떤 엔티티의 인스턴스 이름이다.
4) 엔티티인지 속성인지의 여부가 불분명하다.

찾아낸 명사가 엔티티라고 판단되면 〈그림 6.5〉의 엔티티 리스트의 엔티티명에 기록을 한다. 만일 찾아낸 명사가 어떤 엔티티의 속성이라고 판단되면 〈그림 6.5〉의 엔티티 리스트에서 해당 엔티티를 찾아 포함 속성 항목에 기록한다. 찾아낸 명사가 인스턴스 이름이면 그 인스턴스가 소속된 엔티티 이름을 적는다. 예를 들면 '영업부', '생산부'라는 명사가 나왔다면 '부서'를 엔티티로 기록한다. 만일 현재 시점에서 엔티티 여부가 불명확하면 〈그림 6.4〉의 엔티티 후보 풀에 기록한다.

④ 중복된 명사나 유사한 의미의 명사는 하나로 정리한다.

명사들을 찾다 보면 유사한 의미를 갖는 명사가 서로 다른 단어로 표현된 경우를 볼 수 있다. 예를 들면 '고객'과 '회원'은 대부분의 경우 같은 대상을 의미한다. 이렇게 유사한 의미를 갖는 명사는 각각에 대해 엔티티를 만들 필요가 없다. 보다 대표성을 갖는 단어를 엔티티 이름으로 하고 다른 단어는 그 엔티티에 대한 유사어로 기록을 해 둔다.

⑤ 엔티티 후보 풀에 있는 명사들을 검토한다.

분석 대상 문서에 있는 명사들에 대한 분류 작업이 끝나면 엔티티 후보 풀에 있는 명사들을 재검토한다. 엔티티 후보 풀로 들어온 명사들은 대개 개념이 명확하지 않거나 의미가 불분명한 것들이다. 재검토 과정에서도 엔티티 여부가 불분명하다면 엔티티에서 제외한다. 이 과정에서 실수로 엔터리로 처리해야 할 것을 제거했더라도 모델의 검토 과정에서 밝혀질 수 있으므로 크게 문제가 되지 않는다.

⑥ 도출된 엔티티에 대하여 구축될 시스템에서 데이터를 관리할 필요가 있는지를 판단한다.

도출된 모든 엔티티가 물리적 데이터베이스 설계에 반영되어야 하는 것은 아니다. 모델링의 목표는 현실세계를 그대로 시스템에 반영하는 것이 아니고 관리가 필요한 부분만을 선택적으로 반영하는 것이다. 따라서 도출된 엔티티를 검토하여 데이터 관리를 할 필요가 없다고 판단되면 엔티티에서 제외시킨다.

⑦ 엔티티 기술서를 작성한다.

도출된 엔티티들에 대하여 〈그림 6.6〉의 엔티티 기술서를 작성한다. 엔티티 기술서는 각각의 엔티티를 보다 분명히 이해할 수 있도록 돕는다.

엔티티명	엔티티 설명	관련 속성	유사어	비고

〈그림 6.6〉 엔티티 기술서

6.4 업무 기술서에서 엔티티 도출의 예

6.2절의 엔티티 도출 과정을 5장에서 제시한 도서관 관리 시스템에 적용해 보자. 먼저 엔티티 후보 풀과 엔티티 리스트를 준비한 후에 작업을 시작한다. 이번 절에서는 도서관 관리 시스템에서 회원등록 업무, 신간도서 등록 업무에 대해서만 설명을 한다. 도서관 관리 시스템 전체에 대한 엔티티 리스트는 6.5절에 있다.

Step 1. 엔티티 후보 풀과 엔티티 리스트를 그린다.

〈그림 6.4〉와 〈그림 6.5〉의 엔티티 후보 풀과 엔티티 리스트를 그린다.

Step 2. 업무 기술서에서 명사를 찾아 표시한다.

① **도서**를 **대출**하기 위해서는 **회원가입**을 하여야 한다.
② 회원가입 시에는 **이용자이름**, **전화번호**, **집주소**, **이메일 주소**를 입력한다.
③ 회원가입을 하면 **회원증**이 발급되고 **회원카드**에 부착된 **바코드**를 가지고 대출/**반납** 시 **신분** 확인을 할 수 있다.
④ **회원**에게는 **자체 관리**를 위해 **회원번호**가 부여된다.
⑤ 일반 회원의 대출 가능 도서 수는 5권으로 제한한다.
⑥ 회원 탈퇴를 하려면 미반납 도서가 없어야 한다.
⑦ 회원이 탈퇴하면 **회원정보**에 **탈퇴여부**를 기록하고, **월말 결산** 시 탈퇴한 회원을 일괄 정리한다.
⑧ 탈퇴한 회원이 **재가입** 시에는 최초 가입과 동일한 **절차**를 거친다.

위 업무 기술서에서 진한 글씨에 밑줄이 있는 단어가 명사에 해당하는 단어들이다. 여기서 주의할 점은 추상명사도 명사라는 점이다. 도서나 회원은 가시적이고 실체가 있지만 대출, 신분 등은 가시적이지 않은 추상명사이다. 명사를 찾을 때 한 번 나왔던 명사는 다시 표시하지 않는다.

Step 3. 표시한 명사들을 엔티티와 속성으로 분류한다.

①번 문장에는 도서, 대출, 회원가입 세 개의 명사가 나온다. 각각에 대해 엔티티인지 속성인지를 구분해보자. 먼저 도서는 도서관 관리 시스템이 구축된다면 도서관에 대한 정보를 당연히 관리해야 할 것이다. 그리고 그 정보에는 책 제목, 출판사 등이 포함될 것이다. 따라서 도서는 엔티티로서의 자격을 갖는다. 도서를 엔티티 리스트에 기록한다. 대출 역시 도서를 대출하게 되면 당연히 대출한 내용을 관리해야 하고, 누가 어떤 도서를 대출

했는지의 내용을 포함하므로 엔티티로서의 자격을 갖는다. 대출을 엔티티 리스트에 기록한다. 회원가입에 대해 생각해 보자. 만일 회원가입이 엔티티라면 어떤 정보를 관리해야 할까? 엔티티라면 여러 속성들을 가질텐데 어떤 속성을 가질 수 있을까? 만일 속성이라면 어느 엔티티에 들어갈 수 있을까? 어느 질문에 대해서도 명쾌하지 않다. 따라서 회원가입은 엔티티 후보 풀에 기록한다. ①번 문장을 분석한 결과는 다음과 같다.

엔티티 후보 풀
회원가입

엔티티명	포함 속성	유사어
도서		
대출		

〈그림 6.7〉 ①번 문장에 대한 분석 내용

②번 문장에는 이용자이름, 전화번호, 집주소, 이메일 주소가 새로 등장한다. 각각의 명사들은 명백히 어떤 정보를 포함할 수 있으므로 엔티티이거나 속성이다. 이용자이름이 엔티티라고 가정해 보자. 이용자이름이 엔티티이면 세부 속성이 있을 것이다. 그러나 이용자이름이 가질 수 있는 세부속성은 성(姓)과 이름(名) 정도일 것이다. 대부분의 시스템에서 성과 이름을 구분하여 관리하지는 않으므로 이용자이름은 세부속성을 갖지 않고, 이용자이름 자체는 엔티티이기보다는 다른 엔티티의 속성임을 알 수 있다. 그렇다면 어떤 엔티티의 속성이 될 수 있을까? 이용자이름은 이용자의 이름이므로 이용자라는 엔티티의 속성임을 추론할 수 있다. 뒤에 나오는 전화번호, 집주소, 이메일 주소 역시 이용자라는 엔티티에 대한 내용이므로 네 개의 명사는 모두 이용자라는 엔티티의 속성이다. 이 내용을 엔티티 리스트에 기록한다.

엔티티명	포함 속성	유사어
도서		
대출		
이용자	이용자이름, 전화번호, 집주소, 이메일 주소	

〈그림 6.8〉 ②번 문장에 대한 분석 내용 추가

③번 문장에는 회원증, 회원카드, 바코드, 반납, 신분이 명사이다. 회원증은 회원에 대한 정보를 담을 수 있으므로 엔티티이다. 회원카드는 문맥상 회원증과 유사어임을 알 수 있다. 따라서 별도의 엔티티로 취급하지 않는다. 바코드는 회원증에 붙어 있고 어떤 종류의 정보가 저장됨을 알 수 있으나 어떤 정보를 관리하는지 나와 있지 않으므로 엔티티 후보 풀에 기록한다. 반납은 대출과 마찬가지로 정보의 관리가 필요하므로 엔티티 리스트에 기록한다. 신분은 추상명사이고 어떤 정보를 포함할 수 있는지가 애매하다. 역시 엔티티 후보 풀에 기록한다.

엔티티 후보 풀
회원가입, 바코드, 신분

엔티티명	포함 속성	유사어
도서		
대출		
이용자	이용자이름, 전화번호, 집주소, 이메일 주소	
회원증		회원카드
반납		

〈그림 6.9〉 ③번 문장에 대한 분석 내용 추가

④~⑩번 문장에 대해서도 같은 작업을 반복한다. 그 결과는 다음과 같다.

엔티티 후보 풀
회원가입, 바코드, 신분 자체관리, 월말결산, 재가입, 절차

엔티티명	포함 속성	유사어
도서		
대출		
이용자	이용자이름, 전화번호, 집주소, 이메일 주소, 회원번호, 탈퇴여부	
회원증		회원카드
반납		
회원		
회원정보		

〈그림 6.10〉 ④~⑩번 문장에 대한 분석 내용 추가

Step 4. 중복된 명사나 유사한 의미의 명사는 하나로 정리한다.

이용자, 회원정보는 회원과 동일하므로 하나로 통일한다. (명칭의 통일성을 위해 '이용자이름'은 '회원이름'으로 고친다.)

엔티티명	포함 속성	유사어
도서		
대출		
회원	회원이름, 전화번호, 집주소, 이메일 주소, 회원번호, 탈퇴여부	이용자, 회원정보
반납		
회원증		회원카드

〈그림 6.11〉 유사 의미의 명사 정리

Step 5. 엔티티 후보 풀에 있는 명사들을 검토한다.

이제 엔티티 후보 풀에 있는 명사들을 다시 검토한다. 일곱 개의 명사 중 현재 시점에서

관리해야 할 정보가 무엇인지 명확한 것이 보이지 않는다. 월말결산의 경우만 결산에 관련된 정보의 관리가 필요해 보여서 엔티티 리스트에 포함시킨다. (포함되어야 할 정보가 무엇인지는 추가적인 업무 분석을 통해 얻게 되며, 분석 결과 포함될 정보가 없다면 엔티티 리스트에서 제거될 것이다.)

엔티티명	포함 속성	유사어
도서		
대출		
회원	회원이름, 전화번호, 집주소, 이메일 주소, 회원번호, 탈퇴여부	이용자, 회원정보
반납		
회원증		회원카드
월말결산		

〈그림 6.12〉 엔티티 후보 풀을 정리한 결과

Step 6. 도출된 엔티티에 대하여 구축될 시스템에서 데이터를 관리할 필요가 있는지를 판단한다.

엔티티 리스트에는 <u>도서</u>, <u>대출</u>, <u>회원</u>, <u>반납</u>, <u>회원증</u>, <u>월말결산</u> 이렇게 여섯 개의 엔티티가 있다. 이들 중 현실세계에는 존재하나 구축될 정보 시스템에는 존재할 필요가 없는 것도 있다. 엔티티가 데이터베이스 내에 존재해야 하는 이유는 데이터를 저장하고 관리하기 위해서이다. 데이터를 관리할 필요가 없는 엔티티는 데이터베이스에 존재할 이유가 없다. <u>도서</u>, <u>대출</u>, <u>회원</u>, <u>반납</u>은 도서관 관리 시스템에 있어서 반드시 관리해야 할 엔티티임을 쉽게 알 수 있다. <u>월말결산</u>도 이용자 통계, 대출 통계 등을 위해 필요한 엔티티이다. 회원증의 경우는 어떠한가? 회원증의 바코드에는 회원에 관한 정보를 담을 수 있을 것이다. 그런데 회원증에 담을 정보는 회원 엔티티에서 관리하는 정보의 일부일 것이므로 회원과 회원증 두 개의 정보를 모두 저장하는 것은 중복 관리이다. 따라서 회원증은 엔티티 리스트에서 제외한다.

Step 7. 엔티티 기술서를 작성한다.

마지막까지 엔티티 리스트에 남은 엔티티에 대해 엔티티 기술서를 작성한다.

엔티티명	엔티티 설명	관련 속성	유사어	비고
도서	대출하는 도서에 대한 상세 정보			회원 등록
대출	회원이 도서를 대출한 내역 정보			회원 등록
회원	도서관 회원에 대한 상세 정보	회원이름, 전화번호, 집 주소, 이메일 주소, 회원 번호, 탈퇴여부, 보증금	이용자, 회원정보	회원 등록
반납	회원이 도서를 반납한 내역 정보			회원 등록
월말결산	월말 도서관 이용 통계 정보			회원 등록

〈그림 6.13〉 엔티티 기술서의 작성

직관적인 방법으로 엔티티 찾기

데이터베이스 설계에 대한 경험이 없다면 앞에서 소개한 절차를 따라 연습을 하는 것이 도움이 될 것이다. 보다 용이하게 엔티티를 찾기 위해 기억을 해야 할 사항은 특정 업무 영역에 대해 엔티티를 찾다보면 대개는 한두 개의 핵심적인 엔티티가 존재하고, 그 핵심 엔티티를 중심으로 다른 엔티티들이 발견된다는 사실이다. 앞에서 예를 든 회원 등록 업무를 생각해보자. 회원을 등록하는 업무라면 당연히 "회원"이 가장 중요하지 않겠는가? 또한 도서관 관리 업무의 일부이니 "도서"와 "대출", "반납"에 대한 정보를 관리하는 것이 중요할 것이다. 이와 같이 업무의 내용을 잘 생각해 보면 그 업무를 하기 위해 필요한 핵심 엔티티가 무엇인지를 찾아낼 수 있다. 직관적인 방법으로 핵심 엔티티를 찾아내고 앞에서 설명한 절차에 따라 나머지 엔티티들을 찾아가면 보다 쉽게 엔티티를 도출할 수 있다.

6.5 장부/전표에서 엔티티 도출의 예

업무를 진행하다 보면 업무 과정에 관련된 문서들이 발생하기 마련이다. 업무 내용을 적은 장부가 될 수도 있고 업무 관련 주체들끼리 주고받는 전표가 될 수도 있다. 장부나 전표는 엔티티를 도출할 수 있는 중요한 대상이다. 장부나 전표에서 엔티티를 도출하는 과정은 업무 기술서와는 다르다. 기본적으로는 장부나 전표 하나가 엔티티가 된다고 생각하면 된다. 다음은 장부나 전표를 보고 엔티티를 찾는 절차이다.

① 장부/전표에 들어 있는 데이터가 데이터베이스에 저장될 필요가 있는지 판단한다.

엔티티가 될 수 있으려면 관리해야 할 데이터나 정보가 있는 대상이어야 한다. 현재 살펴보고 있는 장부/전표의 내용이 단순 참고용이라면 엔티티로 잡을 필요가 없다. 예를 들면 도서관 관리에서는 출판사로부터 매달 신규 출간 도서에 대한 카탈로그가 배달된다. 카탈로그에는 신간 도서에 대한 다양한 정보가 들어 있다. 그렇다면 카탈로그를 엔티티로 잡아야 할 것인가? 대부분의 경우에는 카탈로그에 있는 정보 중 일부만 발췌하여 '도서 정보'로서 관리할 것이다. 따라서 카탈로그를 엔티티로 취급하여 카탈로그의 모든 내용을 저장·관리할 필요는 없다. 그러나 회원의 정보를 담고 있는 '회원 명단'은 회원에 대한 정보가 데이터베이스에 저장되어야 할 필요가 있기 때문에 엔티티로 선택되어야 한다.

② 엔티티로 선택된 장부/전표의 이름 대신에 다른 이름을 사용하는 것을 고려한다.

'회원 명단'이 엔티티로 선택되었다고 하자. 이때 엔티티 이름을 '회원 명단'이라고 하는 것보다는 '회원' 혹은 '회원정보'라고 하는 것이 바람직하다. OO 장부, △△ 전표, XX 보고서 등의 이름에서 장부, 전표, 보고서와 같이 문서임을 나타내는 접미어는 생략하도록 한다. 장부나 전표에 붙어 있는 이름보다는 장부나 전표의 내용을 대표할 수 있는 이름을 붙이는 것이 바람직하다.

③ 엔티티로 선택된 장부/전표에서 다른 엔티티를 추출할 수 있는지 검토한다.

하나의 엔티티에는 여러 개의 정보 항목들이 들어 있고, 이러한 정보 항목들은 엔티티의 속성이 된다. 그런데 어떤 정보 항목의 값들은 동일한 값이 다른 전표나 장부에도 나타나는 경우가 있다. 그러한 경우는 별도로 떼어내어 다른 엔티티로 취급한다. 〈그림 5.3〉의 거래명세서를 생각해 보자. 거래명세서는 공급자가 물건을 납품할 때마다 물건과 함께 보내는 문서이다. 공급자가 여러 번 납품을 했다면 거래명세서마다 공급자의 정보, 즉 등록번호, 상호, 성명, 사업장주소, 업태, 종목은 동일할 것이다. 이러한 경우는 '공급자'를 별도의 엔티티로 취급한다. 단, 거래명세서 엔티티에 대해 어떤 공급자가 공급했는지가 유지되어야 하므로 '등록번호'와 같이 공급자를 알 수 있는 정보를 새로 포함시킨다.

④ 엔티티 기술서를 작성한다.

지금까지의 작업 결과를 엔티티 기술서에 작성한다.

〈그림 6.14〉의 입고전표 내용을 보고 앞에서 설명한 절차를 따라 엔티티를 도출해 보자.

입고전표

입고일자 : 2021.10.9

업체번호	업체명	제품번호	모델명	규격	입고수량
100	가을전자	53121	CTV-05	19"	500
100	가을전자	53122	CTV-06	20"	400
150	신흥기업	56142	MP3-05	128M	1000
155	길산실업	57124	MP3-06	256M	2000
200	임진테크	68251	CTB 11	2x3x6	500

〈그림 6.14〉 입고전표의 예

Step 1. 장부/전표에 들어 있는 데이터가 데이터베이스에 저장될 필요가 있는지 판단한다.

입고전표는 구매한 물건이 도착하였고 보관 창고 안으로 들어왔음을 입증하는 문서이다. 창고 안에 있는 제품의 재고 현황 등을 파악하기 위해서는 들어온 물건과 나간 물건에 대한 데이터를 유지해야 하므로 입고전표는 엔티티가 될 수 있다.

Step 2. 엔티티로 선택된 장부/전표의 이름 대신에 다른 이름을 사용하는 것을 고려한다.

'입고전표'를 엔티티 이름으로 하는 것은 바람직하지 않다. 전표라는 용어 대신에 내역이라는 용어를 사용하여 엔티티 이름을 '입고내역'으로 한다.

Step 3. 엔티티로 선택된 장부/전표에서 다른 엔티티를 추출할 수 있는지 검토한다.

입고전표의 내용을 살펴보면 입고한 제품의 정보와 제품을 납품한 회사의 정보가 포함되어 있음을 알 수 있다. 업체번호 100번은 항상 가을전자이고 업체번호 150은 항상 신흥기업이다. 이러한 정보는 다른 입고전표에도 동일하게 나타난다. 따라서 별도의 엔티티로 취급되어야 하고 이름은 '공급처'로 한다. 이와 비슷하게 제품번호가 같으면 모델명, 규격이 어느 전표에서나 같다. 따라서 '제품정보'라는 이름의 엔티티로 구분될 수 있다. '입고내역' 엔티티는 '공급처' 및 '제품정보'와 연관을 갖기 위하여 '업체번호'와 '제품번호'를 속성으로 갖는다. 최종적인 엔티티 도출 결과는 〈그림 6.15〉와 같다.

엔티티명	엔티티 설명	관련 속성	유사어	비고
입고 내역	보관창고에 입고되는 제품에 대한 입고내역	입고일자, 업체번호, 제품번호, 입고수량		입고 전표
공급처	제품을 납품하는 회사에 대한 정보	업체번호, 업체명		
제품 정보	구매하는 제품에 대한 상세 정보	제품번호, 모델명, 규격		

〈그림 6.15〉 입고전표로부터 도출한 엔티티

6.6 엔티티 도출의 예 : 도서관 관리

이번 절에서는 5.5절에 있는 업무 기술서 및 장부/전표로부터 도출한 엔티티에 대한 엔티티 기술서를 정리한다.

• 단위업무명 : 회원등록

엔티티명	엔티티 설명	관련 속성	유사어	비고
도서	대출하는 도서에 대한 상세 정보			
대출	회원이 도서를 대출한 내역 정보			
회원	도서관 회원에 대한 상세 정보	회원이름, 전화번호, 집주소, 이메일 주소, 회원번호, 탈퇴여부	이용자, 회원정보	
반납	회원이 도서를 반납한 내역 정보			
월말결산	월말 도서관 이용 통계 정보			

• 단위업무명 : 우수회원 관리

엔티티명	엔티티 설명	관련 속성	유사어	비고
회원	도서관 회원에 대한 상세 정보	우수회원 여부	우수회원	
대출	회원이 도서를 대출한 내역 정보	미납 여부	대출실적	

• 단위업무명 : 소모임 관리

엔티티명	엔티티 설명	관련 속성	유사어	비고
독서클럽	독서클럽에 대한 상세 정보	클럽명, 대표자, 인원수, 연령대		
회원	도서관 회원에 대한 상세 정보			

• 단위업무명 : 신간 도서 등록

엔티티명	엔티티 설명	관련 속성	유사어	비고
도서	대출하는 도서에 대한 상세 정보	관리번호, 저자, 분류기호, 출판사, 국내도서/해외도서 여부, 출판년도, 기타 정보, 구입일자	관리대장	
세금 계산서	도서 구매업체로부터 받은 세금계산서 정보	(복잡하여 7장에서 도출함)		

• 단위업무명 : 대출 등록

엔티티명	엔티티 설명	관련 속성	유사어	비고
대출	회원이 도서를 대출한 내역 정보			
회원	도서관 회원에 대한 상세 정보	집 전화번호, 미반납 여부		
도서	대여하는 도서에 대한 상세 정보	구매일자, 신간도서 여부		

• 단위업무명 : 반납 등록

엔티티명	엔티티 설명	관련 속성	유사어	비고
대출	회원이 도서를 대출한 내역 정보	회원번호, 반납구분, 연체료납부 여부		

* 반납의 관련 속성 '연체료납부 여부'는 업무 기술서상에 나타나지 않지만 무인 반납기를 통해 연체한 도서를 반납하는 경우 그 자리에서 연체료를 받을 수 없으므로, 반납 정보에 '연체료납부 여부' 정보를 가지고 있어야 나중에라도 받을 수 있다.

• 회원가입 신청서

엔티티명	엔티티 설명	관련 속성	유사어	비고
회원	도서관 회원에 대한 상세 정보	이름, 집전화, 집주소, 이메일, 가입일자, 회원번호		회원 가입 신청서

• 도서 대출 전표

엔티티명	엔티티 설명	관련 속성	유사어	비고
대출	회원이 도서를 대출한 내역 정보	대출일, 회원번호, 도서관리번호, 반납예정일, 대출번호		도서 대출 전표
회원	도서관 회원에 대한 상세 정보	회원번호, 이름		〃
도서	대출하는 도서에 대한 상세 정보	도서관리번호, 제목		〃

앞에서 열거한 각 단위업무에 대한 엔티티 기술서를 보면 단위업무별로 중복되는 엔티티들이 있음을 알 수 있다. 예를 들면 회원정보는 회원등록, 우수회원 관리, 소모임 관리 업무에 공통적으로 나타난다. 이와 같이 공통적으로 나타나는 엔티티와 속성을 정리하면 〈그림 6.16〉과 같다.

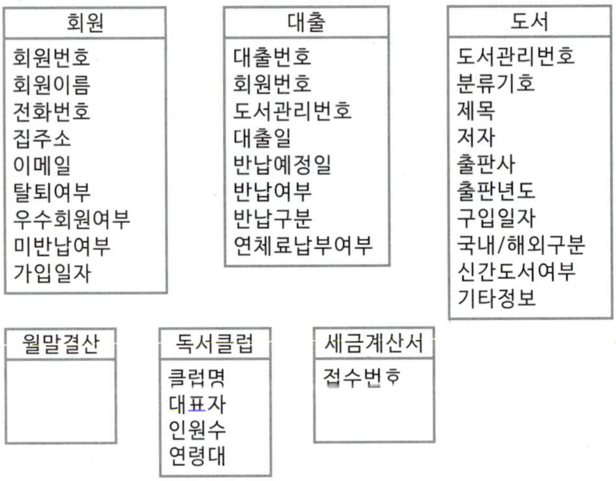

〈그림 6.16〉 1차로 도출된 엔티티와 속성의 정리

연습문제

※ 모든 문제에서 엔티티, 속성의 표시는 ERD 표기법을 사용한다.

1. 다음의 업무 설명을 보고 엔티티를 도출하시오.

> • 인터넷 서점을 위한 시스템을 구축한다.
> • 책과 음반을 판매한다.
> • 회원가입을 한 회원만이 책을 주문할 수 있다.

2. 다음의 업무 설명을 보고 엔티티를 도출하시오. 엔티티에 포함된 속성이 있으면 함께 표시하시오.

> • 학교의 동아리 관리를 위한 시스템을 구축한다.
> • 학교의 학생들이 동아리에 가입할 수 있다.
> • 동아리에는 동아리 회장과 지도교수가 있다.
> • 동아리는 학술, 종교, 봉사, 레포츠, 기타로 분류한다.
> • 동아리에게는 동아리 방이 제공된다.

3. 다음의 업무 설명을 보고 엔티티를 도출하시오. 엔티티에 포함된 속성이 있으면 함께 표시하시오.

> • 구인, 구직을 위한 웹사이트를 개발한다.
> • 구인을 원하는 사람은 기업체 회원으로 가입한다.
> • 구직을 원하는 사람은 개인 회원으로 가입한다.
> • 개인 회원은 자신의 이력서를 하나 이상 올려야 한다. 이력서에는 학력사항, 자격증, 어학 능력을 포함해야 한다.

4. 다음의 업무 설명을 보고 엔티티를 도출하시오. 엔티티에 포함된 속성이 있으면 함께 표시하시오.

- 편의점의 상품관리 시스템을 개발한다.
- 진열된 상품은 여러 업체로부터 구매한다.
- 상품은 공산품과 식품으로 구분된다.
- 모든 상품은 유통기한이 있다.
- 상품의 납품 시 거래명세서를 함께 받는다.

5. 다음은 2장에서 보았던 고객 상담 업무에 대한 설명이다. 이 업무로부터 엔티티를 도출하여 보시오. 엔티티에 포함된 속성이 있으면 함께 표시하시오.

- 고객으로부터 전화를 받는다.
- 고객이 남성이면 A타입 상담일지에 기록하고, 여성이면 B타입 상담일지에 기록한다.
- 한 건의 상담에 대해 고유한 일련번호를 부여한다.
- 상담 내용이 수리 요청이면 상담일지를 A/S 부서에 Fax로 전송한다.
- 상담 내용이 반품 요청이면 반품 목록에 고객의 이름, 전화번호, 반품 내역을 기록한다.
- 반품 목록은 영업부에 Fax로 통보한다.

6. 다음은 2장 연습문제의 홈쇼핑 업체의 전화 주문 판매 업무를 설명한 것이다. 이 업무로부터 엔티티를 도출하여 보시오. 엔티티에 포함된 속성이 있으면 함께 표시해 보시오.

- 고객으로부터 전화를 받는다.
- 고객이 원하는 물품을 물품 목록에서 찾는다.
- 고객이 원하는 물품의 재고가 있으면 주문 수량을 접수받는다.
- 고객의 주소, 연락처를 주문 내역과 함께 기록한다.
- 고객 정보를 확인하여 총 주문금액 및 주문횟수를 누적하여 기록한다.

7. 다음의 문서를 보고 엔티티를 도출하시오. (인수증과 경력증명서 각각에 대하여 엔티티를 도출한다.)

No. ________

인수증

년 월 일

귀하

상호

소속

하기 물품을 정히 인수합니다.

성명 (인)

품 명	규 격	단위	수량	비 고

기사			
	담당		

경력증명서

인적사항	성명	한글		주민등록번호	
		한자			
	주 소				

경력사항	근무기간		기 간	직 급	직 책	근무부서
	부 터	까 지				
근무년한						
퇴직사유						

상벌사항	포 상			징 계		
	년월일	종 류	기 관	년월일	종 류	기 관

교육훈련	교육기간	교육훈련내용	기 관
용도			

위와 같이 경력을 증명합니다.

20 년 월 일

(주)○○○○ 대표이사 홍 길 동 (인)

실전 예제

※ 다음의 담보대출 업무내용으로부터 필요한 엔티티 및 속성을 도출하여 보시오.

- 대출신청 접수 내용을 기록한다.
- 신청자의 신용정보를 확인한다. 총대출금액, 연봉, 예금액, 현금서비스액, 연체횟수를 고려하여 신용등급을 정한다.
- 신용등급은 A, B, C, D로 구분되며, D는 대출불가이다.
- 신용등급 A, B, C는 등급에 따라 대출금리를 차등적용한다.
- 신청자의 담보정보를 확인한다. 총담보가능금액에서 기존 담보설정 금액을 제외한 금액이 대출신청금액보다 커야 대출을 진행할 수 있다.
- 대출이 가능한 경우 대출정보를 저장한다. 대출정보에는 신청자, 대출금액, 대출기간, 상환방법, 이자납입일 등을 관리한다.
- 상환방법에는 원금균등분할상환, 원리금균등분할상환, 만기일시상환, 원금자유상환이 있다.

- <u>대출신청</u> 접수 내용을 기록한다.

고객들의 대출신청 정보가 관리되어야 하므로 엔티티로 잡는다.

엔티티명	포함 속성	유사어
대출신청		

- <u>신청자</u>의 <u>신용정보</u>를 확인한다. <u>총대출금액</u>, <u>연봉</u>, <u>예금액</u>, <u>현금서비스액</u>, <u>연체횟수</u>를 고려하여 <u>신용등급</u>을 정한다.

우선 대출신청자는 당연히 정보를 관리해야 하므로 엔티티가 될 것이다. 신용정보도 대출 시 참조하는 주요 정보이므로 정보를 저장하고 있을 필요가 있다. 총대출금액~신용등급은 독립적인 엔티티이기보다는 신용정보에 속한 정보항목임을 알 수 있다.

엔티티명	포함 속성	유사어
대출신청		
신청자		
신용정보	총대출금액, 연봉, 예금액, 현금서비스액, 연체횟수, 신용등급	

• 신용등급은 A, B, C, D로 구분되며, D는 대출불가이다.

신용등급은 앞에서 보았던 것처럼 신용정보의 속성(attribute)이다. A, B, C, D는 신용정보 속성에 저장될 수 있는 값(value)의 종류임을 알 수 있다. 따라서 엔티티나 속성과는 무관하다. D가 대출불가라는 정보는 어떻게 해야 할까? 간단한 방법은 데이터베이스에 저장하지 않고 프로그램 코드 안에서 가지고 있는 것이다. 이 경우는 신용등급의 종류가 바뀌거나, 대출불가 등급의 종류가 바뀌면 프로그램을 수정해야 하는 불편함이 따르게 된다. 일단 이 시점에서는 지나가 보자.

• 신용등급 A, B, C는 등급에 따라 대출금리를 차등적용한다.

신용등급에 따라 대출금리를 차등적용하려면 등급에 따른 대출금리 정보를 저장하여야 함을 알 수 있다. 따라서 새로운 엔티티가 필요하다. 엔티티 이름으로 '신용등급'을 사용하면 신용정보의 '신용등급' 속성과 이름이 같아서 혼동될 소지가 있으므로 '신용등급분류'라는 이름으로 한다.

엔티티명	포함 속성	유사어
대출신청		
신청자		
신용정보	총대출금액, 연봉, 예금액, 현금서비스액, 연체횟수, 신용등급	
신용등급분류	신용등급, 대출금리	

• 신청자의 담보정보를 확인한다. 총담보가능금액에서 기존담보설정금액을 제외한 금액이 대출신청금액보다 커야 대출을 진행할 수 있다.

'신청자'는 이미 파악된 엔티티이고 '담보정보'가 새로 보인다. '총담보가능금액', '기존담보설정금액', '대출신청금액'은 엔티티가 아닌 속성이다. '대출신청금액'은 문맥상 '대출신청' 엔티티에 속해야 자연스럽다. '대출'은 아직 분명하지는 않으나 대출에 관한 업무이니 대출 내용을 관리하는 것이 필요할 것이므로 일단 엔티티로 잡는다.

엔티티명	포함 속성	유사어
대출신청	대출신청금액	
신청자		
신용정보	총대출금액, 연봉, 예금액, 현금서비스액, 연체횟수, 신용등급	
신용등급분류	신용등급, 대출금리	
담보정보	총담보가능금액, 기존담보설정금액	
대출		

- 대출이 가능한 경우 대출정보를 저장한다. 대출정보에는 신청자, 대출금액, 대출기간, 상환방법, 이자납입일 등을 관리한다.

'대출'과 '대출정보'는 같은 정보를 가리키는 것이고 나머지는 대출정보의 속성에 해당함을 쉽게 알 수 있다.

엔티티명	포함 속성	유사어
대출신청	대출신청금액	
신청자		
신용정보	총대출금액, 연봉, 예금액, 현금서비스액, 연체횟수, 신용등급	
신용등급분류	신용등급, 대출금리	
담보정보	총담보가능금액, 기존담보설정금액	
대출	신청자, 대출금액, 대출기간, 상환방법, 이자납입일	대출정보

- 상환방법에는 원금균등분할상환, 원리금균등분할상환, 만기일시상환, 원금자유상환이 있다.

위의 상환방법을 데이터베이스에 저장하여 관리할지, 프로그램 내에서 관리할지는 고민해 보아야 하나 데이터베이스 안에 저장하는 것이 필요하다고 가정하고 엔티티로 저장하기로 한다. '원금균등분할상환' ~ '원금자유상환'은 상환방법의 속성이 아닌 상환방법에 저장될 수 있는 값(value)들이니 주의해야 한다. '상환방법' 엔티티도 '대출'의 상환방법과 혼동될 수 있으므로 '상환방법분류'로 한다.

엔티티명	포함 속성	유사어
대출신청	대출신청금액	
신청자		
신용정보	총대출금액, 연봉, 예금액, 현금서비스액, 연체횟수, 신용등급	
신용등급분류	신용등급코드, 대출금리	
담보정보	총담보가능금액, 기존담보설정금액	
대출	신청자, 대출금액, 대출기간, 상환방법, 이자납입일	대출정보
상환방법분류	상환방법코드, 상환방법설명	

마지막으로 상식적으로 생각할 때 꼭 있어야 하는 속성을 추가하도록 한다. 예를 들면 '대출신청' 엔티티의 경우 기본적으로 신청번호, 신청일자, 신청자 등이 있어야 할 것이다. '신청자' 엔티티의 경우 본래 이름 대신 좀 더 일반적인 '고객'이라는 용어로 바꾸었다. 그리고 고객들은 주민등록번호로 구분하므로 주민등록번호를 포함한 기본 속성들을 추가하였다.

엔티티명	포함 속성	유사어
대출신청	신청번호, 신청일, 신청자, 대출신청금액	
고객기본정보	주민등록번호, 이름, 연락처	신청자
신용정보	주민등록번호, 총대출금액, 연봉, 예금액, 현금서비스액, 연체횟수, 신용등급	
신용등급분류	신용등급코드, 대출금리	
담보정보	신청자주민등록번호, 총담보가능금액, 기존담보설정금액	
대출	대출번호, 대출금액, 대출기간, 상환방법, 이자납입일	대출정보
상환방법분류	상환방법코드, 상환방법설명	

CHAPTER

07 식별자, 관계, 속성의 정의

contents

CHAPTER

07 식별자, 관계, 속성의 정의

| 단원목표 |

- 주식별자 및 관계, 속성을 정의하는 방법을 배운다.
- 업무 규칙의 필요성 및 내용을 이해한다.

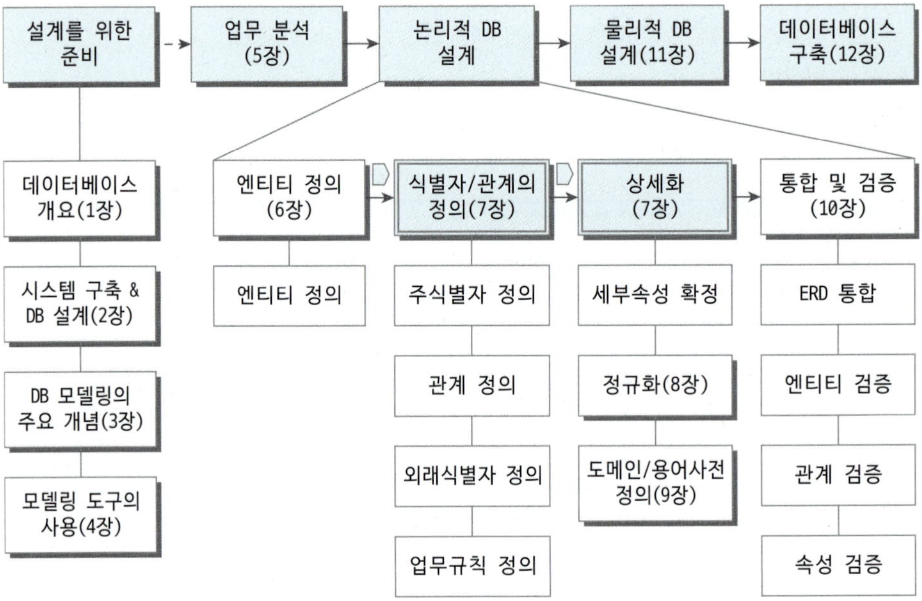

7.1 개요

업무 분석서 및 장부/전표로부터 엔티티를 도출하게 되면 다음은 엔티티들 간의 관계, 각 엔티티의 식별자 및 속성을 정의하는 단계가 된다. 데이터베이스 설계를 다루는 많은 책에서 관계의 정의 → 주식별자, 외래식별자의 정의 → 속성의 정의와 같은 순서로 진행하는 것으로 설명한다. 그러나 실제 모델링에 있어서는 주식별자를 먼저 정의하고 관계와 외래식별자의 정의를 나중에 하는 것이 편리하다. 많은 모델링 도구에서도 외래식별자(물리적 데이터베이스에서의 외래키)를 정의하면 자동적으로 관계가 맺어지도록 하는 기능을 지원한다. 엔티티의 식별자 및 관계가 결정되면 다시 업무 기술서, 장부/전표 등을 보고 빠진 속성을 채워 넣는다.

7.2 주식별자의 정의

7.2.1 주식별자 정의 사례

3.5절에서 설명한 바와 같이 주식별자(primary identifier)는 엔티티에 소속된 인스턴스들을 구별하는 기준 역할을 하는 속성을 말한다. 물리적 데이터베이스의 용어로 말하자면 테이블에서 각 튜플의 유일성을 구별해 줄 수 있는 컬럼을 말하며 기본키라고 부른다. 주식별자는 하나의 속성일 수도 있고 여러 속성일 수도 있다. 〈그림 6.14〉에 있는 네 개의 엔티티에 대해 주식별자를 찾아보자. 먼저 회원 엔티티부터 살펴보기로 한다(〈그림 7.1〉).

회원 엔티티는 각 회원에 대한 기본 정보를 담기 위한 개체이다. 주식별자는 현재까지 찾아낸 속성들 중에 있을 수도 있고 새로 만들 수도 있다. 먼저 현재 있는 속성들 중에서 주식별자를 찾아보자. 어떤 속성이 주식별자인지 아닌지를 판단하는 기준은 다음과 같다.

> 만일 어떤 속성 X가 엔티티의 주식별자라면 그 엔티티에 있는 모든 인스턴스들의 속성 X 값을 비교했을 때 중복된 값이 나타나지 않아야 한다.

회원
회원번호 회원이름 전화번호 집주소 이메일 탈퇴여부 우수회원여부 미반납여부 가입일자

〈그림 7.1〉 회원 엔티티

현재 500명의 회원이 있다고 하자. 그리고 이름이 주식별자라고 가정해 보자. 그러면 500명의 회원이름은 모두 달라야 한다. 즉, 중복이 없어야 한다. 그러나 사람은 동명이인이 있을 수 있다. 우연히 현재 500명의 회원이름이 모두 달라도 앞으로 동명이인(同名異人)인 회원이 회원가입할 가능성이 있으므로 이름은 주식별자가 될 수 없다. 위의 판단 기준에서 중복이 없어야 한다는 말은 현재 시점에서뿐만 아니라 미래에도 중복된 값이 없어야 한다는 뜻이다. 그렇다면 **전화번호**의 경우는 어떠한가? 한 식구가 아니라면 회원들 간에 전화번호가 같은 일은 없을 것이다. 따라서 **전화번호**는 주식별자가 될 수 있다. 여기서 한 가지 생각할 점은 만일 전화번호를 주식별자로 정한다면 한 가정에서 여러 명이 회원으로 가입하려면 각기 다른 전화번호를 제시해야 한다는 것이다.

이와 같은 방식으로 여러 속성에 대해 주식별자의 여부를 검토해 보면 **회원번호**, **전화번호**, **이메일**이 주식별자가 될 수 있다. 이들 중 어떤 것을 주식별자로 하는 것이 좋을까? 특별한 원칙은 없으나 우선 주식별자는 길이가 짧고, 단순하며, 나중에 자료를 검색할 때 기준이 되는 것이 좋다. 그런 점에서 이메일은 적합하지 않다. 일반적으로 사람에 대한 정보를 저장해야 하는 엔티티 혹은 테이블의 경우는 사원번호, 학번(학생번호), 회원번호 등 인위적으로 만든 일련번호를 주식별자로 사용한다. 주민등록번호는 우리나라 사람에게 있어서는 각 사람에게 고유한 번호이므로 여러 시스템에서 사람을 구분하는 기준으로 사용된다. 회원 엔티티의 경우 각 회원에게 '회원번호'를 만들어 부여한 이유는 회원번호를 가지고 각 회원을 구별하고자 하는 의도가 있기 때문에 회원번호를 주식별자로 정한다.

지금까지의 설명이 잘 이해되지 않는 사람은 〈그림 7.2〉의 **회원** 테이블을 보자. 〈그림 7.2〉의 **회원** 테이블은 〈그림 7.1〉의 **사원** 엔티티가 나중에 물리적 테이블로 만들어지고 거기에 튜플이 삽입된 모양을 예상해 본 것이다.

회원

회원 번호	고객 이름	전화번호	집주소	이메일	탈퇴 여부	우수회원 여부	미반납 여부	가입일자
101	홍길동	141-2215	안서동 121-5	hong@daum.net	N	Y	N	2020.10.01
102	김남수	256-1321	안서동 130-1	kns@daum.net	N	Y	N	2020.10.01
103	박성식	431-2312	안서동 212-2	park@daum.net	N	N	N	2020.10.02
104	안창남	565-1441	두정동 10-5	ahn2@empal.net	N	N	Y	2020.11.13
105	김남수	565-2142	안서동 121-3	rrr@hanmail.net	N	N	N	2020.11.15
106	안철호	565-2411	두정동 12-3	a12@empal.net	N	N	N	2021.01.10

〈그림 7.2〉 회원 테이블

엔티티에서의 속성은 테이블에서 컬럼이 되고, 주식별자는 기본키가 된다. 어떤 컬럼이 기본키가 될 수 있는지 알려면 해당 컬럼의 값들을 비교하여 중복성 여부를 확인하는 것이다. 〈그림 7.3〉은 세 개의 컬럼에 대해 중복성 여부를 검토해 본 것이다.

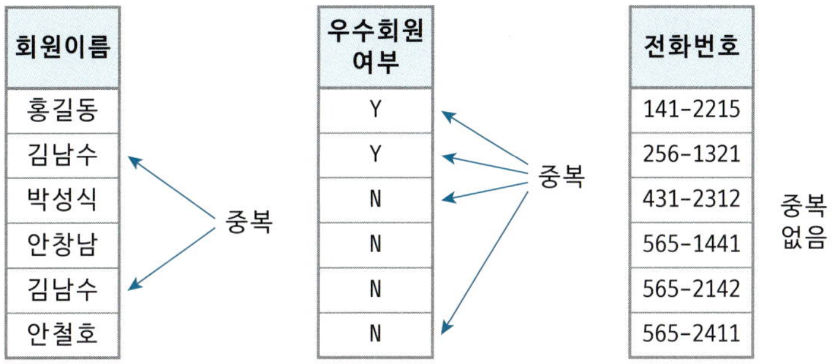

〈그림 7.3〉 기본키 여부의 판단

회원이름과 **우수회원여부** 컬럼은 중복이 존재하므로 기본키가 될 수 없다. **전화번호**는 중복이 없으므로 기본키가 될 수 있다. 앞에서 설명한 것처럼 중복이 없다는 말은 현재 시점에서뿐만 아니라 미래의 어떤 시점에서도 중복이 **'있어서는 안 된다'** 라는 뜻이다. 이와 같이 각 컬럼을 검토해 보면 **회원번호, 전화번호, 이메일**이 기본키가 될 수 있다. **주소**는 현재 시점에서는 중복이 없지만 연립주택과 같이 한 주소에 여러 가구가 살 수 있고 각 가구에서 회원등록을 하게 되면 중복이 발생할 수 있으므로 기본키가 될 수 없다. 이와 같이 엔티티를 보고 주식별자를 찾을 수 없다면 엔티티를 테이블로 그려 예상되는 몇 개의 튜플을 입력해 보면 보다 쉽게 중복성 여부를 판단할 수 있다.

다음에서 **도서** 엔티티의 주식별자를 찾아보자.

도서
도서관리번호 분류기호 제목 저자 출판사 출판년도 구입일자 국내/해외구분 신간도서여부 기타정보

〈그림 7.4〉 도서 엔티티

도서 엔티티의 식별자들을 살펴보면 먼저 **관리번호**가 눈에 띈다. 관리번호는 도서 하나하나를 구별하기 위해 붙인 것이므로 당연히 **관리번호**가 주식별자이다. 그러면 **제목**은 주식별자가 될 수 있을까? 만일 **제목**이 주식별자가 되면 같은 제목의 도서는 두 번 등록할 수 없다는 말이 된다. 그러나 인기 있는 작품의 경우 여러 권의 도서를 비치하는 것이 일반적이므로 **제목**은 주식별자가 될 수 없다. **저자**의 경우에도 한 저자가 여러 권의 책을 저술할 수 있으므로 여러 인스턴스에 같은 저자의 이름이 중복해서 나타날 수 있다. 따라서 **저자**는 주식별자가 될 수 없다. 비슷한 이유로 나머지 속성들도 주식별자가 될 수 없다. **도서** 엔티티에서는 **관리번호**를 주식별자로 한다.

다음으로 **대출** 엔티티의 주식별자를 찾아보기로 한다. 어떤 속성의 값이 여러 인스턴스에서 중복되지 않고 존재할 수 있을까? **대출** 엔티티는 회원이 도서를 대출한 기록을 관리하는 엔티티이므로 특정 **회원번호**는 여러 인스턴스에 중복되어 나타날 수 있다. 왜냐하면 한 회원이 여러 번 대출을 할 수 있기 때문이다. 하나의 도서는 여러 번 대출될 수 있기 때문에 특정 **도서관리번호**도 여러 인스턴스에 중복되어 나타날 수 있다. 이와 같이 검토해 보면 결국 대출번호만이 여러 인스턴스에서 유일한 값을 갖는다. 왜냐하면 새로운 대출이 발생할 때마다 새로운 대출번호를 부여할 것이기 때문에 중복된 값이 존재할 수 없다. 결국 **대출번호**가 주식별자가 된다.

세금계산서의 경우는 엔티티만 정의하였고 속성은 아직 정의하지 않았다. **세금계산서**의 항목들을 보면 '**일련번호**'가 눈에 띄는데 이는 주식별자가 되기 어렵다. 그 이유는 일련번호가 세금계산서를 발행하는 사람 입장에서 부여되었기 때문에 받는 사람 입장에서는 우연히 일련번호가 같은 세금계산서를 서로 다른 업체로부터 받을 수 있기 때문이다. 따라서 다른 속성을 찾아야 하는데 세금계산서를 구별하려면 최소한 업체, 세금계산서 발행일은 구분이 되어야 하고 한 업체에서 같은 날 두 장의 세금계산서를 보낼 수도 있으므로 일련번호가 포함되어야 한다. 이와 같이 주식별자가 복잡한 경우는 **접수번호** 속성을 새로 만들어 주식별자로 하는 것이 편리하다.

월말결산 엔티티는 현시점에서는 속성을 알 수 없으나 매월 데이터가 발생할 것으로 예상되므로 **연월**을 주식별자로 한다. **독서클럽** 엔티티는 **클럽명**을 주식별자로 하면 되겠지만 일반적으로 주식별자는 길이가 일정하고 규칙성이 있어야 하는데 **클럽명**은 공백을 포함할 수도 있고 길이도 일정하지 않으므로 **클럽ID**를 새로 만들어 주식별자로 한다.

이상의 작업 결과를 종합하여 ERD로 표시하면 〈그림 7.6〉과 같다.

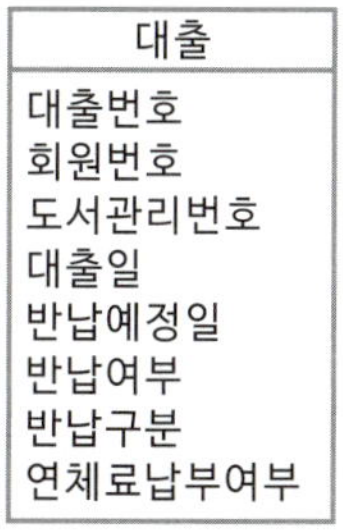

〈그림 7.5〉 대출 엔티티

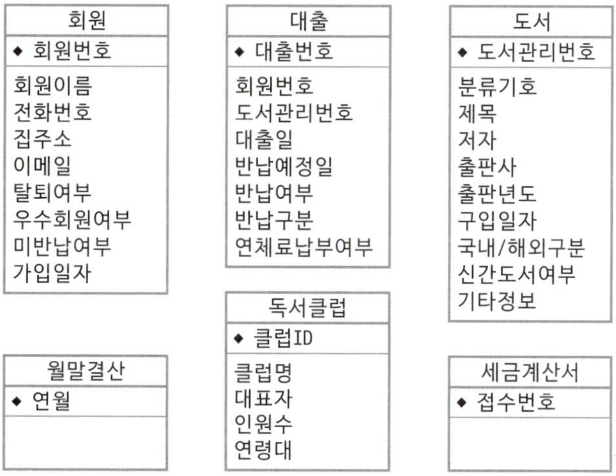

〈그림 7.6〉 각 엔티티에서 주식별자의 결정

7.2.2 주식별자의 여러 형태

7.2.1절에서 살펴본 엔티티들은 단일 속성으로 이루어진 단순한 주식별자를 가지고 있다. 그러나 모든 엔티티가 단순한 주식별자를 갖는 것은 아니다. 이번 절에서는 단순한 주식별자가 아닌 다른 경우들에 대해 알아본다.

■ 복합 속성으로 이루어진 주식별자

어떤 편의점 관리 시스템에서 매일 업무 후에 그날 어떤 물건이 몇 개나 팔렸는지를 관리한다고 가정해 보자. 이 정보를 별도의 엔티티를 만들어 관리한다고 했을 때 엔티티를 어떻게 만들어야 하는지를 생각해보자. 일단 만들어야 하는 엔티티의 이름은 '일일판매실적'이라고 하자. 여기에 들어갈 속성을 생각해 보면 먼저 매일매일 판매실적을 저장하므로 **판매일자**가 필요할 것이다. 그리고 어떤 물건이 팔렸는지를 저장해야 하므로 **제품번호**가 필요할 것이다. 마지막으로 몇 개가 팔렸는지를 저장해야 하므로 **판매수량**이 필요하다. 이를 ERD로 표현하면 〈그림 7.7〉과 같다. 또한 이 엔티티가 테이블로 구현되었을 때 가상의 데이터를 입력한 예는 〈그림 7.8〉과 같다.

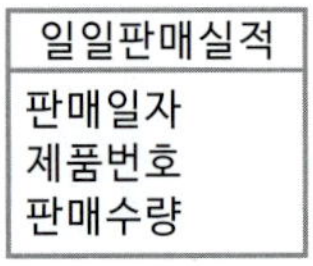

〈그림 7.7〉 일일판매실적 엔티티

판매일자	제품번호	판매수량
2005.06.01	AT01	50
2005.06.01	AT02	50
2005.06.01	AM37	63
2005.06.02	AT01	85
2005.06.02	AT02	73
2005.06.02	AX24	74

〈그림 7.8〉 일일판매실적 테이블

〈그림 7.8〉을 보면 하루에 여러 개의 제품을 판매할 수 있으므로 같은 **판매일자**가 중복하여 나온다. 또한 같은 제품이 매일 반복하여 판매가 되므로 같은 **제품번호**가 중복하여 나온다. **판매수량** 역시 중복 데이터가 존재할 수 있어서 주식별자가 아니다. 일반적으로 수

량, 금액 등은 주식별자의 고려 대상에서 제외해도 된다. 이와 같이 **판매일자**, **제품번호**, **판매수량** 중 단일 속성만으로 주식별자가 될 수 없는 경우는 여러 속성을 합쳐서 식별자가 될 수 있는지를 찾아야 한다. 복합 속성이 주식별자가 되는 경우는 해당 엔티티가 어떤 정보를 관리하기 위한 것인지를 살펴보면 주식별자를 쉽게 찾을 수 있다. '일일판매실적' 엔티티는 '**매일 어떤 제품**이 얼마나 판매되었는지'를 관리하기 위한 것이다. 여기서 판매량의 집계 기준이 일자별, 제품별임을 알 수 있다. 따라서 판매일자, 제품번호의 복합 속성이 주식별자가 된다. 일반적으로 엔티티 이름에 '일별', '기간별'과 같은 내용이 포함되면 복합속성을 주식별자로 갖는 경우가 많고, 날짜 속성이 주식별자의 일부가 된다.

판매일자	
2005.06.01	← 중복
2005.06.01	← 중복
2005.06.01	← 중복
2005.06.02	
2005.06.02	
2005.06.02	

제품번호	
AT01	← 중복
AT02	
AM37	
AT01	← 중복
AT02	
AX24	

판매수량	
50	← 중복
50	← 중복
63	
85	
73	
74	

판매일자	제품번호
2005.06.01	AT01
2005.06.01	AT02
2005.06.01	AM37
2005.06.02	AT01
2005.06.02	AT02
2005.06.02	AX24

중복 없음

〈그림 7.9〉 일일판매실적 테이블에서 중복성 검토

■ 마땅한 주식별자가 없는 경우

어떤 무역업체에서 수입제품에 대한 정보를 관리한다고 가정해 보자. 한 제품은 여러 제조업체에서 구매할 수 있고, 각 제조업체는 같은 제품을 여러 나라에서 생산할 수 있다. 이 무역업체에서는 제품에 대해 제품번호, 제조업체, 원산지 정보를 관리하려고 한다. 이 경우 '수입제품' 엔티티는 〈그림 7.10〉과 같고, 이를 테이블로 나타내면 〈그림 7.11〉과 같다. 수입제품 테이블의 컬럼값을 살펴보면 세 컬럼 모두 중복값을 포함할 수 있기 때문에 단일 속성에 의한 주식별자는 존재하지 않는다. 컬럼을 두 개씩 묶어서 검토를 해 보아도

〈그림 7.12〉와 같이 여전히 중복이 존재한다. 따라서 **수입제품** 엔티티는 모든 속성을 다 합쳐야 주식별자의 역할을 할 수 있다. 관계형 이론에서는 모든 엔티티가 적어도 하나의 주식별자를 갖는다. 적당한 주식별자가 없는 경우에는 모든 속성을 합친 복합 속성이 주식별자가 될 수 있다.

수입제품
제품번호 제조업체 원산지

〈그림 7.10〉 수입제품 엔티티

제품번호	제조업체	원산지
A001	SONY	대만
A001	SONY	중국
A002	INTEL	필리핀
A004	INTEL	필리핀
A001	MCI	중국

〈그림 7.11〉 수입제품 테이블

제품번호	제조업체	
A001	SONY	← 중복
A001	SONY	← 중복
A002	INTEL	
A004	INTEL	
A001	MCI	

제조업체	원산지	
SONY	대만	
SONY	중국	
INTEL	필리핀	← 중복
INTEL	필리핀	← 중복
MCI	중국	

제품번호	제조업체	원산지
A001	SONY	대만
A001	SONY	중국
A002	INTEL	필리핀
A004	INTEL	필리핀
A001	MCI	중국

중복 없음

〈그림 7.12〉 수입제품 테이블에서 중복성 검토

■ 인위적 주식별자의 문제점

7.2.1절에서 보았던 **대출** 엔티티를 다시 생각해 보자. 만일 대출번호가 속성에 포함되지 않았다면 어떤 속성이 주식별자가 될 수 있을까? 앞에서 살펴본 바와 같이 대출번호 외에는 단일 속성으로 주식별자가 될 수 있는 것은 없다. 대출 정보의 내용이 **'누가 무슨 책을 빌려갔는가'** 를 관리해야 하므로 **회원번호**와 **도서관리번호**가 주식별자에 포함되어야 한다. 또한 같은 사람이 같은 도서를 나중에 다시 빌릴 수도 있으므로 두 가지 경우를 구별하기 위해 **대출일**도 주식별자에 포함되어야 한다. 아직 불완전하기는 하지만 **대출일, 회원번호, 도서관리번호**가 주식별자인 경우와 대출번호가 주식별자인 경우를 비교해 보자. 편의상 전자를 '**대출1**', 후자를 '**대출2**'로 명명한다.

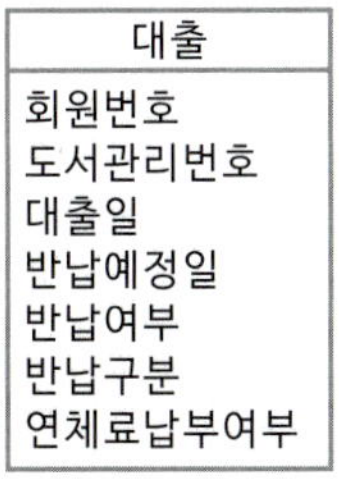

〈그림 7.13〉 대출번호가 없는 대출 엔티티

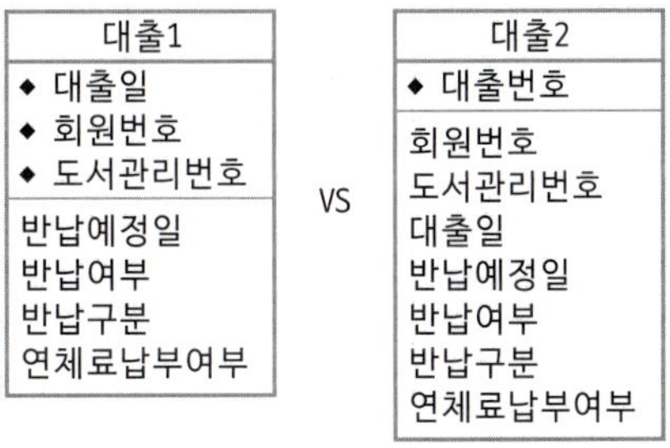

〈그림 7.14〉 대출번호가 있는 대출 엔티티

사실 대출정보를 관리하는 데는 **대출1**로 하든 **대출2**로 하든 문제가 없다. 다시 말하면 대출번호라고 하는 것은 없어도 되는 것인데 대출1과 같이 주식별자에 너무 많은 속성이 포함되어 복잡하기 때문에 **대출2**와 같이 제3의 주식별자를 강제로 만들어 단순화시킨 것이다. 이러한 경우 **대출번호**는 편의를 위해 인위적으로 만들어준 주식별자이다. 이와 같이 인위적으로 주식별자를 만들어 주면 모든 엔티티가 단일 주식별자를 갖게 할 수 있다. 그러나 이렇게 하는 것이 꼭 좋은 것만은 아니다. **대출2**의 형태로 정보를 관리한다고 해

보자. 도서관에는 사서 A와 사서 B가 근무를 하고 있다. 사서 A가 근무를 마치면 이어서 사서 B가 근무를 한다. 사서 A는 인수인계에 임박하여 한 건의 대출을 처리하였는데 그 정보는 〈그림 7.15〉와 같다.

서문도서관

도서 대출전표

대출일 : 2011.7.10

회원번호 : 102 이름 김남수

no	도서 관리번호	제목	반납예정일
1	121311	벤허	2011.7.16

대여번호 :

〈그림 7.15〉 도서 대출전표

사서 A는 대출내역을 시스템에 등록하였는데 마음이 급해 시스템이 발행한 대출번호를 전표에 기록하지 못하였다. 이어 인수인계를 받은 사서 B는 테이블 위에 놓은 전표에 전표번호가 없는 것을 보고 처리가 안 된 것으로 간주하여 다시 대출사항을 입력하였고 그 결과 대출2 테이블에는 〈그림 7.16〉과 같은 내용이 등록되었다.

대출2

대출번호	회원번호	도서 관리번호	대출일	반납예정일	반납 여부	반납 구분	연체료 납부여부
...	...	...	...	...	...	...	...
51001	102	121311	2021.7.10	2021.7.16	N	0	N
51002	102	121311	2021.7.10	2021.7.16	N	0	N

〈그림 7.16〉 대출2 테이블에 정보 저장

대출번호 51001은 사서 A가 입력한 것이고, 대출번호 51002는 사서 B가 입력한 것이다. 대출번호가 서로 다르기 때문에 DBMS는 두 개의 튜플이 서로 다른 것으로 간주한다. 그러나 실제적으로는 두 튜플은 중복 정보를 저장하고 있는 것이 된다. 인위적으로 주식별자를 만들게 되면 이와 같이 정보가 중복 저장될 수 있고, 중복 저장된 정보는 문제를 일으킨다. 만일 같은 정보를 **대출1** 테이블에 저장하는 경우를 생각해 보자. 사서 A가 대출을 입력한 뒤 사서 B가 다시 입력을 하면 DBMS는 주식별자를 비교하여 중복이므로 데이터의 입력을 거절한다.

① 사서 A가 대출사항을 입력

<u>대출일</u>	<u>회원번호</u>	<u>도서 관리번호</u>	반납예정일	반납 여부	반납 구분	연체료 납부여부
...	...	...	...	...	...	...
2021.7.10	102	121311	2021.7.16	N	0	N

DBMS가 중복으로 판단

② 사서 B가 대출사항을 재입력

2021.7.10	102	121311	N	N	2021.7.16

〈그림 7.17〉 대출1 테이블에 정보 저장

이와 같이 인위적인 주식별자의 생성은 관리를 간단하게 하는 장점도 있지만 원하지 않게 중복 정보가 저장될 수 있으므로 사용에 신중해야 한다. 또한 인위적 주식별자를 사용하는 경우는 데이터의 중복을 관리할 수 있는 대안을 미리 마련하여야 한다.

〈그림 7.13〉에서 주식별자가 대출일, 회원번호, 도서관리번호가 되어야 하는지 이해가 되지 않는다면 다음 그림을 보자.

* 회원번호만을 주식별자로 할 경우

대출일	<u>회원번호</u>	도서 관리번호	반납예정일	반납 여부	반납 구분	연체료 납부여부
...	...	...	...	...	...	...
2021.7.10	102	121311	2021.7.16	N	0	N

DBMS가 중복으로 판단

2021.7.15	102	121325	N	N	2021.7.16

회원번호 102인 회원이 7월 15일에 다시 도서를 대출하려 한다면 입력이 안 된다. 왜냐하면 회원번호가 기본키이므로 회원번호 '102'는 중복하여 존재할 수 없다. (회원번호 컬럼 내에서 유일한 값을 가져야 한다.)

* 회원번호와 도서관리번호를 주식별자로 할 경우

대출일	<u>회원번호</u>	도서 관리번호	반납예정일	반납 여부	반납 구분	연체료 납부여부
...	...	...	...	...	...	...
2021.7.10	102	121311	2021.7.16	N	0	N

DBMS가 중복으로 판단

2022.3.5	102	121311	N	N	2022.3.11

회원번호 102인 회원이 7월 10일에 벤허를 빌려 보고 이듬해 3월 5일에 벤허를 다시 보고 싶어 빌리려 하면 등록이 되지 않는다. 회원번호와 도서관리번호가 기본키로 되어 있기 때문에 두 컬럼의 값을 합친 값이 중복하여 존재할 수 없기 때문이다.

이상에서 살펴본 방법대로 주식별자를 테스트해 보면 주식별자의 타당성 여부를 알 수 있다. 사실 주식별자를 대출일, 회원번호, 도서관리번호로 하여도 아직 문제는 있다. 그에 대해서는 정규화 부분에서 다루기로 한다.

■ 불필요한 속성이 주식별자에 포함되는 경우의 문제점

주식별자에 포함될 필요가 없는 속성이 주식별자에 포함이 된다면 어떤 문제가 있을까? 〈그림 7.7〉의 일일판매실적 엔티티를 다시 생각해 보자. 만일 설계자가 주식별자를 **판매일자**와 **제품번호**로 하지 않고 **판매일자**, **제품번호**, **판매수량**으로 한다면 〈그림 7.18〉과 같이 데이터가 입력될 수 있다. 첫 번째 튜플과 세 번째 튜플은 모두 6월 1일에 AT01의 판매에 대한 데이터로서 판매수량이 다르기 때문에 DBMS는 중복으로 보지 않는다. 그러나 일일판매실적 엔티티의 목적이 매일 어떤 제품이 몇 개 판매되었는지를 알기 위한 것이므로 AT01에 대한 판매수량이 두 개의 튜플에 나뉘어 저장되면 안 되고 하나의 튜플에 저장되어야 한다. 불필요한 속성을 주식별자에 포함시키면 이와 같이 의미적 중복이 발생할 가능성이 있으므로 최소한의 속성으로 주식별자를 구성해야 한다.

<u>판매일자</u>	<u>제품번호</u>	<u>판매수량</u>
2011.06.01	AT01	50
2011.06.01	AT02	50
2011.06.01	AT01	40

하나로
합쳐져야 한다.

〈그림 7.18〉 컬럼이 모두 기본키인 일일판매실적 테이블

7.3 관계/외래식별자의 정의

7.3.1 관계의 정의 방법

두 엔티티 사이의 관계를 정의하기 위해서는 관계의 개념을 분명히 알고 있어야 한다. 관계의 개념에 대해서는 3장을 참고하도록 한다. 엔티티들 사이에서 관계를 찾아내는 일은 쉽지 않다. 관계를 정의하기 위해서는 엔티티를 찾는 데 사용한 문서들을 이용한다. 특별한 공식은 없지만 다음의 지침들이 관계를 정의하는 데 도움이 된다.

① 문서로부터 동사를 구분한다.

엔티티를 도출할 때는 업무 기술서, 장부나 전표, 사용자 요구사항 기술서로부터 '명사'를 구분하는 방법을 사용하였다. 이렇게 도출된 엔티티들 사이의 관계를 찾기 위해서는 '동사'를 검토한다. 예를 들면 '고객에게 주문서를 발송한다'라는 문장이 있다면 고객과 주문서는 엔티티이고 고객과 주문서는 서로 관계가 있다. 동사에 의해 연결된 엔티티는 서로 관계가 있을 가능성이 많다.

② 관계 매트릭스를 그려본다.

엔티티들을 매트릭스상의 가로, 세로에 나열하고 교차지점에 있는 두 엔티티가 관계가 있는지를 검토해 본다. 예를 들면 도서의 '대출' 엔티티는 특성상 누가, 어떤 도서를 빌렸는지를 관리해야 하므로 회원 엔티티 및 도서 엔티티와 관련이 있다. 이 방법은 다소 직관을 필요로 하지만 도움이 된다.

	회원	대출	도서	세금계산서
회원		○		
대출	○		○	
도서				○
세금계산서			○	

〈그림 7.19〉 관계 매트릭스

③ 부모, 자식 관계에 있는 엔티티들을 찾아본다.

어떤 엔티티 A의 정보가 만들어지기 위해서는 다른 엔티티 B의 정보를 필요로 하는 관계에 있을 때 엔티티 B는 엔티티 A와 관계를 가지며 엔티티 B는 엔티티 A의 부모 엔티티가 된다. 예를 들면 **학생** 엔티티와 **수강** 엔티티를 생각해 보면 수강을 하기 위해서는 반드시 그 학교의 학생이어야 하고, 학생 정보가 있어야 한다. 그래야 어떤 학생이 어떤 과목을 수강하는지의 정보를 저장할 수 있다. 이 경우 **학생** 엔티티는 **수강** 엔티티와 관련이 있고 **학생** 엔티티는 **수강** 엔티티의 부모 엔티티이다. 이 방법은 관계 매트릭스와 함께 사용하면 효과적이다.

④ 관계가 정의되면 카디낼러티와 관계의 참여도를 표시한다.

두 엔티티가 관계가 있다고 판단되면 ERD상에 관계를 표시하고 관계의 카디낼러티와 참여도를 표시한다.

7.3.2 외래식별자의 정의

외래식별자는 관계와 밀접한 관련이 있다. 두 엔티티가 관계가 있다면 자식 엔티티의 외래식별자 속성이 부모 엔티티의 주식별자를 참조하게 된다. 따라서 관계를 올바로 정의했다면 외래식별자는 거의 기계적으로 정의할 수 있다.

① 관계가 있는 두 엔티티를 부모, 자식으로 구분한다.

두 엔티티 중 정보를 먼저 생성하여 가지고 있는 쪽이 부모 엔티티이고, 부모 엔티티의 정보를 가져다 사용하는 쪽이 자식 엔티티이다.

② 부모 엔티티의 주식별자에 해당하는 속성이 자식 엔티티에도 존재하는지 확인한다.

만일 부모 엔티티의 주식별자 속성이 자식 엔티티에도 공통적으로 존재한다면 자식 엔티티에 있는 공통 속성이 외래식별자가 된다. 만일 부모 엔티티의 주식별자 속성이 자식 엔티티에 존재하지 않는다면 자식 엔티티에 속성을 추가한 후 외래식별자로 지정하면 된다.

7.3.3 관계/외래식별자의 정의 사례

이번 절에서는 도서관 관리 업무로부터 도출된 〈그림 7.8〉에 있는 엔티티들에 대해 관계를 찾아보도록 한다. 도서관 관리 업무는 현재 엔티티가 네 개이므로 관계를 정의하는 데 크게 어렵지 않다. 먼저 **회원**과 **대출** 엔티티가 관계가 있는지 생각해 보자. **대출** 엔티티에서 관리하고자 하는 정보는 '누가(어떤 회원이) 어떤 도서를 빌려갔는가'이므로 당연히 대출 정보는 회원 정보와 관련이 있다. 또한 회원이 있어야 대출이 성립할 수 있으므로 **회원**이 부모 엔티티이고, **대출**이 자식 엔티티이다. 그리고 카디널러티는 회원:대출 = 1:N이다. 또한 회원 가입을 하고 아직 대출를 하지 않은 회원이 있을 수 있으므로 **대출** 쪽 참여도는 '선택'이고 특정 대출 정보에 대해 회원정보는 반드시 있어야 하므로 **회원** 쪽 참여도는 '필수'이다. 그리고 **회원**의 주식별자(**회원번호**)를 **대출**에서 공통속성으로 가지고 있으므로 자식 엔티티인 **대출**의 **회원번호**는 외래식별자이다. 이를 ERD로 표시하면 〈그림 7.20〉과 같다.

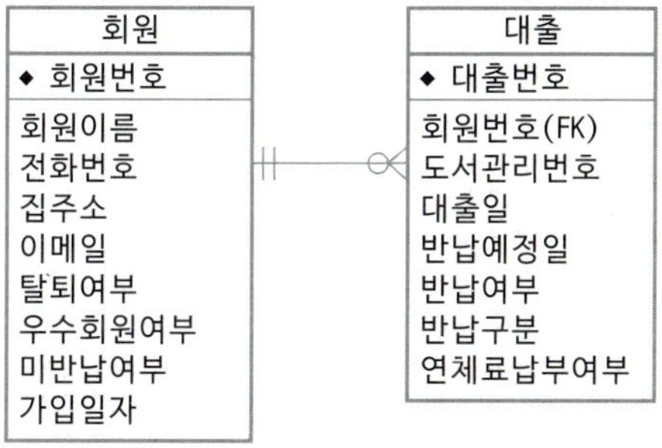

〈그림 7.20〉 회원과 대출과의 관계

이제 **대출**과 도서의 관계를 생각해 보자. **대출** 엔티티는 누가 어떤 도서를 빌려갔는가를 관리하기 위한 것이므로 **대출**과 **도서**는 관계가 있다. 그리고 도서가 있어야 대출을 할 수 있으므로 **도서**가 부모 엔티티이고, **대출**이 자식 엔티티이다. 또한 **도서** 엔티티의 주식별자(**관리번호**)를 자식 엔티티인 **대출**에서 공유하고 있으므로 **대출**의 **도서관리번호** 속성은 외래식별자가 된다. 관계의 카디널러티와 참여도는 **회원**과 **대출** 관계와 유사하다. 이를 ERD로 표시하면 〈그림 7.21〉과 같다.

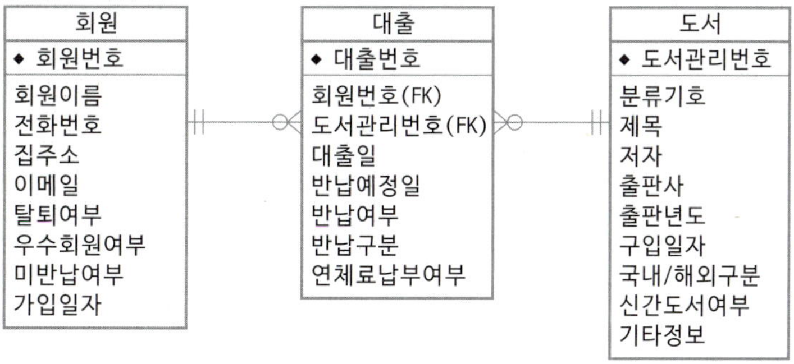

〈그림 7.21〉 도서와 대출과의 관계

〈그림 7.22〉를 보면 **회원**은 **대출**과, **대출**은 **도서**와 관계가 있다. 이 경우 회원과 도서는 자동적으로 간접 관계를 가지게 되므로 회원과 도서의 관계에 대해서는 검토할 필요는 없다.

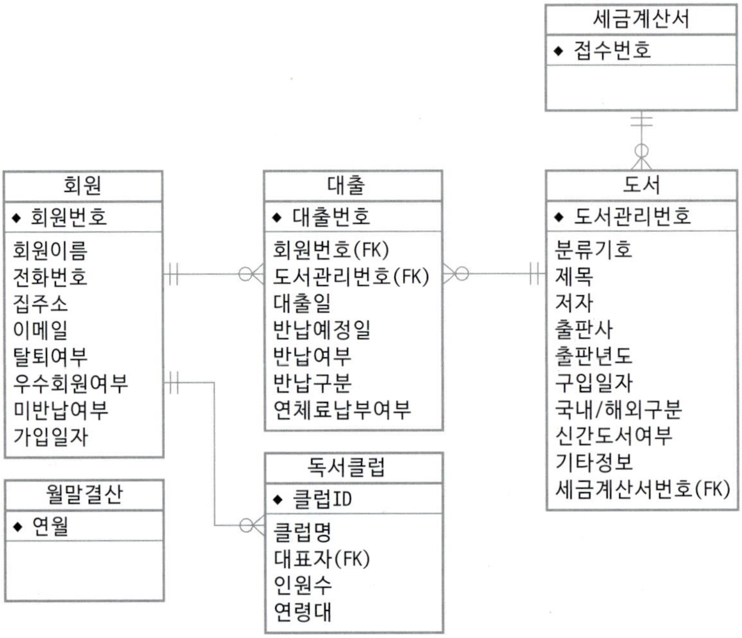

〈그림 7.22〉 도서와 대출과의 관계

다음으로 **세금계산서** 엔티티를 검토하기로 한다. 〈그림 7.19〉에 있는 엔티티들 중에서 **세금계산서** 엔티티와 관련이 있는 엔티티는 **도서**이다. 세금계산서의 항목에 구매한 도서에 대한 정보 항목이 있기 때문이다. 어느 쪽이 부모 엔티티이고 어느 쪽이 자식 엔티티인지를 결정해야 하는데 세금계산서에 기록되어 있는 도서 리스트를 보고 도서 정보를 등록할 것이기 때문에 **세금계산서**가 부모 엔티티이고 **도서**가 자식 엔티티이다. 따라서 도서 엔티티는 세금계산서의 주식별자인 '**접수번호**'를 외래식별자로 포함하여야 하는데 도서 엔티티 내에서 **접수번호**라는 용어를 사용하면 의미가 모호하므로 **세금계산서번호**라는 용어를 사용한다. 도서와 세금계산서의 관계를 추가하면 〈그림 7.23〉과 같다.

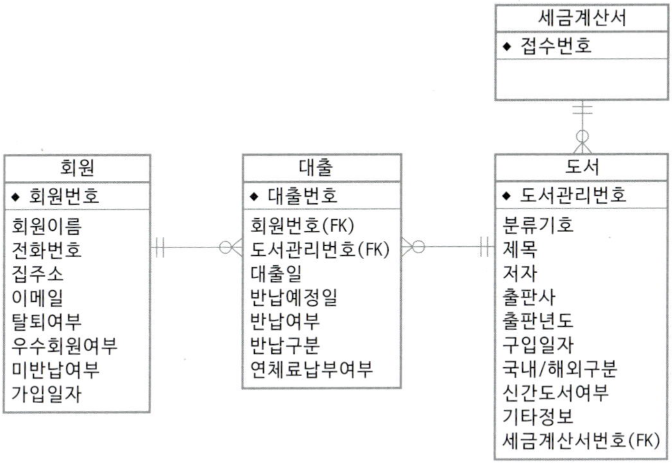

〈그림 7.23〉 세금계산서와 도서의 관계

이제 **월말결산**과 **독서클럽** 엔티티에 대해서 관계를 정해보도록 하자. **월말결산** 엔티티는 속성이 분명하지 않아서 다른 엔티티들과의 연관성을 찾기 어려우므로 관계선을 연결하지 않는다. **독서클럽** 엔티티의 경우는 대표자가 회원 중의 한 명이므로 회원 엔티티와 연결되어야 한다. 회원 정보가 먼저 등록되고 이를 바탕으로 **독서클럽**에 대표자가 등록될 것이므로 회원 엔티티가 부모이고, **독서클럽** 엔티티가 자식이 된다. **월말결산**과 **독서클럽** 엔티티를 포함한 ERD는 〈그림 7.24〉와 같다.

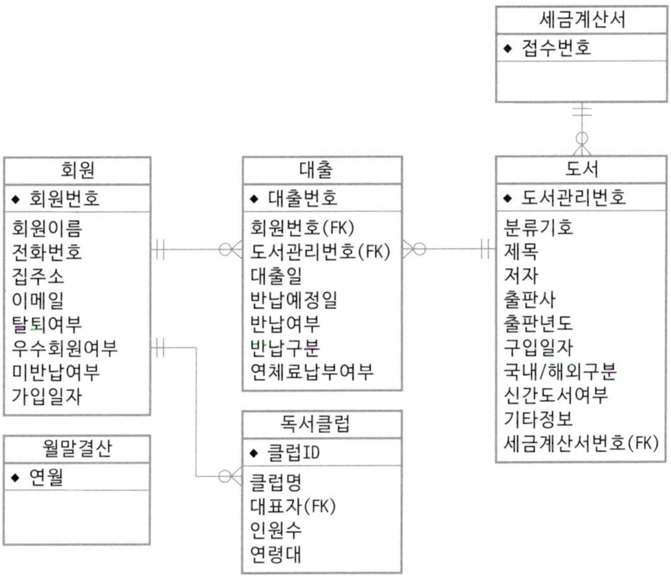

〈그림 7.24〉 독서클럽과 회원과의 관계

관계와 외래식별자를 찾는 작업은 종이와 연필을 가지고 할 수도 있겠지만 보통은 모델링 도구를 가지고 수행한다. 모델링 도구에서는 모델의 변경, 수정이 용이하기 때문이다. 〈그림 7.25〉는 모델링 도구를 가지고 ERD를 작성한 것이다.

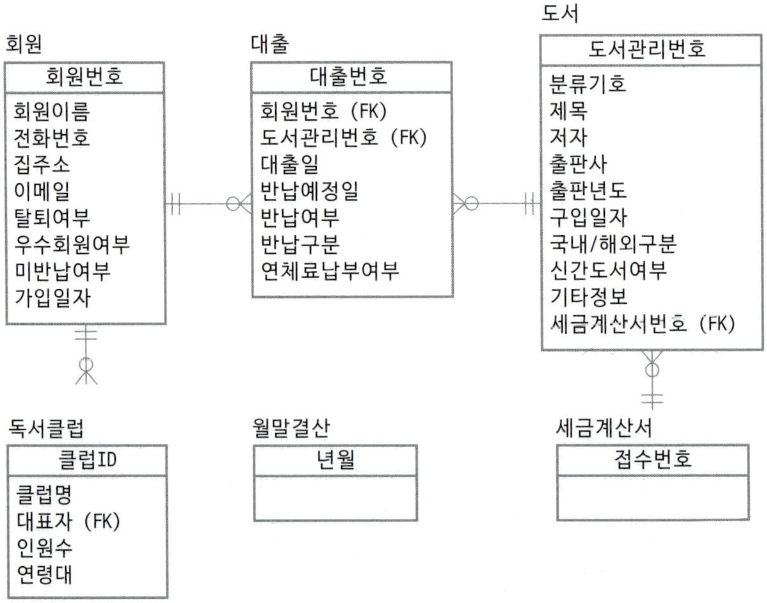

〈그림 7.25〉 모델링 도구에 의한 ERD

7.3.4 관계/외래식별자에 대한 규칙

데이터 모델링을 하다 보면 거의 공식처럼 적용되는 사례들을 발견하게 된다. 엔티티 간의 관계에서 적용되는 규칙들을 정리해 보면 다음과 같다.

Rule 1. 두 엔티티가 관련이 있다는 의미는 두 엔티티가 공유하는 속성이 있다는 뜻이다.

학생

학번	이름
21001	김철수
21002	양길현
21003	임영수
21004	박한나

수강과목

학번	과목
21001	전산학개론
21001	이산수학
21002	전산학개론
21003	웹디자인
21003	이산수학

공유하는 속성

Rule 2. 공통 속성의 값이 먼저 생성되는 쪽이 부모 엔티티가 되고, 가져다 쓰는 쪽이 자식 엔티티가 된다.

(부모 엔티티)

학생

학번	이름
21001	김철수
21002	양길현
21003	임영수
21004	박한나

(자식 엔티티)

수강과목

학번	과목
21001	전산학개론
21001	이산수학
21002	전산학개론
21003	웹디자인
21003	이산수학

김철수 학생이 수강을 할 수 있기 위해서는 먼저 학생으로 등록이 되어 있어야 할 것이다. 따라서 학생 테이블에 김철수의 학번 및 이름이 먼저 등록되고, 그 정보를 참조하여 수강과목 정보가 생성된다.

Rule 3. 부모 엔티티에 있는 공통 속성은 주식별자가 되고, 자식 엔티티의 공통 속성은 외래식별자가 된다.

(부모 엔티티)

학생

학번(PK)	이름
21001	김철수
21002	양길현
21003	임영수
21004	박한나

(자식 엔티티)

수강과목

학번(FK)	과목
21001	전산학개론
21001	이산수학
21002	전산학개론
21003	웹디자인
21003	이산수학

참조

Rule 4. 부모 엔티티와 자식 엔티티의 카디널러티는 1:N이다. (어떤 두 엔티티가 관계가 있고 카디널러티가 1:N이라면 카디널러티가 1인 쪽이 부모 엔티티이고 N인 쪽이 자식 엔티티이다.)

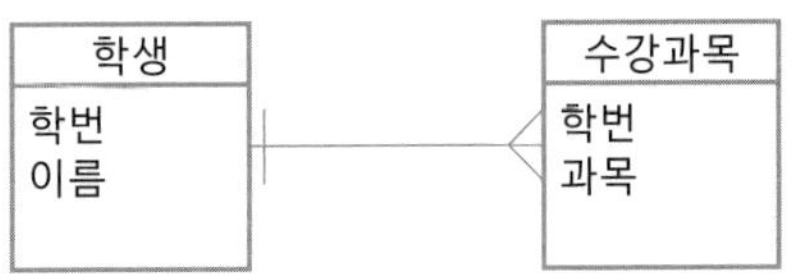

1 : N

7.4 업무 규칙의 정의

7.4.1 업무 규칙이란

엔티티는 물리 설계 단계에서 테이블이 되고 테이블에는 튜플들이 저장된다. 튜플은 필요시 삭제되기도 하고 튜플에 저장된 값이 변경되기도 한다. 업무 규칙이란 1.3절의 외래키 부분에서 설명했던 참조 무결성 제약조건을 유지하기 위한 규칙을 말한다. 예를 들면 〈그림 7.26〉에서 **사원** 테이블은 **부서** 테이블을 참조하고 있다. 만일 **부서** 테이블에 있는 코드 146이 삭제되면 **사원** 테이블에 있는 이재천의 부서가 어디인지 알 수 없게 된다. 이러한 경우를 다루기 위해 업무 규칙이 필요하다. 업무 규칙은 부모 테이블의 튜플이 삭제되거나 수정되었을 때의 처리 규칙과 자식 테이블에 새로운 튜플이 추가되거나 수정될 때의 처리 규칙으로 분류할 수 있는데, 보통 전자의 경우만 정의하는 경우가 많다. 업무 규칙은 물리적 데이터베이스에 함께 저장되며 DBMS에 의해 규칙이 수행된다. 〈표 7.1〉~〈표 7.3〉은 업무 규칙에 대한 설명이다.

부모 테이블에서 튜플의 '변경'이란 튜플의 기본키 값이 변경되는 것을 말한다. 자식 테이블에서는 부모 테이블의 기본키를 가져다 사용하기 때문에 기본키가 아닌 다른 컬럼의 값이 변경되는 것은 자식 테이블에 영향을 미치지 않는다. 자식 테이블에서 튜플의 변경이란 튜플의 외래키 값이 변경되는 것을 말한다.

사원

사원	이름	부서
05-121	김철수	101
05-122	홍길동	101
05-123	강만규	125
05-124	이재천	146

부서

부서코드	부서명
101	영업부
125	관리부
146	생산1부
150	생산2부

〈그림 7.26〉 사원, 부서 엔티티

〈표 7.1〉 부모 테이블의 튜플에 대한 삭제 규칙

규칙	형태	내용
삭제 규칙 (delete)	restrict	부모 테이블에 있는 값을 자식 테이블에서 참조하고 있다면 부모 테이블에 있는 그 값은 삭제할 수 없다. (〈그림 7.26〉에서 부서 테이블의 101, 125, 146은 삭제 불가. 150은 참조되지 않으므로 삭제 가능)
	cascade	부모 테이블에 있는 값을 삭제하면 그것을 참조하고 있는 자식 테이블의 값도 함께 삭제한다. (〈그림 7.26〉에서 부서 테이블의 101을 삭제하면 사원 테이블의 김철수, 홍길동 튜플도 함께 삭제)
	set null	부모 테이블에 있는 값을 삭제하면 그것을 참조하고 있는 자식 테이블의 값은 null로 바뀐다. (〈그림 7.26〉에서 부서 테이블의 101을 삭제하면 사원 테이블의 김철수, 홍길동의 부서 컬럼의 값은 null로 바뀐다.)
	set default	부모 테이블에 있는 값을 삭제하면 그것을 참조하고 있는 자식 테이블의 값은 미리 지정해 놓은 값으로 바뀐다.
	none	부모 테이블에 있는 값을 삭제해도 그것을 참조하고 있는 자식 테이블의 값을 그대로 유지한다.

※ 만일 설계자가 아무 삭제 규칙도 지정하지 않는다면 DBMS는 대부분의 경우 restrict를 기본 규칙으로 사용한다.

※ none은 삭제에 아무 제약이 없다는 뜻이다.

〈표 7.2〉 부모 테이블의 튜플에 대한 수정 규칙

규칙	형태	내용
수정 규칙 (update)	restrict	부모 테이블에 있는 값을 자식 테이블에서 참조하고 있다면 부모 테이블에 있는 그 값은 수정할 수 없다. (〈그림 7.26〉에서 부서 테이블의 101, 125, 146은 수정 불가. 150은 참조되지 않으므로 151, 152 등으로 수정 가능)
	cascade	부모 테이블에 있는 값을 수정하면 그것을 참조하고 있는 자식 테이블의 값도 함께 수정한다. (〈그림 7.26〉에서 부서 테이블의 101을 111로 수정하면 사원 테이블의 김철수, 홍길동의 부서 컬럼 값도 111로 수정)
	set null	부모 테이블에 있는 값을 수정하면 그것을 참조하고 있는 자식 테이블의 값은 null로 바뀐다. (〈그림 7.26〉에서 부서 테이블의 101을 111로 수정하면 사원 테이블의 김철수, 홍길동의 부서 컬럼의 값은 null로 바뀐다.)
	set default	부모 테이블에 있는 값을 수정하면 그것을 참조하고 있는 자식 테이블의 값은 미리 지정해 놓은 다른 값으로 바뀐다.
	none	부모 테이블에 있는 값을 수정해도 그것을 참조하고 있는 자식 테이블의 값을 그대로 유지한다.

※ 만일 설계자가 아무 수정 규칙도 지정하지 않는다면 DBMS는 대부분의 경우 restrict를 기본 규칙으로 사용한다.

〈표 7.3〉 자식 테이블의 튜플에 대한 삽입/수정 규칙

규칙	형태	내용
삽입 규칙 (insert)	restrict	자식 테이블에서 튜플을 삽입할 때 부모 테이블에 없는 값을 사용하면 튜플 삽입이 안 되게 한다. (〈그림 7.26〉에서 새로운 사원 강만길의 부서코드를 777로 하면 튜플이 삽입되지 않고 에러 메시지 출력)
	none	자식 테이블에서 튜플을 삽입할 때 어떤 값을 사용해도 튜플이 삽입된다.
수정 규칙 (update)	restrict	자식 테이블에서 튜플을 수정할 때 부모 테이블에 없는 값을 사용하면 튜플의 수정이 안되게 한다. (〈그림 7.26〉에서 이재천의 부서코드를 777로 수정하면 수정하지 않고 에러 메시지 출력)
	nonc	자식 테이블에서 튜플을 변경할 때 어떤 값을 사용해도 튜플이 변경된다.

7.4.2 모델링 도구에서 업무 규칙 입력하기

업무 규칙은 일부러 지정하지 않아도 DBMS에 의해 기본적으로 정의된 규칙이 적용되기 때문에 모델링에서는 중요하게 다루어지지 않지만 내용을 알아둘 필요가 있다. 대부분의 모델링 도구는 엔티티 간의 관계에서 업무 규칙을 정의할 수 있는 기능을 제공한다. 이번 절에서는 모델링 도구를 사용하여 〈그림 7.20〉의 ERD에 대해서 회원 엔티티와 대출 엔티티의 관계에 업무 규칙을 입력하는 방법을 설명한다. 입력할 업무 규칙은 다음과 같다. (회원이 부모 엔티티이고 대출이 자식 엔티티이다.)

업무 규칙	내용
회원의 삭제	set null
회원의 변경	cascade
대출의 추가	restrict
대출의 변경	restrict

① 회원 엔티티와 대출 엔티티를 연결하는 관계선을 클릭한다.

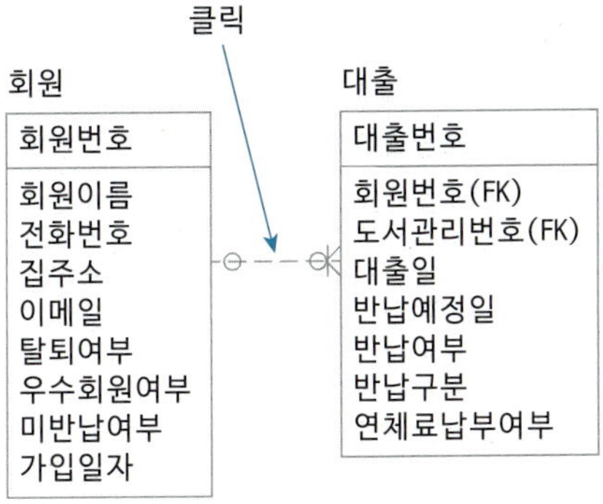

② 관계선 편집창이 표시되면 RI Actions 탭으로 이동한다.

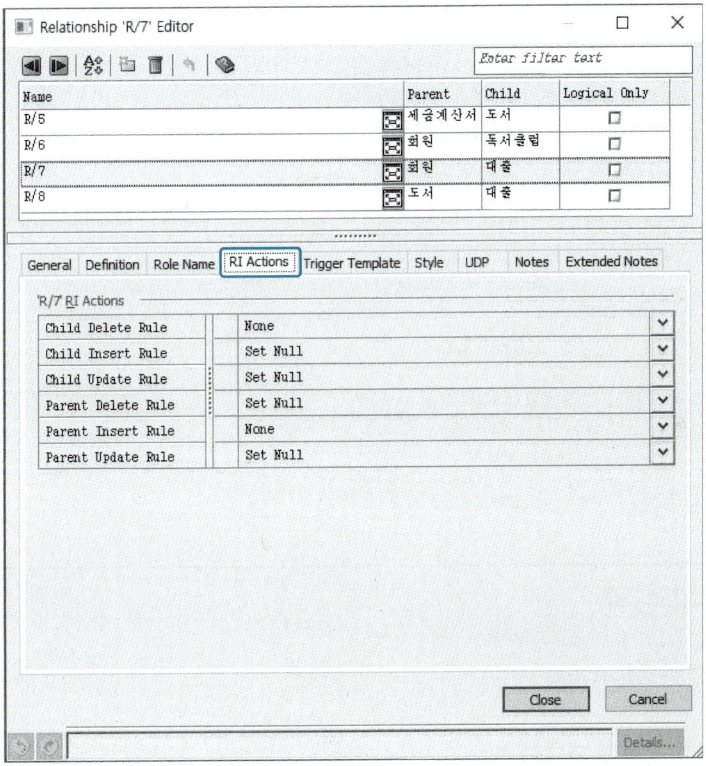

③ Child, Parent rule을 다음과 같이 수정한다.

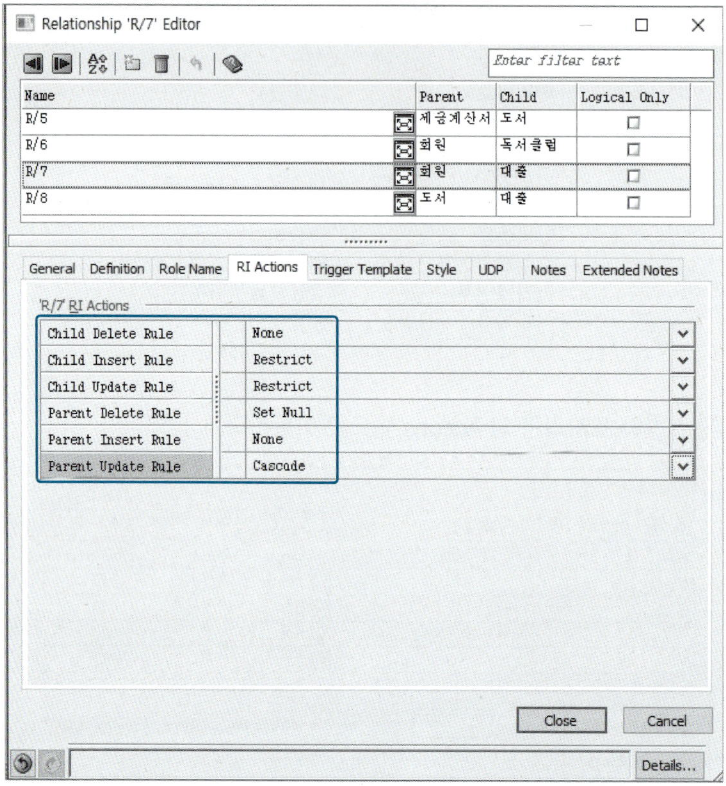

④ [Close] 버튼을 클릭하여 작업을 종료한다.

7.5 속성의 정의

7.5.1 속성의 정의 개요

현실세계에서 정보를 관리할 필요가 있는 개체를 엔티티로 표현한다. 엔티티 내에서 관리해야 할 정보의 항목들이 속성이다. 만일 필요한 속성이 누락되어 정보가 관리될 수 없다면 나중에 응용 시스템을 구축할 때 문제가 발생할 것이다. 속성의 정의 과정은 엔티티나 엔티티 간의 관계를 찾는 과정과는 다소 차이가 있다. 속성은 데이터 모델링의 특정 시점에서 한 번 정의하고 끝나는 것이 아니라 데이터 모델링의 전 과정에 걸쳐 지속적으로 작업이 진행되기 때문이다. 편의상 엔티티 및 관계의 정의 후에 속성을 정의하는 것으로 했지만 사실 엔티티 도출 단계에서 이미 기본적인 속성들이 함께 도출되었다. 또한 관계의 정의 단계에서 누락된 외래식별자 속성이 추가되었다. 앞으로도 속성은 계속 추가될 것이다. 심지어는 응용프로그램의 개발 단계에서 개발자의 요구에 의해 속성이 추가되는 경우도 있다. 물론 필요하다고 생각되었던 속성이 나중에 필요가 없어서 삭제되는 경우도 있다. 속성은 모델링 과정 동안 변화가 많다는 사실을 기억하도록 하자.

속성의 정의에서 한 가지 기억해야 할 것은 같은 데이터를 관리하는 속성은 ERD 전체에서 한 번만 나타나야 한다는 것이다. 예를 들면 회원의 **이름**은 **회원** 엔티티에만 있으면 된다. 만일 회원의 **이름** 속성이 **대출**이 다른 엔티티에도 있다면 그것은 데이터의 중복이다. 데이터베이스의 철학은 데이터의 중복 관리를 최소화하는 것이다. 따라서 속성의 중복은 배제하도록 한다. 물론 외래식별자 속성은 예외이다. 외래식별자는 다른 엔티티와 관계를 맺기 위해서 불가피하게 존재하는 중복이다.

7.5.2 속성의 종류

엔티티에 포함되는 속성은 그 특성에 따라 세 가지로 분류된다.

■ 기본 속성(basic attribute)

업무의 분석 과정에서 도출되는 속성들로서 현실세계에 존재하는 정보를 반영한다. 전체 속성 중에서 가장 많은 비율을 차지한다. 기본 속성의 예를 들면 이름, 나이, 수량, 무게, 직위, 전공, 주소, 전화번호 등이 있다.

■ 설계 속성(designed attribute)

실제 업무의 분석 내용에는 있지 않았지만 정보를 효과적으로 관리하기 위해 설계의 차원에서 새로 만든 속성을 말한다. 설계 속성의 대표적인 것이 코드 속성이다. 부서코드, 색상코드, 국가코드, 직위코드, 상태코드, 진행코드 등이 이에 해당한다. 코드를 사용하는 이유는 긴 데이터를 짧게 줄여서 간편하게 관리하려는 목적과 비슷한 데이터를 서로 다르게 사용하는 데에서 오는 혼란을 막기 위한 것이다. 〈그림 7.27〉의 왼쪽은 입사지원자에 대해 국적 속성을 코드를 사용하지 않고 표기한 경우이고 오른쪽은 코드를 사용한 경우이다. 왼쪽은 한국과 대한민국이 같은 나라임에도 불구하고 DBMS는 김철수와 홍길동이 서로 다른 국적을 가진 것으로 취급한다. 이를 막기 위해 미리 국가별로 코드를 만들어 오른쪽과 같이 코드값을 사용하는 것이다.

지원번호	이름	국적
05-121	김철수	한국
05-122	홍길동	대한민국
05-123	강만규	필리핀
05-124	이재천	미국

지원번호	이름	국적
05-121	김철수	101
05-122	홍길동	101
05-123	강만규	125
05-124	이재천	146

〈그림 7.27〉 코드 사용의 필요성

코드를 사용하게 되면 보통 코드에 해당하는 실제 값을 저장하기 위한 별도의 엔티티가 존재한다. 보통 코드 엔티티는 다른 엔티티들을 설계하기 전에 사전 준비 단계에서 설계한다. 〈그림 7.28〉은 **국가코드** 엔티티와 **입사지원자** 엔티티의 관계를 보여준다.

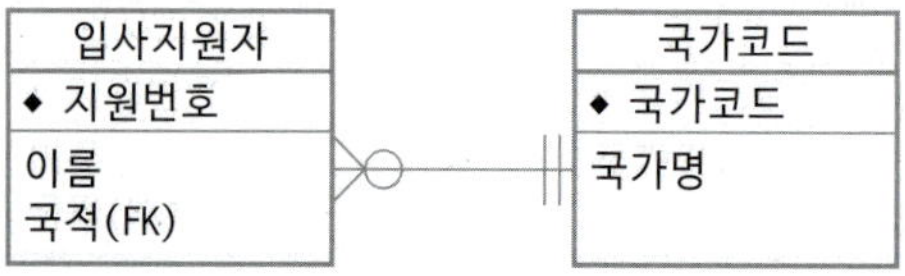

입사지원자

지원번호	이름	국적
05-121	김철수	101
05-122	홍길동	101
05-123	강만규	125
05-124	이재천	146

국가코드

국가코드	국가명
101	대한민국
125	필리핀
146	미국
150	캐나다

〈그림 7.28〉 코드 엔티티의 사용 예

코드 속성 외에도 많은 속성이 복합 식별자를 형성할 때 이를 단순화하기 위해 일련번호를 주식별자로 지정하는 경우가 있는데 이 경우도 설계 속성에 해당한다. 전표번호, 관리번호 등이 그 예이다.

■ 유도 속성(derived attribute)

유도 속성이란 문자 그대로 다른 속성들로부터 유도될 수 있는 속성을 말한다. 예를 들면 구매하는 제품에 대한 정보를 관리하는 엔티티에서 **수량**, **단가**, **구매금액**이라는 속성이 있을 때 '구매금액 = 수량 × 단가'의 공식이 성립한다. 따라서 일부러 **구매금액** 속성이 없어도 계산에 의해서 구매금액을 알 수 있다. 이와 같이 없어도 되는 데 사용하는 이유는 구매정보를 조회할 때마다 매번 계산을 해야 하는 번거로움을 피하기 위해서이다. 또한 미리 계산을 해서 저장해 놓으면 조회 시 계산에 걸리는 시간을 절약할 수 있는 장점이 있다. 그러나 유도 속성은 어떤 의미에서 데이터를 중복하여 저장하는 것이므로 중복된 데이터 사이에 불일치가 발생할 수 있다. 〈그림 7.29〉는 어떤 구매 제품의 단가가 바뀌어서 이를 수정하는 과정에서 금액을 미처 바꾸지 못해 불일치가 발생한 경우를 보여준다.

유도 속성을 사용할지의 여부는 사용 빈도나 성능을 고려하여 결정하되 사용하기로 한 경우는 데이터 간 불일치가 발생하는 것을 방지하기 위한 대책을 세워 놓아야 한다.

구입일자	품명	수량	단가	금액
2021.9.1	MP3	10	350	3500
2021.9.1	PC	20	800	16000
2021.9.1	RADIO	15	200	3000
2021.9.2	MP3	10	360	3500

단가가 바뀌었으나 금액을 수정하기 않아 불일치 발생

〈그림 7.29〉 유도 속성의 사용에 의한 불일치 발생의 예

7.5.3 도서관 관리 업무에서 속성의 정의

예로 사용하고 있는 도서관 관리 업무에서도 이미 파악된 속성 외에도 업무상 필요한 속성들이 추가되어야 한다. 그러나 도서관 관리 업무가 단순하여 대부분의 기본적인 속성들은 이미 도출이 되었다. 나머지 속성들에 대한 도출은 이번에 다루지 않고 10.3.2절의 모델의 검토 중 속성의 추가 사례에서 설명하기로 한다.

7.6 관계, 식별자, 속성의 도출 사례 : 도서관 관리

7장에서는 데이터 모델링에서 관계, 식별자, 속성을 도출하는 과정 및 방법에 대하여 설명하였다. 이미 도서관 관리 업무에 대한 예를 가지고 설명하였기 때문에 추가할 사항은 없다. 다만 **세금계산서** 엔티티의 경우는 속성을 도출하지 않았기 때문에 **세금계산서** 엔티티의 속성을 도출하는 과정을 설명한다. **세금계산서**와 같이 문서로부터 도출된 엔티티의 경우는 문서에 포함된 정보항목들이 속성들의 후보가 된다. 속성의 후보들 중에서 관리할 필요가 없는 것들은 속성에서 제외한다. 예를 들면 공급받는 자 부분에 있는 정보는

세금계산서를 받은 사람 자신에 대한 정보이므로 관리할 필요가 없다. 또한 책번호, 일련번호 등의 항목도 공급하는 쪽이 관리를 위해 부여한 정보이므로 세금계산서를 받는 쪽에서는 관리할 필요가 없다. 이와 같이 관리할 필요가 없는 항목을 파악하면 〈그림 7.30〉과 같다. 이제 남은 정보항목들을 가지고 속성을 구성하면 〈그림 7.31〉과 같다. 〈그림 7.31〉은 아직 정규화가 되지 않은 상태에서 필요한 속성들을 나열한 것이다. 8장에서 정규화를 거치면 새로운 모습이 된다.

〈그림 7.32〉는 도서관 업무에 대해 관계, 식별자, 속성을 도출하기 이전의 ERD이고, 〈그림 7.33〉은 관계, 식별자, 속성을 도출한 이후의 최종적인 ERD이다.

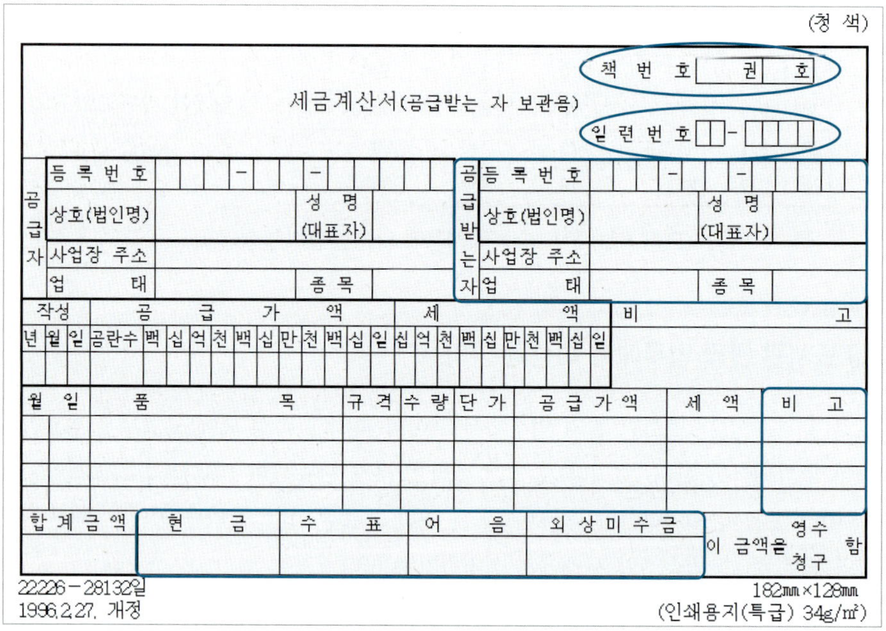

〈그림 7.30〉 관리할 필요가 없는 정보항목들

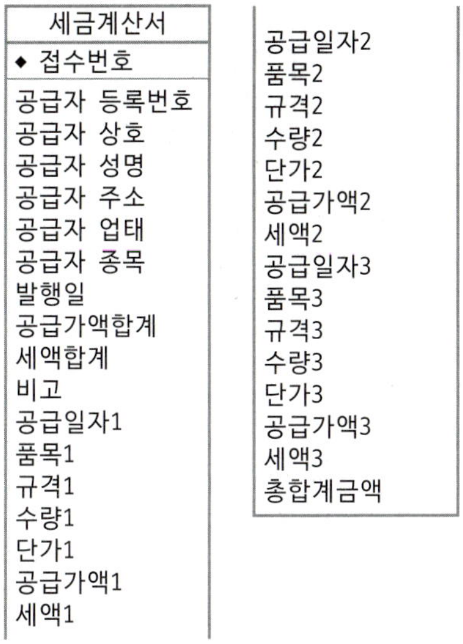

〈그림 7.31〉 세금계산서 엔티티의 속성

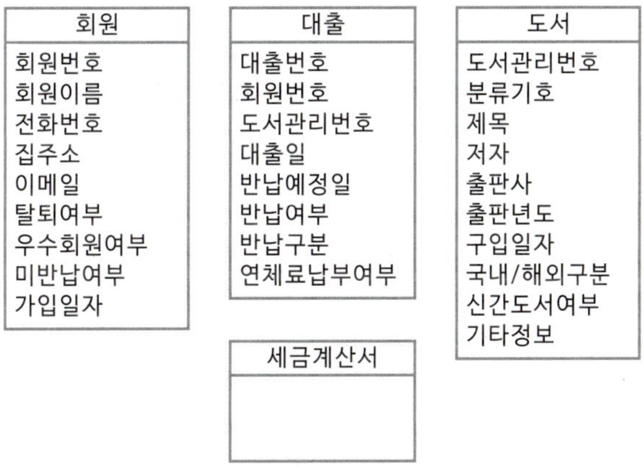

〈그림 7.32〉 관계, 식별자, 속성을 도출하기 이전 ERD

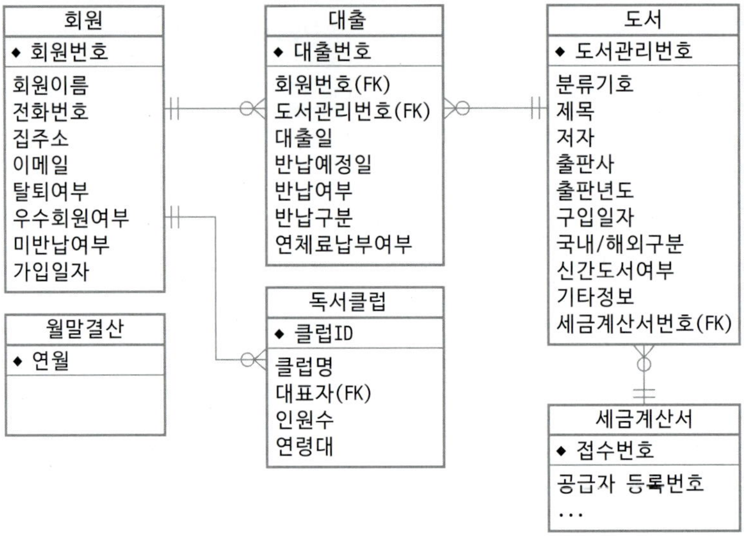

〈그림 7.33〉 관계, 식별자, 속성을 도출한 이후 ERD

연습문제

※ 은행의 예금계좌 관리 업무에 대한 모델링을 한다고 했을 때 다음 질문에 답하시오. (1~7번)

1. 다음은 은행에서 예금계좌를 관리하기 위한 엔티티이다. 이 엔티티에서 주식별자를 찾아 엔티티를 수정하시오.

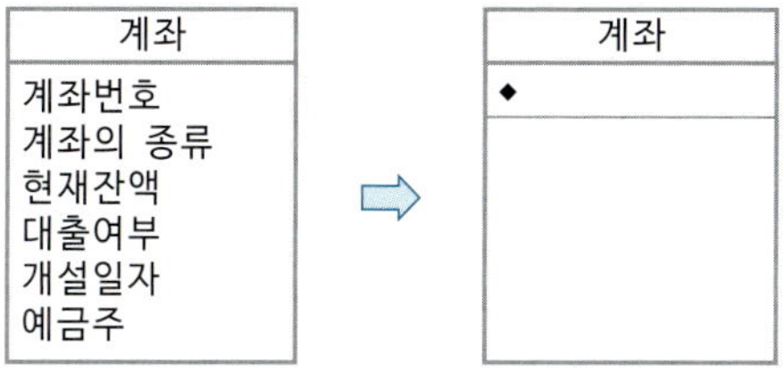

(※ 예금주는 계좌의 소유자를 의미한다.)

2. 다음은 각 예금계좌에 대한 입출금 내역을 관리하기 위한 엔티티이다. 이 엔티티에서 주식별자를 찾아 엔티티를 수정하시오.

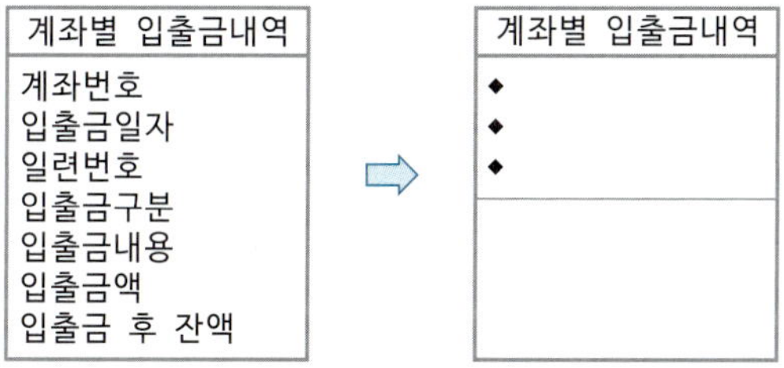

※ 일련번호는 입출금 내용 하나하나에 대한 일련번호가 아니라 해당 계좌에 대해 특정 일자의 입출금 건수를 나타낸다. 따라서 오늘 1, 2, 3, …과 같이 일련번호가 부여되었어도 내일 다시 1, 2, 3, …과 같이 번호가 부여된다.

3. 2번 문제에서 주식별자를 '계좌번호'와 '입출금일자'로 하면 어떤 문제가 있는지 설명하시오.

4. 1, 2번의 계좌 엔티티와 계좌별 입출금내역 엔티티는 관련이 있는 엔티티이다. 두 엔티티의 관계를 작성하시오(선택도, 참여도 표기).

- 두 엔티티를 부모 엔티티와 자식 엔티티로 구분해 보시오.
- ERD에 외래식별자를 표시하시오.

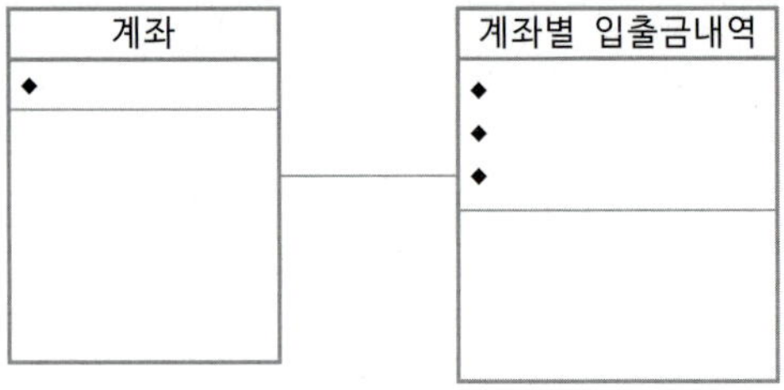

5. 4번에서 작성한 엔티티에 다음과 같은 고객 엔티티를 추가하시오.

- 먼저 고객 엔티티의 주식별자를 찾으시오.
- 고객 엔티티와 4번에서 작성한 두 엔티티 사이의 관계를 표시하시오.
- 외래식별자를 표시하시오.

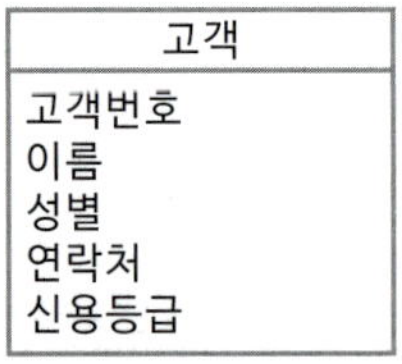

6. 5번에서 작성한 ERD에서 코드화할 필요가 있는 속성을 찾아보고 그에 대한 코드 엔티티를 추가하시오(코드화할 속성이 여러 개가 있을 수 있음).

- 코드 엔티티와 관련 엔티티 사이의 관계를 표시하시오.
- 코드 엔티티 참조를 위한 외래식별자를 표시하시오.

7. 은행 내 계좌이체 정보(누가, 어느 계좌에서 어느 계좌로 이체)를 관리하려면 어떤 엔티티에 어떤 속성을 추가하면 되겠는가?

8. 다음 업무를 보고 ERD를 작성하시오.

- 여행사의 항공권 예약 업무이다.
- 예약을 원하는 고객은 회원가입을 하여야 한다.
- 예약 요청일의 항공 스케줄과 잔여좌석 여부를 확인한다. (항공사 시스템 조회)
- 예약 성공의 경우 예약 정보를 기록한다.
- 예약 정보에는 자체관리번호, 예약일, 예약자, 항공사승인번호, 항공편명, 탑승일, 탑승자 정보를 관리한다.
- 한 건의 예약에 대해 하나의 관리번호가 부여되며, 여러 개의 항공권을 포함할 수 있다.

※ 항공사 시스템에서 관리해야 할 정보는 ERD에 포함시키지 않는다.

9. 8번의 ERD를 Toad Data Modeler를 사용하여 작성해보시오. 7.5.2절의 업무 규칙도 입력하시오.

10. 간단한 금전출납부를 관리하려고 한다. 관리할 기본 내용은 날짜, 수입/지출내역, 수입/지출 금액, 현재잔액, 비고이다. 같은 날 여러 건의 수입/지출이 발생할 수 있음을 고려하여 금전출납부 엔티티 및 속성을 정리하고 주식별자를 정하시오.

11. 다음은 컴퓨터에서 많이 사용하는 ASCII 코드 테이블의 일부이다. 이를 저장하기 위한 ERD를 작성하시오.

Dec	Hx	Oct	Char	Dec	Hx	Oct	Html	Chr	Dec	Hx	Oct	Html	Chr	Dec	Hx	Oct	Html	Chr
0	0	000	NUL (null)	32	20	040		Space	64	40	100	@	@	96	60	140	`	`
1	1	001	SOH (start of heading)	33	21	041	!	!	65	41	101	A	A	97	61	141	a	a
2	2	002	STX (start of text)	34	22	042	"	"	66	42	102	B	B	98	62	142	b	b
3	3	003	ETX (end of text)	35	23	043	#	#	67	43	103	C	C	99	63	143	c	c
4	4	004	EOT (end of transmission)	36	24	044	$	$	68	44	104	D	D	100	64	144	d	d
5	5	005	ENQ (enquiry)	37	25	045	%	%	69	45	105	E	E	101	65	145	e	e
6	6	006	ACK (acknowledge)	38	26	046	&	&	70	46	106	F	F	102	66	146	f	f
7	7	007	BEL (bell)	39	27	047	'	'	71	47	107	G	G	103	67	147	g	g
8	8	010	BS (backspace)	40	28	050	(	(	72	48	110	H	H	104	68	150	h	h
9	9	011	TAB (horizontal tab)	41	29	051	)	)	73	49	111	I	I	105	69	151	i	i
10	A	012	LF (NL line feed, new line)	42	2A	052	*	*	74	4A	112	J	J	106	6A	152	j	j
11	B	013	VT (vertical tab)	43	2B	053	+	+	75	4B	113	K	K	107	6B	153	k	k
12	C	014	FF (NP form feed, new page)	44	2C	054	,	,	76	4C	114	L	L	108	6C	154	l	l
13	D	015	CR (carriage return)	45	2D	055	-	-	77	4D	115	M	M	109	6D	155	m	m

12. 다음은 국제전화의 국가번호 및 해당국가의 주요지역 번호 정보의 일부이다. 이를 저장하여 관리하기 위한 ERD를 작성하시오.

> Ghana 가나 233 주요지역: Accra 21, Bolgataga 72, Ho 91. Tema 221, Akosombo 251, Takoradi 31, Dunkwa 372, Cape Coast 962
>
> Greece 그리스 30 주요지역: Alexandroupolis 551, Athens 1, Chios 271, Larissa 41
>
> Korea, South 대한민국 82 주요지역: Seoul 2, Pusan 51, Chuncheon 361, Chungju 431, Icheon 336, Inchon 32, Kwangju 62, Masan 551, Osan 339, Pohang 562, Suwon 331, Taegu 53, Uijongbu 351, Ulsan 522, Wonju 371.
>
> …

13. 상품주문정보를 저장하려고 한다. 주문번호, 회원번호, 주문상품, 색상, 액세서리 데이터를 저장하고 주문상품, 색상, 액세서리는 코드 관리를 한다. 이를 위해 필요한 ERD를 작성하시오.

14. 다음은 영화정보 사이트의 영화정보의 일부이다. 이와 같은 영화정보를 관리하기 위한 ERD를 작성하시오. (단, 배급사는 코드 관리를 해야 하며, 출연진은 출연자 각각을 분리하여 저장하여야 한다.)

삼총사3D (2011)
The Three Musketeers

네티즌 평점 ★★★★★ 7.4

영화정보 > 삼총사3D

요약정보	액션, 어드벤처 | 독일, 프랑스, 영국 | 110 분 | 개봉 2011-10-12 | 12
홈페이지	국내 www.trio-movie.co.kr | 해외 www.threemusketeers-movie.com
제작/배급	롯데엔터테인먼트(배급), 롯데엔터테인먼트(수입)
감독	폴 W.S. 앤더슨
출연	매튜 맥퍼딘 (아토스 역), 루크 에반스 (아라미스 역), 레이 스티븐슨 (프로토스 역), 로건 레먼 (달타냥 역), 올랜도 블룸 (버킹엄 공작 역) 더보기 ▸

실전 예제

※ A 회사의 광주 공장에는 8개의 건물이 있다. 건물정보와 각 건물별 사무실정보를 관리하려고 한다. 요구조건이 다음과 같을 때 필요한 ERD를 작성하시오.

- 각 건물은 건물코드, 명칭, 면적, 경비실연락처 정보를 관리한다.
- 각 사무실은 사무실호수(room number), 명칭, 면적, 용도, 전화번호 정보를 관리한다.
- 사무실용도는 코드 관리를 한다.
- 각 사무실에 대해 유지보수가 필요하므로 유지보수 시마다 이력을 관리해야 한다.
- 각 사무실은 보안관리를 위해 외부 출입자 정보를 관리해야 한다. 방문자 이름, 연락처, 들어온 시간, 나간 시간, 용건을 관리한다.

가장 먼저 해야 할 일은 엔티티를 찾는 일이다. 요구조건으로부터 건물, 사무실, 유지보수이력, 사무실출입자 정보를 관리해야 함을 알 수 있다.

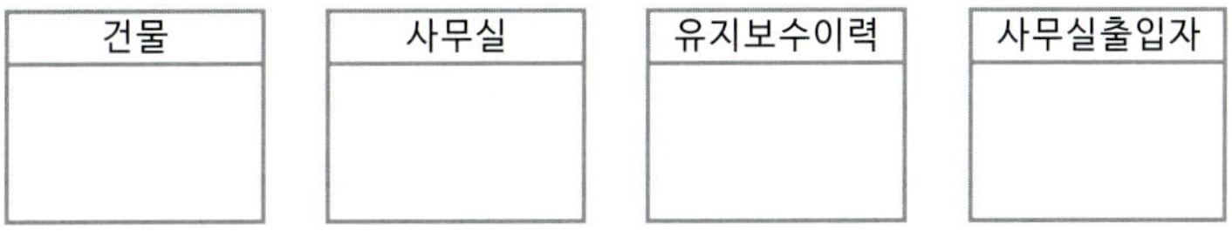

사무실용도는 코드 관리를 해야 하므로 코드정보 저장을 위한 엔티티를 추가한다.

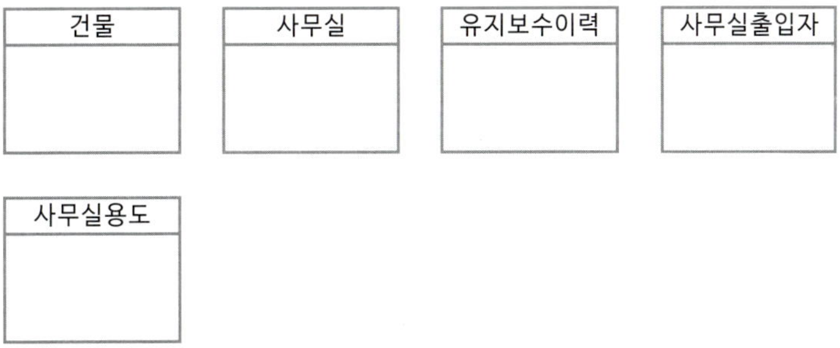

각 엔티티에 포함되어야 하는 속성을 요구조건을 보고 찾아서 입력한다. 속성을 찾을 때는 1차적으로 명시적으로 요구되는 속성을 먼저 찾아야 한다.

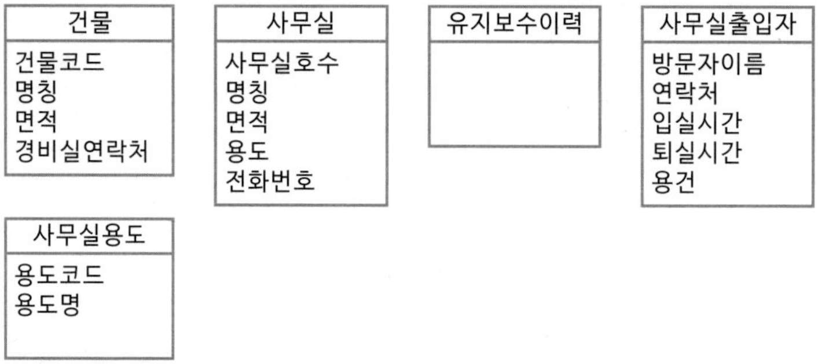

명시적인 속성을 찾아서 기록한 다음에는 업무를 위해 꼭 필요할 거라고 예상되는 속성들을 찾아서 적는다. 사무실 엔티티의 경우 이 사무실이 어느 건물에 있는지 알 수가 없으므로 건물코드 속성을 추가해야 한다. 유지보수이력은 아무 속성이 없는데 상식적으로 어느 사무실을 유지보수했는지, 유지보수 시간, 유지보수 내용 정도는 알 수 있어야 할 것이다. 사무실출입자 엔티티의 경우에도 현재 상태로는 어느 사무실출입 정보인지를 알 수 없으므로 건물코드, 사무실호수를 추가해야 한다.

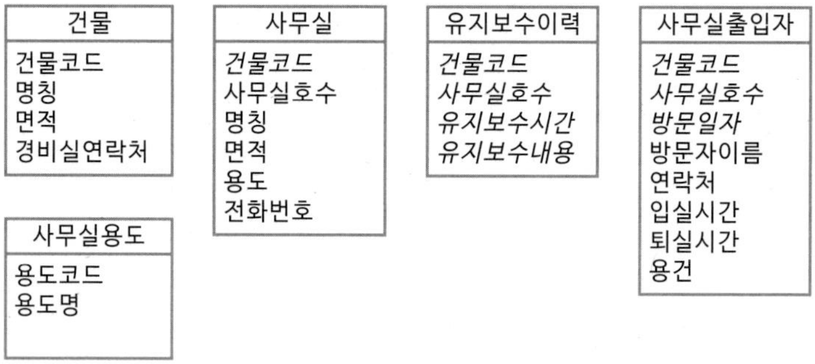

엔티티와 속성이 정리되었으므로 주식별자를 정한다. 건물 엔티티의 경우는 건물 각각을 구분할 수 있는 건물코드가 주식별자이다. 사무실의 경우는 동일한 사무실호수가 건물마다 중복하여 있을 수 있으므로 건물코드와 사무실호수를 합쳐야 각각의 사무실을 구분할 수 있다. 유지보수이력은 각 사무실별로 여러 번 유지보수를 할 수 있으므로 {건물코드, 사무실호수, 유지보수시간}을 합쳐야 각각의 유지보수 내용을 구분할 수 있게 된다. 사무실출입자 엔티티의 경우는 {건물코드, 사무실호수, 방문일자, 방문자}로 하면 동일한 방문자가 하루에 두 번 방문하는 경우는 기록을 할 수 없다. 따라서 {건물코드, 사무실호수, 방문일자, 입실시간, 방문자}가 주식별자가 된다.

(Note. 이렇게 주식별자에 포함된 속성이 많은 경우는 일련번호 속성을 추가하여 일련번호를 단일 주식별자로 하는 것이 편리하다.)

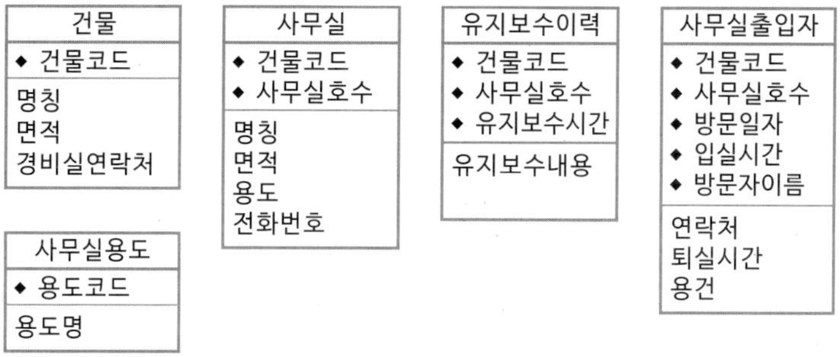

이제 각 엔티티 간의 관계만 정하면 된다. 우선은 공유하는 속성이 있는 엔티티들이 관계가 있는 것이므로 공유속성이 있는 엔티티들을 연결한다.

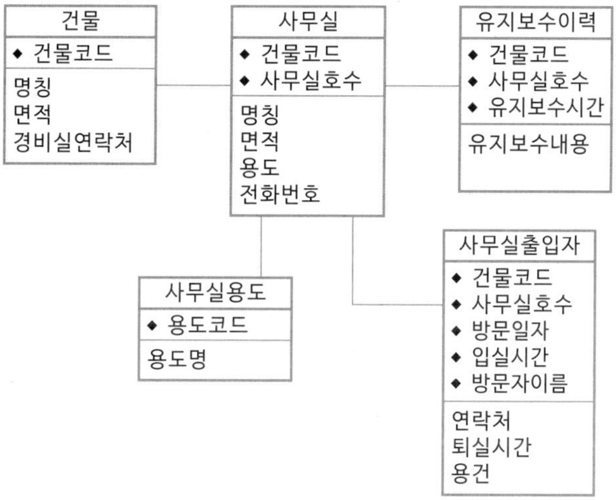

이제 카디낼러티와 참여도를 정해주면 되는데, 관계가 있는 두 엔티티 사이에서 먼저 데이터가 생성되는 쪽이 부모이고, 가져다 쓰는 쪽이 자식이며, 부모:자식 = 1:N 관계이다. 예를 들면 건물과 사무실 엔티티에서 건물 데이터와 사무실 데이터 중 어느 쪽이 먼저 생성되는지를 생각해 보자. 사무실 엔티티를 보면 건물코드 정보가 있고 이는 건물 엔티티에 먼저 정보가 생성되어야 가져다 쓸 수 있음을 알 수 있다. 따라서 건물 엔티티가 부모이고, 사무실 엔티티가 자식이다. 이와 같이 카디낼러티와 참여도를 정하여 표시하면 다음과 같다.

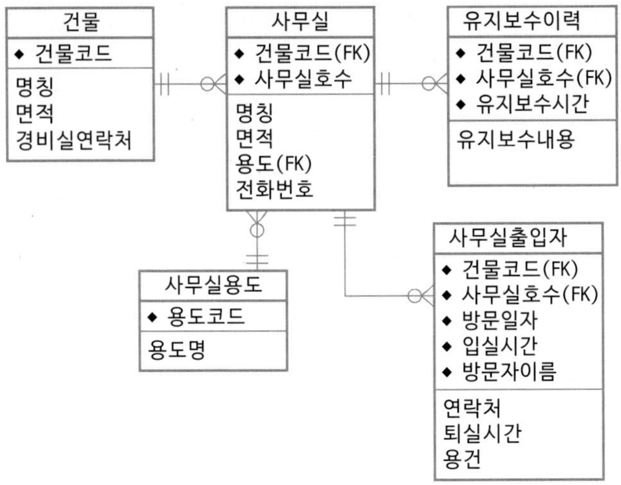
건물
◆ 건물코드
명칭
면적
경비실연락처
사무실
◆ 건물코드(FK)
◆ 사무실호수
명칭
면적
용도(FK)
전화번호
유지보수이력
◆ 건물코드(FK)
◆ 사무실호수(FK)
◆ 유지보수시간
유지보수내용
사무실용도
◆ 용도코드
용도명
사무실출입자
◆ 건물코드(FK)
◆ 사무실호수(FK)
◆ 방문일자
◆ 입실시간
◆ 방문자이름
연락처
퇴실시간
용건

CHAPTER

08 정규화

contents

CHAPTER

08 정규화

| 단원목표 |

- 정규화의 필요성에 대해 이해한다.
- 정규화 방법을 습득한다.
- 정규화가 필요 없는 설계 기법에 대해 배운다.

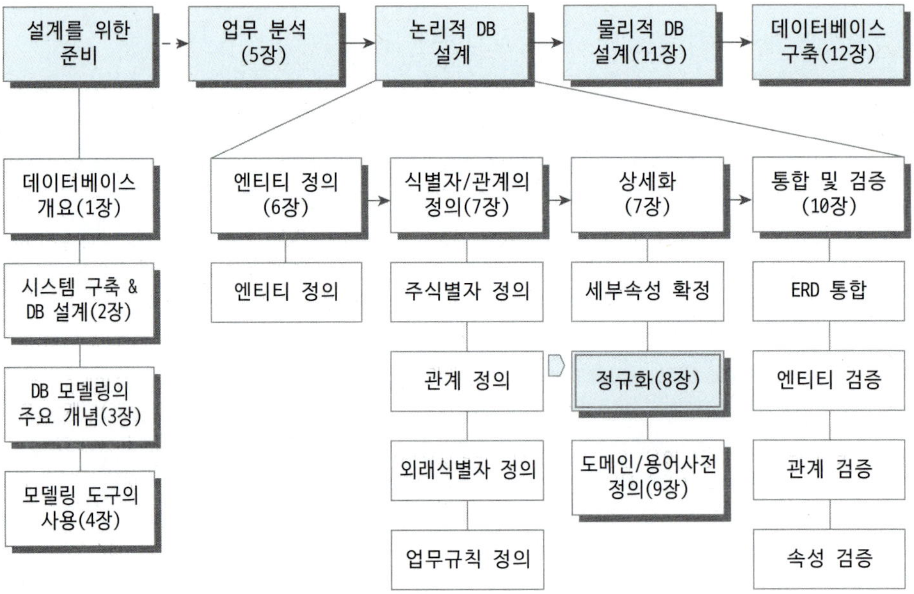

8.1 정규화 개요

정규화(normalization)를 간단히 설명하면 ERD 내에서 중복을 찾아 제거해 나가는 과정을 말한다. 관계형 데이터베이스 모델의 기본 정신은 동일한 정보는 한 곳에서만 관리하는 것이다. 만일 동일한 정보가 여러 곳에 중복하여 존재하면 중복된 정보들 사이의 불일치 등 많은 문제가 발생하게 된다. 정규화를 이론적으로 설명하면 매우 복잡한 이야기가 되지만 모델링에 익숙하게 되면 거의 정규화 과정을 거치지 않는다. 그 이유는 정규화를 할 필요가 없도록 ERD를 작성하기 때문이다. 몇 가지 원칙만 잘 지킨다면 정규화가 필요 없는 모델을 만들 수 있다.

이론적으로는 5차 정규화까지 알려져 있지만 3차 정규화까지만 알아도 큰 문제는 없다. 3차 정규화 이상이 필요한 사례는 모델링 과정에서 거의 접하기 어렵다. 따라서 본 저서에서도 3차 정규화까지를 집중적으로 다룬다. 그 이상에 대해 알고 싶다면 다른 저서를 참고하도록 한다. 8.2절에서는 〈그림 8.1〉의 판매 전표를 가지고 정규화 과정을 설명하기로 한다.

판매 전표

판매일자 : *2021.03.16*
판매부서 : *DH01* **부서명** : *영업 1부*
판매번호 : *16-12*
판매사원번호 : *12437* **사원명** : *김철수*

고객번호 : *YS02* **고객명** : *영진전자*
고객주소 : *서울시 영등포구 여의도동 137-27*

제품번호	제품명	단가	수량	금액
DW01	TV 12"	500	10	5,000
DW09	선풍기	200	20	4,000
DW20	라디오	100	30	3,000

〈그림 8.1〉 판매 전표

8.2 정규화 과정

판매 전표는 판매 행위 하나하나에 대한 정보를 기록하는 문서이다. 한 회사에는 여러 판매부서가 있을 수 있고 각 판매부서의 판매 사원들은 고객에게 제품을 판매할 때마다 판매 전표를 기록한다. 데이터베이스 설계자는 판매 전표의 내용이 중요하다고 판단하여 판매라는 이름의 엔티티로 ERD를 작성하기로 하였다. 판매 엔티티의 주식별자는 판매일자, 판매부서, 판매번호이다.

8.2.1 제1정규화

제1정규화란 엔티티에서 하나의 속성이 복수의 값을 갖도록 설계되었을 때 하나의 속성이 단일 값(atomic value)을 갖도록 하는 것을 말한다. 예를 들면 사원의 취미를 관리하는 사원취미 엔티티를 생각해 보자. 한 명의 사원은 여러 개의 취미를 가질 수 있으므로 〈그림 8.2〉와 같이 생각할 수 있다.

사원번호(PK)	취미
1001	등산 낚시
1002	테니스 등산
1003	볼링

〈그림 8.2〉 사원취미(제1정규화 이전)

〈그림 8.2〉를 보면 취미 속성에 복수 개의 값들이 저장된 것을 볼 수 있다. 이와 같이 복수의 값이 한 속성에 저장되면 각각의 값들을 구분하기가 어렵다는 것을 쉽게 예상할 수 있다. 이와 같은 상황의 데이터를 저장하려면 다음과 같이 정규화하여야 한다.

사원번호(PK)	취미(PK)
1001	등산
1001	낚시
1002	테니스
1002	등산
1003	볼링

〈그림 8.3〉 사원취미(제1정규화 이후)

〈그림 8.2〉와 같이 모델링한 것을 〈그림 8.3〉과 같이 수정하는 과정을 제1정규화라고 한다. 경우는 좀 다르지만 다음과 같은 경우도 제1정규화 대상이다.

사원번호(PK)	취미1	취미2	취미3
1001	등산	낚시	
1002	테니스	등산	
1003	볼링		

〈그림 8.4〉 사원취미(제1정규화 이전)

각 속성은 단일 값을 저장하고 있기 때문에 아무 문제가 없는 것처럼 보이지만 취미1, 취미2, 취미3과 같이 동일한 성격의 데이터를 서로 다른 속성에 저장하는 것도 문제를 발생시킨다. 우선 데이터가 저장되지 않은 빈 곳이 많이 발생하고 취미가 세 가지 이상인 사람이 나타나면 속성을 하나 더 늘려야 하는 문제를 안고 있다. 따라서 이러한 경우도 〈그림 8.3〉과 같이 정규화하여야 한다. 이와 같이 속성1, 속성2, …로 엔티티를 설계하는 것은 초보 단계에서 흔히 할 수 있는 실수이므로 주의한다. 〈그림 8.1〉의 판매 전표에 대해서도 이와 같이 반복 속성을 이용하여 설계하였다고 하면 ERD는 다음과 같이 될 것이다.

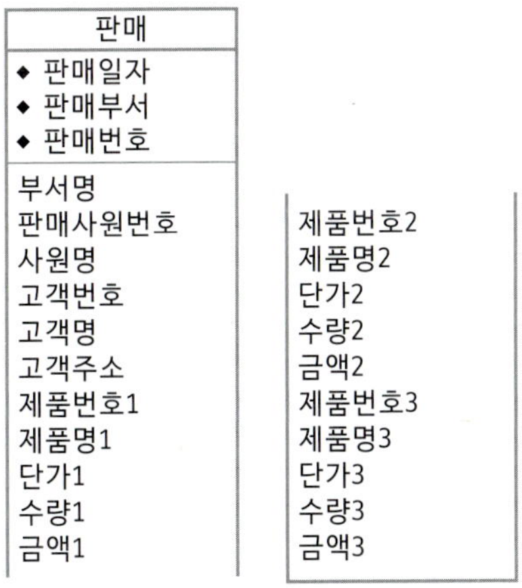

〈그림 8.5〉 판매(제1정규화 이전)

설계자는 판매 전표가 한 번에 세 개의 제품 판매 실적을 기록할 수 있다는 것을 알고 〈그림 8.5〉와 같이 설계하였으나 반복 속성을 포함하고 있으므로 제1정규화 대상이다. 문제는 〈그림 8.5〉는 〈그림 8.4〉의 경우처럼 쉽게 정규화가 되지 않는다는 사실이다. 그 이유는 반속 속성 외에도 **부서명** ~ **고객주소**처럼 주식별자도 아니면서 반복 속성도 아닌 속성이 함께 있기 때문이다. 이러한 경우는 매우 빈번하게 만날 수 있는 경우인데 다음과 같이 정규화를 하면 된다.

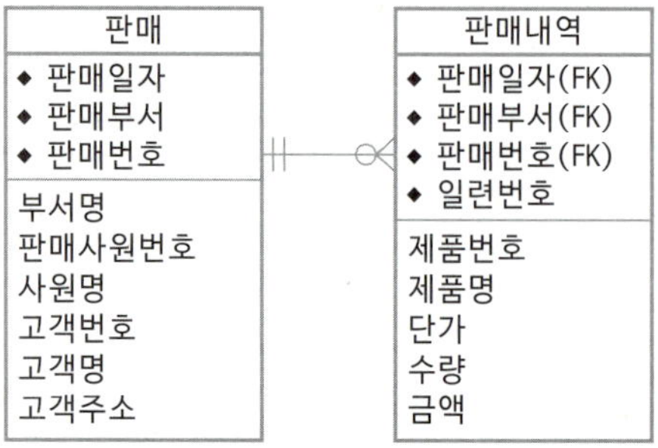

〈그림 8.6〉 판매(제1정규화 이후)

〈그림 8.5〉와 〈그림 8.6〉을 비교해 보면 우선 〈그림 8.5〉에서 반복 속성에 해당하는 속성들을 위해 **판매내역**이라는 별도의 엔티티를 만들었고, **판매** 엔티티와 관련성을 유지하기 위하여 판매 엔티티의 주식별자를 **판매내역**에서 외래식별자로서 가지고 있다. 또한 판매 내역 하나하나를 구별해주기 위해 **일련번호** 속성을 주식별자에 추가하였다. (일련번호 대신 **제품번호**를 주식별자에 포함시켜도 된다.)

8.2.2 제2정규화

제2정규화는 주식별자가 아닌 속성 중에서 주식별자 전체가 아닌 일부 속성에 종속된 속성을 찾아 제거하는 과정이다. 여기서 제거란 다른 엔티티를 만들어 속성을 옮기는 것을 말한다. 먼저 **판매** 엔티티를 검토해 보자. **부서명**은 주식별자 중 **판매부서**에 종속된 속성이다. 여기서 종속되었다는 말의 의미는 판매부서 번호가 정해지면 부서이름도 따라서 정해진다는 의미이다. 〈그림 8.7〉에서 판매 부서번호 'DH01'은 언제나 '영업1부'를 의미한다. 'DH01'이 '영업2부'나 '구매부'를 의미하지는 않는다. 만일 우리가 어떤 부서번호가 어떤 부서명인지 알고 있다면 **판매** 엔티티에 **부서명** 정보를 저장할 필요가 없다. **부서명** 정보는 **판매부서**와 중복으로 보는 것이다. 만일 〈그림 8.6〉의 **판매** 엔티티가 테이블이 되고 거기에 데이터가 입력된다면 〈그림 8.8〉과 같이 중복된 데이터 사이에 불일치가 발생할 수 있다. 이러한 문제를 해결하기 위해서는 부서정보를 별도의 엔티티에 저장하고 **판매** 엔티티에서는 이를 참조하는 방식으로 문제를 해결해야 한다. 이제 〈그림 8.9〉와 같이 제2정규화를 수행한다.

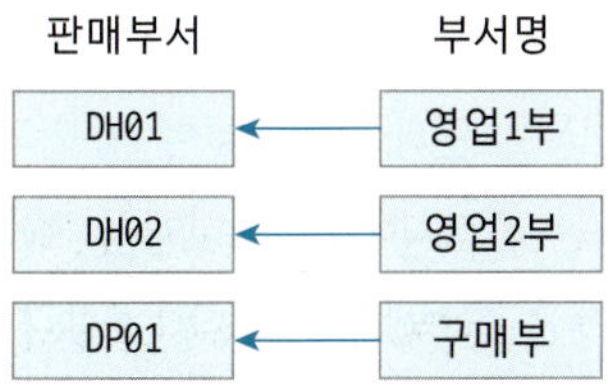

〈그림 8.7〉 부서명은 판매부서 번호에 의해 결정된다.

판매

판매일자	판매부서	판매번호	부서명	사원번호	사원명	...
05.11.2	DH01	01	영업1부	1001	홍길동	...
05.11.2	DH01	02	영업1부	1009	김철수	...
05.11.2	DH01	03	생산부	1001	홍길동	...
05.11.3	DH01	01	영업1부	1010	조창인	...

⇦ 불일치 발생

〈그림 8.8〉 부서정보 중복에 의한 불일치 문제

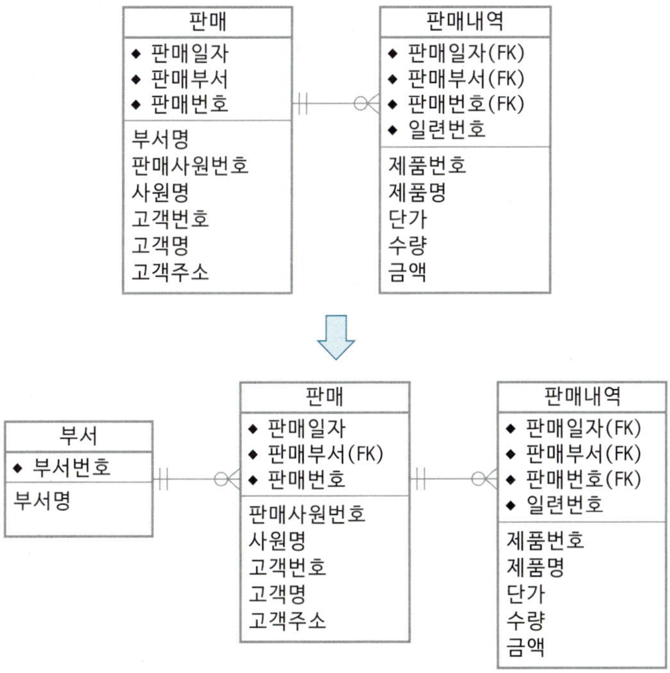

〈그림 8.9〉 제2정규화

8.2.3 제3정규화

제3정규화는 주식별자가 아닌 속성들 중에서 종속 관계에 있는 속성을 찾아 제거하는 과정이다. **판매** 엔티티에서 **사원명**은 **판매사원번호**에 종속되어 있고, **고객명**, **고객주소**는 **고객번호**에 종속되어 있다. 또한 **판매내역** 엔티티에서 **제품명**, **단가**는 **제품번호**에 종속되어 있다. 이와 같은 종속 관계는 〈그림 8.8〉에 있는 것과 동일한 문제를 일으킨다. 이를 해결하기 위해 종속된 속성들을 밖으로 제거하면 ERD는 다음과 같다.

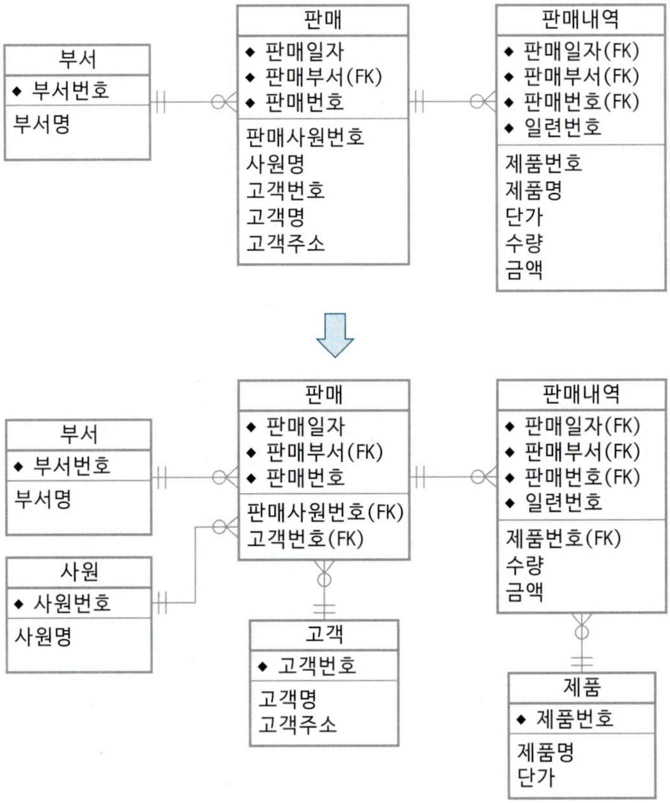

〈그림 8.10〉 제3정규화

8.3 정규화에서 엔티티의 분리

정규화를 다시 요약하면 ERD에서 각 엔티티에 포함된 중복을 제거해 나가는 과정이다. 여기서 '중복의 제거' 방법은 엔티티를 여러 개로 분리하는 것이다. 따라서 정규화를 거치게 되면 자연히 엔티티의 수가 늘어나게 된다. 이번 절에서는 중복을 포함한 엔티티를 분리하는 방법을 보다 자세히 설명한다. 이 방법은 제2정규화와 제3정규화 과정에 공통적으로 적용될 수 있다. 〈그림 8.6〉의 ERD에서 **판매** 엔티티를 가지고 설명한다. 〈그림 8.6〉의 **판매** 엔티티는 제1정규화를 거쳤지만 중복을 포함하고 있다. **부서명** 속성이 **판매부서** 속성에 종속이 되어 있으므로 이를 제거해야 한다.

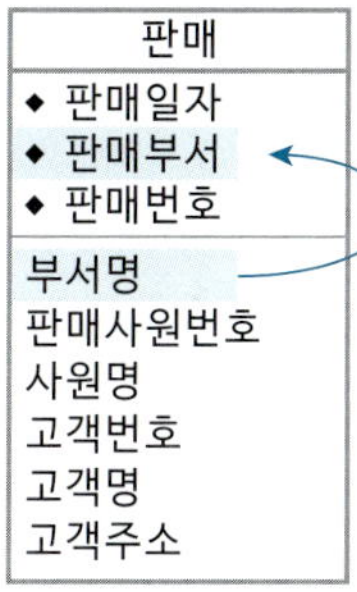

〈그림 8.11〉 제1정규화 이후의 판매 엔티티

부서명 속성이 **판매부서** 속성에 종속되어 있다는 말은 동일한 판매부서, 부서명 정보가 **판매** 엔티티에 여러 번 저장될 수 있다는 의미이다. 동일정보는 한 번만 저장한다는 관계형 모델의 원칙에 따라 판매부서, 부서명 정보는 다른 엔티티에 한 번만 저장되도록 해야 한다. 따라서 다음과 같이 새로운 엔티티를 만들어 판매부서, 부서명 속성을 저장한다. 부서명이 판매부서에 종속되어 있으므로 판매부서가 새로 만든 엔티티의 식별자가 된다. 속성B가 속성A에 종속되어 있다면 새로운 엔티티로 분리될 때 공식처럼 속성A가 주식별자가 된다.

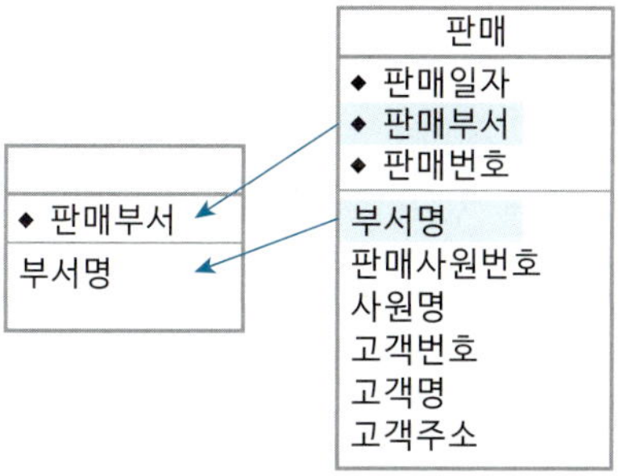

새로운 엔티티에 이름을 붙인다. 부서에 대한 정보를 저장하는 것이므로 부서라고 이름을 붙인다. 또한 **판매부서**라는 주식별자 이름은 그 의미가 애매하다. 〈그림 8.1〉의 전표를 보면 판매부서란 판매부서의 부서번호를 의미하므로 주식별자 이름을 **부서번호**로 바꾼다.

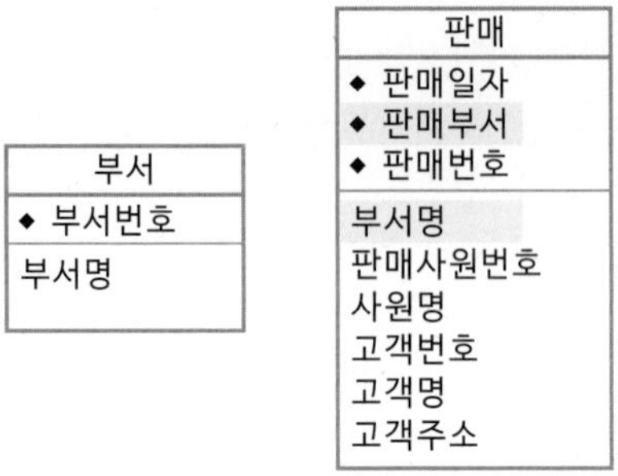

판매부서 번호에 대한 부서의 이름이 **부서** 엔티티에 저장되어 있으므로 **판매** 엔티티에는 저장될 필요가 없다. 따라서 **판매** 엔티티의 **부서명** 속성은 제거한다. 그러나 **판매** 엔티티의 **판매부서** 속성은 그대로 둔다. 만일 **판매부서** 속성을 제거하면 특정 판매 전표에 대해 어떤 부서에서 판매를 한 것인지의 정보를 저장할 방법이 없어진다.

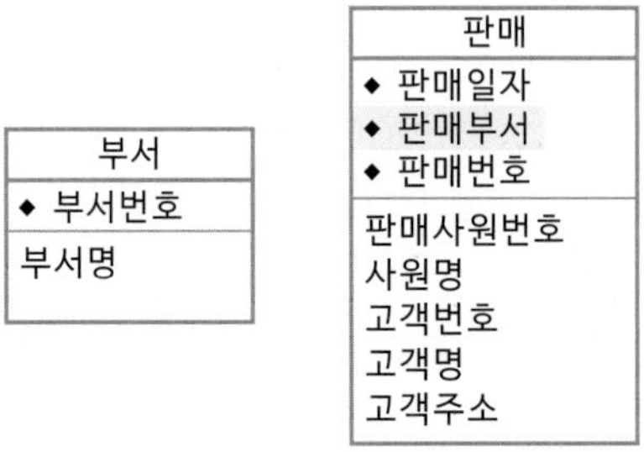

이제 두 엔티티 사이의 관계를 맺어줄 차례이다. 관계를 맺기 위해 필요한 것은 어느 쪽이 부모 엔티티인가를 결정하는 것이다. 상식적으로 생각할 때 부서가 있어야 그 부서에서 판매를 했다고 기록할 수 있을 것이다. 따라서 부서 엔티티가 부모 엔티티이고 **판매** 엔티티가 자식 엔티티이다. 앞에서 설명한 바와 같이 부모 엔티티와 자식 엔티티 사이의 카디널러티는 1:N이다. 참여도의 경우는 부모 엔티티는 필수가 되고, 자식 엔티티는 선택이 된다.

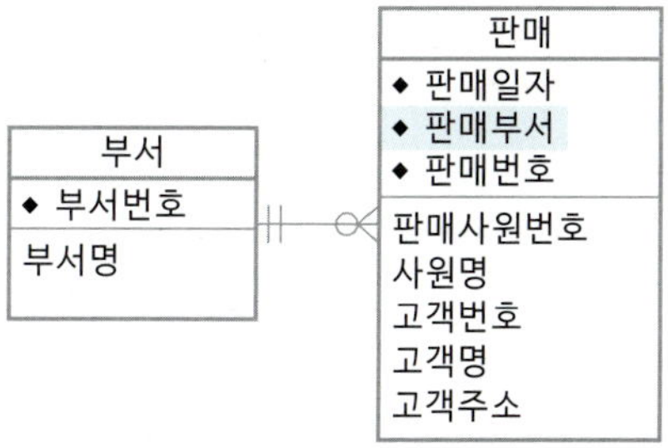

두 엔티티는 **부서번호-판매부서** 속성에 의해 관계를 갖는다. **판매** 엔티티가 자식 엔티티이므로 **판매** 엔티티의 판매부서가 외래식별자로서 **부서** 엔티티를 참조한다. 따라서 **판매부서**가 외래식별자임을 표시한다.

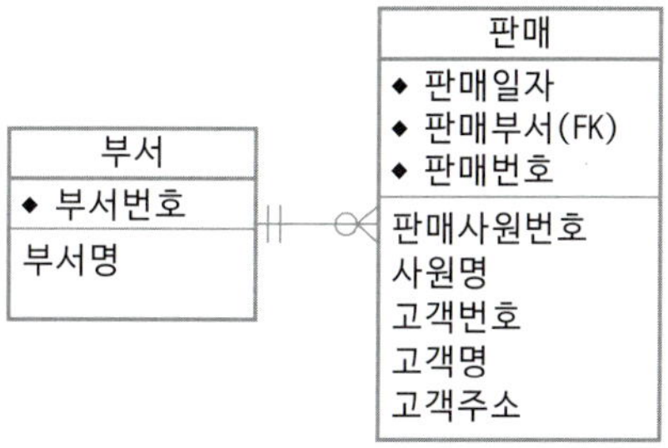

이렇게 하면 엔티티의 분리 작업은 완료된다. 이상의 과정은 거의 기계적으로 될 수 있는 것이므로 숙달이 될 때까지 반복하여 연습하도록 한다.

8.4 정규화가 필요 없는 설계 기법

정규화를 잘할 수 있게 되는 것도 중요하지만 정규화가 필요 없도록 모델링을 할 수 있다면 그것이 더 바람직하다. 실제로 정규화를 잘 이해하고 있는 설계자는 정규화를 할 필요가 없도록 모델링을 한다. 정규화의 각 단계별로 정규화를 피할 수 있는 방법을 알아보도록 한다.

■ 제1정규화

제1정규화는 속성에 중복값이 저장되는 경우나 엔티티에 반복 속성이 존재하는 경우 이를 제거해 나가는 과정이다. 따라서 중복값의 저장이나 반복 속성이 존재하지 않도록 모델링하면 제1정규화가 필요 없다. 중복값을 저장하도록 설계하는 경우는 거의 없으므로 반복 속성이 존재하지 않도록 하는 모델링에 대해서만 알아본다. 반복 속성은 주로 전표나 장부를 모델링하는 과정에서 발생한다.

〈그림 8.12〉에서 보는 바와 같이 대부분의 전표는 머리 부분과 서술 부분으로 되어 있다. 머리 부분에는 전표 전체에 해당하는 정보가 저장되고 서술 부분에는 개별 정보들이 여러 건 저장될 수 있도록 되어 있다. 이러한 전표를 하나의 엔티티로 만들려고 하다 보면 서술부에 있는 속성들이 반복적으로 나타나야 하므로 〈그림 8.5〉와 같이 반복 속성으로 표현된다. 따라서 반복 속성을 피하려면 머리부와 서술부를 별도의 엔티티로 저장해야 한다.

판매 전표

판매일자 : *2021.03.16*
판매부서 : *DH01* **부서명** : *영업 1부*
판매번호 : *16-12*
판매사원번호 : *12437* **사원명** : *김철수*

고객번호 : *YS02* **고객명** : *영진전자*
고객주소 : *서울시 영등포구 여의도동 137-27*

제품번호	제품명	단가	수량	금액
DW01	TV 12"	500	10	5,000
DW09	선풍기	200	20	4,000
DW20	라디오	100	30	3,000

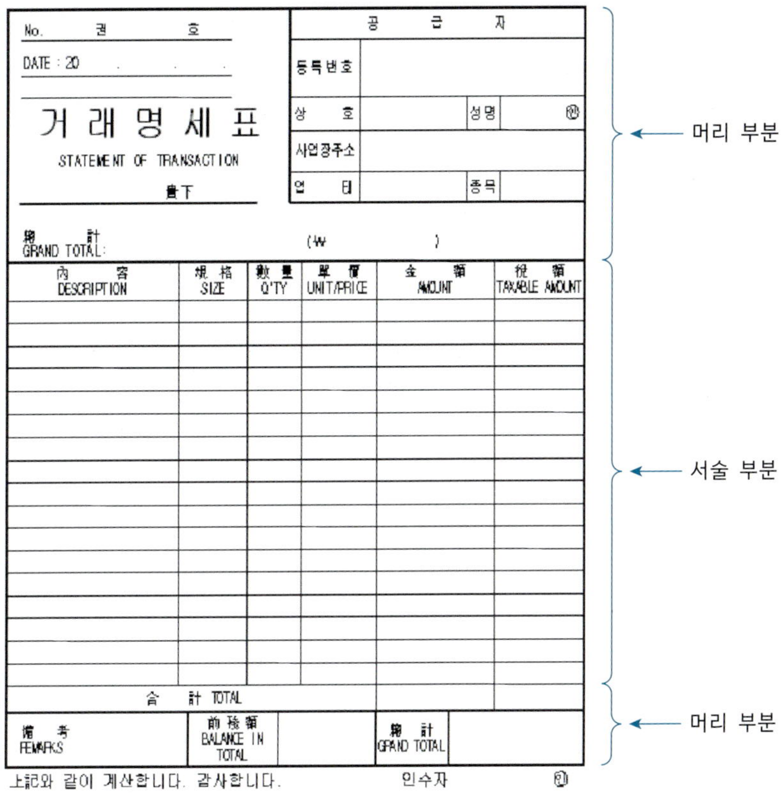

〈그림 8.12〉 머리부와 서술부로 구성된 전표

원칙 1. 장부나 전표에서 머리부와 서술부는 별도의 엔티티로 저장한다.

〈그림 8.12〉의 판매 전표를 머리부와 서술부로 나누어 엔티티로 구성하면 〈그림 8.13〉과 같다.

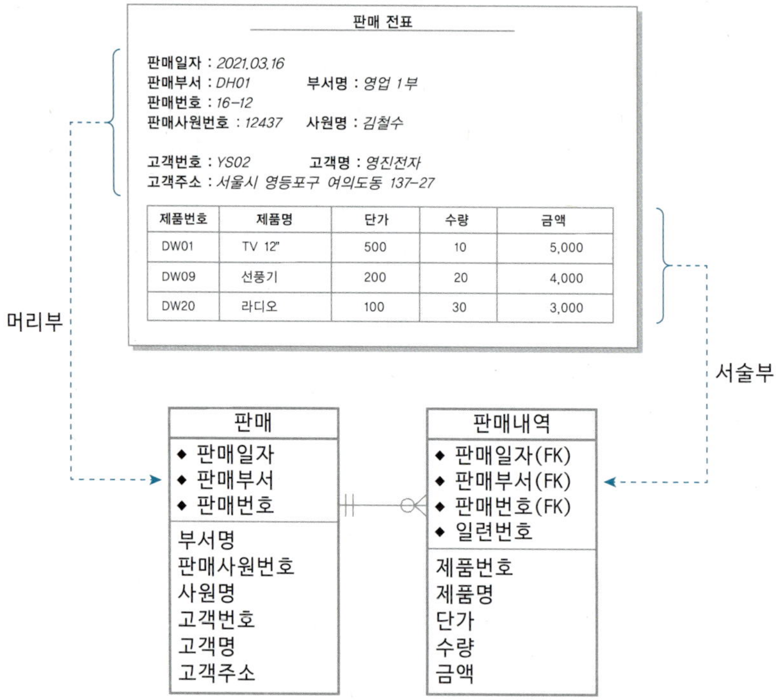

〈그림 8.13〉 머리부와 서술부를 별도의 엔티티로 설계

머리부와 서술부를 각각 엔티티로 나타내면 머리부에 해당하는 엔티티가 부모 엔티티가 되고 서술부에 해당하는 엔티티가 자식 엔티티가 된다. 공식에 따라서 부모 엔티티와 자식 엔티티의 카디낼러티는 1:N이 되고, 참여도는 부모가 필수가 되고 자식이 선택이 된다. 여기서 한 가지 더 언급할 것은 서술부에 해당하는 엔티티의 주식별자이다. 서술부에 해당하는 엔티티의 주식별자는 {머리부 엔티티의 주식별자}+{서술부에 있는 여러 건의 데이터들을 구별하기 위한 속성}으로 이루어지는데 이 역시 공식처럼 적용이 된다. 물론 {머리부 엔티티의 주식별자} 부분은 부모 엔티티를 참조하기 위한 외래식별자의 역할을 동시에 수행한다.

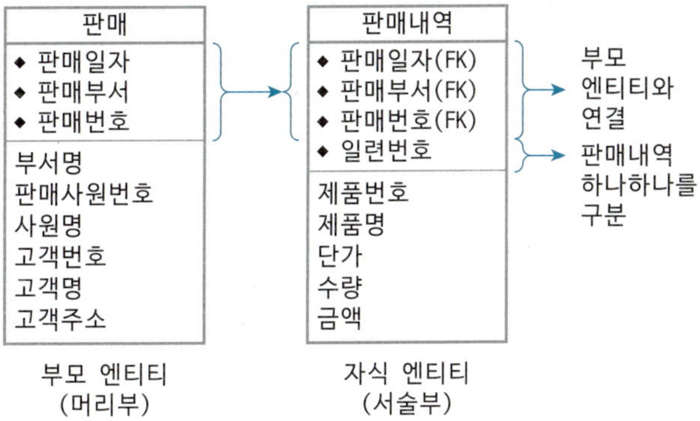

〈그림 8.14〉 서술부에 해당하는 엔티티의 주식별자 구성

■ 제2정규화, 제3정규화

제2정규화는 주식별자가 아닌 속성들 중 주식별자의 '일부' 속성에 종속된 속성들을 제거하는 과정이고, 제3정규화는 주식별자가 아닌 속성들 사이에 종속관계가 있을 때 이를 제거하는 과정이다. 제2정규화, 제3정규화의 공통점은 종속 관계에 있는 속성들을 제거하는 과정이라는 것이다. 이러한 종속 관계는 대부분 코드-코드값의 관계에 있거나 부서, 사원, 제품과 같은 기본적인 엔티티의 주식별자와 속성값들을 함께 포함하고 있는 경우에 해당한다. 따라서 코드 정보 및 기본 엔티티에 해당하는 정보는 처음부터 별도로 분리하면 제2정규화, 제3정규화는 할 필요가 없게 된다.

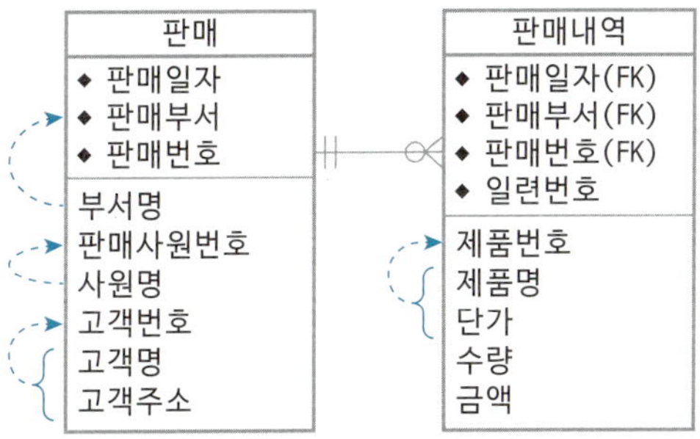

〈그림 8.15〉 ERD에 포함된 종속관계

원칙 2. 코드-코드값의 관계에 있는 속성들은 별도의 엔티티로 구성한다.

코드-코드값에 해당하는 속성들을 별도의 엔티티로 나타내면 코드에 해당하는 속성이 당연히 주식별자가 될 것이다. 또한 코드 정보, 기본 정보에 해당하는 엔티티는 다른 엔티티에 대해 부모 엔티티가 된다. 원칙 2를 지켜서 모델링을 하면 결과는 〈그림 8.10〉과 같다.

> 실제 설계에서는 설계 초기 단계에 기본 정보나 코드에 해당하는 엔티티들을 미리 정의함으로써 불필요하게 정규화를 하지 않도록 하고 있다.

본 절에서는 데이터베이스를 설계할 때 지켜야 할 두 가지 원칙에 대해 설명하였다. 간단하지만 이 두 가지 원칙만 잘 지키면 정규화는 크게 신경 쓰지 않아도 된다.

8.5 정규화 사례 : 도서관 관리

이번 절에서는 7장의 〈그림 7.32〉에 있는 도서관 관리 ERD에 대해 정규화를 수행하는 과정을 설명한다. 〈그림 7.32〉에서 정규화를 필요로 하는 엔티티는 **세금계산서**뿐이다. 정규화 이전의 **세금계산서** 엔티티는 〈그림 8.16〉과 같다. 정규화의 제1단계는 이미 배운 바와 같이 반복 속성을 제거하는 것이다. 보는 바와 같이 **세금계산서** 엔티티에는 거래 품목에 대한 정보 부분이 3회 반복되고 있음을 알 수 있다. 이 부분을 독립적인 엔티티로 분리하면 〈그림 8.17〉과 같다. 반복 부분은 **세금계산서내역**이라는 이름의 엔티티로 분리되었고 부모 엔티티인 **세금계산서**와의 연결을 위해 **계산서접수번호** 속성을 외래식별자로 가지고 있다. 또한 계산서 내역 하나하나를 구분하기 위해 **계산서접수번호** 속성과 **일련번호**를 주식별자로 하고 있다.

이 상태에서 제2정규화 대상이 있는지를 찾아본다. 주식별자가 아닌 속성들 중 주식별자의 일부 속성에 종속된 속성이 있는지를 찾아야 하는데 그러한 속성은 존재하지 않으므로 제2정규화는 시행할 필요가 없다.

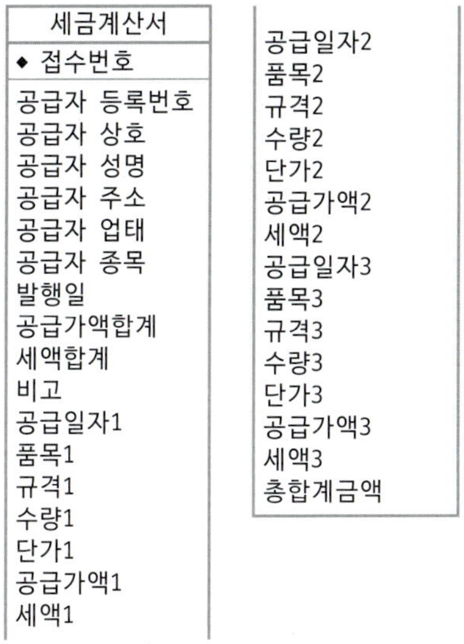

〈그림 8.16〉 정규화 이전의 세금계산서 엔티티

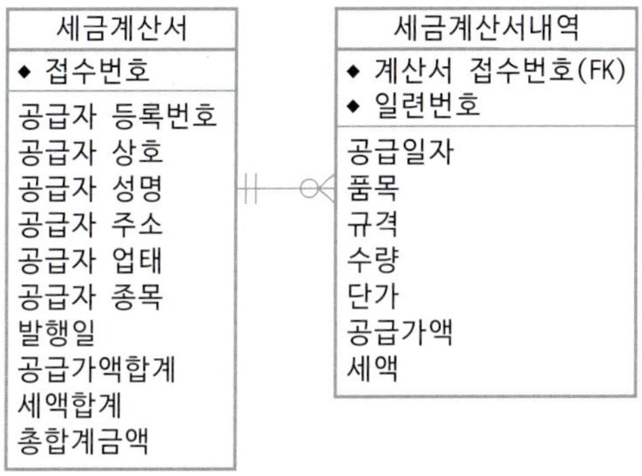

〈그림 8.17〉 제1정규화 이후의 세금계산서 엔티티

〈그림 8.17〉에 대해 제3정규화가 필요한지를 검토해 보기로 한다. 제3정규화는 주식별자가 아닌 속성들끼리 종속 관계에 있는지를 검토하면 되는데, 세금계산서 엔티티에서 {**공급자 상호, 공급자 성명, 공급자, 주소, 공급자 업태, 공급자 종목**} 속성이 **공급자 등록번호** 속성에 종속된 것을 알 수 있다. **공급자 등록번호**란 다른 용어로 사업자 등록번호를 의미하며 사업자별로 고유한 번호를 부여받는다. 따라서 공급자 등록번호가 같다면 공급자의 상호, 성명, 주소, 업태, 업종 등이 같을 것이므로 정규화를 하지 않으면 세금계산서를 같은 업체에서 받을 때마다 같은 정보를 반복하여 저장하게 될 것이다. 따라서 제3정

규화를 통해 이 문제를 해결해 주어야 한다. 〈그림 8.18〉은 제3정규화를 시행한 결과이다. **세금계산서**에서 **업체**정보를 참조하고 있으므로 **업체**가 부모 엔티티이고 **세금계산서**가 자식 엔티티가 된다.

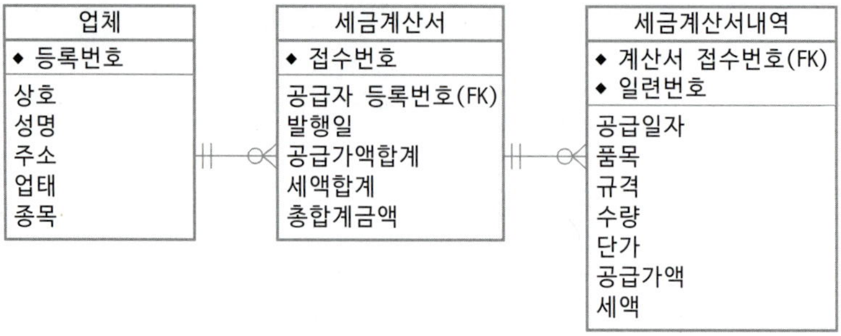

〈그림 8.18〉 제3정규화 이후의 세금계산서 엔티티

이제 더 이상 정규화를 할 내용이 없으므로 여기서 정규화를 종료하면 된다. 정규화 과정을 〈그림 7.32〉에 적용시키면 그 결과는 〈그림 8.19〉와 같다.

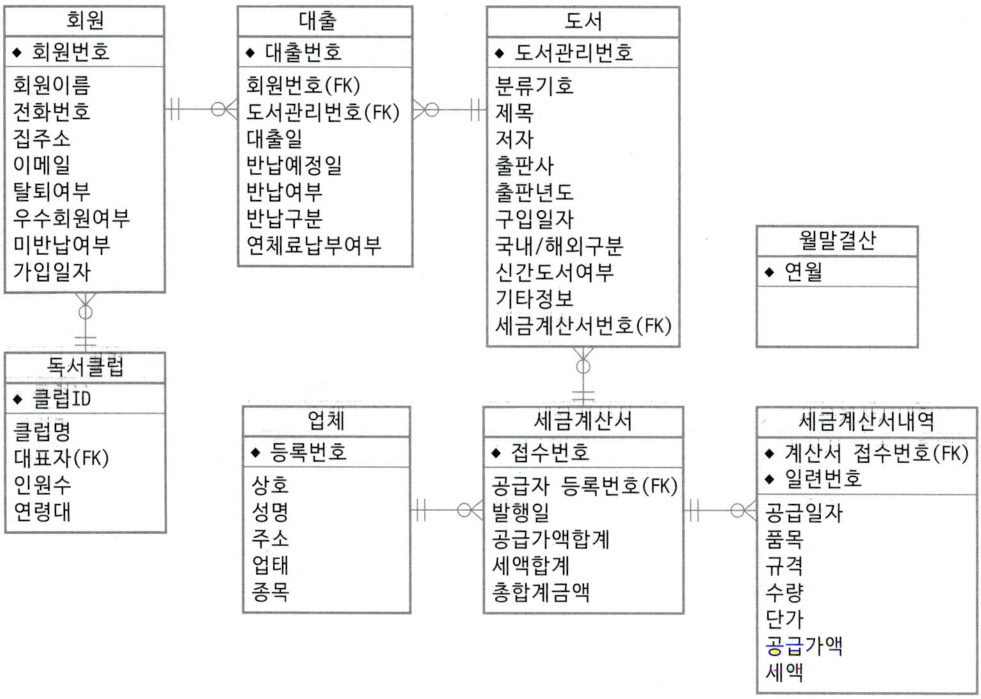

〈그림 8.19〉 정규화 이후 도서관 업무 ERD

연습문제

1. 〈그림 8.1〉에 있는 판매 전표에 대하여 교재를 보지 않고 정규화를 시행한 후 교재와 비교하여 보시오.

2. 다음은 학생의 수강과목 정보를 관리하는 엔티티를 설계한 것이다. 이에 대해 제1정규화를 시행하시오.

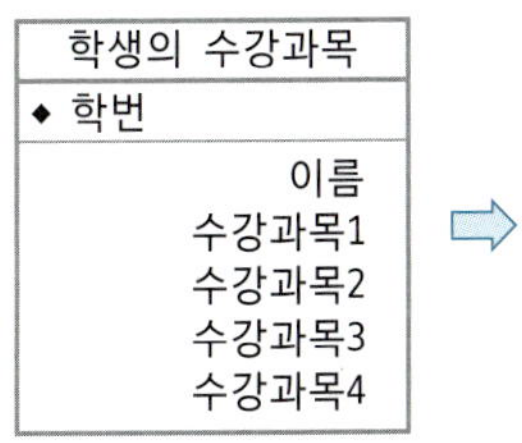

3. 학생의 수강과목 정보를 다음과 같이 변경된 엔티티로 관리하고자 한다. 이에 대해 제1정규화와 제2정규화를 수행하시오. (여기서 수강학점이란 성적을 의미하는 것이 아니라 수강과목이 몇 학점인지를 의미한다.)

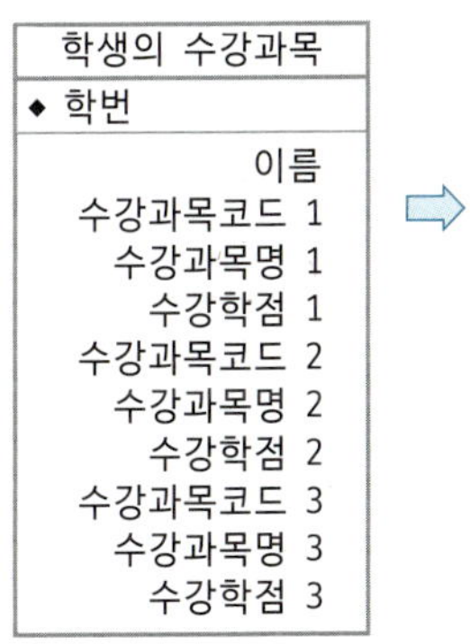

4. 학생의 수강과목 정보에서 전공에 대한 정보를 다음과 같이 보강하였다. 이 엔티티에 대해 제1정규화, 제2정규화, 제3정규화를 시행하시오.

학생의 수강과목
◆ 학번
이름 **전공코드** **전공명** 수강과목코드 1 수강과목명 1 수강학점 1 수강과목코드 2 수강과목명 2 수강학점 2 수강과목코드 3 수강과목명 3 수강학점 3

5. 다음은 견적서 양식이다. 이와 같은 견적서 정보를 관리하기 위한 ERD를 작성하시오(정규화 포함).

견 적 서

20 년 월 일	공	등록번호			
귀하	급	상 호		대표성명	
담 당 :		사업장주소			
	자	업 태		종 목	
아래와 같이 견적합니다.		전화번호			
金 額 (공급가액) : 일금			**원정(₩) 부가세 별도**		
품 명	규 격	수 량		단 가	금 액
공 급 가 액					
부 가 세	(총 공급가액의 10%)				
총 계					
비 고					

6. 다음은 어떤 회사의 입사용 이력서 사본이다. 지원자들로부터 받은 이력서를 관리하기 위한 ERD를 작성하시오(정규화 포함).

이 력 서

1. 기초자료

	성 명			
	주민등록번호			
	E-mail			
	전화번호		휴 대 폰	
	우편번호		팩스번호	
	주 소			
호적관계	호주성명		호주와의 관계	

2. 신상자료

최종학력			결혼여부	결혼/미혼		종 교	기독교/불교/무
신 장		cm	체 중		kg	혈액형	A/B/AB
시 력							
취 미				특 기			

3. 가족사항

연번	관계	성명	연령	최종학력	직업	동거여부
1						
2						
3						

4. 학력사항

년/월/일	학 교 명	학 과

실전 예제

※ A 회사는 전자제품 생산업체로 각 생산부서별로 다음과 같이 주간 생산계획 정보를 관리하려고 한다. 이를 위한 ERD를 작성하시오.

주간 생산계획								
2021년 10월 첫째주					부서명: 생산 1부			
모델코드	품목명	월	화	수	목	금	토	총계
MT001	CD Player	300	300	400	500	600	700	2,800
TR031	FM Radio	250	300	200	250	250	200	1,450
					작성자 : 김홍길 대리 (인)			

위와 같은 문서로부터 ERD를 도출할 때는 반복되는 부분과 반복되지 않는 부분을 구분하여 각각 엔티티를 작성하는 것이 기본이다. 반복되는 부분은 문서 중간의 생산품목 및 요일별 수량 데이터가 있는 부분이다. 따라서 다음과 같이 1차로 엔티티를 도출한다.

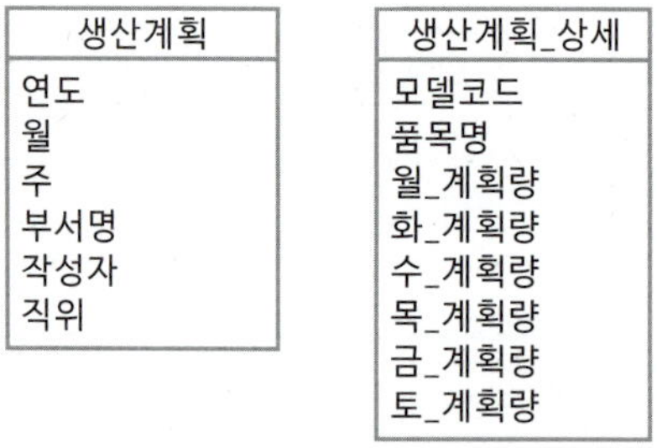

다음 단계로 주식별자를 정해야 하는데 생산계획은 주 단위로 관리가 되어야 하기 때문에 {연도, 월, 주}가 모두 주식별자에 포함되어야 한다. 생산계획_상세는 생산계획과 연결이 되어야 하기 때문에 {연도, 월, 주}가 기본적으로 주식별자에 포함되어야 하고, 각 주별 계획안에서 모델별로도 별도 관리를 해야 하기 때문에 모델 코드도 주식별자에 포함시킨다.

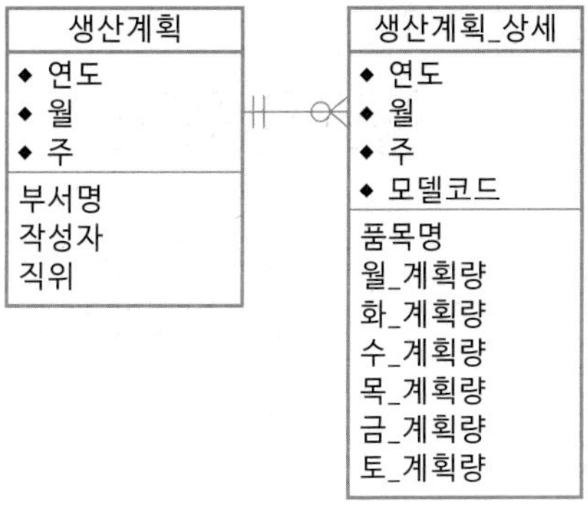

이제 속성들 안에서 반복이 있는지 확인하여 정규화를 실시한다. 생산계획_상세 엔티티에서 월_계획량~토_계획량은 반복이다. 따라서 별도의 엔티티로 분리하는 정규화를 실시한다. 이때 분리하여 나오는 엔티티의 주식별자는 {부모 엔티티의 주식별자} + {분리하여 나온 엔티티 자체의 주식별자}가 되어야 한다.

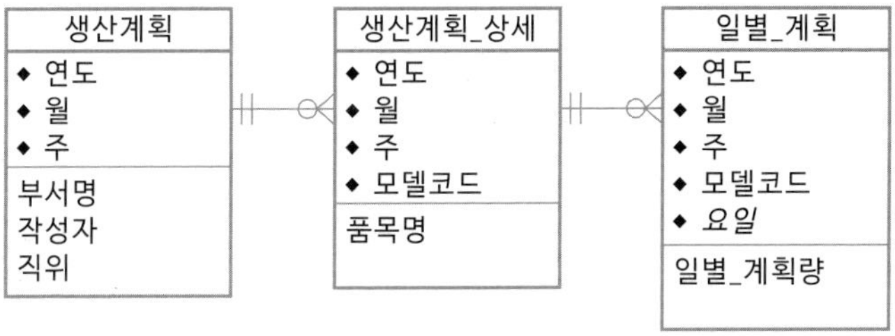

속성들 간에 상호 종속성이 있는 경우를 찾아본다. 생산계획 엔티티에서 작성자가 정해지면 작성자의 직위는 자동으로 정해지므로 종속 관계는 {직위} → {작성자}이다. 또한 생산계획 상세에서 모델코드가 정해지면 품목명은 자동으로 정해지므로 {품목명} → {모델코드}이다.
이를 반영하여 정규화를 실시하면 다음과 같다.

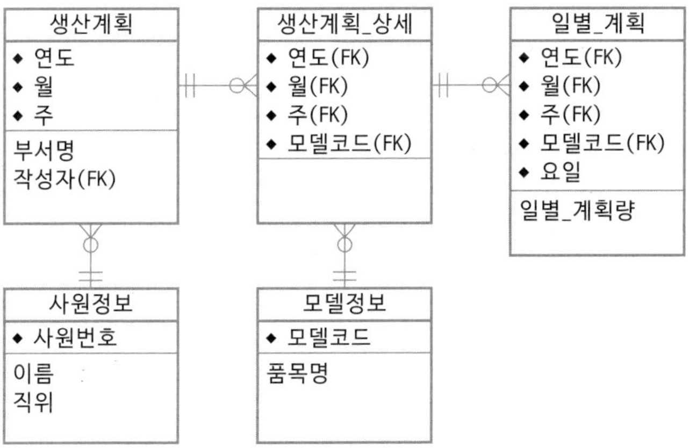

CHAPTER

09

도메인과 용어사전의 정의

contents

CHAPTER

09 도메인과 용어사전의 정의

| 단원목표 |

- 도메인과 용어사전의 개념을 이해한다.
- 도메인과 용어사전을 정의하는 방법을 배운다.

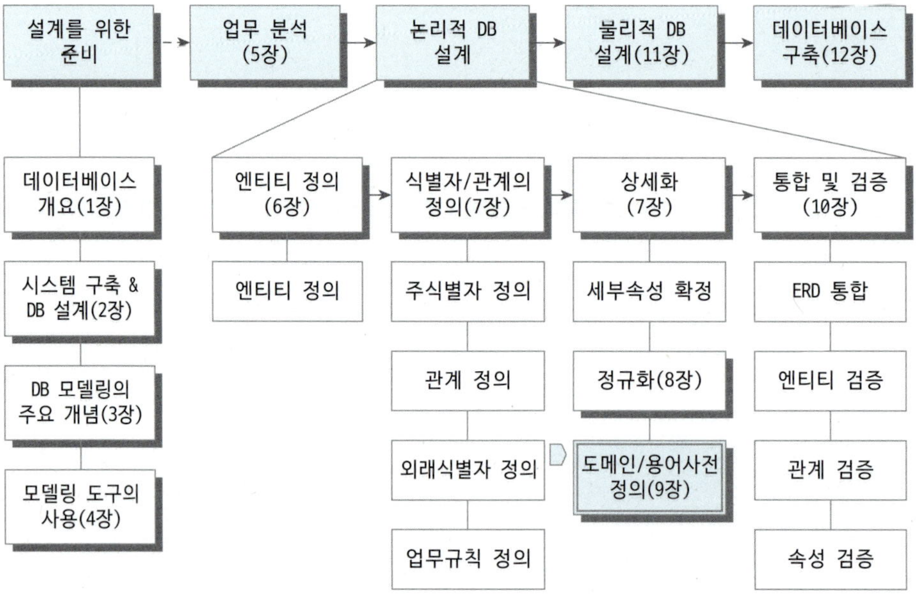

9.1 도메인의 정의

9.1.1 도메인 개요

도메인(domain)이란 1장에서 설명한 바와 같이 엔티티의 속성들이 가질 수 있는 값들의 집합이다. 관계형 이론에서의 도메인은 실제로는 구현이 어렵기 때문에 대부분의 DBMS에서 도메인이란 엔티티와 속성에 대응하는 테이블의 컬럼에 대한 데이터 타입(data type)과 길이를 의미한다. 두 속성의 도메인이 같다는 말은 두 속성의 데이터 타입과 길이가 같다는 말이 된다. 테이블을 생성할 때 컬럼의 데이터 타입과 길이를 지정하는 방법은 두 가지이다. 첫 번째 방법은 직접 데이터 타입과 길이를 지정하는 방법이다. 다음과 같이 CREATE TABLE 문장에서 직접 타입과 길이를 지정한다.

```
CREATE TABLE emp (
 empid int(7),
 emp_name varchar(30),
 manager int(7),
 address varchar(100),
);
```

두 번째 방법은 도메인을 먼저 정의한 뒤 각 컬럼에 도메인을 지정하는 방법이 있다.

```
CREATE DOMAIN emp_id int(7);
CREATE DOMAIN emp_name varchar(30);
CREATE DOMAIN address varchar(100);

CREATE TABLE emp (
 empid     emp_id,
 emp_name  emp_name,
 manager   emp_id,
 address   address),
);
```

테이블의 컬럼에 대해 직접 데이터 타입을 지정하지 않고 도메인을 통하는 이유는 이름은 다르지만 동일한 성격의 데이터를 저장하는 컬럼들 사이에서 데이터 타입이나 길이가 서로 다르게 지정되는 것을 막기 위해서이다. 예를 들면 emp 테이블에서는 사원번호(emp_id)가 int(7)로 지정되어 있는데 sales 테이블에는 사원번호가 int(6)으로 지정되어 있다면 두 테이블을 조인하여 정보를 보고자 할 때 문제가 발생한다. 따라서 사원번호에 대해 도메인을 정해 놓고 emp 테이블과 sales 테이블에서 같은 도메인을 사용하도록 하는 것이다. 앞에 있는 CREATE TABLE 문에서도 emp_id와 manager가 같은 도메인을 사용하고 있다. 도메인 이름은 속성의 이름과 같을 수도 있고 다를 수도 있다.

도메인의 장점에도 불구하고 실무에서는 잘 사용되지 않는 경향이 있다. 그 이유는 같은 도메인을 이용하는 속성들이 많아야 도메인의 의미가 있는데 대부분의 속성들은 도메인 하나에 속성이 하나만 연결되기 때문이다. 따라서 도메인을 지정한 뒤 이를 이용하는 것은 번거로운 작업으로 느껴진다.

도메인에 대해 한 가지 더 언급할 사항은 도메인 지정 시 사용하는 데이터 타입은 DBMS 제품에 따라 다를 수 있다는 것이다. 물론 자주 사용하는 데이터 타입은 공통적으로 제공을 하지만 특정 DBMS에서만 제공하는 데이터 타입도 있다. 따라서 도메인을 지정하는 과정은 어느 정도는 물리적 데이터베이스 설계의 영역에 속한다고 할 수 있다.

9.1.2 도메인의 정의 방법

도메인 정의 작업에서의 핵심은 같은 도메인을 공유하는 속성들을 찾아내는 작업이다. 만일 같은 도메인을 공유하는 속성들이 없다면 '도메인의 수 = 속성의 수'가 될 것이다. 8장에서 마지막으로 작성한 ERD에 대하여 도메인을 정의해 보자. 작업은 다음과 같은 순서로 진행한다. (지면상 세금계산서와 관련된 엔티티들은 제외하기로 한다.)

① 각 엔티티의 속성들을 모아서 List로 만든다. (작업은 엑셀과 같은 스프레드시트 소프트웨어를 이용하는 것이 편리하다.)

속성명	엔티티명
회원번호	회원
회원이름	회원
전화번호	회원
집주소	회원
이메일	회원
탈퇴여부	회원
우수회원여부	회원
미반납여부	회원
가입일자	회원
대출번호	대출
회원번호	대출
도서관리번호	대출
대출일	대출
반납예정일	대출
반납여부	대출
반납구분	대출
연체료납부여부	대출
도서관리번호	도서
분류기호	도서
제목	도서
저자	도서
출판사	도서
출판년도	도서
구입일자	도서
국내/해외구분	도서
신간도서여부	도서
기타정보	도서
세금계산서번호	도서

② **속성 이름에 여러 단어를 포함한 경우 이를 분리한다.** (주의할 점은 뒤에 있는 칸을 기준으로 정렬하는 것이다.)

속성명	1	2	3	엔티티명
회원번호		회원	번호	회원
회원이름		회원	이름	회원
전화번호		전화	번호	회원
집주소		집	주소	회원
이메일			이메일	회원
탈퇴여부		탈퇴	여부	회원
우수회원여부	우수	회원	여부	회원
미반납여부		미반납	여부	회원
가입일자		가입	일자	회원
대출번호		대출	번호	대출
회원번호		회원	번호	대출
도서관리번호	도서	관리	번호	대출
대출일			대출일	대출
반납예정일		반납	예정일	대출
반납여부		반납	여부	대출
반납구분		반납	구분	대출
연체료납부여부	연체료	납부	여부	대출
도서관리번호	도서	관리	번호	도서
분류기호		분류	기호	도서
제목			제목	도서
저자			저자	도서
출판사			출판사	도서
출판년도		출판	연도	도서
구입일자		구입	일자	도서
국내/해외구분	국내	해외	구분	도서
신간도서여부	신간	도서	여부	도서
기타정보		기타	정보	도서
세금계산서번호	세금	계산서	번호	도서

③ 속성에 포함된 마지막 단어를 가지고 정렬한다.

속성명	1	2	3	엔티티명
반납구분		반납	구분	대출
국내/해외구분	국내	해외	구분	도서
분류기호		분류	기호	도서
대출일			대출일	대출
회원번호		회원	번호	회원
전화번호		전화	번호	회원
대출번호		대출	번호	대출
회원번호		회원	번호	대출
도서관리번호	도서	관리	번호	대출
도서관리번호	도서	관리	번호	도서
세금계산서번호	세금	계산서	번호	도서
탈퇴여부		탈퇴	여부	회원
우수회원여부	우수	회원	여부	회원
미반납여부		미반납	여부	회원
반납여부		반납	여부	대출
연체료납부여부	연체료	납부	여부	대출
신간도서여부	신간	도서	여부	도서
출판년도		출판	연도	도서
반납예정일		반납	예정일	대출
회원이름		회원	이름	회원
이메일			이메일	회원
가입일자		가입	일자	회원
구입일자		구입	일자	도서
저자			저자	도서
기타정보		기타	정보	도서
제목			제목	도서
집주소		집	주소	회원
출판사			출판사	도서

④ **도메인을 정한다.** (마지막 단어가 같은 속성들은 도메인이 같을 가능성이 있으므로 유의한다.)

속성명	1	2	3	도메인	엔티티명
반납구분		반납	구분	반납구분	대출
국내/해외구분	국내	해외	구분	국내해외구분	도서
분류기호		분류	기호	분류기호	도서
대출일			대출일	날짜	대출
회원번호		회원	번호	회원번호	회원
전화번호		전화	번호	전화번호	회원
대출번호		대출	번호	대출번호	대출
회원번호		회원	번호	회원번호	대출
도서관리번호	도서	관리	번호	도서관리번호	대출
도서관리번호	도서	관리	번호	도서관리번호	도서
세금계산서번호	세금	계산서	번호	세금계산서번호	도서
탈퇴여부		탈퇴	여부	예아니오	회원
우수회원여부	우수	회원	여부	예아니오	회원
미반납여부		미반납	여부	예아니오	회원
반납여부		반납	여부	예아니오	대출
연체료납부여부	연체료	납부	여부	예아니오	대출
신간도서여부	신간	도서	여부	예아니오	도서
출판년도		출판	연도	출판연도	도서
반납예정일		반납	예정일	날짜	대출
회원이름		회원	이름	회원이름	회원
이메일			이메일	이메일	회원
가입일자		가입	일자	날짜	회원
구입일자		구입	일자	날짜	도서
저자			저자	저자	도서
기타정보		기타	정보	기타정보	도서
제목			제목	제목	도서
집주소		집	주소	주소	회원
출판사			출판사	출판사	도서

⑤ 도메인만 모아 중복을 제거하고 정렬한 뒤 데이터 타입과 길이를 정한다.

도메인	물리명	데이터 타입	초기값	값의 범위
국내해외구분		char(1)	D	D, O
기타정보		varchar(300)		
날짜		date		
대출번호		int(10)		
도서관리번호		int(8)		
반납구분		char(1)	C	H, M
분류기호		varchar(50)		
세금계산서번호		varchar(20)		
예, 아니오		char(1)		Y, N
이메일		varchar(50)		
저자		varchar(50)		
전화번호		varchar(12)		
제목		varchar(50)		
주소		varchar(50)		
출판사		varchar(50)		
출판년도		int(4)		
회원번호		int(5)		
회원이름		varchar(20)		

위의 테이블에서 초기값이란 사용자가 아무 값도 입력하지 않았을 때 자동적으로 저장되는 값을 말하고, 값의 범위란 저장될 값이 몇 가지로 정해져 있는 경우 저장될 값의 종류를 지정할 때 사용한다. 물리명은 용어사전이 완성된 후 용어사전을 보고 입력한다.

지금까지 도메인을 정의하는 방법에 대해 설명하였다. 지금 정의된 도메인이 완전히 고정된 것은 아니다. 이후 모델링 과정에서 새로운 속성의 추가에 따라 도메인이 추가될 수도 있고, 도메인의 이름이 바뀔 수도 있음을 기억해 두자. 이렇게 정의된 도메인은 물리적 설계 단계에서 데이터베이스 안에 저장되고, 테이블의 컬럼을 정의할 때 사용된다.

9.2 용어사전의 정의

9.2.1 용어사전이란

용어사전(data dictionary)[1]이란 논리적 데이터베이스 설계나 물리적 데이터베이스 설계 시 사용되는 용어들의 의미를 정의해 놓은 문서를 말한다. 여기서 말하는 용어란 주로 엔티티(테이블) 이름, 속성(컬럼) 이름을 말한다. 따라서 용어사전은 엔티티, 속성의 이름의 의미를 설명해 놓은 사전이라고 할 수 있다. 용어사전을 정의하는 이유는 동일한 의미의 용어를 설계자들이 서로 다르게 사용하여 일어나는 인한 혼란을 방지하려는 목적과, 논리 설계 단계에서 한글로 작성한 엔티티, 속성 이름을 물리적 설계 단계에서 영어 이름으로 바꿀 때 통일성을 기하려는 목적에서 사용한다. 예를 들면 설계자 A는 **고객주소**라는 속성을 고객이 거주하는 곳의 주소라는 의미로 사용하고 설계자 B는 **고객주소**를 고객이 물건을 배달해 주도록 요청한 장소의 주소로 사용한다면 개발자들이 혼란을 겪을 것이다. 만일 고객주소에 대한 의미가 사전에 정의되어 있다면 이렇게 서로 다른 의미의 용어가 같은 단어로 사용되는 일은 없을 것이다. 또한 논리 설계 단계에서 **사번**이라는 속성 이름을 설계자 A는 empid로 사용하고, 설계자 B는 sabun으로 사용한다면 이 역시 개발자들에게 혼란을 줄 수 있다. 용어에 대한 영어번역이 미리 되어 있다면 그러한 혼란은 없을 것이다.

그렇다면 용어사전은 논리 설계 이전에 작성하는 것이 가장 바람직할 것이다. 그러나 논리 설계 이전에는 업무에 대한 이해도 부족하고 입수한 문서들에 나오는 단어들 중 어느 것이 설계와 관련이 있는지 알기 어렵기 때문에 중요한 몇 가지 용어는 미리 정의를 하고 나머지는 엔티티와 속성이 어느 정도 파악된 상태에서 진행을 한다.

용어사전을 정의하는 과정은 도메인의 정의과정과 비슷하다. 먼저 엔티티 이름 및 속성 이름을 나열한 뒤, 도메인 정의의 ③번 단계와 같이 이름에 포함된 단어들을 분리한다. (엔티티 이름도 용어에 포함시킨다.) 그 다음에는 각 단어들을 가나다순으로 정렬하고 각 단어에 대한 의미를 설명한다. 여기에 한글 용어를 영어로 번역하여 정리하면 용어사전의 작업이 끝난다.

설계자들은 용어사전을 참조하여 엔티티나 속성의 명명이 잘되어 있는지를 확인한다. 또한 엔티티나 속성을 새로 추가할 때는 먼저 용어사전을 참조하여 거기에 있는 단어를 가져다 사용한다. 의미가 일치하는 단어가 용어사전에 없다면 정해진 절차에 따라 용어사

1) 보통 '자료사전'으로 번역하여 사용하나 의미상 '용어사전'이 더 적당하다.

전에 먼저 등록한 뒤 사용한다.

9.2.2 명명 규칙

명명 규칙(naming rule)이란 글자 그대로 이름을 붙이는 규칙 혹은 작명(作名) 규칙을 말한다. 명명 규칙은 주로 물리 설계 단계에서 적용이 되는데, 영어로 테이블 이름이나 속성 이름을 만들 때 적용된다. 명명 규칙이 필요한 이유는 이름을 붙이다 보면 여러 단어가 모여 하나의 이름을 이루는 경우가 많기 때문이다. 예를 들면 **이메일수신거부**를 영어로 번역하는 경우를 생각해 보자. 용어사전에는 이메일, 수신, 거부가 각각 email, receive, deny로 되어 있다고 가정한다. 프로그래밍에서 변수 이름을 정하는 상황이라면 emailReceiveDeny라고 할 것이다. 그러나 데이터베이스의 테이블 이름, 컬럼 이름은 대소문자를 구분하지 않으므로 위와 같이 입력해도 모두 대문자로 보이거나 모두 소문자로 보일 것이다. 따라서 단어와 단어를 구분하기 위해서 일반적으로 '_' 를 이용한다. **이메일수신거부**는 email_receive_deny가 될 것이다. 따라서 명명 규칙의 기본은 한글 이름에 있는 각 단어에 해당하는 영어 단어를 용어사전에서 찾아서 그것을 '_'으로 연결하는 것이다.

이메일수신거부를 email_receive_deny로 한다면 이름이 너무 길다는 느낌을 가질 수 있다. SQL문을 이용해서 프로그래밍을 해야 하는 개발자 입장에서는 매우 번거로운 일이 아닐 수 없다. 그래서 자주 사용하는 단어에 대해서는 약어를 사용하기도 한다. 예를 들면 receive는 rcv로 하여 email_rcv_deny와 같이 사용한다. 약어의 경우도 설계자마다 임의로 사용하면 혼란이 있을 수 있으므로 약어도 용어사전에 정의하여 사용한다. em_rcv_dy라고 하면 무슨 뜻인지 알기가 어렵기 때문이다. 따라서 약어는 자주 사용하는 단어에 대해서만 잘 알려진 약어를 사용하는 것이 바람직하다. 또한 이름이 길어지지 않는 경우는 약어를 쓰지 않는다. 일반적으로 사용되는 약어에는 다음과 같은 것들이 있다.

약어	영어 단어
id	identifier
no	number
yn	yes/no
info	information
emp	employee
dept	department

9.2.3 용어사전의 예

이번 절에서는 도서관 업무에 대한 용어사전의 일부를 소개한다.

논리명	물리명	약어	설명
분류	class		분류
회원	member		도서관회원
관리	manage		관리
기타	etc		기타
연체	delay		도서 반납일 지연
대출	rent		도서를 빌려주는 행위
반납	return		도서를 되돌려 줌
번호	number	no	번호
출판	publish	pub	출판
여부	yesno	yn	여부
예정	expect		예정
일	date		날짜
전화	telephone	tel	전화번호
집	home		집
탈퇴	withdraw		회원 탈퇴
저자	author		도서의 저자
제목	title		도서의 제목

위의 용어사전을 살펴보면 고객과 회원은 사실상 같은 대상을 가리키는 것을 알 수 있다. 이와 같은 경우는 하나의 용어로 통일하는 것이 바람직하다. 업무 기술서상에 회원이라는 용어가 더 자주 사용되므로 회원으로 통일하기로 한다. 고객을 용어사전에서 삭제하고 고객이라는 용어를 사용한 엔티티나 속성에서는 고객을 회원으로 변경한다.

용어사전 및 명명 규칙을 이용하여 9.1.2절의 도메인 정의서를 완성해 보면 다음과 같다. (도메인 정의서에서 물리명을 새로 입력하였다.)

도메인	물리명	데이터 타입	초기값	값의 범위
국내해외구분	domestic_yn	char(1)	D	D, O
기타정보	etc	varchar(300)		
날짜	date	date		
대출번호	rent_no	int(10)		
도서관리번호	book_manage_no	int(8)		
반납구분	return_type	char(1)	C	H, M
분류기호	class_no	varchar(50)		
세금계산서번호	tax_invoice_no	varchar(20)		
예아니오	yes_no	char(1)		Y, N
이메일	email	varchar(50)		
저자	author	varchar(50)		
전화번호	tel_no	varchar(12)		
제목	title	varchar(50)		
주소	address	varchar(50)		
출판사	pub_company	varchar(50)		
출판년도	pub_year	int(4)		
회원번호	member_id	int(5)		
회원이름	member_name	varchar(20)		

9.3 모델링 도구를 이용한 도메인의 작성

본 교재에서 사용하고 있는 erwin 도구에서도 도메인을 작성할 수 있는 기능을 제공한다. 다음의 내용을 erwin에서 입력해 보도록 한다.

도메인명	물리명	데이터타입	초기값	값의 범위
예아니오	yes_no	char(1)	'N'	'Y', 'N'

① 작성중인 모델을 불러온다.

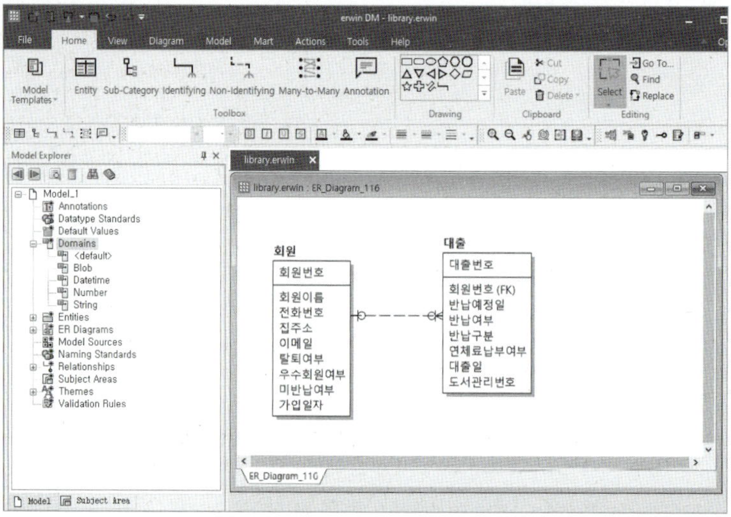

② 메인 메뉴에서 [Model] 선택 후 Domains 아이콘을 클릭한다. 또는 Model Explorer 에서 Domains를 찾아 마우스 오른쪽 버튼 클릭 후 [New]를 선택한다.

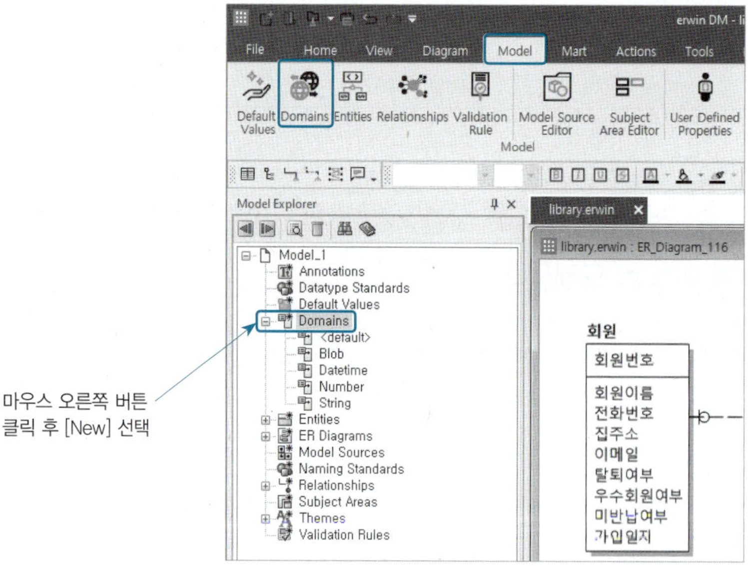

③ 도메인 편집창에서 도메인을 생성하는 아이콘을 클릭한다.

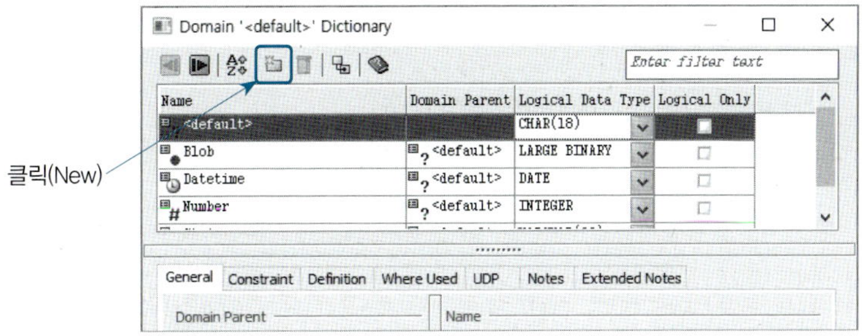

④ [General] 탭에서 도메인명(한글), 물리명(영어), 데이터 타입을 입력한다.

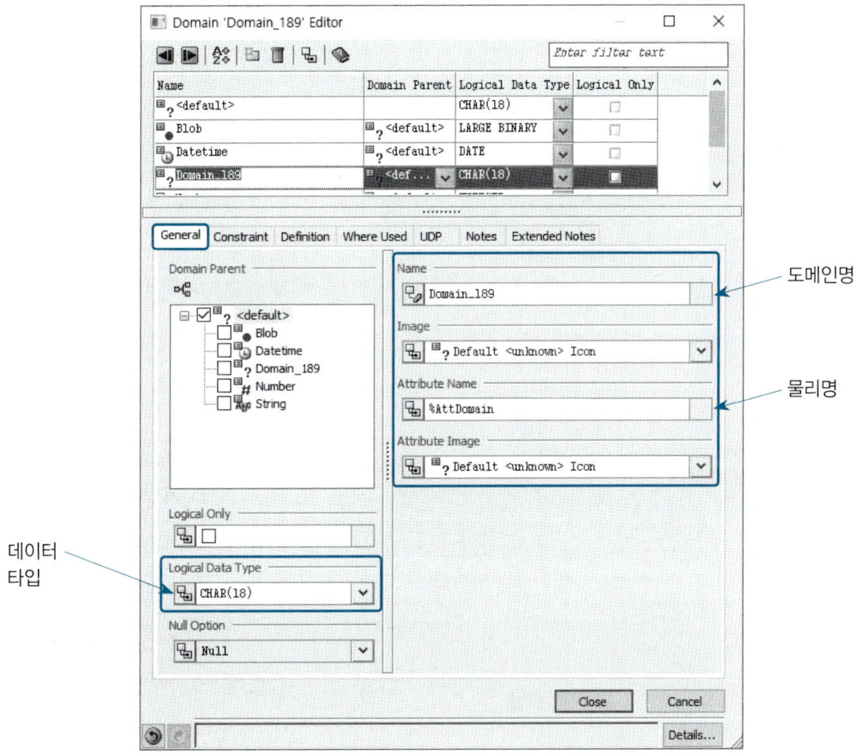

⑤ 다음은 입력한 결과이다.

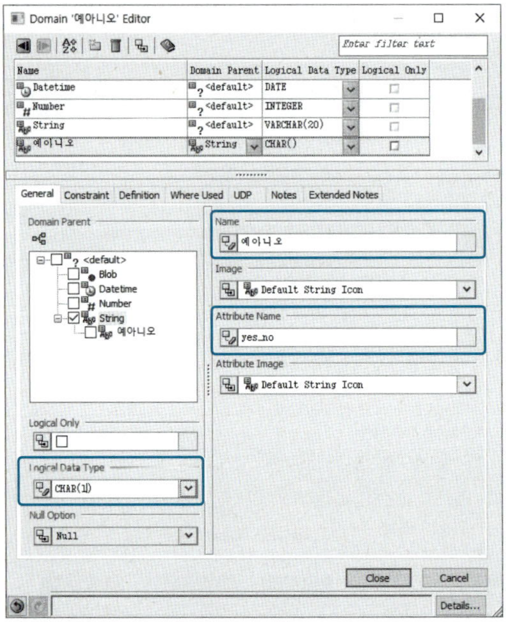

⑥ [Constraint] 탭으로 이동하여 아래와 같이 체크를 해제하고, 새로운 Validation을 생성하는 아이콘을 클릭한다.

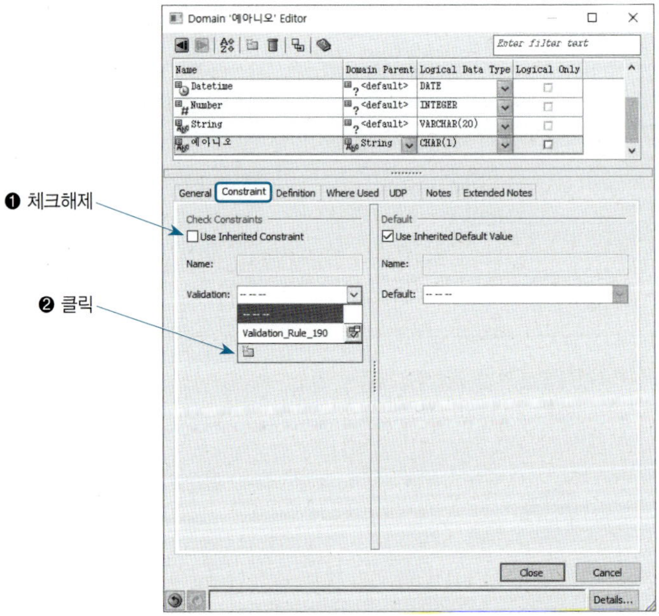

⑦ Validation rule을 편집하는 팝업창에서 Validation 이름을 입력한 뒤, validation 값들을 입력한다. 작업이 완료되면 [Close] 아이콘을 클릭한다.

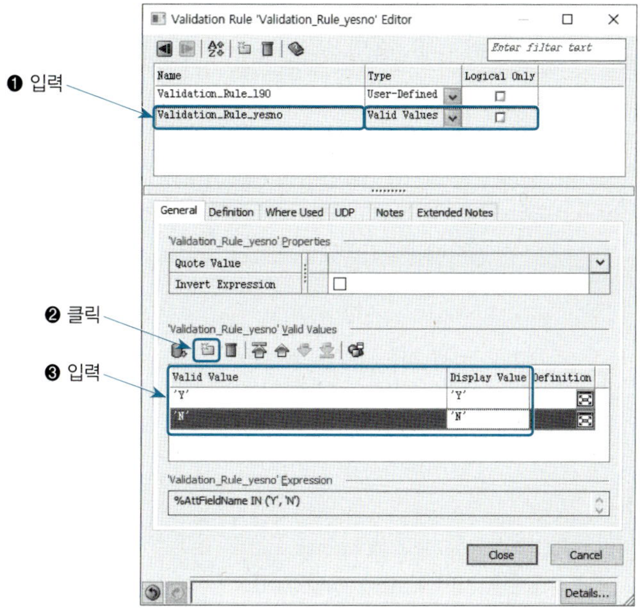

⑧ 이제 초기값(default value)를 입력할 차례이다. 아래와 같이 체크를 해제한 후 새로운 defalut 값을 생성하는 아이콘을 클릭한다.

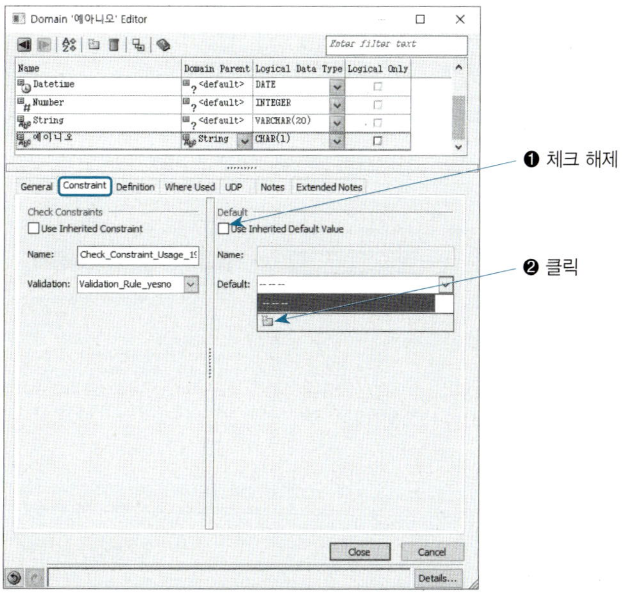

⑨ Defalut value 편집창에서 초기값의 이름을 입력 후 하단에서 초기값을 입력한다. [Close]를 클릭하여 작업을 완료한다.

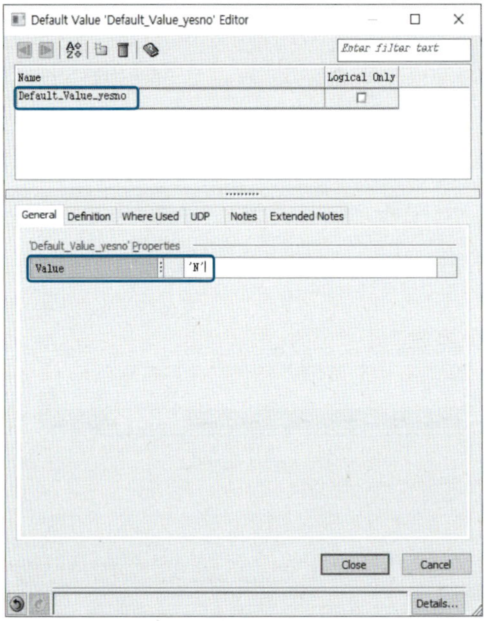

⑩ 아래와 같이 선택된 도메인(예아니오)에 대해 Validation과 Default를 선택한다.

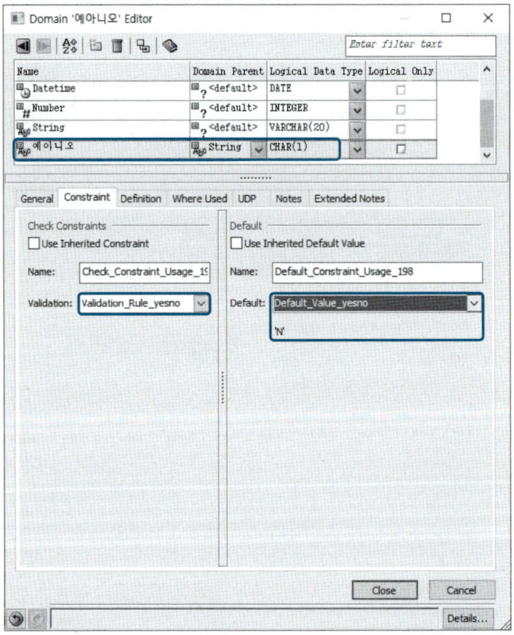

⑪ 이제 도메인이 생성되었으므로 나중에 물리적 설계 시 속성의 자료형을 입력할 때 생성한 도메인의 사용이 가능하다.

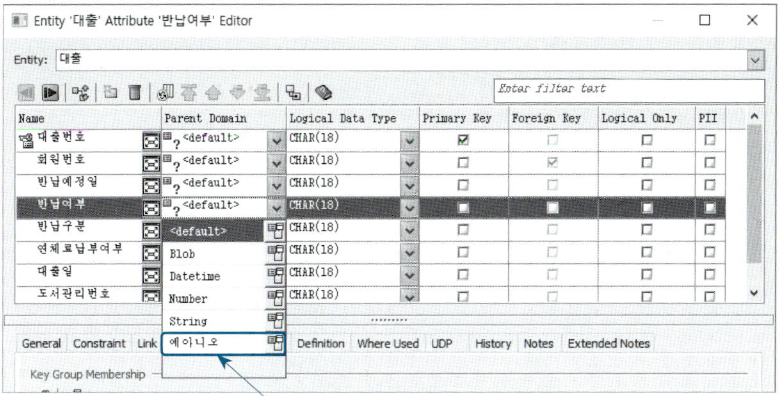

9.4 도메인, 용어사전의 사례 : 도서관 관리

이번 절에서는 〈그림 8.19〉의 ERD에 대한 도메인 목록 및 용어사전의 내용을 소개한다. 내용 중 일부는 이미 9장 본문에서 소개된 것이다.

■ 도메인 목록

도메인	물리명	데이터 타입	초기값	값의 범위
공급가액합계	supply_price_sum	int(10)	0	
공급자 등록번호	custom_reg_no	char(10)		
국내해외구분	domestic_yn	char(1)	D	D, O
규격	spec	varchar(80)		
기타정보	etc	varchar(300)		
날짜	date	date		
단가	unit_price	int(5)	0	
대출번호	rent_no	int(10)		
도서관리번호	book_manage_no	int(8)		
반납구분	return_type	char(1)	C	H, M

분류기호	class_no	varchar(50)		
상호	firm_name	varchar(50)		
세금계산서번호	tax_invoice_no	varchar(20)		
세액합계	tax_sum	int(9)	0	
수량	count	int(4)	0	
업태	business_type	varchar(20)		
예아니오	yes_no	char(1)		Y, N
이메일	email	varchar(50)		
저자	author	varchar(50)		
전화번호	tel_no	varchar(12)		
제목	title	varchar(50)		
종목	business_item	varchar(20)		
주소	address	varchar(50)		
출판사	pub_company	varchar(50)		
출판년도	pub_year	int(4)		
회원번호	member_id	int(5)		
회원이름	member_name	varchar(20)		

■ 용어사전

논리명	물리명	약어	설명
계산서	bill		계산서
공급	supply		판매를 의미함
공급자	supplier		판매자
관리	manage		관리
규격	specification	spec	물품의 규격
기타	etc		기타
납부	pay		납부, 지불
단가	unit_price		물품 1개의 가격
대출	rent		도서를 빌려주는 행위
료	price		금액, 가격
반납	return		도서를 되돌려 줌

번호	number	no	번호
분류	class		분류
상호	firm_name		업체 이름
세금	tax		세금
세액	tax_amount		세금액
수량	count		수량
업태	business_type		영업 형태
여부	yesno	yn	여부
연체	delay		도서 반납일 지연
예정	expect		예정
일	date		날짜
저자	author		도서의 저자
전화	telephone	tel	전화번호
제목	title		도서의 제목
종목	business_item		영업 종목
집	home		집
총	total		전체
출판	publish	pub	출판
탈퇴	withdraw		회원 탈퇴
품목	item		품목
합계	total		합계
회원	member		도서관회원

연습문제

1. 도메인 및 용어사전의 필요성에 대해 설명하시오.

2. 다음의 ERD에 대하여 도메인 목록 및 용어사전을 정의하시오. 작성한 도메인을 Toad Data Modeler를 이용하여 입력하시오.

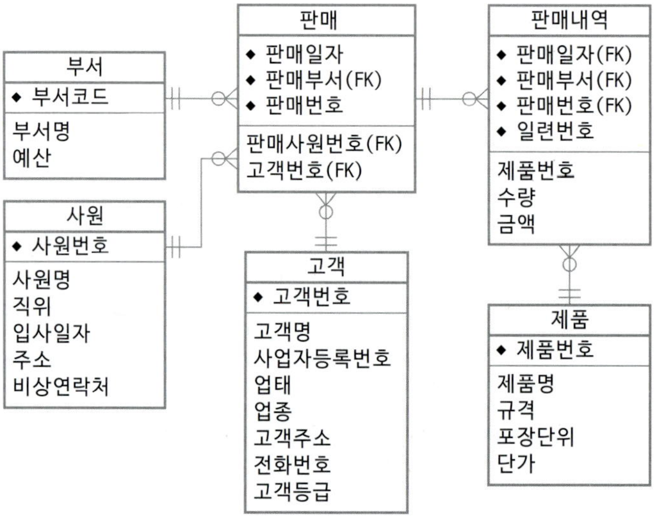

3. 2번 문제에서 작성한 도메인을 이용하여 ERD상의 각 속성에 대해 데이터 타입을 int, date, varchar(20)과 같은 물리적 데이터 타입이 아닌 도메인 이름으로 정의하시오. (9.3절 마지막 그림 참조)

CHAPTER

10 모델의 검토

contents

CHAPTER

10 모델의 검토

| 단원목표 |

- 모델 검토의 필요성에 대해 이해한다.
- 엔티티, 속성, 관계에 대해 검토해야 할 사항에 대해 배운다.

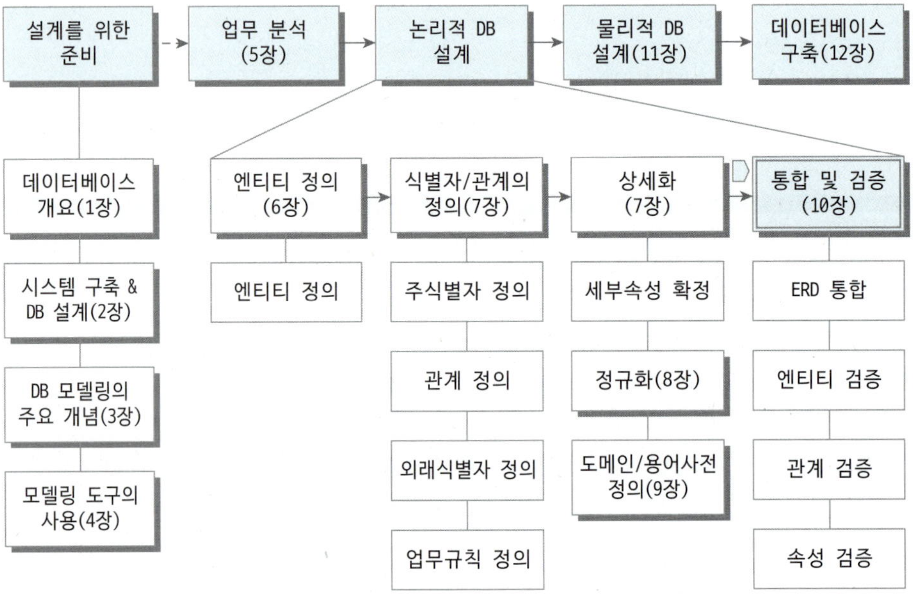

10.1 개요

ERD의 작성이 1차 마무리가 되면 작성된 ERD가 문제가 없는지 검토한다. 물론 검토 작업은 ERD의 작성 과정에서 수시로 이루어져야 하지만 전체 ERD를 놓고 전반적으로 검토하는 과정이 필요하다. 모델의 검토는 여러 분야에 대해서 할 수 있지만 ERD의 기본 요소인 엔티티, 관계, 속성에 대해 주로 진행한다. 모델의 검토 작업은 1차적으로 모델을 작성한 설계자가 고객과 더불어 진행을 한다. 규모가 큰 프로젝트라면 설계자와는 별도의 감리팀이나 외부 감리회사에 의해서 객관적으로 진행할 수도 있다.

모델의 검토 단계에서 가장 주안점을 두어야 하는 것은 작성된 모델이 앞으로 구축될 시스템에서 필요로 하는 정보를 충분히 제공할 수 있는가이다. 다른 말로 표현하면 업무에서 필요로 하는 정보를 잘 관리할 수 있는가라고 할 수 있다. 프로그램 개발자가 사용자가 요구했던 레포트 프로그램을 개발하려고 하는 데 데이터베이스에서 원하는 정보를 찾을 수 없다면 설계가 잘못된 것이다. 속성이 누락된 경우라면 쉽게 보완이 가능하지만 경우에 따라서는 설계를 다시 해야 하는 상황이 될 수도 있다. 따라서 모델의 검토 단계에서 문제점을 찾아내어 보완하는 것이 필요하다.

모델의 검토 단계에서 살펴보아야 하는 내용 중의 하나는 모델이 효율적으로 작성되었는지의 여부이다. 특정 업무를 대상으로 모델링을 했을 때 한 가지 답만 있는 것이 아니다. 여러 모습으로 모델링을 할 수 있고 어떤 모델을 선택해도 시스템을 돌아가게 할 수 있다. 문제는 어떤 모델이 더 효율적인가에 있다. 정규화가 잘된 모델은 그렇지 않은 모델에 비해 중복에 의한 오류 발생 가능성이 적다. 관계형 데이터 모델링 이론에서 권고하는 바를 충실히 따라서 모델링을 해야 하는 이유도 효과적인 모델을 만들기 위해서이다.

이번 단원에서는 ERD의 엔티티, 속성, 관계를 검토함에 있어서 어떤 부분에 주안점을 두어야 하는지에 대해 설명하도록 한다.

10.2 엔티티의 검토

엔티티에 대한 검토 사항은 크게 두 가지이다. 엔티티가 적절히 구성되었는지의 여부와 각 엔티티의 주식별자가 적절히 선정되었는지의 여부이다. 엔티티의 적절성 여부는 여러 측면에서 검토할 수 있다.

■ 각 엔티티는 현실세계의 정보를 효과적으로 관리할 수 있는 구조인가?

7장의 〈그림 7.23〉 혹은 〈그림 7.24〉에 있는 ERD를 가지고 엔티티를 검토해 보자. 먼저 살펴볼 것은 도서 엔티티이다.

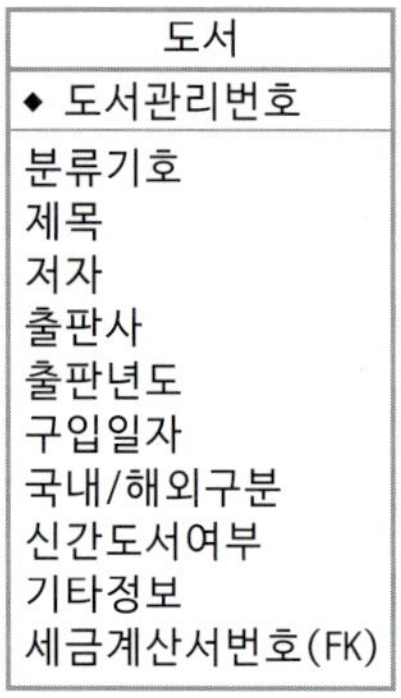

〈그림 10.1〉 도서 엔티티

각각의 도서는 고유한 관리번호가 부여되어 관리하도록 되어 있다. 여기서의 문제는 일반적으로 인기 있는 도서의 경우 같은 제목의 도서가 여러 권 비치될 수 있다는 사실이다. 〈그림 10.2〉는 동일 제목을 갖는 책들이 도서에 저장된 사례를 보여준다.

'조선왕조실록'의 경우 관리번호는 다르지만 내용은 모두 동일한 4개의 도서를 구입하여 비치한 경우이다. 도서 정보 입력자는 같은 데이터를 4회 반복해서 입력해야만 한다. 이 과정에서 실수라도 한다면 문제가 될 수 있다. 예를 들면 관리번호 1104와 1105는 같은 작품인데 1104는 신간도서로 등록을 하였고 1105는 신간도서가 아닌 것으로 등록을 하였다. 같은 작품임에도 불구하고 어느 도서를 빌리는가에 따라 대출기간에 차이가 생길 수 있다. 이와 같은 문제를 막으려면 '동일 정보는 한 번만 저장되어야 한다'는 원칙에 따라 별도의 **작품** 엔티티를 만드는 것이 바람직하다.

〈그림 10.3〉은 **작품** 엔티티를 만들어 작품 정보를 한 번만 기록되도록 하는 경우를 보여준다. 〈그림 10.3〉에서 **기타** 속성은 **도서** 엔티티에 남아 있을 수도 있고 **작품** 엔티티로 옮겨갈 수도 있다. 만일 **기타** 속성이 저장하고자 하는 내용이 작품에 대한 추가 정보라면 **작품** 엔티티로 옮겨가야 하고 각 도서에 대한 파손 여부 등을 기록하기 위한 것이라면 **도서** 엔티티에 남아 있어야 한다.

관리번호	제목	저자	출판사	국내해외구분	기타정보	신간도서여부
1101	The Scarlet Letter	N. Hathorne	Heaven	O		N
1102	조선왕조실록	오병욱	하나출판	D		Y
1103	조선왕조실록	오병욱	하나출판	D		Y
1104	조선왕조실록	오병욱	하나출판	D		Y
1105	조선왕조실록	오병욱	하나출판	D		N
1106	The good earch	P. Buck	Andrew	O		N

동일 작품

〈그림 10.2〉 동일 작품 도서의 저장 사례

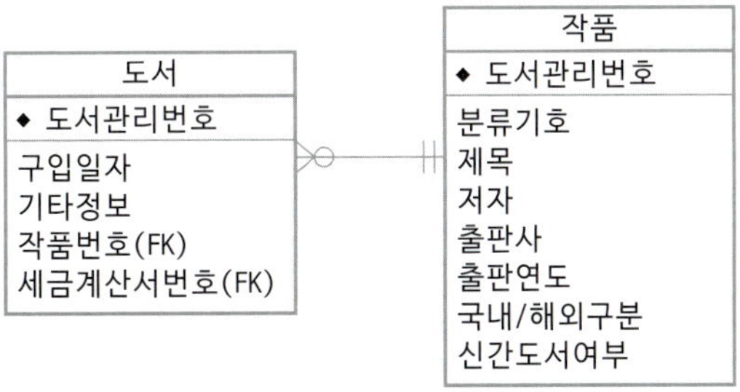

관리번호	기타	작품번호
1101	-	A001
1102	-	A002
1103	-	A002
1104	-	A002
1105	-	A002
1106	파손	A003

관리번호	제목	저자	출판사	국내해외구분	신간도서여부
1101	The Scarlet Letter	N. Hathorne	Heaven	O	N
1102	조선왕조실록	오병욱	하나출판	D	Y
1106	The good earch	P. Buck	Andrew	O	N

〈그림 10.3〉 동일 작품 도서의 문제 해결

이제 **대출** 엔티티에 대해서 검토해 보도록 하자. **대출** 엔티티는 이용자가 도서를 대출했을 때 대출 사항을 관리하기 위한 것으로 한 건의 대출이 발생했을 때 하나의 대출번호를 부여하여 관리한다. 대출에서의 문제는 이용자가 한 번에 여러 권의 책을 대출할 수 있다는 점이다. **대출** 엔티티에서는 **대출번호**가 주식별자이기 때문에 하나의 대출번호로 여러 도서에 대한 대출 사실을 저장할 수 없다. 결국 도서 한 권당 대출번호 하나를 부여해야 하며 이것은 **도서** 엔티티와 비슷한 문제를 만든다. 〈그림 10.4〉는 대출 엔티티가 테이블이 되어 대출 정보를 저장할 때의 문제점을 보여준다.

대출 번호	회원번호	도서관리 번호	대출일	반납예정일	반납여부	연체료 납부여부
91001	101	1109	2021.11.1	2021.11.11	Y	N
91002	103	1101	2021.11.9	2021.11.19	N	N
91003	103	1105	2021.11.9	2021.11.29	N	N
91004	103	1210	2021.11.9	2021.11.19	N	N

대출 1회 (91002~91004)

〈그림 10.4〉 대출 엔티티의 문제

〈그림 10.4〉에서 대출번호 91002~91004는 회원번호가 1003인 이용자가 2021년 11월 9일에 1회 대출한 내용을 저장한 것이다. 같은 시간에 같은 회원이 대출을 했기 때문에 회원번호, 대출일의 값이 동일한 것을 알 수 있다. 이와 같이 하나의 대출에 대해 동일 정보가 여러 번 기록된 것은 중복으로 볼 수 있으므로 **대출** 엔티티는 대출 자체에 대한 정보와 대출에 포함된 각각의 도서에 대한 정보를 별도의 엔티티에 저장하여야 한다. 〈그림 10.5〉는 **대출** 엔티티의 문제를 해결하기 위해 설계를 변경한 것이다.

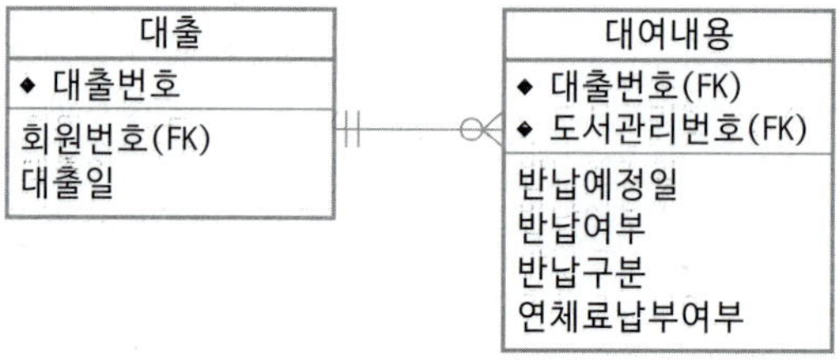

대출 번호	회원번호	대출일
91001	101	2021.11.1
91002	103	2021.11.9

대출 번호	도서관리 번호	반납예정일	반납여부	연체료 납부여부
91001	1109	2021.11.11	Y	N
91002	1101	2021.11.19	N	N
91002	1102	2021.11.29	N	N
91002	1212	2021.11.19	N	N

〈그림 10.5〉 대출 엔티티의 문제 해결

〈그림 10.6〉은 〈그림 8.19〉의 ERD를 검토하여 수정한 모습이다. (세금계산서 관련 엔티티, 월말결산 엔티티, 독서클럽 엔티티 제외)

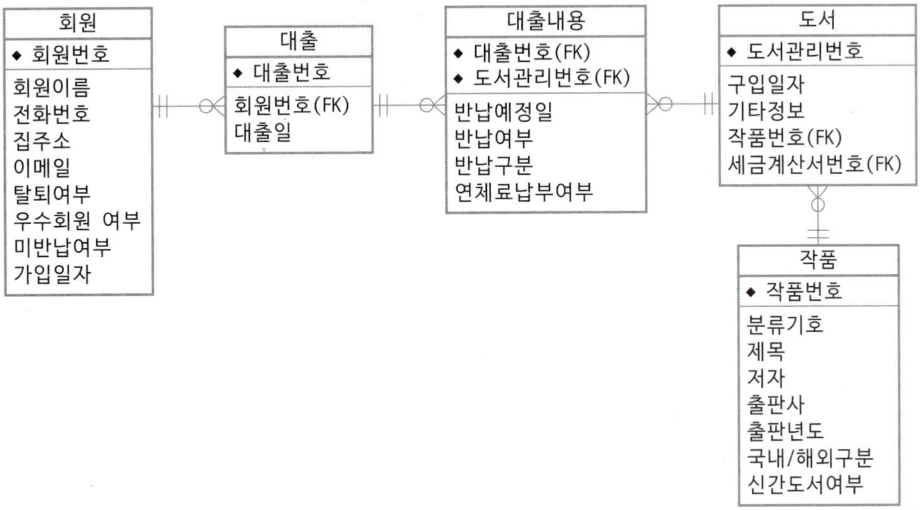

〈그림 10.6〉 수정된 도서관 관리 ERD

■ 유사한 내용을 관리하는 엔티티들은 없는가?

복잡한 업무에 대해 모델링을 하다보면 엔티티의 이름은 다르지만 관리하는 내용이 유사한 엔티티를 찾아볼 수 있다. 이러한 일은 여러 설계자가 동일 내용을 서로 다른 엔티티로 표현하거나 한 설계자가 장부나 전표, 레포트를 각각 하나의 엔티티로 표현하는 과정에서 발생할 수 있다. 엔티티의 유사성 여부는 엔티티에 포함된 속성을 비교해 보면 쉽게 판단할 수 있다. 〈그림 10.7〉의 **업체별입고내역**과 **창고별입고내역** 엔티티는 동일한 입고 내역을 서로 다른 관점에서 표현한 것이므로 포함된 속성이 유사한 것을 알 수 있다. 이러한 경우는 〈그림 10.8〉과 같이 하나의 엔티티로 통합하는 것이 바람직하다. (〈그림 10.8〉의 엔티티로부터도 창고별 입고내역과 업체별 입고내역 정보를 알아낼 수 있다.)

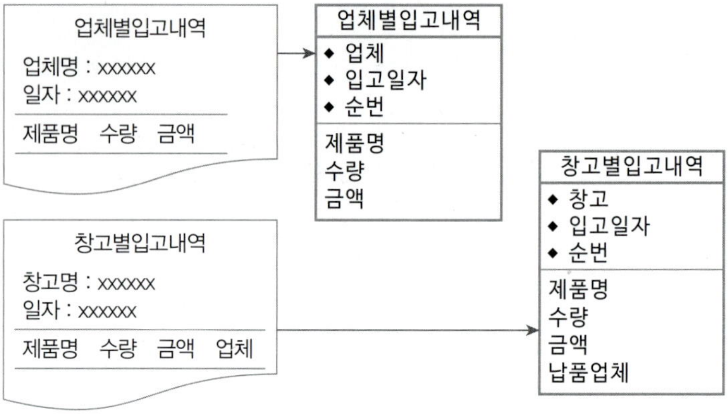

〈그림 10.7〉 관리 내용이 유사한 엔티티

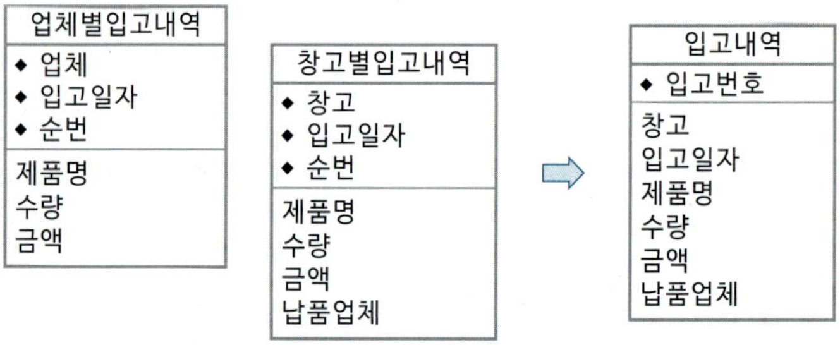

〈그림 10.8〉 관리 내용이 유사한 엔티티의 통합

유사한 내용의 엔티티가 중복하여 존재하게 되는 또 다른 경우는 통계 정보를 저장하는 엔티티를 설계할 때이다. 도서관 운영자는 운영이 얼마나 잘되고 있는지를 알기 위해 일일 대출 현황, 연체 현황, 도서대출 순위와 같은 통계정보를 필요로 한다. 통계 데이터는 많은 경우 별도의 엔티티를 만들지 않아도 기존의 엔티티로부터 계산에 의해 얻어낼 수 있지만 관리상의 편의를 위해 별도의 엔티티를 만들어 저장하는 일이 많다. 통계 엔티티를 만들다 보면 〈그림 10.9〉와 같이 여러 개의 엔티티가 만들어질 수 있는데 〈그림 10.10〉과 같이 하나의 엔티티로 관리를 해도 세 개의 엔티티로 관리했을 때와 동일한 정보를 얻을 수 있다. 〈그림 10.6〉의 도서관 ERD에서 **월말결산** 엔티티는 **도서대출통계** 엔티티로 대체할 수 있다.

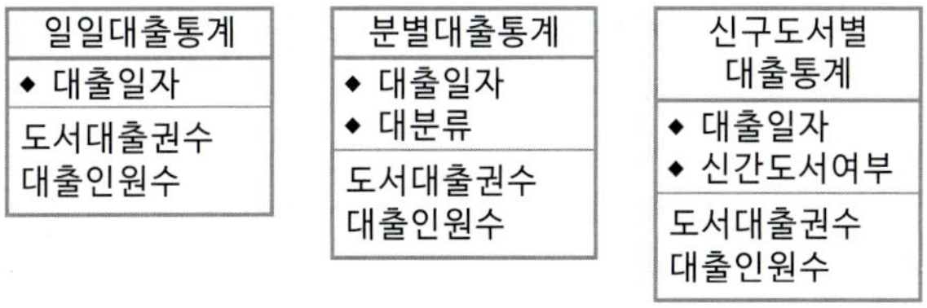

〈그림 10.9〉 여러 종류의 통계 엔티티

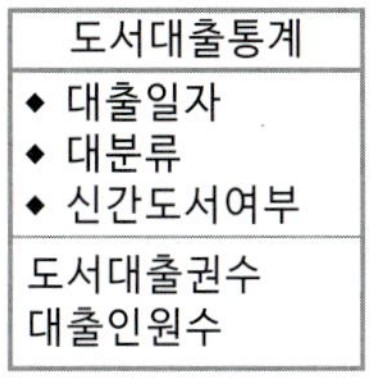

〈그림 10.10〉 통합된 통계 엔티티

■ 통합 또는 분리되어야 할 엔티티들은 없는가?

ERD에 있는 엔티티를 살펴보면 두 개의 엔티티를 하나로 통합하는 것이 바람직한 경우도 있고 하나의 엔티티를 두 개로 나누는 것이 바람직한 경우도 있다. 두 엔티티의 관계에서 카디낼러티가 1:1이라면 통합이 필요한지를 검토해 보아야 한다. 〈그림 10.11〉에서 사원 엔티티와 사원신상정보 엔티티는 1:1 관계에 있으며 주식별자가 동일하다. 이러한 경우는 두 엔티티를 하나의 엔티티로 합칠 수 있는 경우이며 둘로 나누어 놓은 특별한 이유가 없다면 〈그림 10.12〉와 같이 하나로 통합하는 것이 바람직하다.

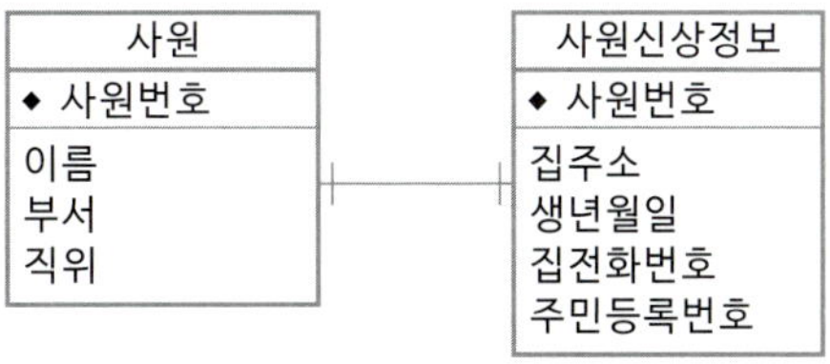

〈그림 10.11〉 1:1 관계에 있는 엔티티

〈그림 10.12〉 하나로 통합된 사원 정보

하나의 엔티티를 둘로 나누는 것이 바람직한 경우는 엔티티에 속한 속성들의 그룹이 서로 다른 부서에 의해 집중적으로 사용될 때이다. 〈그림 10.13〉의 왼쪽에 있는 **부품정보** 엔티티에서 이름, 규격, 재고수량 속성은 주로 일반부서에서 참조하고 나머지 속성들은 연구부서에서 참조한다면 나누는 것을 고려해야 한다. 하나의 엔티티를 둘로 나누는 이유는 성능상의 이유 때문이다. 일반적으로 부품정보는 속성수와 튜플수가 많고 빈번히 참조된다. 따라서 둘로 나누어 데이터의 크기를 줄이면 검색 성능의 향상을 기대할 수 있다. 만일 튜플수가 적어 성능 향상을 기대하기 어렵다면 하나의 엔티티로 유지하는 것이 좋다.

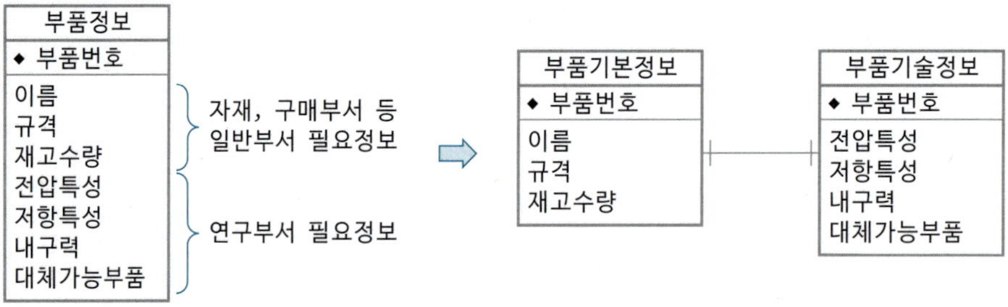

〈그림 10.13〉 두 개로 분리가 필요한 엔티티

■ 주식별자는 인스턴스의 유일성을 보장해 주는가?

주식별자의 역할은 엔티티의 인스턴스를 구분해주는 기준이 되는 것이다. 주식별자의 구성 원칙에 부합되도록 주식별자가 설정되었는지를 검토한다.

■ 주식별자에 불필요한 속성이 포함되어 있지는 않은가?

각 엔티티의 주식별자는 최소한의 속성 혹은 속성들로 구성되어야 한다. 그렇지 않고 불

필요한 속성이 주식별자에 포함되면 데이터의 무결성에 문제가 생길 수 있음을 앞에서 설명하였다.

■ 주식별자에 속하는 속성이 너무 많지는 않은가?

경우에 따라서는 복합 식별자가 주식별자가 되는 경우가 있다. 주식별자가 3~4개 이상의 속성으로 구성되어 있다면 일련번호와 같은 단일 속성으로 주식별자를 대체하는 것을 고려한다. 주식별자는 검색 시 조건절에 많이 사용되므로 주식별자가 복잡하면 질의도 복잡하게 된다. 〈그림 10.14〉는 복잡한 주식별자를 단순화한 경우이다. 주식별자를 단순화했을 때 주의할 점은 실제 데이터가 저장될 때 주식별자는 다르지만 다른 속성의 값들은 동일한 튜플이 중복 저장될 수 있다는 사실이다. 앞에서도 살펴보았지만 작업자의 실수에 의해 이미 입고 처리한 전표를 다른 입고번호로 재입력할 수가 있다. 이러한 실수는 DBMS가 막을 수 없으므로 주의해야 한다.

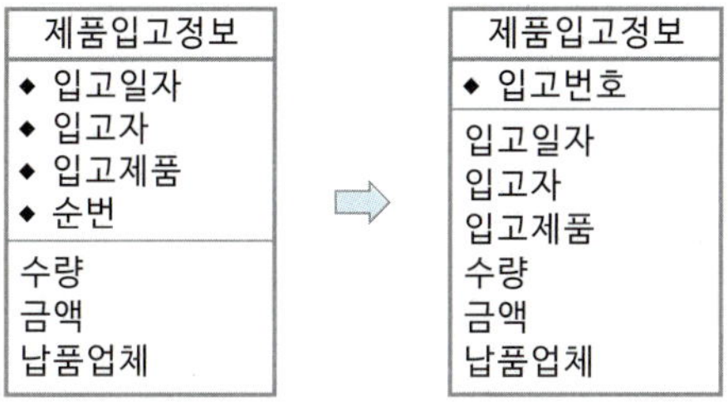

〈그림 10.14〉 복잡한 주식별자의 단순화

10.3 속성의 검토

10.3.1 속성에 대한 검토 사항

각 엔티티의 속성들에 대해 1차적으로 검토해야 할 사항은 대상 업무에서 필요로 하는 정보를 관리하기 위해서 속성이 잘 구성되어 있는가를 보는 것이다. 엔티티는 정보를 담기 위한 기본 단위가 되지만 구체적인 정보 항목이 저장되는 단위는 속성이다. 따라서 엔티티는 있지만 필요한 속성이 누락되어 있다면 정보를 올바르게 관리할 수 없다. 누락된 속성은 설계 과정에서 지속적으로 발견이 되며 발견 시점에서 추가하도록 한다. 모델의 검토 단계에서도 누락된 속성이 발견될 수 있는데 이에 대한 처리 과정은 10.3.2절에서 다루도록 한다. 누락된 속성의 추가 이외에도 다음과 같은 부분을 검토한다.

■ 여러 엔티티 사이에 중복된 속성이 존재하지는 않는가?

반복되는 이야기지만 관계형 모델에서는 동일 정보는 오직 한 번만 저장되어야 한다. 따라서 특정 속성은 원칙적으로 ERD 전체에서 단 한 번만 나타나야 한다. (외래식별자에 해당하는 속성은 부모 엔티티와의 연결성을 갖기 위해 존재하는 것이므로 예외이다.) 동일 데이터가 여러 엔티티에 중복 저장되는 경우라면 어느 한쪽의 속성은 제거하도록 한다. 동일하지 않다면 속성 이름을 데이터의 성격에 맞게 변경하는 것이 바람직하다. (사원 엔티티의 주소와 고객 엔티티의 주소는 이름은 같지만 저장되는 내용이 다르므로 중복이 아니다.)

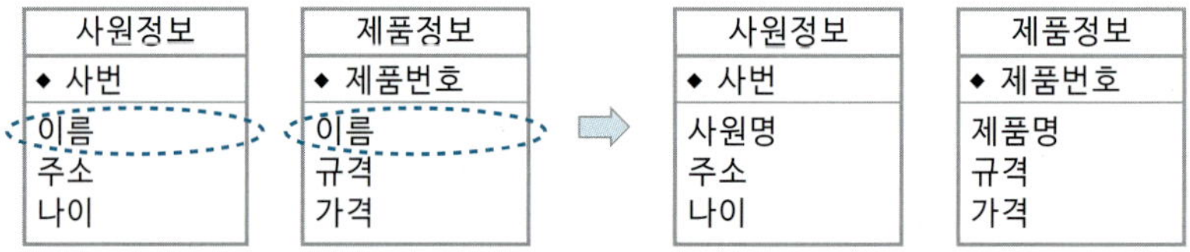

〈그림 10.15〉 속성 이름의 변경이 바람직한 경우

■ 날짜를 저장하는 속성이 올바로 구성되었는가?

날짜는 보통 연도, 월, 일로 구성되어 있다. 날짜를 속성으로 표현하는 방법은 〈그림 10.16〉과 같이 연도, 월, 일을 각각 속성으로 하는 경우와 연도, 월, 일을 합쳐 하나의 날짜 속성으로 표현하는 방법이 있다. 특별한 이유가 없다면 하나의 속성으로 표현한다. 그러나 통계를 위한 엔티티의 경우는 연도별, 월별, 일별로 데이터를 저장하는 것이 관리를 위해 필요한 경우도 있다. 따라서 날짜 속성의 용도에 따라 어떤 방식으로 구성할지를 선택하도록 한다.

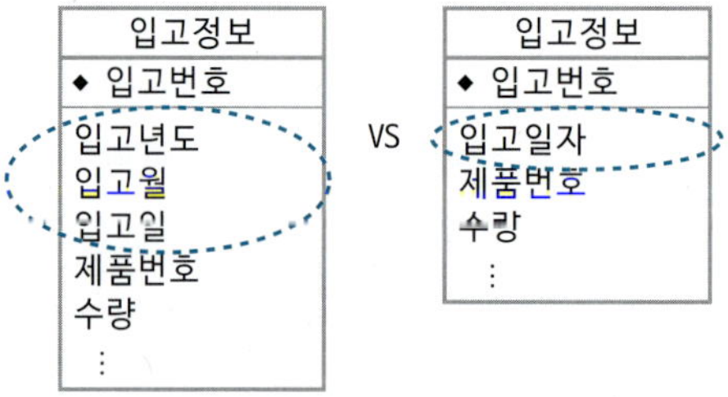

〈그림 10.16〉 날짜 속성의 표현 방법

■ 속성의 성격상 코드화해야 하는 것은 없는가?

코드의 필요성에 대해서는 이미 앞에서 설명하였다. 속성들 중에는 값을 직접 저장하는 것보다는 코드 엔티티를 만들고 코드 값을 저장하는 것이 바람직한 경우가 있다. 〈그림 10.14〉의 **제품입고정보** 엔티티를 살펴보자. 속성들 중 **납품업체** 속성은 코드화 검토 대상이 된다. 만일 납품업체가 제품입고에 대한 단순 참조 정보로 기록이 된다면 코드화할 필요가 없다. 그러나 검색의 기준이 되거나 통계를 낼 때 기준이 된다면 코드화하는 것이 필요하다. 납품업체를 코드화하지 않으면 납품업체 속성에는 아무 값이나 들어갈 것이다. 어떤 입고에는 "영진전기"라고 저장을 하고 어떤 제품에 대해서는 "(주)영진전기"라고 저장을 한다면 두 입고정보는 서로 다른 업체에서 입고된 것으로 취급될 것이다. 이러한 일을 막으려면 업체정보 엔티티를 새로 만들고 **제품입고정보** 엔티티에는 납품업체 코드 값을 저장하여야 한다. 〈그림 10.17〉은 업체정보 엔티티를 추가한 결과이다.

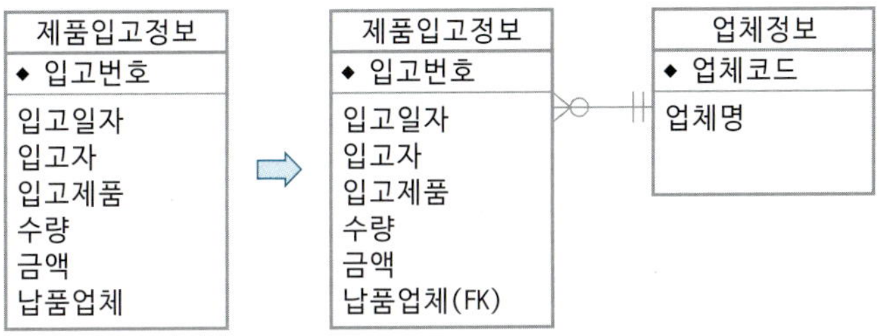

〈그림 10.17〉 납품업체 속성의 코드화

10.3.2 모델의 검토 중 속성의 추가 사례

이번 절에서는 7.2절에서 작성된 ERD에 대해 5.5절의 업무 분석 문서 중 사용자 요구사항 분석서를 보고 필요한 속성을 추가하는 과정을 설명하도록 한다.

① 이용자에게 발송할 우편물에 붙일 주소라벨을 출력할 수 있도록 한다.

주소라벨을 출력하려면 기본적으로 수신인, 주소, 우편번호가 필요할 것이다. 수신인, 주소는 **회원** 엔티티에 있지만 우편번호는 없다. 따라서 **회원** 엔티티에 **우편번호** 속성을 추가한다.

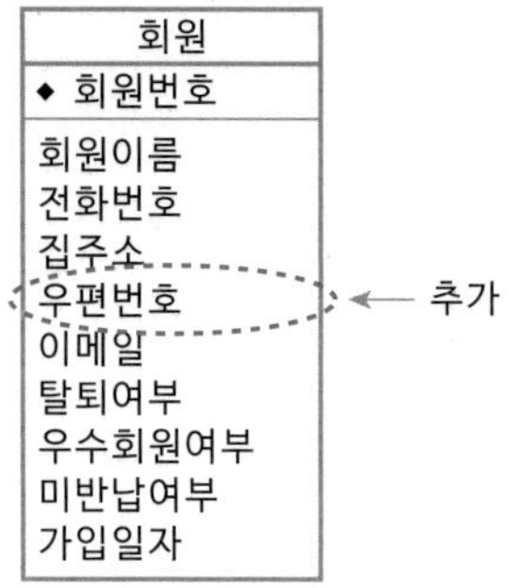

② 미납자 현황을 원하는 시점에서 즉시 확인할 수 있어야 한다.

미반납여부는 대출 엔티티에서 반납여부 속성의 값을 보면 알 수 있기 때문에 별도의 속성을 추가하지 않아도 된다.

③ 월간도서 대출 순위를 작성할 수 있어야 한다. (이용자들이 도서를 선택하는 데 도움을 주고자 함)

대출 순위는 **대출** 엔티티에서 **대출일**과 **도서관리번호**를 집계하여 산출할 수 있다. 따라서 별도의 속성이 추가되지 않아도 된다. 다만 월간도서 대출 순위 정보가 중요하고 빈번하게 검색이 되어야 한다면 별도의 엔티티를 만들어 집계한 값을 미리 저장해 놓고 사용하는 방법도 고려할 수 있다.

④ 대출 순위는 10위까지 혹은 20위까지로 하고 몇 순위까지 출력할지는 사용자가 정할 수 있어야 한다.

프로그램에서 대출 순위를 집계하면 1위부터 최하위까지 나올 것이다. 사용자가 몇 위까지 집계할 것인지를 선택할 수 있도록 하려면 사용자가 선택한 값이 어딘가에는 저장이 되어야 할 것이다. 그렇다면 어디에 저장하면 될까? 현재 ERD에 있는 엔티티들을 살펴보면 사용자의 설정값을 저장할 마땅한 엔티티를 찾을 수 없다. 결국은 새로 엔티티를 만드는 수밖에 없다.

일반적으로 시스템을 구축하다보면 환경변수 값에 의해 시스템이 작동되도록 해야 하는 경우가 많다. 예를 들면 특정 프로그램에 대해 지정된 시간 외에는 사용할 수 없도록 하려면 해당 프로그램의 사용 가능 시간을 환경변수로서 저장하고 있어야 한다. 따라서 환경변수들을 모아서 하나의 엔티티로 관리한다면 편리할 것이다. 〈그림 10.18〉은 환경변수를 관리하기 위한 엔티티와 실제 환경변수의 값이 저장된 테이블의 예를 보여준다. 환경변수 엔티티는 그 특성상 다른 엔티티들과 관계를 갖지 않는다.

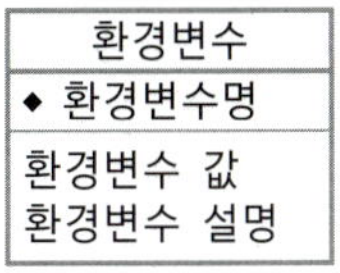

환경변수명	환경변수 값	환경변수 설명
LENT_BSET	10	대출 순위를 몇 위까지 계산하는가
ADMIN_ID	mario	관리자의 ID명
POPUP_YN	N	프로그램 시작 시 pop up 광고를 보일지 여부

〈그림 10.18〉 환경변수 엔티티와 테이블

⑤ 도서를 검색할 때 제목으로, 저자 이름으로, 출판사로 할 수 있어야 한다.

도서 정보 검색은 **도서** 엔티티가 지원할 수 있다. **도서** 엔티티에 **제목**, **저자**, **출판사** 속성이 있으므로 요구사항을 만족시키는 데 문제가 없다.

⑥ 시스템은 초보자도 사용하기 쉽도록 만들고, 직접 입력은 최소화하고 메뉴나 마우스 클릭에 의해 작업을 할 수 있도록 해야 한다.

이 요구사항은 데이터베이스의 설계를 통해 만족시킬 수 있는 사항이 아니라 프로그램의 개발 시 충족해야 할 요구사항이다. 따라서 데이터베이스의 설계에서는 무시한다.

업무분석서의 요구사항 이외에도 통계 엔티티의 생성에 따른 속성 추가 및 ERD 변경사항이 있다. 〈그림 10.10〉의 도서대출통계 엔티티를 보면 대분류 속성이 있는데, 이는 도서를 〈그림 10.19〉와 같은 듀이(Dewey)의 십진분류법에 따라 분류하여 통계를 작성하려는 것이다. 이와 같은 분류가 가능하기 위해서는 작품 엔티티에 분류 정보가 있어야 한다. 작품 엔티티에는 분류기호가 있어서 분류 정보의 저장이 가능하나, 대분류 번호가 아닌 "819.135 M787aKㄱ v.1"과 같은 상세분류 번호가 저장된다. 물론 이 데이터로부터 "800"이라는 대분류 번호를 추출할 수 있기는 하지만 SQL문에 의한 통계 추출이 어렵기 때문에 대분류 속성을 추가하는 것이 바람직하다. 또한 "800"이라는 대분류가 무엇을 의미하는지를 알 수 있기 위해서는 듀이의 십진분류표도 엔티티로 저장되어야 한다. 이를 종합하면 〈그림 10.20〉과 같이 된다.

000	총류
100	철학
200	종교
300	사회과학
400	언어
500	자연과학
600	응용과학
700	예술
800	문학
900	역사 및 지리

〈그림 10.19〉 듀이(Dewey)의 십진분류표

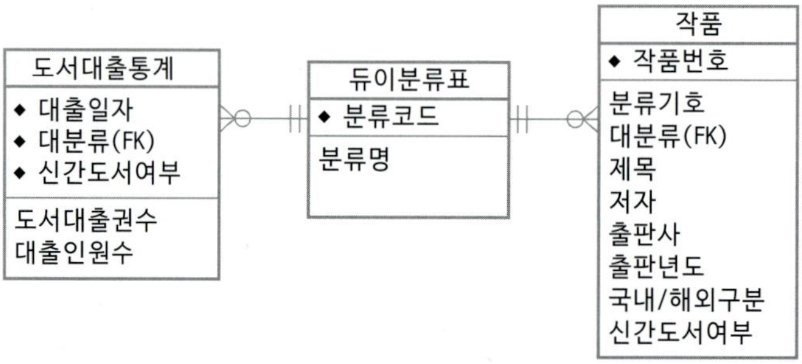

〈그림 10.20〉 대분류 속성 및 듀이분류표 엔티티의 추가

10.4 관계의 검토

관계에 대한 검토사항은 엔티티나 속성의 검토사항에 비해서 내용이 많지 않다. 관계에서 카디낼러티와 참여도가 올바로 설정되었는지를 검토하고 카디낼러티가 M:N 관계에 있는 것은 없는지를 검토한다. 카디낼러티가 M:N 관계에 있다면 관계의 조정을 필요로 한다. 이에 대해서는 다음 장에서 다루도록 한다. 관계에 대해서는 다음 두 가지 사항을 검토하기로 한다.

■ ERD상에서 다른 엔티티와 관계없이 독립적으로 존재하는 엔티티는 없는가?

일반적으로 엔티티들은 ERD상에서 상호 관계를 맺기 마련이다. 만일 홀로 떨어져 있는 엔티티가 있다면 올바로 모델링을 했는지 검토해야 한다. 홀로 떨어져 있는 경우는 엔티티가 존재할 필요가 없거나 아직 적절한 관계를 맺어주지 못한 경우이다. (통계 엔티티나 시스템의 환경변수를 저장하기 위한 엔티티는 다른 엔티티와 관계가 없이 홀로 존재하므로 예외이다.)

■ 관계를 너무 복잡하게 맺지는 않았는가?

관계를 설정해 줄 때 한 가지 유의할 사항은 엔티티들 사이의 모든 관계를 다 표시할 필요는 없다는 것이다. 〈그림 10.21〉에서 보는 바와 같이 엔티티 A, B, C가 서로서로 관계가 있다고 한다면 관계를 모두 표시하지 않고 A–B–C와 같이 표현해도 된다. A와 C는 B를 통해 간접적으로 연결을 가질 수 있다. 코드 엔티티의 경우 관계가 있는 엔티티가 많을 수가 있는데 관계를 모두 표현하다 보면 ERD가 너무 복잡해질 수가 있어서 ERD상에서는 관계를 생략하는 경우도 있다.

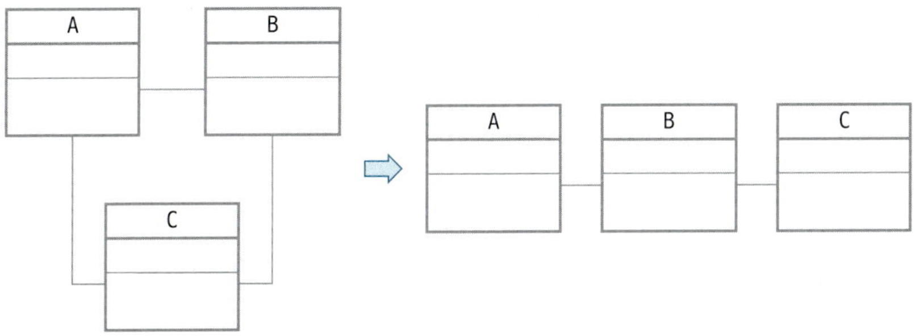

〈그림 10.21〉 복잡한 관계의 단순화

10.5 M:N 관계의 해소

현실세계의 의미에서 보았을 때 두 엔티티가 M:N 관계에 있다면 아직 완성되지 않은 모델로 간주하여 두 엔티티의 관계를 1:N, N:1의 관계로 조정하는 작업을 한다. 이와 같이 카디낼러티를 조정하기 위해서는 두 엔티티 사이에 연결 역할을 해주는 엔티티가 필요하다. 〈그림 10.22〉에 있었던 **제품**과 **제조업체** 엔티티를 가지고 이 과정을 설명한다. 〈그림 10.22〉에서 보는 바와 같이 한 제품은 여러 제조업체에서 생산할 수도 있고 한 제조업체는 여러 제품을 생산할 수 있기 때문에 **제품**과 **제조업체** 엔티티는 M:N 관계에 있다. M:N 관계에 있는 두 엔티티의 특징은 두 엔티티가 관계가 있음에도 불구하고 공유하는 속성이 없다는 것이다. 관계를 맺어주기 위해 어느 한쪽에 공유 속성을 넣게 되면 이상한 결과가 나타난다. 예를 들면 **제품** 엔티티에 **제조업체명** 속성을 추가했다고 한다면 〈그림 10.23〉에서 보는 바와 같이 하나의 제품은 하나의 업체에서만 만든다는 결론이 된다. **제조업체** 엔티티에 **생산제품** 속성을 추가해도 마찬가지이다.

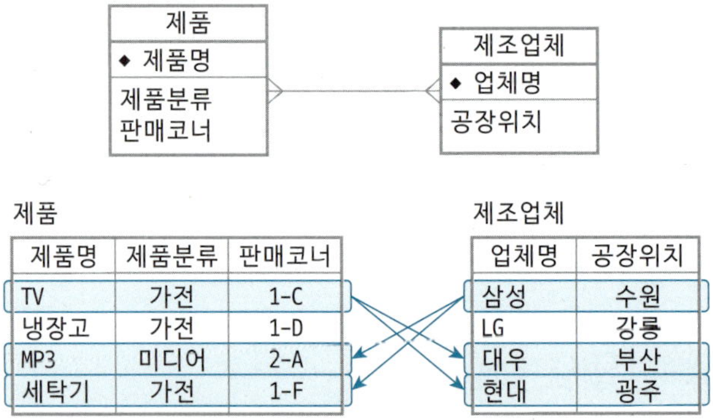

〈그림 10.22〉 M:N 관계의 두 엔티티

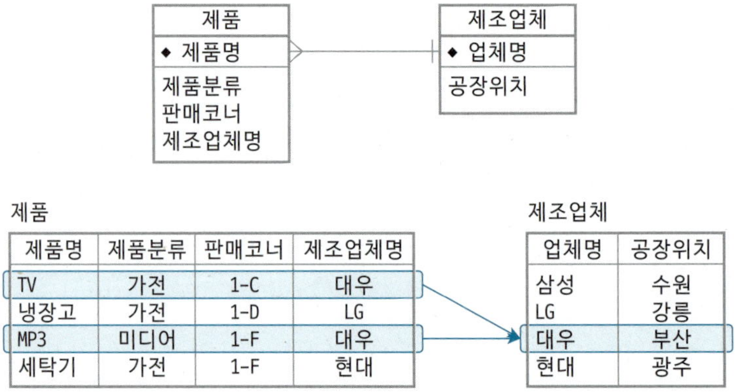

〈그림 10.23〉 공유 속성의 추가 시 문제점

두 엔티티 중 어느 한쪽에 공유 속성을 추가하는 방법으로는 M:N 관계를 해소할 수 없고 〈그림 10.24〉와 같이 두 엔티티를 연결해주는 새로운 엔티티를 추가해야 한다. 이때 새로 추가된 연결 엔티티의 주식별자는 연결 대상이 되는 두 엔티티의 주식별자를 함께 포함하게 된다. 이것은 공식처럼 적용되는 규칙이다.

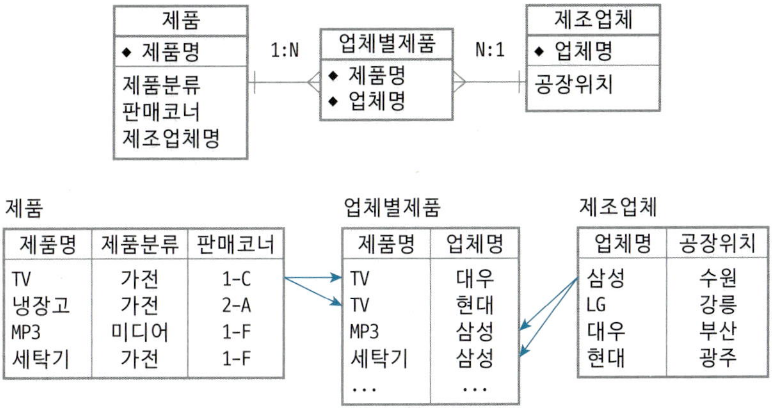

〈그림 10.24〉 M:N 관계 해소를 위한 엔티티의 추가

erwin에서는 M:N 관계를 풀어주는 기능을 제공한다. 먼저 ERD상에서 M:N 관계인 관계선을 선택한다. 그리고 메인 메뉴에서 [Actions] → [transformations] → [Remove Many to Many relationship]의 순서로 클릭한다. 그러면 〈그림 10.25〉와 같이 M:N 관계가 해소된 ERD를 볼 수 있다.

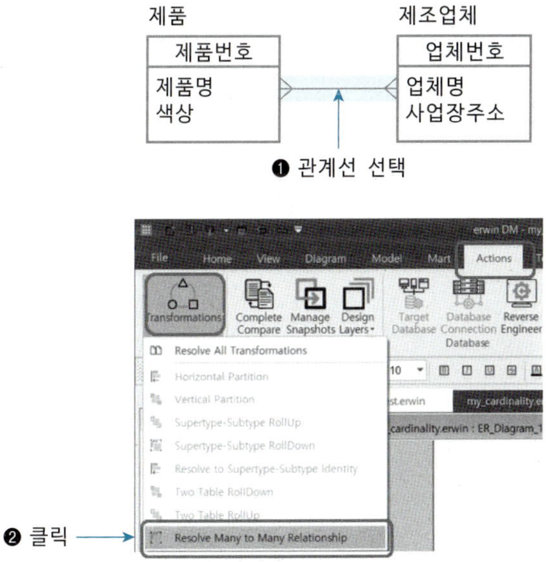

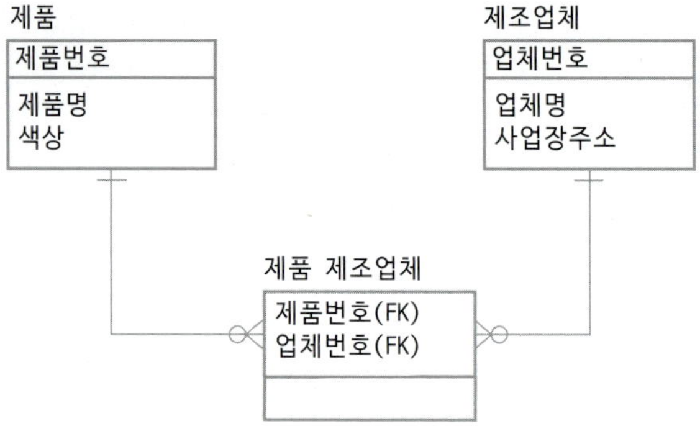

〈그림 10.25〉 모델링 도구에서 M:N 관계의 설정

10.6 프로세스 모델과의 통합 검토

데이터 모델에 대한 자체 검토가 끝나면 데이터 모델과 프로세스 모델의 통합 검토가 필요하며 이를 상관 모델링이라고 부른다(〈그림 10.26〉). 현실세계는 데이터의 관점에서 모델링할 수도 있지만 동시에 프로세스의 관점에서도 모델링해야 정보 시스템을 구축할 수 있다. 현실세계에서 데이터는 업무의 과정에서 생성되거나 사용된다. 다른 말로 표현하면 특정 업무 프로세스에 의해 생성되거나 사용되는 것이다. 따라서 데이터는 특정 프로세스와 관련을 맺기 마련이다. 이러한 관련성이 올바로 파악되었는지를 확인하기 위해서는 데이터 모델과 프로세스 모델을 함께 검토하는 상관 모델링 과정이 필요하다.

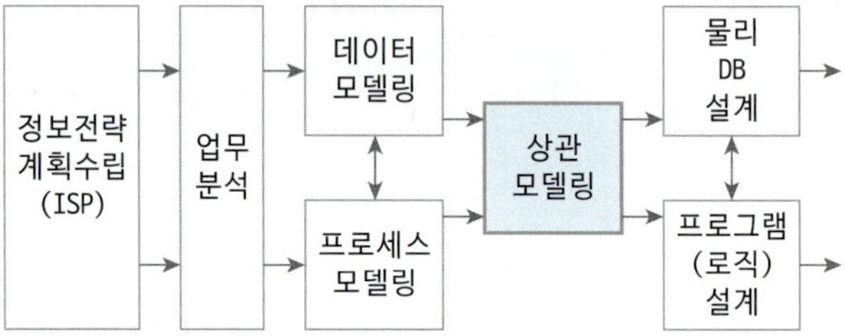

〈그림 10.26〉 상관 모델링

상관 모델링을 위해서는 〈그림 10.27〉에 있는 바와 같이 CRUD 매트릭스를 많이 이용한다. CRUD는 Create, Read, Update, Delete를 의미한다. CRUD 매트릭스의 세로축에는 프로세스명을 나열하고 가로축에는 엔티티 이름을 나열한다. 〈그림 10.27〉에서 거래처 엔티티와 '거래처 등록' 프로세스가 만나는 지점에 'C'가 기록되어 있는데 그 의미는

'거래처 등록' 프로세스에서 거래처 정보를 생성(create)한다는 것을 의미한다. 이와 같이 CRUD 매트릭스는 어떤 프로세스가 어떤 엔티티를 생성, 조회, 수정, 삭제하는지를 나타내는 도표이다.

어떤 엔티티가 올바른 엔티티라면 반드시 그 엔티티를 생성(create)하는 프로세스가 있어야 하고, 조회(read)하는 프로세스가 있어야 한다. 실제 상황은 아니지만 CRUD 매트릭스가 〈그림 10.27〉과 같다면 **주문서** 엔티티를 생성하는 프로세스가 없는데, 생성 프로세스가 누락되어 있다는 것을 알 수 있다. 이 경우는 해당하는 프로세스를 생성시켜 주어야 한다. 또한 **도서** 엔티티의 경우 생성은 되었지만 아무 프로세스에서도 조회하지 않고 있기 때문에 도서 엔티티를 관리할 필요가 있는지를 검토해 보아야 한다. 현실세계에서 사용되지 않는 데이터는 데이터베이스 안에 존재할 이유가 없기 때문이다.

엔티티 / 프로세스	거래처	주문서	거래명세서	도서정보
거래처 등록	C			C
도서 등록				
주문 신청	R			
도서 납품	R	R	C	
주문 취소		D	D	
거래처 조회	R			

〈그림 10.27〉 CRUD 매트릭스의 예 테이블

이와 같이 상관 모델링은 데이터 모델과 프로세스 모델이 상호 적합성이 있는지를 판단하는 중요한 절차이다. 본 교재에서는 프로세스 모델링 부분에 대해서는 다루고 있지 않기 때문에 도서 관리 업무 ERD가 프로세스 모델과 적합한지는 판단할 수 없다. 그러나 실제 프로젝트에서는 반드시 이루어져야 하는 과정임을 기억하도록 하자.

10.7 모델의 검토 사례 : 도서관 관리

10장에서는 작성된 ERD를 검토하는 과정에 대해 설명하였다. 지금까지 도서관 업무에 대하여 모델링 및 검토 과정을 거쳐 변경된 최종적인 ERD는 다음과 같다.

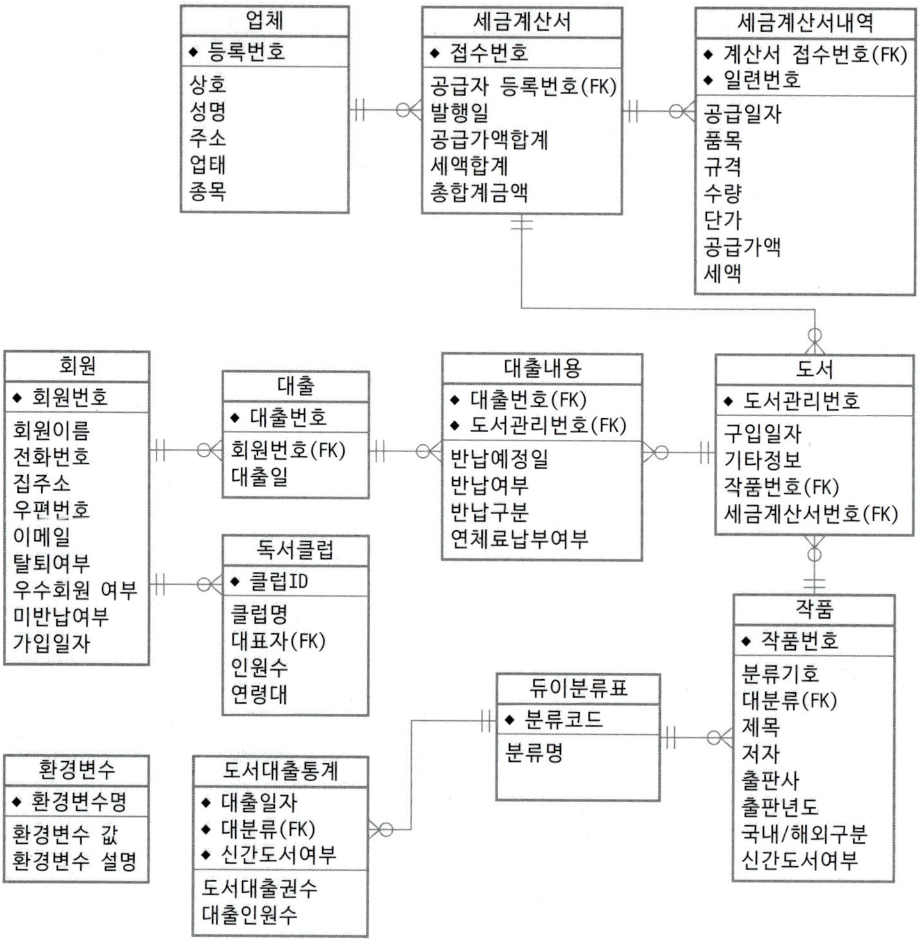

〈그림 10.28〉 도서관 업무에 대한 ERD

연습문제

1. 〈그림 10.28〉의 대출 관련 엔티티에서 회원이 도서를 반납할 때 연체 여부를 확인하여 연체 횟수를 관리하려고 한다. (나중에 우수회원 선별 시 사용하고자 한다.) ERD를 어떻게 수정하면 되겠는가? 해결 방법을 두 가지만 제시하시오. (여러 방법이 있을 수 있음.)

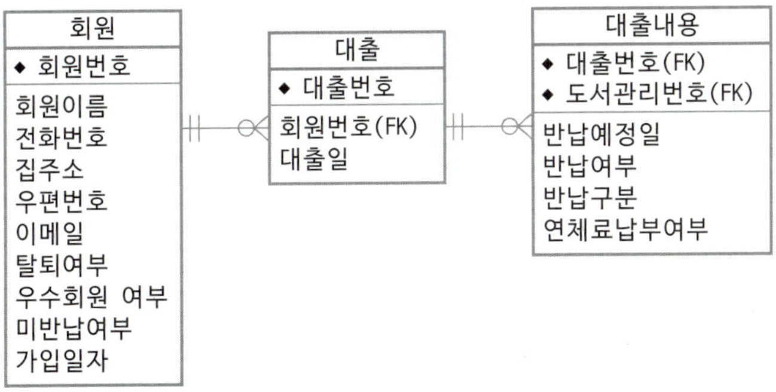

(대출 내용의 연체료납부여부는 연체사실을 확인하는 정보로 사용 불가)

2. 〈그림 10.28〉의 작품 엔티티에 대해 다음과 같은 요구사항이 추가되었다. 추가된 요구사항을 만족하도록 ERD를 수정하시오.

- 출판사는 코드 관리를 한다.
- 각 작품은 도서등급 정보(어린이, 청소년, 성인)를 관리한다.
- 도서등급 역시 코드 관리를 한다.

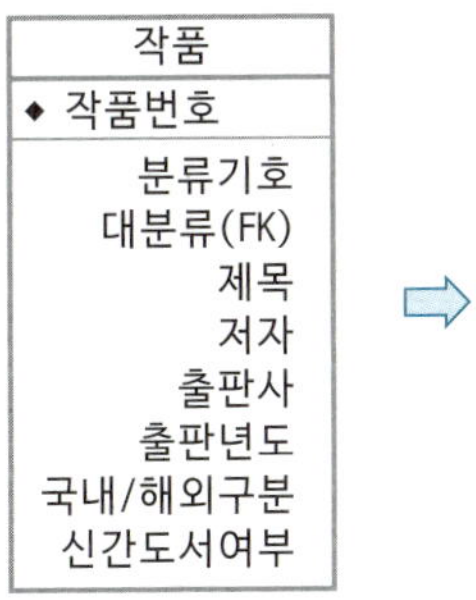

3. 다음은 대학의 학사관리 시스템에서 과목 엔티티와 강사 엔티티를 표현한 것이다. 일반적으로 한 과목은 여러 강사에 의해 강의가 이루어질 수 있고(분반이 여럿인 경우) 한 명의 강사는 여러 과목을 강의할 수 있다. 따라서 과목과 강사의 카디낼러티는 M:N이다. 10.5절의 내용을 적용하여 M:N 관계를 해소하시오.

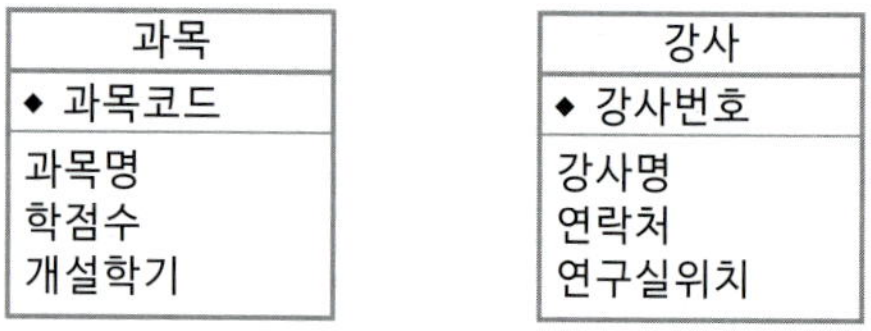

4. 다음은 학생의 수강과목 정보를 관리하기 위한 ERD이다. 이 ERD의 문제점을 지적하고 ERD를 올바로 수정하시오. (한 학생은 여러 과목을 수강할 수 있다.)

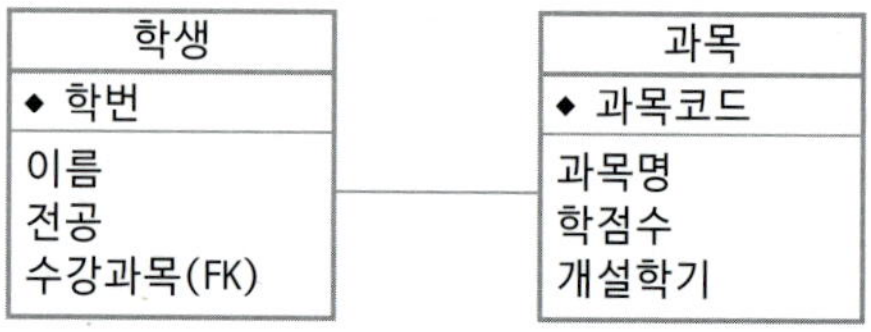

5. 다음의 엔티티는 경품행사 응모자의 정보를 저장하기 위한 엔티티와 데이터가 저장된 실제 테이블의 일부이다. 필요에 의해서 지역과 응모분야를 코드 관리한다고 할 때 엔티티가 어떻게 변화되어야 하는지 ERD를 작성하고, ERD에 따라 실제 데이터가 입력된 테이블들을 작성하여 보시오.

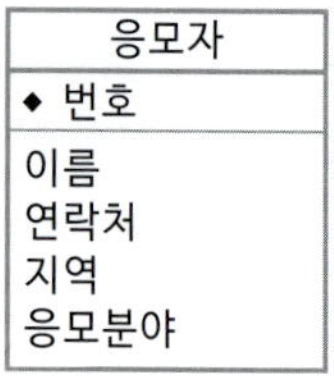

번호	이름	연락처	지역	응모분야
1	서민석	345-1212	서울	전자제품
2	최지혜	241-2423	대구	자전거
3	이지민	267-2313	서울	자전거
4	박병준	412-2331	부산	전자제품
5	박진서	342-5621	대구	주방용품
...	...	...	...	...

6. 국가별로 주력 상품 정보를 저장하려고 한다. 국가 엔티티와 상품 엔티티를 만들었을 때 한 국가에서 여러 상품을 주력으로 할 수도 있고, 한 상품이 여러 국가의 주력 상품일 수도 있기 때문에 국가와 상품 엔티티의 관계는 M:N이다. 10.5절을 참고하여 M:N 관계를 해소하는 ERD를 작성하여 보시오. 국가와 상품 엔티티의 속성들 및 주식별자는 적당히 생각하여 4개 정도씩 만들어 보시오.

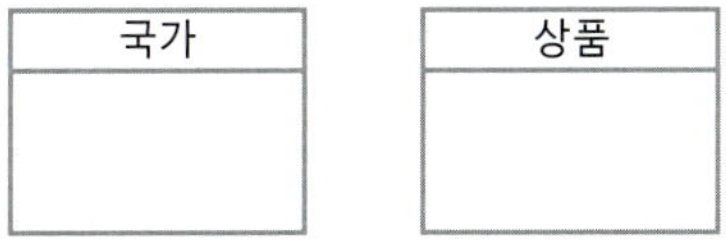

7. 도서와 작품의 관계가 다음과 같다. 도서관에 서적류뿐만 아니라 비디오자료, 전자서적(eBook) 등도 함께 비치하려고 한다.

- 도서의 종류를 구분할 수 있는 속성을 추가하시오. (어느 엔티티에 추가할지 주의)
- eBook을 위해 웹사이트 주소 속성을 추가하시오.
- 도서의 파손 여부를 저장하기 위한 속성을 추가하시오.

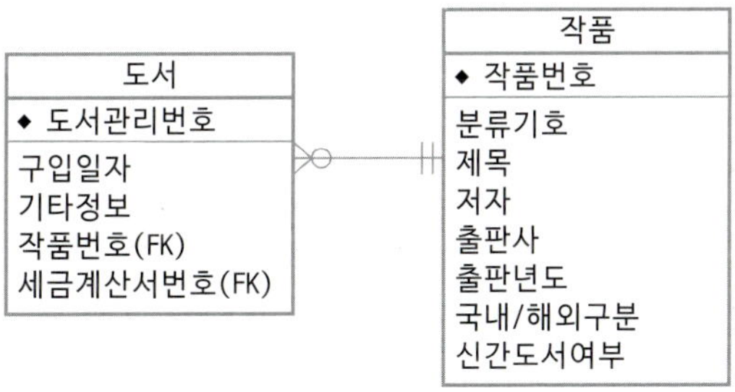

실전 예제

※ 다양한 요리를 위한 레시피를 데이터베이스에 저장하고 웹사이트를 통해 공개하려고 한다. 이 데이터베이스에는 요리에 사용되는 각종 재료들에 대한 정보(특징, 영양성분 등)도 함께 관리할 예정이다. 이에 필요한 ERD를 설계하여 보시오.

위의 경우와 같이 관리해야 할 정보는 명확하나 실제 ERD를 작성하려면 막연한 경우가 종종 있다. 차근차근 파악되는 엔티티부터 채워가면서 문제점을 수정하다보면 ERD를 완성할 수 있다. 우선 1차로 파악되는 엔티티는 요리와 재료이다. 또한 조리도구도 필요할 것이다. 기본적인 속성들을 포함하여 다음과 같이 ERD를 그린다.

이제 레시피를 위한 엔티티를 추가해 보자. 하나의 요리 레시피에는 재료, 도구, 조리순서, 조리방법 등이 포함될 것이다. 따라서 레시피 엔티티는 요리, 재료, 도구 엔티티와 모두 관계를 맺는다.

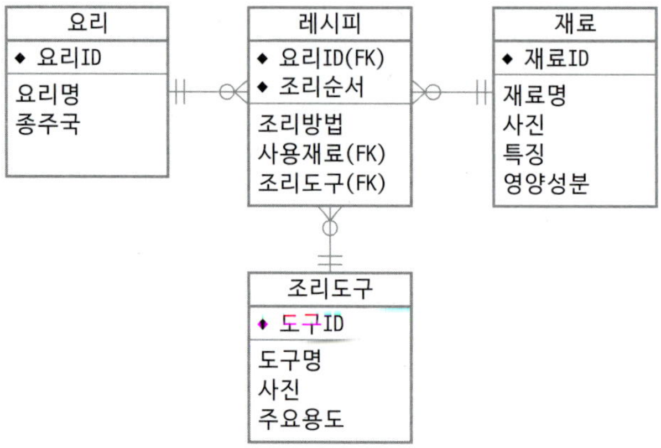

이와 같이 설계를 하면 대략 완성이 된 것처럼 보인다. 그런데 이 설계의 문제는 레시피의 특정

조리 순서에 대해서 하나의 재료와 하나의 조리도구만 입력할 수 있다는 것이다. 그러나 현실에서는 여러 재료를 동시에 조리하면서 여러 조리도구를 사용하기도 하므로 이 ERD는 현실적이지 못하다. 그렇다면 특정 요리에 관련된 재료와 조리도구 정보를 연결하려면 어떻게 하는 것이 바람직한가? 다음과 같이 바꾸어 본다.

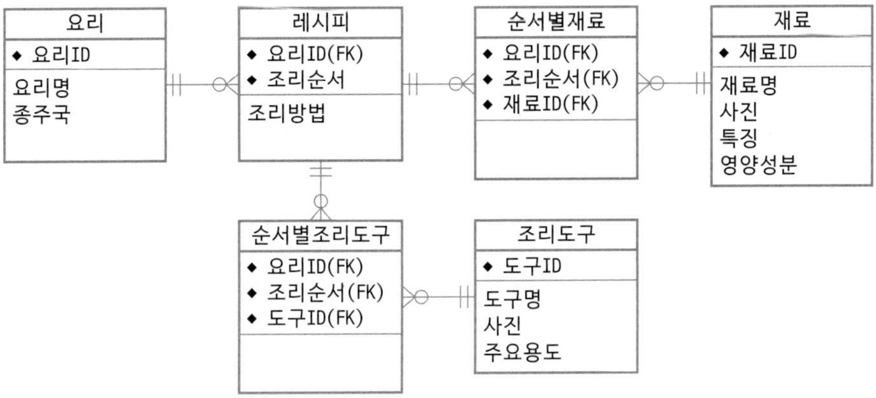

위와 같이 하면 조리 순서별로 다수의 재료와 다수의 조리도구를 연결하여 정보를 제공할 수 있다. 그런데 재료와 조리도구를 굳이 조리 순서 레벨까지 상세하게 정보를 제공할 필요가 있는지 의문이 생긴다. 단지 어떤 요리에 어떤 재료와 조리도구가 필요한지 정도만 정보를 제공해도 충분하다면 ERD는 다음과 같이 수정되어야 한다.

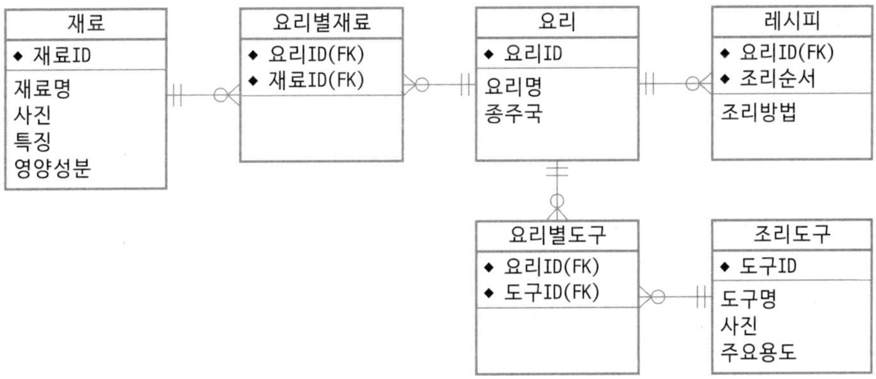

이와 같이 ERD는 정보를 어떻게 활용할 것인가에 따라 그 모양이 달라질 수 있다.

PART

03

물리적 데이터베이스 설계

PART 03 학습목표

- 논리적 모델을 물리적 모델로 전환하는 방법을 배운다.
- 도구를 사용하여 데이터베이스를 구축하는 방법을 배운다.

CHAPTER

11

논리적 설계를 물리적 설계로 전환하기

contents

CHAPTER 11

논리적 설계를 물리적 설계로 전환하기

| 단원목표 |

- 논리적 설계 결과를 물리적 설계로 전환하는 방법을 배운다.
- 반정규화의 필요성과 방법에 대해 이해한다.

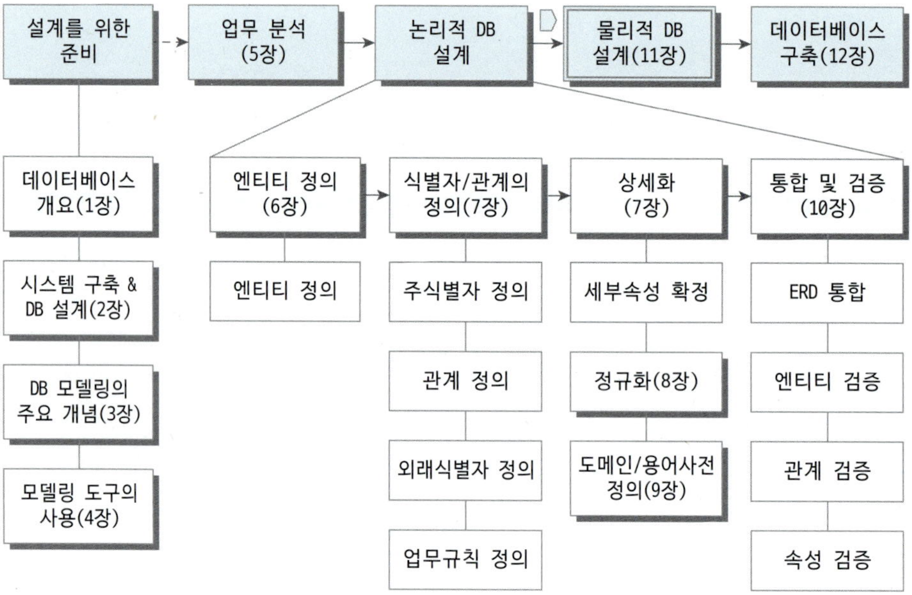

11.1 개요

제2부에서는 논리적 데이터베이스 설계(다른 용어로 데이터 모델링)에 대하여 배웠다. 논리적 데이터베이스 설계의 결과물은 ERD이다. ERD는 특별한 DBMS를 염두에 두고 작성하지 않는다. 그러나 물리적 설계의 단계에서는 사용하고자 하는 DBMS 제품에 맞추어 데이터베이스의 구축 직전까지의 내용을 준비하게 된다. 물리적 설계 단계에서는 ERD에서의 엔티티, 관계, 속성 등의 요소가 테이블, 컬럼, 키 등으로 변환되고 성능을 고려하여 반정규화 과정을 거치게 된다. 또한 인덱스와 뷰를 설계하게 된다. 물리적 데이터베이스 설계의 입력물은 논리적 ERD이고 산출물은 물리적 ERD이다(〈그림 11.1〉). 물리적 데이터베이스 설계의 산출물은 데이터베이스를 구축하는 데 이용된다.

〈그림 11.1〉 데이터베이스 설계 과정

논리적 ERD, 물리적 ERD는 일반적으로 통용되는 용어는 아니나 이해를 돕기 위해 논리적 설계에서 작성된 ERD를 '논리적 ERD'라고 칭하고 물리 설계 단계로 전환된 ERD를 '물리적 ERD'라고 칭하기로 한다. 〈그림 11.11〉을 보면 논리적 ERD와 물리적 ERD의 차이를 알 수 있다.

11.2 테이블, 컬럼, 키로의 전환

물리적 데이터베이스의 기본적인 내용은 논리적 설계의 산출물인 ERD의 요소들을 관계형 데이터베이스의 요소들로 전환하는 것이다. 〈그림 11.3〉은 ERD의 각 요소들이 관계형 데이터베이스의 어떤 요소로 전환되는지를 요약하여 보여준다.

논리적 DB 설계 (데이터 모델링)	물리적 DB 설계
DBMS의 종류나 제품에 상관없이 진행 (ERD는 어떤 데이터베이스를 사용해도 적용 가능)	특정 DBMS를 전제로 진행 (적용 DBMS의 특성을 고려함)
엔티티(entity)	테이블(table)
속성(attribute)	컬럼(column)
주식별자(primary identifier)	기본키(primary key)
외래별자(foreign identifier)	외래키(foreign key)
–	뷰(view)
–	인덱스(index)

〈그림 11.2〉 논리적 DB 설계와 물리적 DB 설계의 비교

논리적 설계(데이터 모델링)	물리적 설계	데이터베이스
엔티티(entity) →	테이블(table) →	테이블
속성(attribute) →	컬럼(column) →	컬럼
주식별자(primary identifier) →	기본키(primary key) →	기본키
외래식별자(foreign identifier) →	외래키(foreign key) →	외래키
관계(relationship) →	관계(relationship) ↗ (외래키)	
관계의 카디낼러티 →	관계의 카디낼러티 →	-
관계의 참여도 →	관계의 참여도 →	외래키 컬럼의 null 허용 여부

〈그림 11.3〉 ERD 요소들의 전환

■ 엔티티 → 테이블

먼저 엔티티를 테이블로 전환하는 경우 외관상으로는 큰 차이가 없다. 다만 논리적 ERD 상에서 엔티티라고 부르던 것을 테이블이라고 바꾸어 부르게 된다. (엄밀히 말하면 엔티티와 테이블은 차이가 있지만 일반적으로는 동일시해도 큰 문제는 없다.) 물리적 설계의 결과는 데이터베이스 구축의 기본 자료이므로 테이블 이름은 한글 대신 영어 이름이 많이 쓰인다. (한글 테이블 이름, 컬럼 이름을 지원하는 DBMS도 있지만 여러 가지 이유로 영문 이름이 널리 사용되고 있다.) 이때 사용하는 영문 이름은 용어사전에 미리 정의되어 있으므로 그대로 가져다 쓰면 된다. (9장의 9.2.3절 참조)

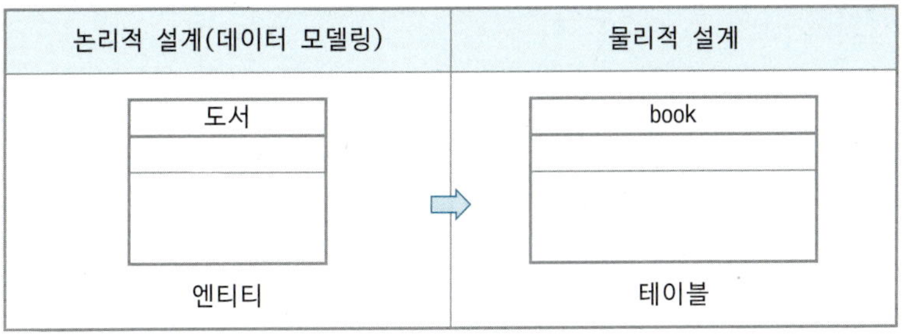

〈그림 11.4〉 엔티티 → 테이블 전환

■ 속성 → 컬럼

논리적 설계의 속성은 물리적 설계의 컬럼으로 전환된다. 컬럼은 속성과는 달리 데이터 타입을 갖는다. 컬럼에 대한 데이터 타입은 정의된 도메인을 참조한다(9장의 9.1.1절 참조). 속성명 역시 한글이 아닌 영문을 사용한다.

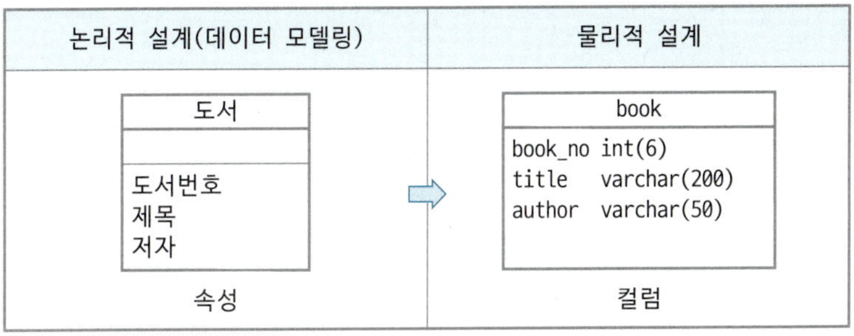

〈그림 11.5〉 속성 → 컬럼 전환

■ 주식별자 → 기본키, 외래식별자 → 외래키

주식별자, 외래식별자는 거의 기계적으로 기본키, 외래키로 대응된다.

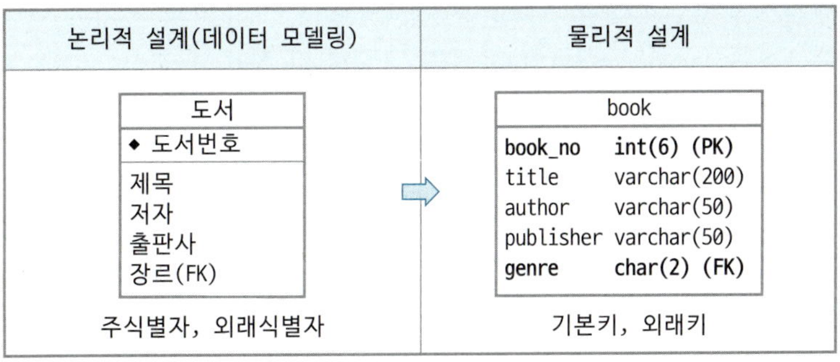

〈그림 11.6〉 주식별자, 외래식별자 → 기본키, 외래키 전환

■ 관계의 전환

논리적 설계에서 엔티티 간의 관계(relationship)는 물리적 설계에서도 그대로 유지가 되나 실제 데이터베이스가 구축 단계에서는 관계가 직접 저장이 되는 것이 아니라 외래키에 의해 간접적으로 표현된다. 테이블 A가 테이블 B를 참조하는 관계에 있다면 테이블 A의 외래키는 테이블 B의 기본키 컬럼과 일치한다.

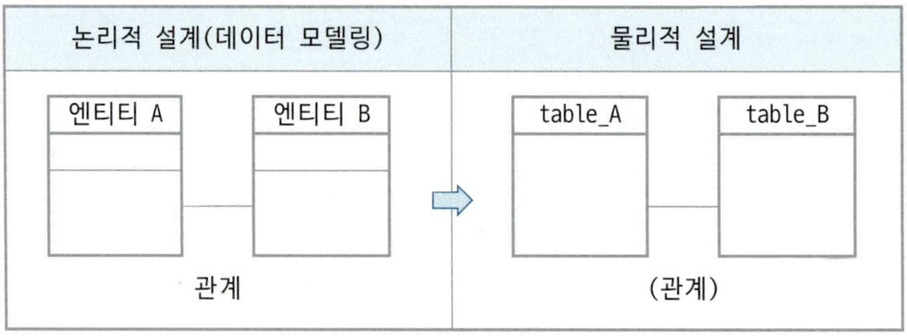

〈그림 11.7〉 관계의 전환

논리적 설계에서 관계의 카디낼러티(단일/다중 여부)도 물리적 설계에 그대로 유지된다. 그러나 데이터베이스 구축 시점에서는 데이터베이스 내에 직접적으로 저장되지 않는다. 관계의 카디낼러티는 설계 시점에서 두 엔티티 혹은 테이블 간의 관계를 보다 명확히 보여주는 역할만 한다.

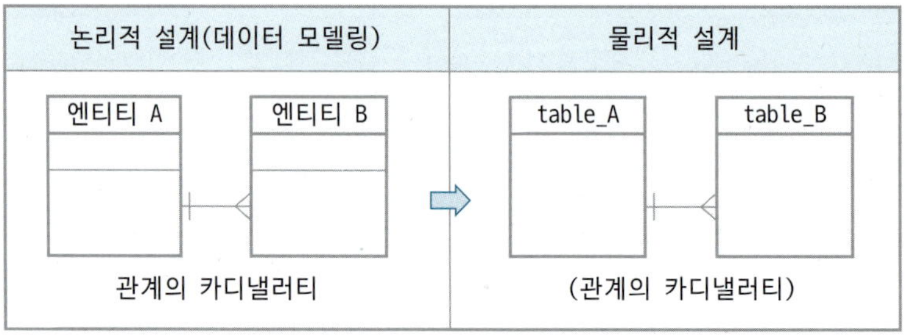

〈그림 11.8〉 관계의 카디낼러티 전환

논리적 설계에서 관계의 참여도(선택/필수 여부)도 물리적 설계에서 그대로 유지된다. 물리적 설계에서 관계의 참여도는 논리적 설계 단계에서 각 엔티티 간의 관계를 이해하는 데 도움을 주는 것으로 물리적 설계 단계에서도 변화는 없다. 관계의 참여도는 실제 데이터베이스에는 저장되지 않는다.

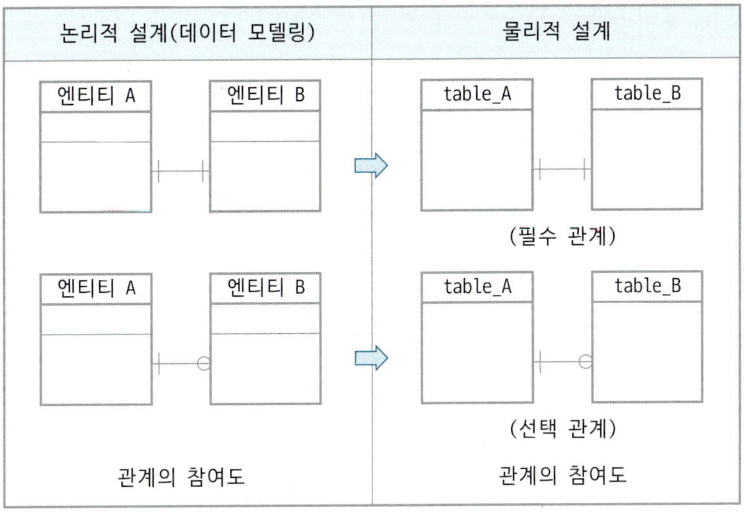

〈그림 11.9〉 관계의 참여도 전환

erwin을 이용하여 물리적 모델링을 하는 경우는 세 단계로 이루어지는데, ① 논리모델 화면을 물리모델 화면으로 전환, ② 한글 엔티티명을 영어로 변경, ③ 속성 편집 창에서 속성명을 영어로 변경하고 자료형(data type) 등을 설정한다.

① 논리모델을 물리 모델로 전환

논리모델과 물리모델 간의 전환은 여러 가지 방법이 있는데, 가장 간단한 방법은 다음과 같이 메뉴에서 옵션을 변경하는 것이다. (전환 옵션이 보이지 않으면 erwin 윈도우 화면을 옆으로 늘리면 나타난다.)

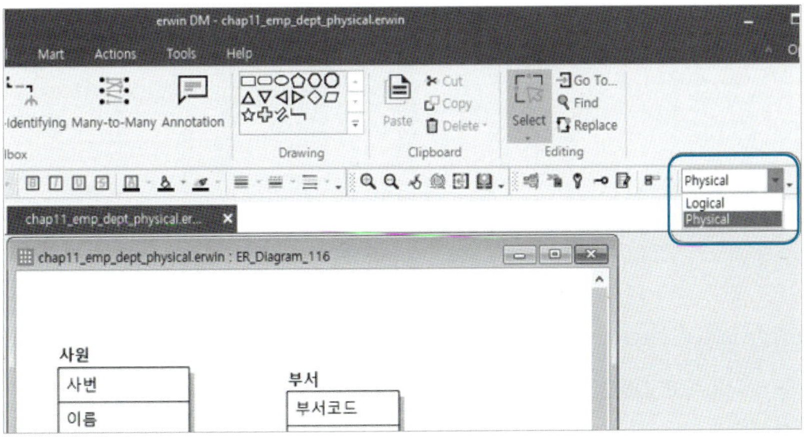

② 논리모델을 물리 모델로 전환

물리모델(Physical)로 전환된 상태에서 엔티티명을 다음과 같이 영어로 변경한다. 엔티티명을 영어로 바꾸어도 논리모델의 한글 엔티티명은 그대로 유지된다.

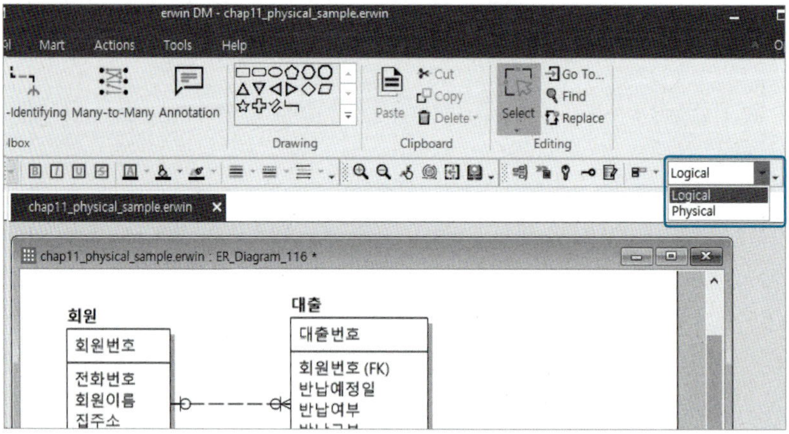

③ 속성의 편집

편집대상 엔티티를 선택 후 마우스 오른쪽 버튼을 클릭하면 메뉴가 표시되는데 여기서 [Column Properties]를 선택하면 다음 화면 오른쪽과 같이 엔티티 속성 편집창이 나타나는데 여기서 필요한 부분을 편집하면 된다.

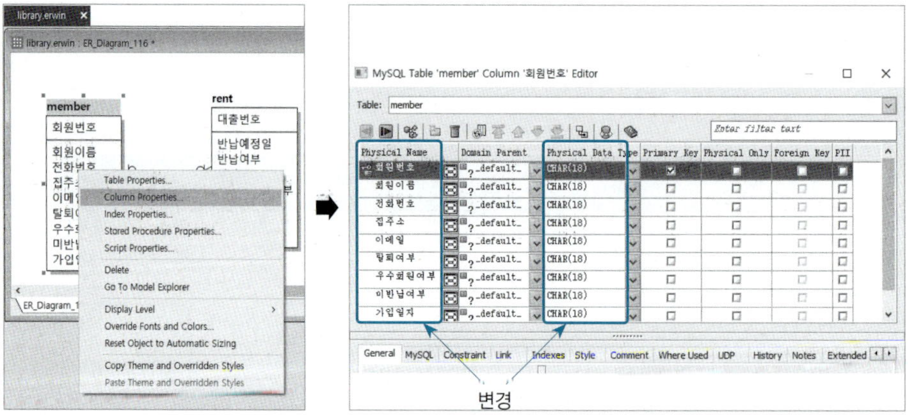

물리모델의 편집은 주로 속성명(Physical Name)을 영어로 바꾸는 것과 자료형(Physical Data Type)을 목표 DBMS에 맞게 설정하는 것이다.

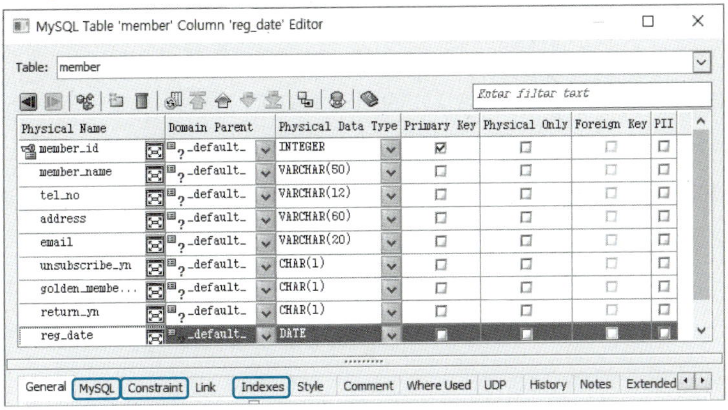

속성명과 자료형의 설정 외에도 편집화면 하단의 서브탭을 통해 속성별로 다양한 내용을 추가로 편집할 수 있는데 주요 서브탭의 기능은 다음과 같다.

MySQL	Null, Not Null 여부를 설정할 수 있다.
Constraint	도메인, 초기값, 값의 범위를 설정할 수 있다.
Indexes	속성에 대해 인덱스를 지정할 수 있다.

다음은 완성된 물리 ERD이다.

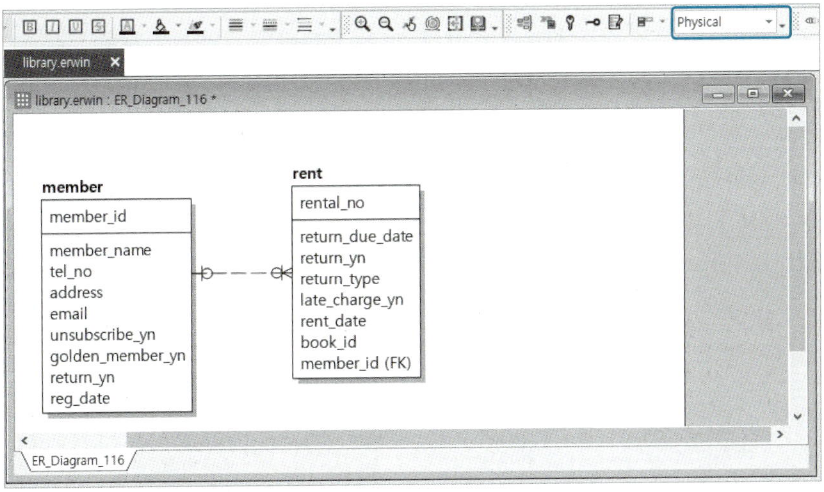

11.3 반정규화

반정규화 과정이 없다면 논리적 ERD를 물리적 ERD로 전환하는 작업은 거의 기계적으로 수행할 수 있다. 반정규화(de-normalization)는 정규화와 대비되는 개념으로 정규화의 목적이 ERD에 포함되어 있는 중복을 제거함으로써 데이터를 정확하게 관리하는 것, 즉 데이터의 무결성 유지에 있다면 반정규화의 목적은 그 반대로 어느 정도의 중복은 감수하고 데이터베이스의 성능(특별히 검색 속도)을 향상시키는 것이다. 데이터베이스는 정보를 올바로 관리하는 것도 중요하지만 다수 사용자가 동시에 이용하는 속성상 일정 성능을 유지하는 것도 매우 중요하다.

정규화 과정은 엔티티들을 분리하는 형태로 진행이 된다면 반정규화 과정은 엔티티들을 통합해 가는 형태로 진행한다. 반정규화를 할 것인지 아닌지는 데이터의 무결성 유지가 중요한지 데이터베이스의 성능이 중요한지에 따라 결정된다. 성능상의 이유로 불가피하게 반정규화를 수행하는 경우에는 데이터의 무결성에 문제가 생길 수 있으므로 이에 대한 보완책을 마련하여야 한다. 무엇보다 반정규화를 하지 않고도 성능을 향상시킬 수 있다면 그것이 더 바람직한 대안이다. 이번 절에서는 대표적인 반정규화의 사례들을 살펴봄으로써 어떤 경우 정규화를 하는 것이 성능 향상에 도움이 되는지를 배우도록 한다.

Case 1. 엔티티의 통합/분할에 의한 반정규화

두 개의 엔티티 A, B가 참조 관계에 있고 항상 두 엔티티를 조인하여 자료를 검색한다고 하자. 만일 두 개의 엔티티를 C라는 하나의 엔티티로 통합한다면 A, B를 조인하여 검색하는 것보다는 C에서 검색하는 것이 검색 속도가 빠를 것이다. 두 개의 엔티티를 통합하여 반정규화하는 경우는 이와 같이 항상 혹은 대부분 조인에 의한 검색을 하고, 검색이 빈번히 이루어지는 두 개의 엔티티를 대상으로 한다. 〈그림 11.10〉은 두 개의 엔티티를 하나로 통합하는 예를 보여준다.

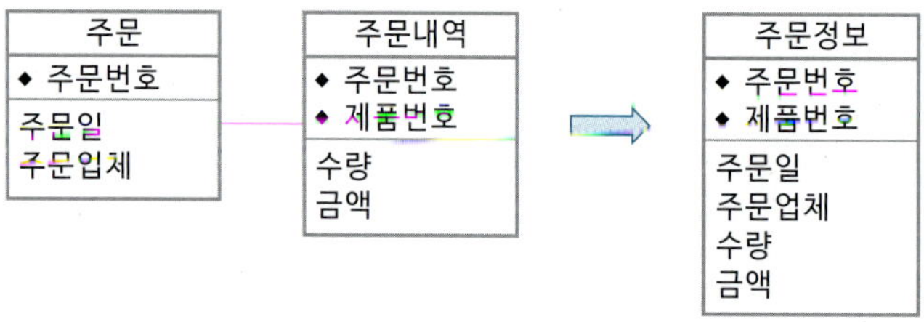

〈그림 11.10〉 두 엔티티의 통합에 의한 반정규화

두 개의 엔티티를 통합하기 전의 경우에는 모든 주문정보를 보려면 다음과 같이 SQL 문을 작성한다.

```
SELECT 주문번호, 주문일, 주문업체, 제품번호, 수량, 금액
FROM   주문, 주문내역
WHERE  주문.주문번호 = 주문내역.주문번호 ;
```

그러나 두 개의 엔티티를 통합하면 다음과 같은 SQL문을 사용한다.

```
SELECT 주문번호, 주문일, 주문업체, 제품번호, 수량, 금액
FROM   주문정보;
```

이와 같이 엔티티를 통합하면 조인 연산에 걸리는 시간을 단축할 수 있기 때문에 검색 성능의 향상을 기대할 수 있다. 단, 반정규화된 엔티티 **주문정보**에는 데이터의 중복이 존재할 수 있기 때문에 중복 데이터 사이에 불일치가 발생하지 않도록 응용프로그램에서 처리를 하거나 다른 대안을 마련하여야 한다.

엔티티에 대한 반정규화가 반드시 엔티티의 통합에 의해서만 달성될 수 있는 것은 아니다. 경우에 따라서는 엔티티를 분할함으로써 반정규화를 할 수도 있다. 〈그림 11.11〉은 속성을 기준으로 엔티티를 수직분할한 경우이다.

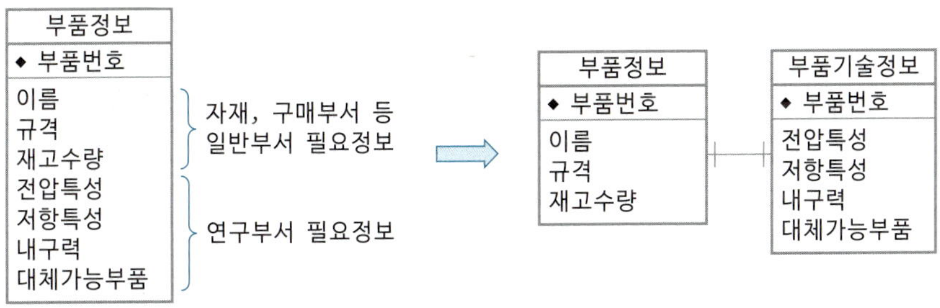

〈그림 11.11〉 엔티티 수직분할에 의한 반정규화

이와 같이 엔티티를 수직분할하는 경우는 엔티티의 튜플 수 및 속성의 수가 매우 많고, 엔티티의 속성들이 그룹화되어 각 그룹이 특정 부서 혹은 응용프로그램에 의해서만 사용될 때이다. 엔티티에 데이터가 저장될 때 엔티티의 데이터량이 많으면 많을수록 검색 속도가 느려진다. 따라서 엔티티의 분할은 데이터량을 줄임으로써 성능 향상을 도모하는 방법이다. 두 엔티티를 수직분할하면 두 엔티티의 카디낼러티는 1:1 관계가 된다.

엔티티는 경우에 따라 〈그림 11.12〉와 같이 수평분할을 하기도 한다. 엔티티의 수평분할은 속성을 기준으로 하지 않고 튜플의 조회 빈도를 기준으로 한다.

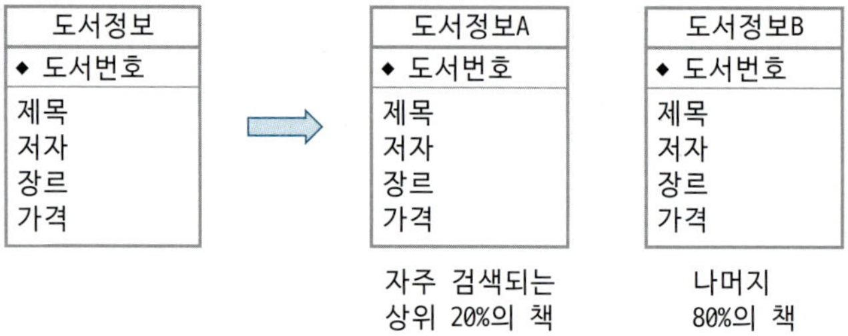

〈그림 11.12〉 엔티티 수평분할에 의한 반정규화

〈그림 11.12〉의 왼쪽에 있는 **도서정보** 엔티티는 어떤 인터넷 서점에서 판매하는 도서에 대한 정보를 저장하기 위한 것이다. 이 서점은 약 10만 권의 책을 구비하고 있다(도서정보 테이블에 10만 개의 튜플 저장). 일반적으로 모든 도서가 균등하게 판매되거나 검색되지는 않을 것이다. 자주 검색되는 책이 있는가 하면 1년에 한 번 검색되는 책도 있을 것이다. 검색 빈도에 따라 자주 검색되는 책을 따로 모아 놓는다면 검색 속도가 향상될 수 있다. 이러한 경우 20:80의 법칙이 유용하게 적용될 수 있다. 20:80의 법칙을 적용하면 대략 상위 20%의 책이 전체 검색 빈도의 80%를 차지한다고 말할 수 있다. 따라서 〈그림 11.12〉의 오른쪽과 같이 자주 검색되는 도서와 그렇지 않은 도서를 구분하여 저장하면 자주 검색되는 도서에 대해서는 검색 속도가 향상될 수 있다. (응용프로그램에서는 먼저 도서정보 A에서 검색을 하고 없으면 도서정보 B에서 검색을 하도록 한다.) 엔티티를 수평분할하면 두 엔티티의 속성은 동일하고 두 엔티티는 아무 관계도 성립하지 않는다.

Case 2. 속성의 중복에 의한 반정규화

〈그림 11.10〉의 예를 다시 살펴보자. 주문내역에 대해 자주 검색이 이루어지는데 주문 엔티티와 조인하여 주문업체 정보를 참조한다고 하자. 〈그림 11.10〉과 같이 두 엔티티를 하나로 통합하여 통합된 엔티티로부터 검색을 하는 것도 한 가지 방법이겠지만 조인하여 가져다 사용하는 속성의 수가 적을 때는 엔티티의 통합은 비효율적이다. 그보다는 조인에 의해서 가져오는 속성을 중복해서 저장하는 편이 더 합리적이다. 〈그림 11.13〉은 엔티티를 통합한 대신 속성을 중복하여 저장하는 경우를 보여준다. 이렇게 하면 조인을 하지 않아도 주문내역으로부터 주문업체 정보를 알 수 있다.

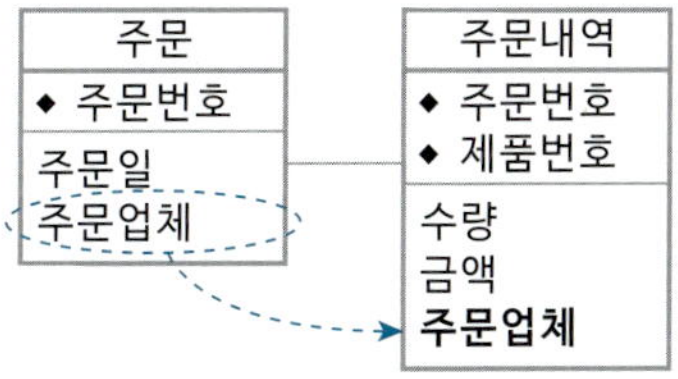

〈그림 11.13〉 속성의 중복에 의한 반정규화

Case 3. 관계에 대한 반정규화

관계에 대한 반정규화는 속성의 중복에 의한 반정규화와 비슷하다. 차이가 있다면 중복을 하는 속성이 다른 엔티티와의 관계를 맺어주기 위한 외래키로 사용된다는 것이다. 〈그림 11.14〉의 예를 보자. 〈그림 11.14〉는 생산업체에 제품을 주문하고, 주문된 제품이 입고된 내역을 관리하기 위한 ERD의 일부이다. 창고 관리자는 제품이 입고되면 입고정보를 등록한다. 그런데 입고되는 제품이 어떤 업체로부터 왔는지 업체명을 알기 위해서는 **주문내역-주문-업체**와 모두 조인을 해야 알아낼 수 있다. 이와 같은 불편을 없애기 위해 입고정보에 어떤 업체로부터 왔는지 업체번호를 저장함으로써 업체정보와 직접 관계를 맺어줄 수 있다(〈그림 11.15〉). 이렇게 되면 **주문내역-주문**을 거치지 않아도 업체 엔티티와 바로 조인하여 업체에 대한 정보를 알 수 있다.

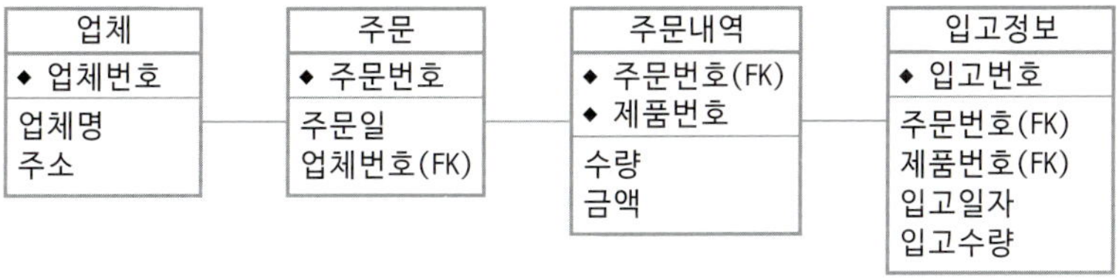

〈그림 11.14〉 조인 경로가 복잡한 엔티티

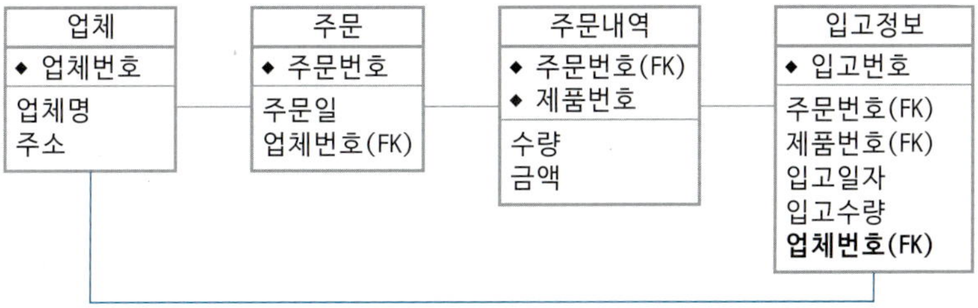

〈그림 11.15〉 관계에 대한 반정규화

11.4 뷰의 설계

뷰(view)의 필요성과 기능에 대해서는 1장에서 설명하였다. 물리적 설계 단계에서 해야 할 일 중의 하나는 응용프로그램의 구현 시 사용할 뷰를 설계하는 일이다. 뷰를 설계하면 〈그림 11.16〉과 같이 뷰 정의서를 작성한다. 뷰 정의서에서 SQL은 실제 뷰를 생성하기 위한 SQL문이다. 뷰의 정의는 데이터베이스의 시스템 카탈로그에 저장이 되지만 뷰가 어떻게 정의되었는지를 알아보려면 DBMS에 따라 매우 번거로운 작업이 될 수 있다. 따라서 반드시 뷰 정의서를 작성해 보관하는 것이 나중에 뷰를 관리하는 데 도움이 된다. 실제 프로젝트에서는 설계 단계에서 기본적인 뷰들이 작성되고, 응용프로그램의 개발 단계에서 개발자의 요구에 따라 나머지 뷰들을 생성하는 경우가 많다.

뷰명	뷰 설명	관련테이블	SQL
High_salary _emp	회계시스템과 인터페이스	emp	SELECT empno, ename, hiredate FROM emp WHERE sal > 3500

〈그림 11.16〉 뷰 정의서의 예

많은 모델링 도구들이 뷰를 정의하고 저장하는 기능을 지원한다. 이렇게 정의된 뷰는 도구를 이용하여 데이터베이스가 생성될 때 데이터베이스 안에 함께 생성된다. 본 교재에서 사용하는 도구를 이용하여 뷰를 정의해 보도록 한다.

① 메인 메뉴에서 [Home] → [View]를 선택 후 ERD의 빈 곳을 클릭한다. 그러면 뷰를 입력할 수 있는 템플릿이 생성된다.

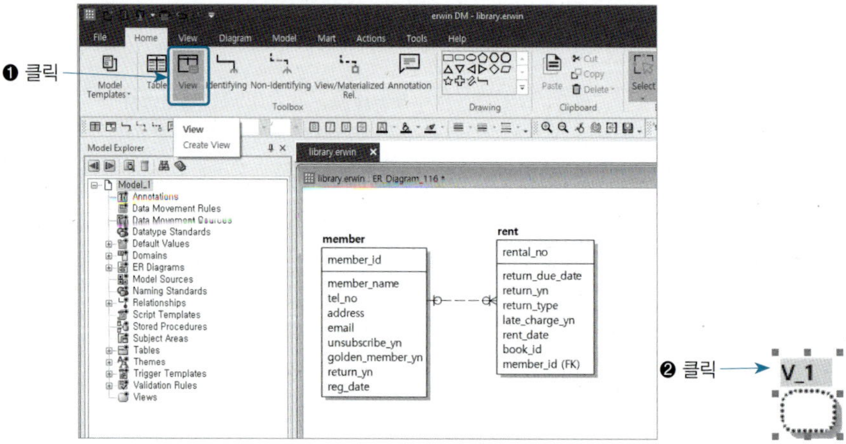

② 다음과 같이 뷰의 이름을 입력한다.

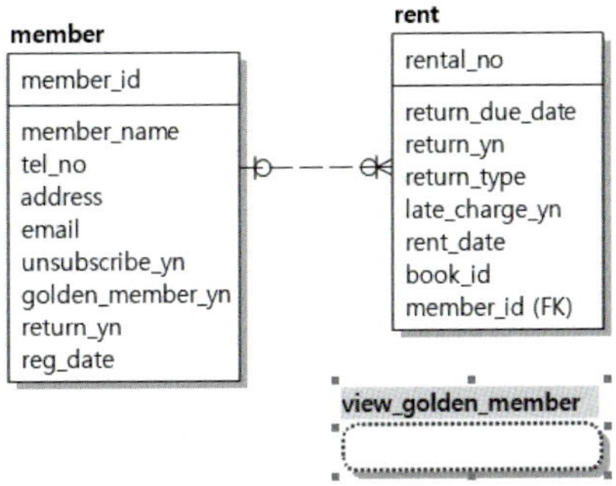

③ 뷰가 선택된 상태에서 마우스 오른쪽 버튼을 클릭하면 메뉴가 표시되는데, 여기서 [View Properties]를 선택한다. 뷰 편집화면이 표시되면 다음과 같이 [From], [Select], [Clauses]의 순서로 뷰를 생성하는 SQL을 입력한다.

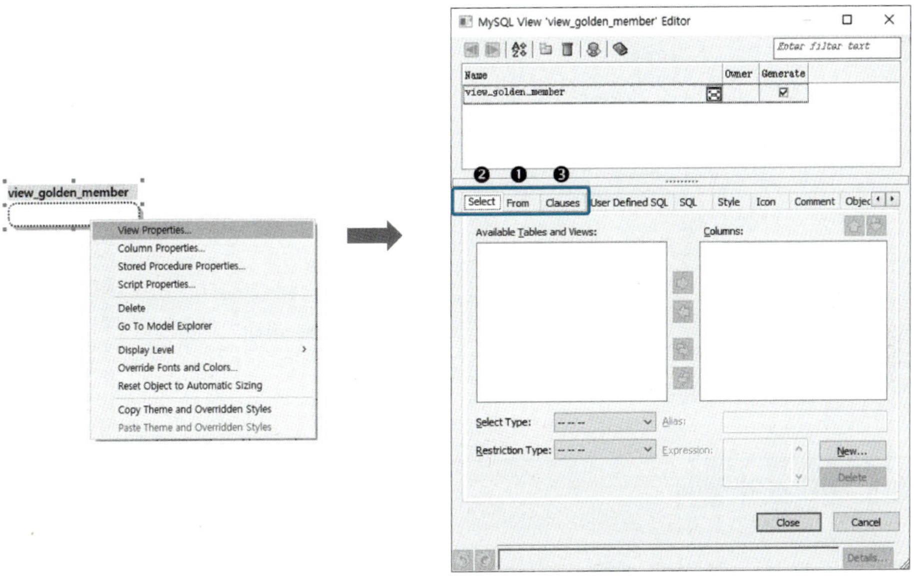

④ 다음과 같이 [From] 탭에서 뷰가 정의될 테이블을 선택한다. [Select] 탭에서는 뷰에 포함될 속성(컬럼)을 선택한다. [Clauses] 탭에서 튜플 선택을 위한 조건을 입력하고 하단의 [Close] 버튼을 클릭하여 작업을 마친다. (erwin에서는 뷰를 생성하는 SQL문의 오류를 검사하지 않으니 주의하여 입력해야 한다.)

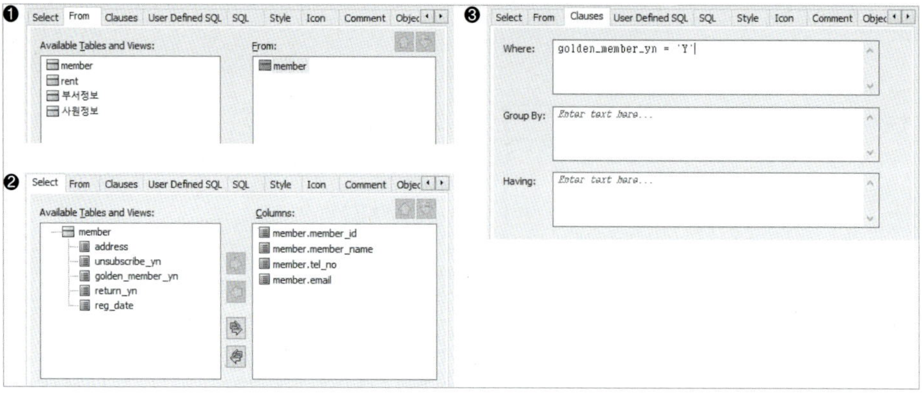

⑤ 완성된 뷰가 포함된 ERD는 다음과 같다.

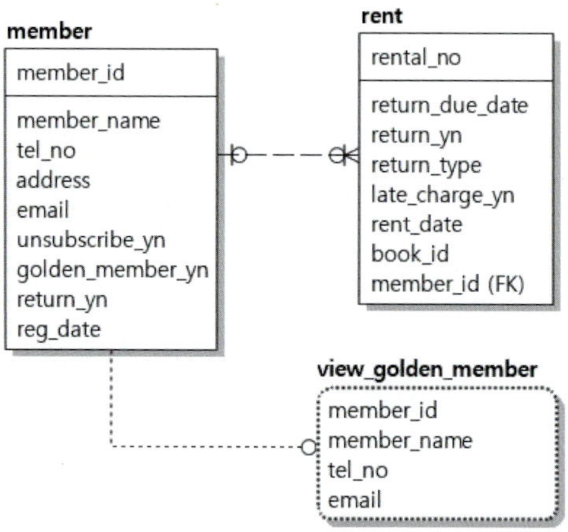

11.5 인덱스의 설계

인덱스(index)는 테이블에 대한 검색 속도를 향상시킬 수 있는 확실한 수단이다. 인덱스의 설계에 대해 설명하기 전에 먼저 인덱스의 개념에 대해 알아보도록 한다. 인덱스는 책 뒤에 붙어 있는 색인을 생각하면 된다. 어떤 책에서 찾아보고 싶은 내용이 있을 때 주제어를 가지고 색인에서 페이지를 찾은 다음 해당 페이지로 가서 원하는 내용을 찾으면 빠르게 찾을 수 있다. 이와 유사한 개념을 대량의 데이터로부터 원하는 데이터를 찾는 일에 적용할 수 있다.

〈그림 11.17〉과 같이 10만 명의 고객에 대한 정보가 테이블에 저장되어 있다고 가정해 보자. 응용프로그램에서는 고객의 이름을 가지고 고객정보를 검색하기 원한다. 특별한 방법이 없다면 프로그램은 테이블의 첫 번째 튜플부터 시작하여 하나하나 튜플을 읽은 뒤 튜플의 **고객이름**이 찾고자 하는 고객이름과 비교하여 일치될 때까지 검색을 계속한다. 운이 좋으면 첫 번째 검색에서 원하는 튜플을 찾을 수 있겠지만 최악의 경우는 10만 번째 검색에서 찾게 된다. 이와 같은 검색 방법을 **'순차 접근'**이라 하며 sequential search 또는 full scan이라고 부른다. 순차 접근에 의한 검색은 튜플 수가 많아지면 시간이 매우 오래 걸리기 때문에 데이터베이스와 같이 대량의 데이터에 대한 검색 방법으로는 적당하지 않다.

고객번호	이름	성별	전화번호	취미
98001	김철수	M	111-2323	등산
98002	홍길동	M	731-4325	낚시
98003	김영희	F	456-1763	등산
98004	박순섭	F	345-4352	여행
98005	강고인	M	633-2156	낚시
98006	류용신	F	354-2323	여행
...	...	...	...	...

〈그림 11.17〉 고객정보의 예

만일 10만 개의 고객정보가 〈그림 11.18〉과 같이 이름의 가나다순으로 정렬되어 있다면 **'이진 검색(binary search)'**과 같은 알고리즘에 의해 적은 횟수의 검색만으로 원하는 튜플을 찾을 수가 있다. 그러나 고객정보가 수시로 입력되거나 삭제되는 상황에서 10만 명의 정보를 정렬한 상태로 유지하는 것은 비용이 많이 들어서 현실성이 없다. 인덱스는 이와 같은 상황에서 고객정보를 정렬한 것과 유사한 효과를 주는 방법으로서 〈그림 11.19〉와 같은 구조로 되어 있다. 인덱스는 검색의 기준이 되는 컬럼만을 뽑아 정렬한 상태를 유지하고 있으며 인덱스의 각 튜플은 원래 데이터가 저장되어 있는 테이블에 대응하는 튜플의 주소값을 가지고 있다. 사용자가 고객 '홍길동'에 대한 검색을 DBMS에게 요청하면 DBMS는 먼저 인덱스에서 홍길동을 검색하여 튜플의 주소를 알아낸 뒤 데이터가 저장된 테이블에서 주소를 가지고 튜플을 찾게 된다. 인덱스는 항상 정렬된 상태를 유지하고 있으므로 인덱스에서 이름을 찾는 것은 빠른 시간에 할 수 있다.

고객번호	이름	성별	전화번호	취미
98005	강고인	M	633-2156	낚시
98003	김영희	F	456-1763	등산
98001	김철수	M	111-2323	등산
98006	류용신	F	354-2323	여행
98004	박순섭	F	345-4352	여행
98002	홍길동	M	731-4325	낚시
...	...	...	...	...

〈그림 11.18〉 이름에 의해 정렬된 고객정보

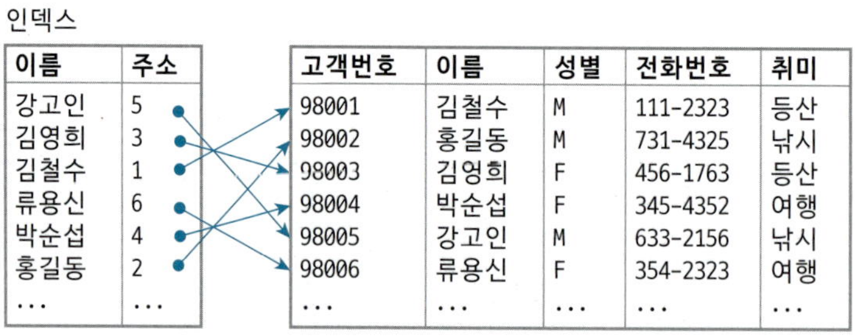

〈그림 11.19〉 이름에 대한 인덱스를 가진 고객정보

참고로 어떤 테이블에서 튜플을 검색할 때 검색 시간이 짧은 순으로 검색 방법을 나열하면 다음과 같다.

① 찾고자 하는 튜플의 주소값(보통 ROW-ID라고 부른다)을 알면 한 번의 검색으로 찾을 수 있다.
② 해시(hash) 함수를 적용할 수 있도록 데이터가 저장된 경우
③ 인덱스를 가지고 검색
④ 순차 접근에 의한 검색

튜플의 주소값은 일반적인 경우 알 수가 없고 해시 함수를 적용하려면 충분한 저장 공간이 있어야 하므로 인덱스가 검색 속도를 높이는 가장 보편적인 수단이 된다.

인덱스로 검색 속도를 높일 수 있다면 모든 컬럼에 대해 인덱스를 만들면 좋지 않을까라는 생각을 할 수 있겠지만 이것은 바람직하지 않다. 인덱스는 저장 공간을 차지할 뿐만 아니라 항상 정렬 상태를 유지하고 있어야 하기 때문에 튜플이 추가되거나 삭제되면 인덱스도 재정렬되어야 한다. 인덱스의 수가 많으면 인덱스를 재정렬하는 데 많은 시간이 소모되므로 DBMS의 성능을 저하시킨다. 그러므로 인덱스는 꼭 필요한 컬럼에 대해서만 지

정을 해야 한다. 다음은 인덱스의 지정에 대한 일반적인 지침이다.

- 인덱스로 지정하는 컬럼은 SQL의 WHERE절에서 비교 대상이 되는 컬럼 또는 JOIN에 사용되는 컬럼이어야 한다.
- 튜플의 수가 적으면(예: 200~300개) 인덱스를 지정하여도 별 효과가 없다.
- 인덱스로 지정한 컬럼에 의해 검색했을 때 검색 결과가 전체 튜플의 10~15% 미만일 때 인덱스의 효과가 있다. 예를 들면 '성별' 컬럼은 가질 수 있는 값이 'M' 또는 'F'이기 때문에 성별에 값을 주어 검색하면 전체 튜플의 50% 정도가 검색 결과에 포함될 것이다. 이런 경우는 인덱스를 통해 검색하는 것보다 순차 접근에 의해 데이터를 읽어오는 것이 더 빠르다.

인덱스에 대해 한 가지 알고 있어야 하는 사실은 대부분의 DBMS에서 테이블의 기본키로 지정된 컬럼에 대해서는 자동적으로 인덱스를 만들어준다는 사실이다. 그 이유는 대개 기본키 컬럼이 검색의 기준이 되는 경우가 많고 튜플의 중복 여부 확인 등의 작업에 이용하기 위해서이다.

모델링 도구에서 인덱스를 지정하는 방법은 다음과 같다. 회원(member) 테이블의 전화번호(tel_no) 컬럼에 인덱스를 설정하는 예를 가지고 알아보도록 한다.

① 회원 테이블에서 컬럼 에디터를 열어서 [Indexes] 탭으로 이동 후 인덱스 생성 아이콘을 클릭한다. 그러면 인덱스 편집창이 표시된다.

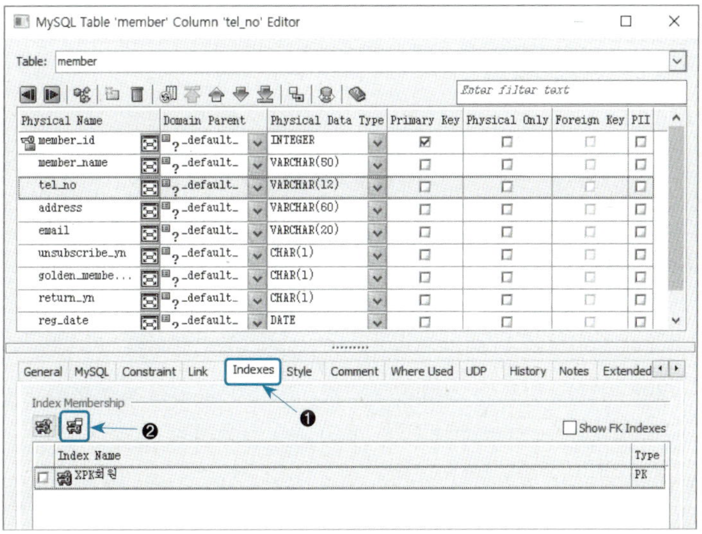

② 인덱스 편집창 상단의 ❶의 아이콘 클릭 후 [New Unique Index]를 선택한다. 그러면 새로운 인덱스 항목이 하나 추가되는데, 인덱스 이름을 알아보기 쉬운 것으로 편집한다. 그리고 인덱스를 지정하기 원하는 컬럼을 선택해주면 된다. 인덱스 컬럼 지정 시 오름차순(Ascending)과 내림차순(Descending)을 선택할 수 있는데 보통 오름차순으로 한다. [Close] 버튼을 클릭하여 작업을 종료한다.

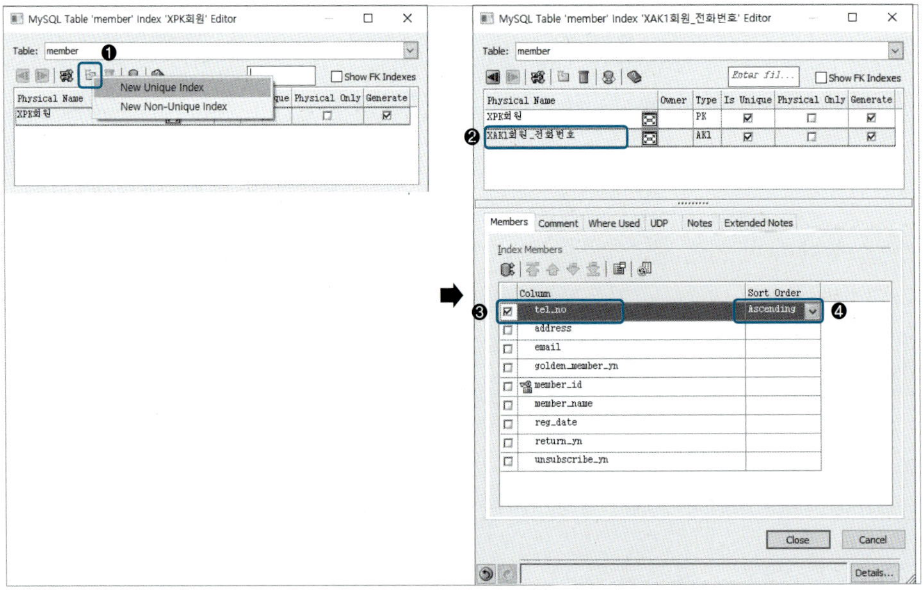

인덱스는 다음과 같이 두 종류 중 하나를 선택할 수 있다.

- Unique Index: 인덱스를 지정하려는 컬럼에 중복된 값이 입력되는 것을 허용하지 않음
- Non-Unique Index: 인덱스를 지정하려는 컬럼에 중복된 값이 입력되는 것을 허용

11.6 테이블 기술서

물리적 데이터베이스 설계의 목적은 특정 DBMS 제품 안에 테이블, 인덱스, 뷰 등의 객체를 생성하기 위한 자료를 만드는 것이다. 물리적 ERD가 물리적 데이터베이스 설계의 산출물이기는 하지만 개별 테이블에 대한 보다 자세한 문서화를 필요로 한다. 모델링 도구에 테이블에 대한 정보가 저장되어 있지만 여러 가지 이유로 테이블 하나하나에 대한 출

력된 문서를 필요로 한다. 이와 같은 이유로 만들어진 문서를 테이블 기술서라고 한다. 테이블 기술서는 모델링 도구가 발달하지 않아서 수작업으로 데이터베이스를 설계하던 시절에 널리 사용되었고 모델링 도구를 사용하는 오늘날도 물리적 데이터베이스 설계의 내용을 표현하는 수단으로 사용되고 있다. 〈그림 11.20〉은 테이블 기술서의 예이다. 테이블 기술서에는 하나의 테이블에 대한 모든 정보가 상세히 기술되어 있어서 데이터베이스를 기반으로 응용프로그램을 작성하는 개발자나 유지보수 담당자에게 매우 유용하다.

<table>
<tr><td colspan="2">Name</td><td colspan="2">Orders</td><td colspan="2" rowspan="2">Table 기술서</td><td>작성일</td><td>2021. 11. 23</td><td rowspan="2">page
/</td></tr>
<tr><td colspan="2">System</td><td colspan="2">컴퓨터부품관리</td><td>작성자</td><td>한 소 연</td></tr>
<tr><td colspan="2">Description</td><td colspan="7">주문 정보를 가지고 있는 테이블</td></tr>
<tr><td>NO</td><td>Column name</td><td>Data Type</td><td>NN</td><td>KY</td><td>Default</td><td colspan="3">Description</td></tr>
<tr><td>1</td><td>order_no</td><td>integer</td><td>✓</td><td>(PK)</td><td></td><td colspan="3">주문 일련번호</td></tr>
<tr><td>2</td><td>supplier_sup_no</td><td>integer</td><td>✓</td><td>(FK)</td><td></td><td colspan="3">공급회사의 일련번호</td></tr>
<tr><td>3</td><td>send_date</td><td>date</td><td></td><td></td><td></td><td colspan="3">주문제품을 받는 날</td></tr>
<tr><td>4</td><td>total_money</td><td>integer</td><td></td><td></td><td></td><td colspan="3">주문된 제품의 총 금액</td></tr>
<tr><td>5</td><td>order_date</td><td>date</td><td></td><td></td><td></td><td colspan="3">주문한 날짜</td></tr>
<tr><td>6</td><td>end_date</td><td>date</td><td></td><td></td><td></td><td colspan="3">납품 완료일</td></tr>
<tr><td>7</td><td>status</td><td>char</td><td></td><td></td><td></td><td colspan="3">상태정보</td></tr>
<tr><td>8</td><td></td><td></td><td></td><td></td><td></td><td colspan="3"></td></tr>
<tr><td>9</td><td></td><td></td><td></td><td></td><td></td><td colspan="3"></td></tr>
<tr><td>10</td><td></td><td></td><td></td><td></td><td></td><td colspan="3"></td></tr>
<tr><td>11</td><td></td><td></td><td></td><td></td><td></td><td colspan="3"></td></tr>
<tr><td colspan="9">비고</td></tr>
<tr><td colspan="9">* status : U-변경, C-취소, X-납품완료
* 인덱스지정 : supplier_sup_no(desc)
* FK(supplier_sup_no) → prod_company(supplier_no)</td></tr>
</table>

(NN : not null. 선택 시 null을 허용하지 않음,
KY : key. 기본키는 PK, 외래키는 FK, 기본키이면서 외래키인 경우는 PFK)

〈그림 11.20〉 테이블 기술서의 예

11.7 물리적 설계의 예 : 도서관 관리

이번 절에서는 도서관 관리 업무에 대한 논리적 ERD를 물리적 설계로 전환한 내용을 소개한다. 〈그림 10.28〉에 있는 논리적 ERD를 대상으로 하였으며 테이블 기술서는 양이 많기 때문에 몇 개만 선택하여 나타내었다. 물리적 설계에 포함된 내용은 다음과 같다.

- 논리적 ERD를 모델링 도구에 입력한 내용
- 물리적 ERD
- 테이블 기술서(일부)
- 뷰 정의서
- 인덱스 정의 내용

[논리적 ERD]

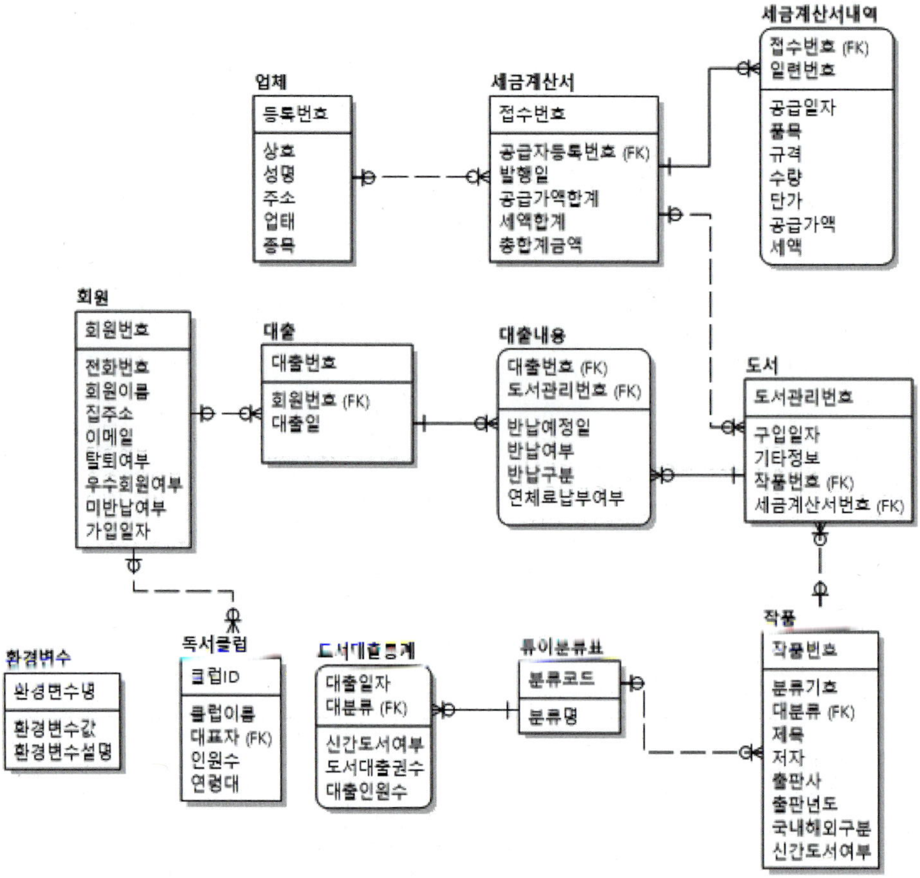

[물리적 ERD]

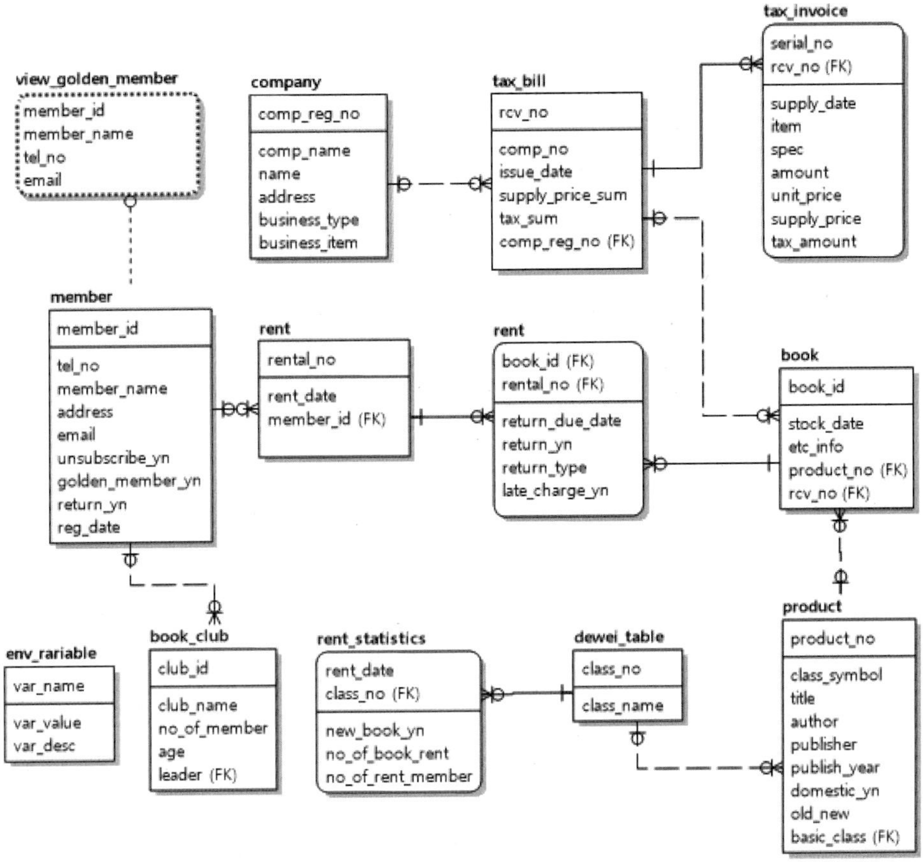
view_golden_member
member_id
member_name
tel_no
email
company
comp_reg_no
comp_name
name
address
business_type
business_item
tax_bill
rcv_no
comp_no
issue_date
supply_price_sum
tax_sum
comp_reg_no (FK)
tax_invoice
serial_no
rcv_no (FK)
supply_date
item
spec
amount
unit_price
supply_price
tax_amount
member
member_id
tel_no
member_name
address
email
unsubscribe_yn
golden_member_yn
return_yn
reg_date
rent
rental_no
rent_date
member_id (FK)
rent
book_id (FK)
rental_no (FK)
return_due_date
return_yn
return_type
late_charge_yn
book
book_id
stock_date
etc_info
product_no (FK)
rcv_no (FK)
product
product_no
class_symbol
title
author
publisher
publish_year
domestic_yn
old_new
basic_class (FK)
env_rariable
var_name
var_value
var_desc
book_club
club_id
club_name
no_of_member
age
leader (FK)
rent_statistics
rent_date
class_no (FK)
new_book_yn
no_of_book_rent
no_of_rent_member
dewei_table
class_no
class_name

[테이블 기술서]

Name	member	Table 기술서	작성일	2021. 11. 20	page 1/1
System	회원관리		작성자	장 진 수	
Description	회원정보				

NO	Column name	Data Type	NN	KY	Default	Description
1	member_id	integer	✓	PK		회원번호
2	member_name	varchar(40)	✓			회원이름
3	tel_no	varchar(12)	✓			전화번호
4	address	varchar(60)				집주소
5	email	carchar(20)				이메일
6	unsubscribe_yn	char(1)			'N'	탈퇴여부
7	golden_member_ yn	char(1)			'N'	우수회원여부
8	return_yn	char(1)			'N'	미반납여부
9	reg_date	date	✓			가입일자
10						
11						
비고						

Name	rent	Table 기술서	작성일	2021. 11. 20	page 1/1
System	대출관리		작성자	장 진 수	
Description	도서대출정보 (main)				

NO	Column name	Data Type	NN	KY	Default	Description
1	rent_no	integer	✓	PK		대출번호
2	member_id	integer	✓	FK		회원번호
3	rent_date	date				대출일
4						

비고

* FK(member_id) → member(member_id)

Name	rent_detail	Table 기술서	작성일	2021. 11. 20	page 1/1
System	대출관리		작성자	장 진 수	
Description	도서대출에 대한 상세 정보				

NO	Column name	Data Type	NN	KY	Default	Description
1	rental_no	integer	✓	PFK		대출번호
2	book_id	integer	✓	PFK		도서 관리번호
3	return_due_date	date				반납예정일
4	return_yn	char(1)			'N'	반납여부
5	return_type	char(1)				반부구분
6	late-charge	char(1)			'N'	연체료 납부 여부
7						

비고

* FK(rental_no) → rent(rent_no)
* FK(video_id) → video(video_no)

[뷰 정의서]

뷰명	뷰 설명	관련 테이블	SQL
high-rent_book	도서대출 횟수	rent_detail	select book_id, count(*) from rent_detail group by book_id

뷰명	뷰 설명	관련 테이블	SQL
high-rent_member	회원별 대출 횟수	rent_detail	select member_id, count(*) from rent group by member_id

뷰명	뷰 설명	관련 테이블	SQL
golden_member	우수회원 (대출 횟수가 10회 이상)	rent_detail	select member_id, count(*) from rent group by member_id having count(*) >=10

[인덱스 정의 내용]

Table	index_id	index column	order
book	idx_book_author	author	ASC.
book	idx_book_title	book_title	ASC.
member	idx_member_telno	tel_no	ASC.

연습문제

1. 다음의 ERD를 보고 테이블 기술서를 작성하시오. (컬럼 이름, not null 여부 등 알려져 있지 않은 정보는 임의로 작성한다.)

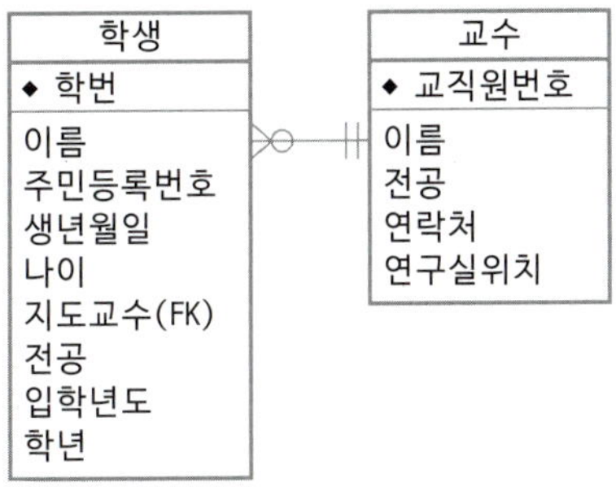

2. 1번의 ERD를 Toad 도구를 가지고 입력하시오. 또한 다음과 같은 내용의 View를 입력해 보시오.

뷰명	뷰 설명	관련 테이블	SQL
major_student	전공별 학생	student (학생)	select major, student_id, name from student order by major, student_id

3. 검색 속도를 높이기 위하여 다음과 같이 반정규화를 하였다. 반정규화된 엔티티의 문제점을 설명하시오. (반정규화된 테이블을 작성하고 튜플을 입력하여 보면 문제점을 쉽게 알 수 있다.) 이러한 문제점은 어떻게 해결할 수 있는가?

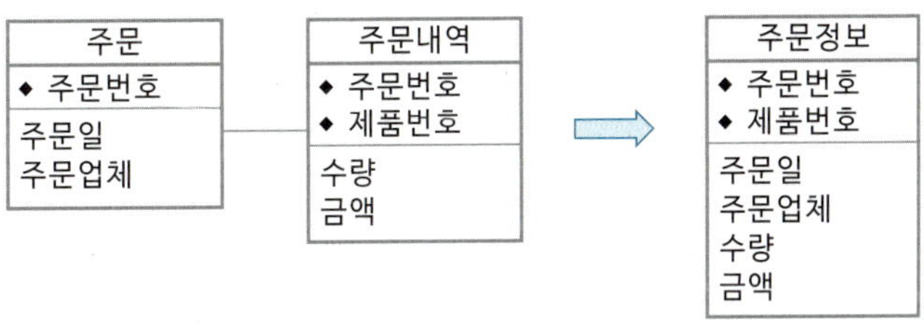

4. 다음의 ERD를 보고 테이블 기술서를 작성하여 보시오. (컬럼이름, not null 여부 등은 임으로 작성한다.) 테이블 기술서를 작성한 후에는 대응하는 테이블을 만들고 각 테이블에 대해 샘플 데이터를 5~10개씩 만들어 입력해 보시오.

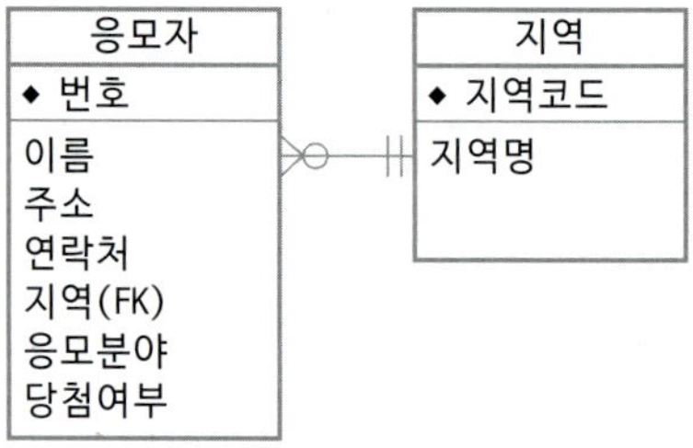

5. 4번 문제의 ERD에 대하여 지역이 서울인 응모자들 중 당첨된 응모자에 대한 뷰(view)를 작성하여 보시오.

6. 4번 ERD의 응모자 엔티티를 지역에 따라 수평분할된 엔티티를 만들어 보시오. (단 지역은 '서울', '부산', '광주'만 있는 것으로 가정한다.)

CHAPTER

12

데이터베이스의 구축

contents

CHAPTER 12

데이터베이스의 구축

| 단원목표 |

- 수작업 및 도구에 의한 데이터베이스 구축 방법을 배운다.
- 구축된 데이터베이스에 대한 기본적인 보안관리 방법을 배운다.

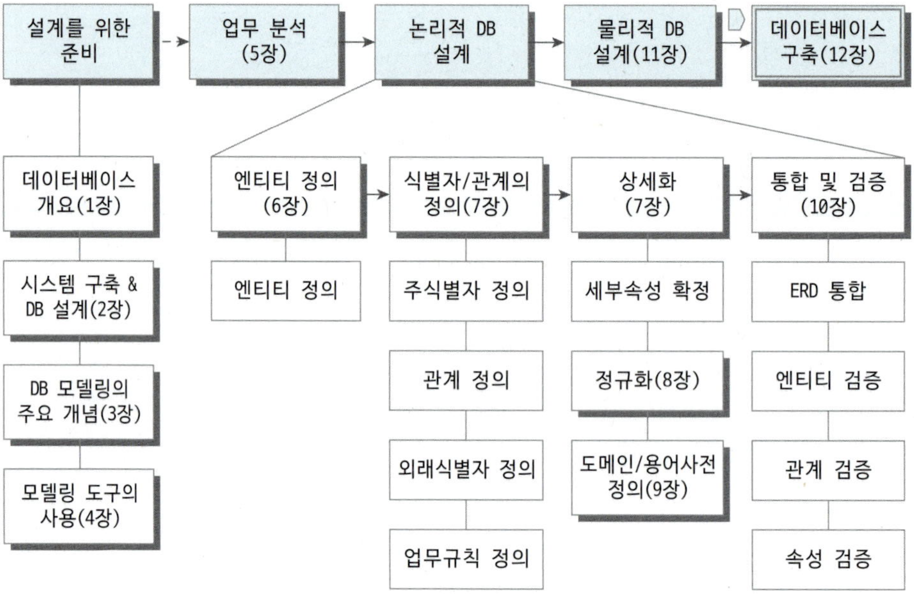

12.1 개요

물리적 ERD가 완성됨으로써 데이터베이스를 구축할 준비가 완료되었다. 데이터베이스를 구축하는 방법에는 크게 수작업에 의한 구축과 도구에 의한 구축의 두 가지 방법이 있다. 수작업에 의한 구축이란 DBMS에서 제공하는 SQL 입력화면을 통해 직접 SQL문을 구사함으로써 테이블, 뷰, 인덱스 등을 생성하는 방법이다. 도구에 의한 방법은 모델링 도구의 기능을 이용하는 방법이며, 모델링 도구에서 직접 DBMS에 접속하여 테이블, 뷰, 인덱스 등을 생성하도록 하는 방법이다. 테이블의 수가 몇 개 되지 않는다면 수작업으로 해도 무방하지만 규모가 큰 데이터베이스는 수작업으로 하기 어렵기 때문에 도구를 많이 이용한다. 도구를 이용하는 경우라도 수작업에 의해 테이블, 뷰 등을 생성하는 방법은 알아야 한다. 일단 데이터베이스가 구축된 후에 일어나는 미세한 수정은 직접 DBMS를 통해 작업을 하는 경우가 많기 때문이다. 본 교재에서는 MS SQL Community Server 8.0을 대상으로 데이터베이스를 구축하는 과정을 설명하기로 한다. 먼저 12.2절에서 수작업에 의한 구축 과정을 보이고 12.3절에서 도구에 의한 구축 과정을 설명한다.

대부분의 모델링 도구들은 이미 구축되어 있는 데이터베이스로부터 정보를 읽어 우리가 알고 있는 ERD를 그려주는 기능을 가지고 있는데, 이를 역공학(reverse engineering)이라고 한다. 12.4절에서는 역공학에 의한 데이터베이스 관리 방법을 알아본다. 12.5절에서는 데이터베이스의 보안 관리를 위하여 사용자, 역할을 생성하고 사용자에게 권한이나 역할을 할당하는 방법을 설명한다.

12.2 수작업에 의한 데이터베이스 구축

이번 절에서는 MySQL Community Server를 대상으로 수작업에 의한 데이터베이스 구축 과정을 설명한다. 이를 위해 MySQL 관리 도구인 MySQL Workbench를 이용하기로 한다. MySQL 및 MySQL Workbench의 설치 및 사용법에 관해서는 인터넷에서 쉽게 자료를 구할 수 있으므로 각자 설치하도록 한다. MySQL Workbench의 기본 사용법은 〈부록4〉를 참고한다. 구축 대상 ERD는 〈그림 12.1〉에 있는 바와 같이 도서관 관리 ERD의 일부분이다. ERD의 각 테이블에 대한 물리적 설계의 내용은 〈그림 12.2〉와 같다.

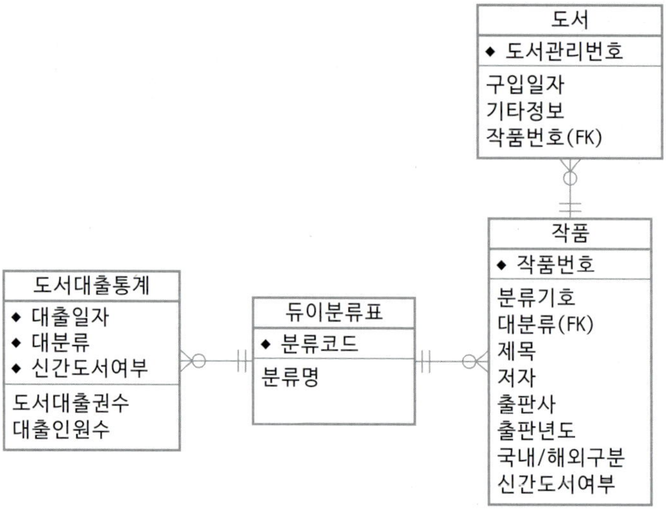

〈그림 12.1〉 도서관 관리 ERD의 일부

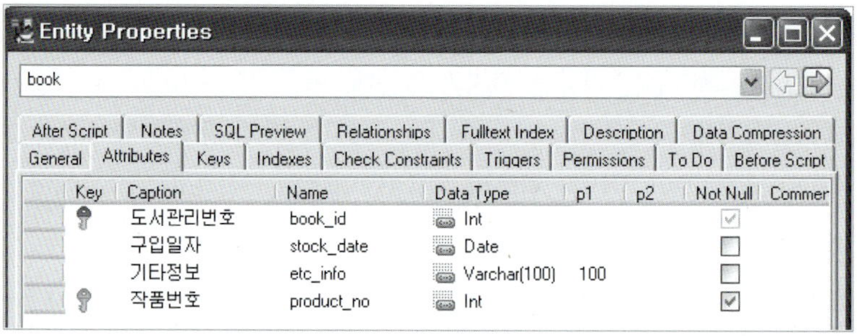

Key	Caption	Name	Data Type	p1	p2	Not Null	Commer
🔑	도서관리번호	book_id	Int			☑	
	구입일자	stock_date	Date			☐	
	기타정보	etc_info	Varchar(100)	100		☐	
🔑	작품번호	product_no	Int			☑	

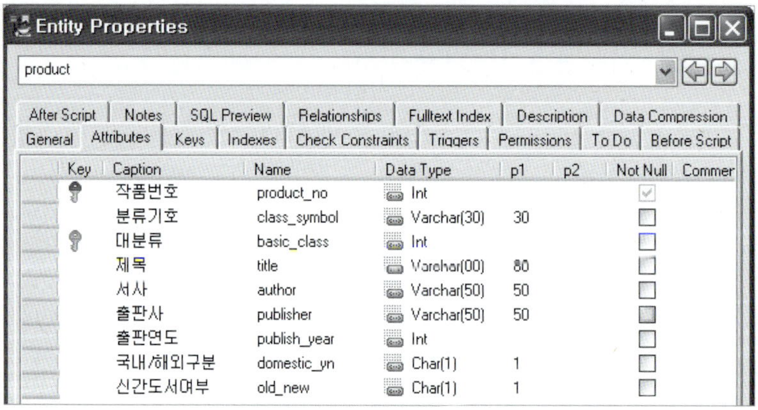

Key	Caption	Name	Data Type	p1	p2	Not Null	Commer
🔑	작품번호	product_no	Int			☑	
	분류기호	class_symbol	Varchar(30)	30		☐	
🔑	대분류	basic_class	Int			☐	
	제목	title	Varchar(00)	80		☐	
	서사	author	Varchar(50)	50		☐	
	출판사	publisher	Varchar(50)	50		☐	
	출판연도	publish_year	Int			☐	
	국내/해외구분	domestic_yn	Char(1)	1		☐	
	신간도서여부	old_new	Char(1)	1		☐	

book

컬럼명	자료형
book_id	integer
stock_date	date
etc_info	varchar(100)
product_no	integer

dewei_table

컬럼명	자료형
class_no	integer
class_name	varchar(80)

product

컬럼명	자료형
product_no	integer
class_symbol	varchar(30)
basic_class	integer
title	varchar(80)
author	varchar(50)
publisher	varchar(50)
publish_year	smallint
domestic_yn	char(1)
old_new	char(1)

rent_statistics

컬럼명	자료형
rent_date	date
class_no	integer
new_book_yn	char(1)
no_of_book_rent	integer
no_of_rent_member	integer

〈그림 12.2〉 각 테이블에 대한 물리 설계의 내용

① MySQL workbench를 실행하고 로그인한다.

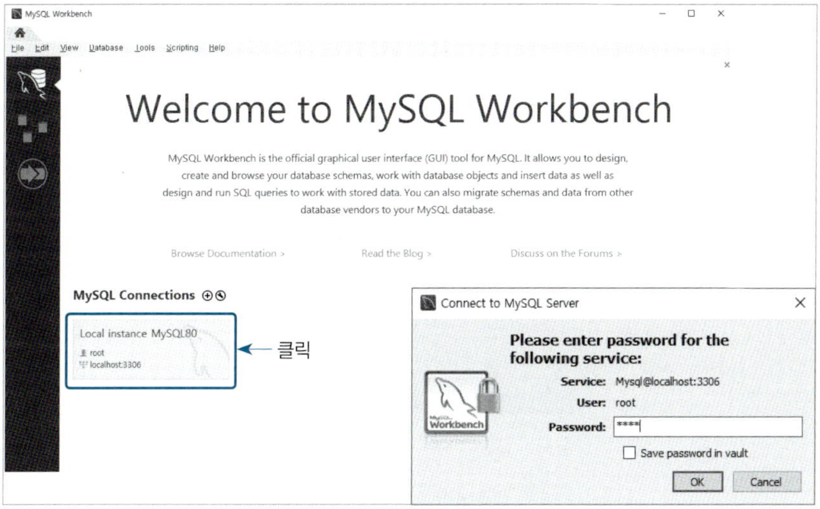

② 아래의 순서를 따라 데이터베이스를 하나 생성한다. 데이터베이스 이름은 library_1으로 한다. 데이터베이스가 생성되면 MySQL workbench의 왼쪽 하단에 있는 스키마(SCHEMA) 창에서 확인할 수 있다.

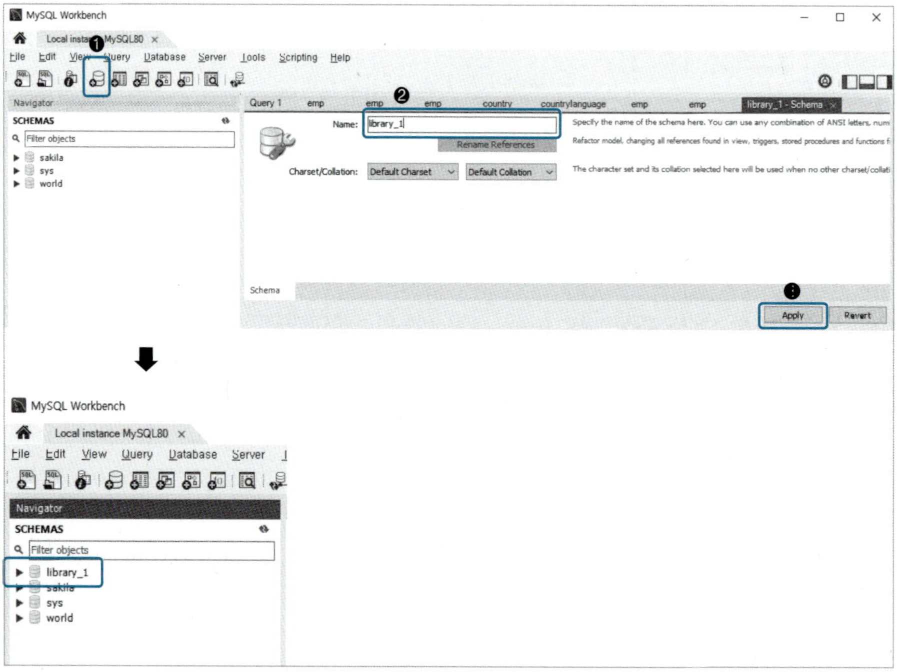

③ 이제 테이블을 생성한다. 스키마 창에서 library_1 옆에 있는 ▼를 누르면 library_1에 저장될 수 있는 객체들의 목록이 표시된다. 여기서 [Tables] 항목을 선택한 후, 마우스 오른쪽 버튼을 클릭하면 메뉴가 표시되는데 [Create Table]을 선택한다. 그러면 테이블 입력창이 나타난다.

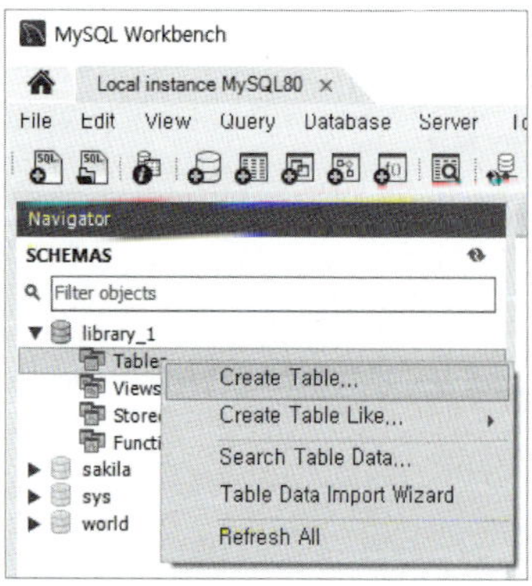

④ 테이블이 입력창이 나타나면 아래와 같이 테이블명, 컬럼명, 자료형을 입력하고 기본키 컬럼은 PK 항목에 체크를 한다. 컬럼명 입력 시에는 외래키 컬럼도 포함해서 입력하도록 한다. [Apply] 버튼을 클릭하면 작업결과가 SQL문으로 변환되어 표시되는데 여기서 [Apply] 버튼을 한 번 더 클릭하면 테이블이 생성된다. 생성된 테이블은 스키마 창에서 확인할 수 있다. 생성된 테이블이 안 보이면 새로고침 아이콘(⟳)을 클릭하면 된다. 이와 같은 방법으로 4개의 테이블을 생성하도록 한다. (컬럼 입력 부분이 안 보이는 경우가 있는데 MySQL Workbench 윈도우 창을 충분히 확대하면 나타난다.)

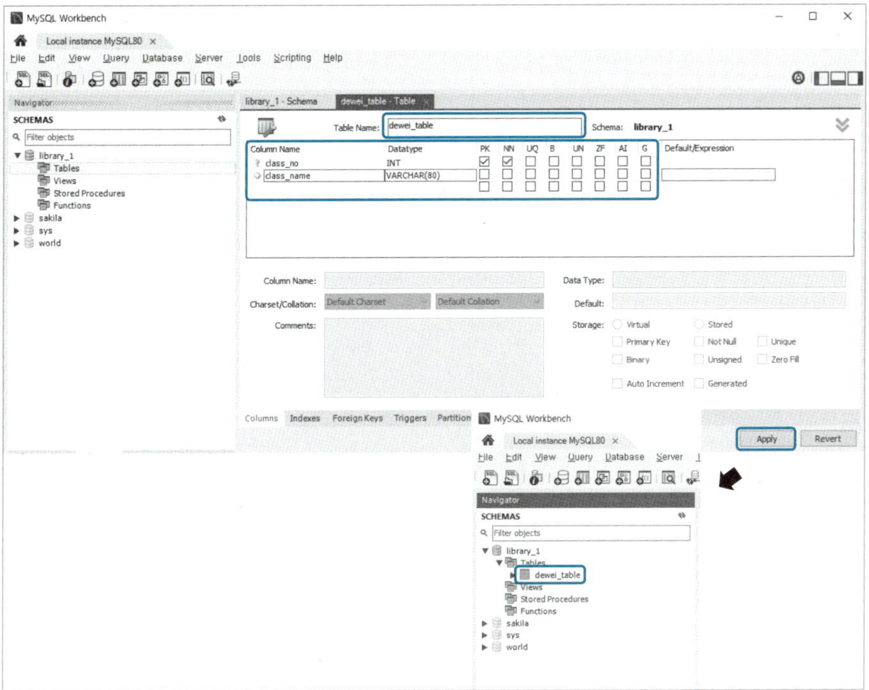

⑤ 테이블들을 생성한 후에는 외래키를 통해 테이블들 간의 관계를 맺어주어야 한다. 작품(product)과 듀이분류표(dewei_table) 테이블의 관계를 만들어 보자. 이 경우 듀이분류표가 부모 테이블이고 작품이 자식 테이블이다. 외래키는 자식 테이블에 존재하므로 작품 테이블을 편집하도록 한다. 작업순서는 다음과 같다. ❶ product 테이블 선택 후 마우스 오른쪽 버튼을 클릭하면 메뉴가 표시되는데 여기서 [Alter Table]을 선택하면 화면 오른쪽에 테이블 편집 화면이 나타난다. 그리고 화면 하단의 탭들 중 [Foreign Keys]를 클릭한다. ❷ 외래키 편집창이 나타나면 외래키 이름(Foreign Key Name)을 입력하고, 부모 테이블(Referenced Table)을 선택한다. ❸ 자식 테이

블의 외래식별자 컬럼(Column)에 체크를 하면 자동적으로 부모 테이블의 기본키가 Referenced Column 항목에 표시된다. ❹ 참조무결성 규칙을 입력한다. 부모 테이블에 update 또는 delete가 발생할 때 어떤 조치를 취할지를 선택한다. ❺ [Apply] 버튼을 입력하여 작업을 종료한다. 이와 같은 방식으로 다른 테이블의 외래키들도 입력하도록 한다.

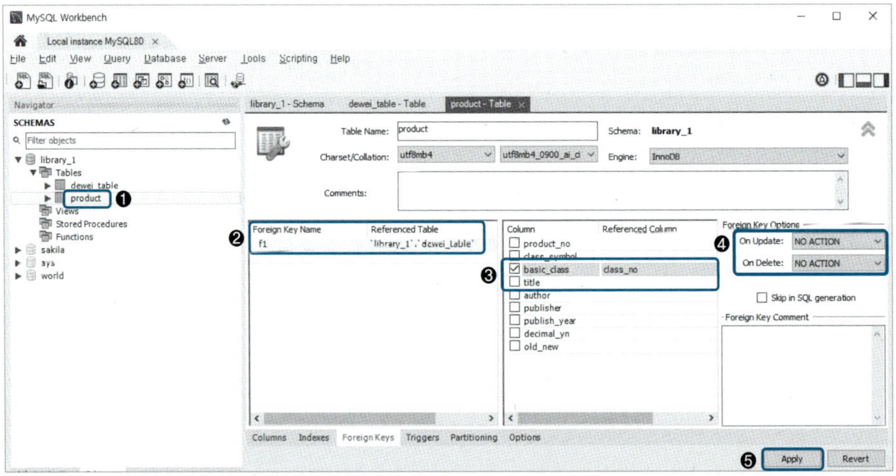

⑥ 다음은 테이블들의 입력이 완료된 데이터베이스의 모습이다. 스키마 창에서 확인할 수 있다.

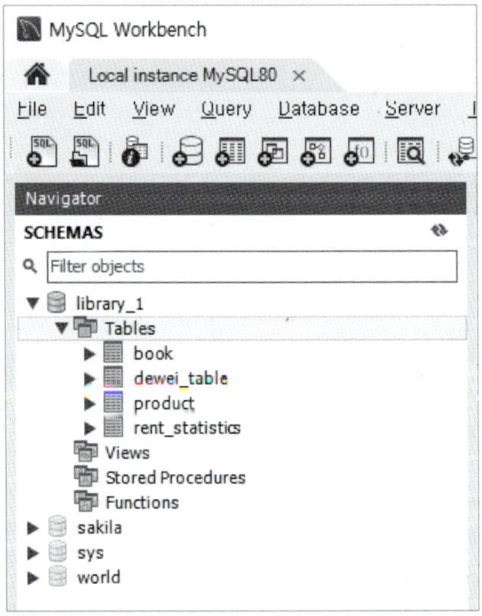

12.3 모델링 도구에 의한 데이터베이스 구축

모델링 도구를 통한 데이터베이스의 구축은 도구에서 어떤 기능을 제공하는가에 따라 그 방법이 다르다. 어떤 도구는 도구에서 직접 DBMS와 접속하여 데이터베이스를 생성할 수 있도록 지원하는 것도 있고, 어떤 도구는 데이터베이스를 생성할 수 있는 SQL 스크립트 파일을 제공하면 사용자가 DBMS상에서 스크립트 파일을 직접 실행함으로써 데이터베이스를 생성할 수 있도록 하는 것도 있다. 본 교재에서 사용하는 erwin은 전자의 경우이다. 다만 데이터베이스와 연결을 위해 ODBC의 설정이 필요하다. ODBC 설정 방법은 〈부록5〉를 참고한다. 생성하려는 데이터베이스의 ERD는 〈그림 12.1〉, 〈그림 12.2〉와 내용이 동일하다. MySQL에 library_2라는 이름으로 데이터베이스를 구축하는 예를 설명하도록 한다.

① MySQL Workbench를 이용하여 library_2 데이터베이스를 새로 생성한다. 이 데이터베이스는 현재 비어있는 상태이다.

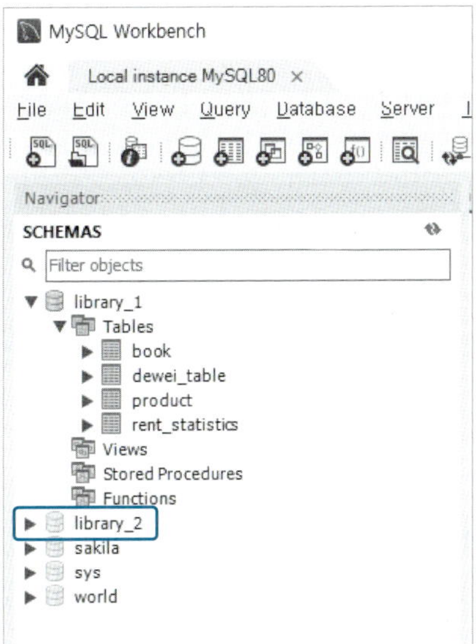

② erwin 도구에서 작성된 ERD를 불러온다.

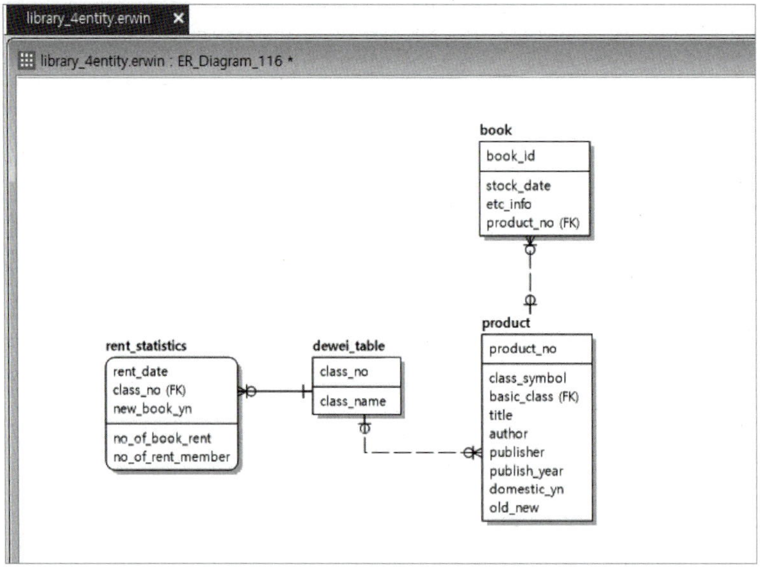

③ 메인메뉴에서 [Actions]→[Database Connection]을 선택한다.

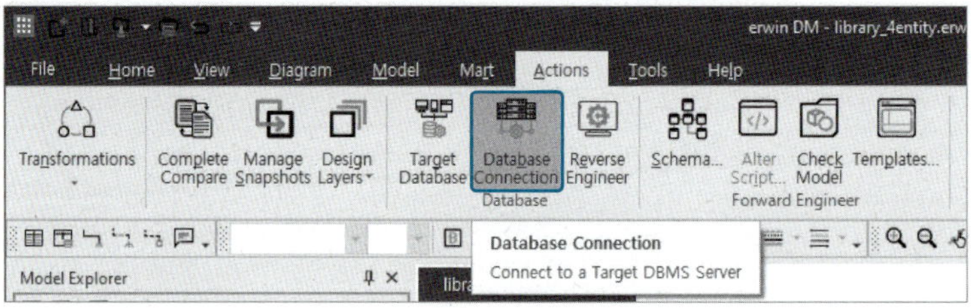

④ MySQL과의 연결을 설정하는 창이 표시되면 MySQL에 로그인하기 위한 계정을 입력하고 미리 정의해둔 ODBC source(여기서는 Mysql8_library2)를 선택한다. 그리고 [Connect] 버튼을 클릭하면 창이 사라지는데, 연결이 완료된 것이다.

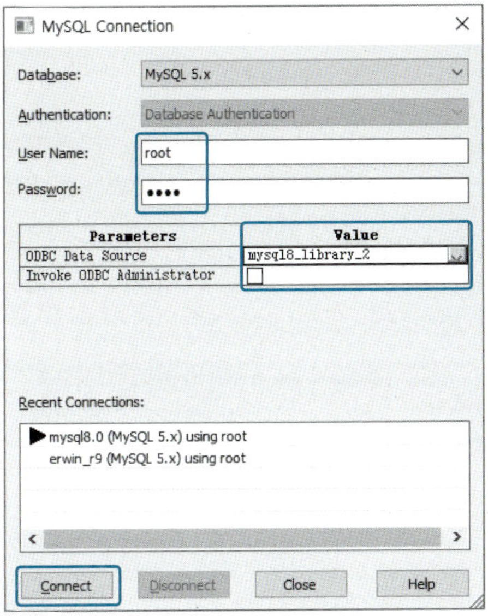

⑤ 메뉴에서 [Actions]→[Schema]를 선택한다.

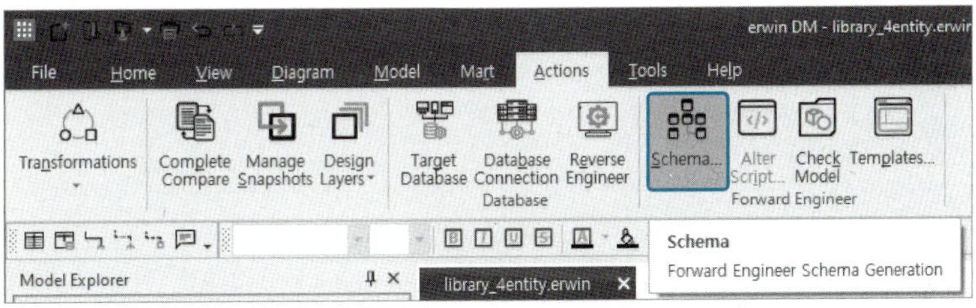

⑥ Forward engineering 창에서 물리모델로부터 데이터베이스에 테이블을 생성한다. 이 창에서는 왼쪽에 있는 옵션 메뉴를 통해 물리모델 중 어떤 부분을 MySQL 데이터베이스로 보낼지를 선택할 수 있는데 여기서는 그냥 [Generate]를 클릭하도록 한다.

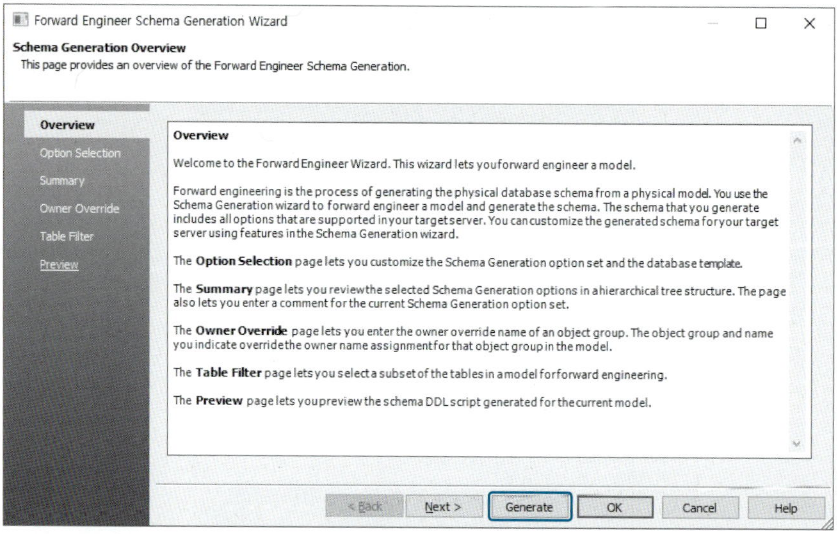

⑦ [Generate]를 클릭하면 ERD에 있는 테이블 하나하나를 MySQL 데이터베이스에 생성하고, 그 결과가 화면에 표시된다. 맨 마지막 두 줄에 표시된 메시지를 보면 작업이 성공적으로 종료되었는지의 여부를 알 수 있다.

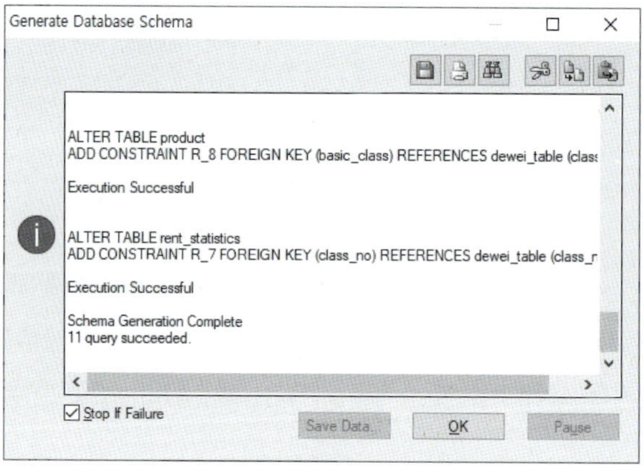

⑧ 다시 MySQL Workbench로 이동하여 데이터베이스 내에 테이블들이 정상적으로 생성되었는지를 확인한다.

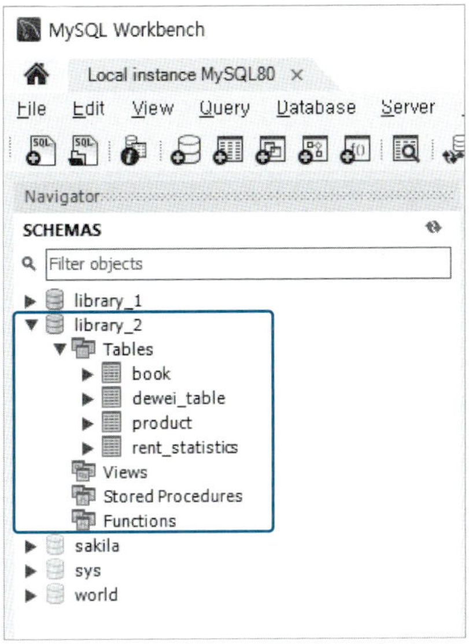

12.4 역공학에 의한 데이터베이스 분석

데이터베이스 분야에서의 역공학(reverse engineering)이란 설계 → DB 구축의 순서를 반대로 하여 이미 구축된 데이터베이스로부터 설계정보를 얻어내는 과정을 말한다. 여기서 설계정보란 ERD를 의미한다. 하나의 데이터베이스에는 많은 수의 테이블, 뷰, 인덱스 등의 객체들이 포함되어 있기 때문에 단순히 객체들의 목록을 보는 것만으로는 전체적인 데이터베이스의 구조나 업무를 알기 어렵다. 만일 데이터베이스 내에 있는 객체들을 가지고 ERD를 그릴 수 있다면 보다 입체적으로 데이터베이스를 파악할 수 있을 것이다. ERD로 표현된 데이터베이스를 분석해 보면 데이터베이스의 문제점도 파악할 수 있고 개선안을 도출할 수도 있다. 이와 같은 이유로 모델링 도구들은 역공학 기능을 제공하고 있다. 12.2절에서 구축한 데이터베이스로부터 역공학을 적용하여 ERD를 도출하는 과정을 알아보도록 한다.

MySQL을 설치하면 기본적으로 설치되는 sakila 데이터베이스를 erwin의 역공학 기능을 이용하여 ERD를 작성해 보자. erwin은 ODBC를 이용하여 MySQL과 통신하므로 사전에 sakila 데이터베이스와 연동하기 위한 ODBC source를 설정해 두어야 한다.

① MySQL Workbench에서 sakila 데이터베이스의 내용을 확인한다. sakila 데이터베이스는 영화에 관련된 정보를 담고 있다.

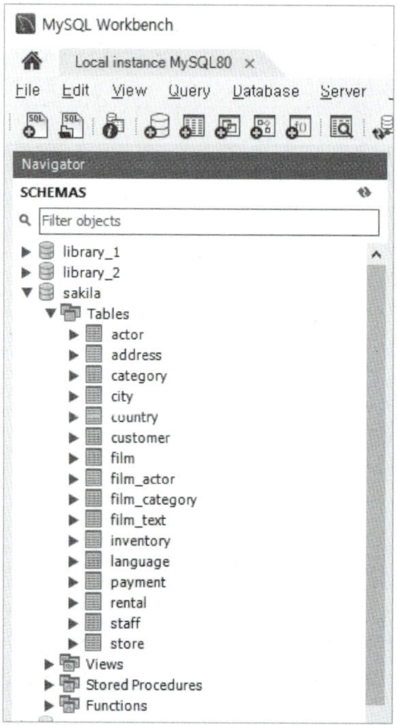

② erwin 메인 메뉴에서 [Actions]→[Reverse Engineering]을 선택한다.

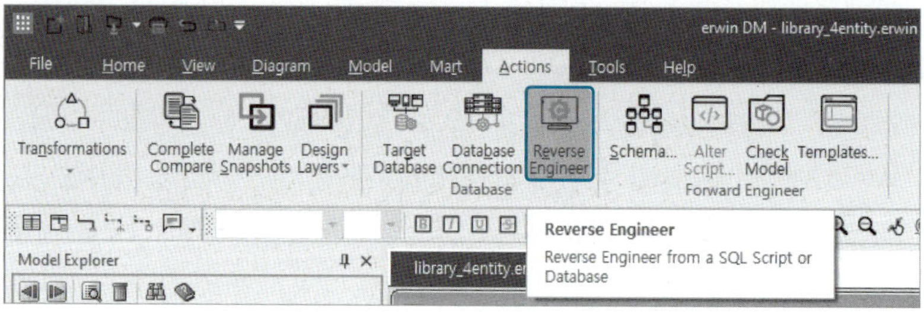

③ ERD를 서상할 새로운 모델을 생성한다. Type은 'Logical/Physical'로, Target Server는 'MySQL'로 설정한다.

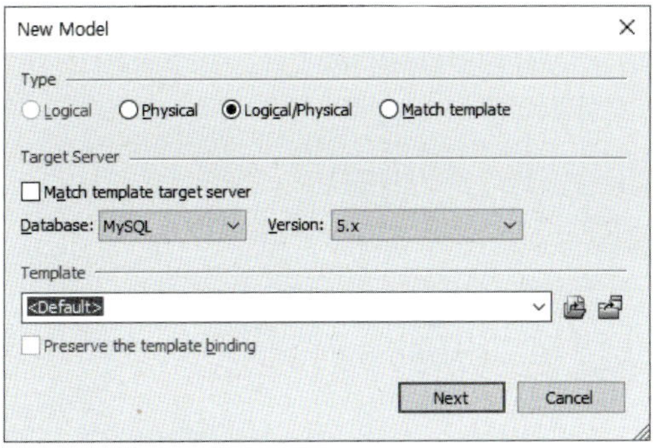

④ 역공학 작업을 위한 여러 옵션을 선택하는 화면인데, 설정된 상태를 변경하지 않고 [Next]를 클릭한다.

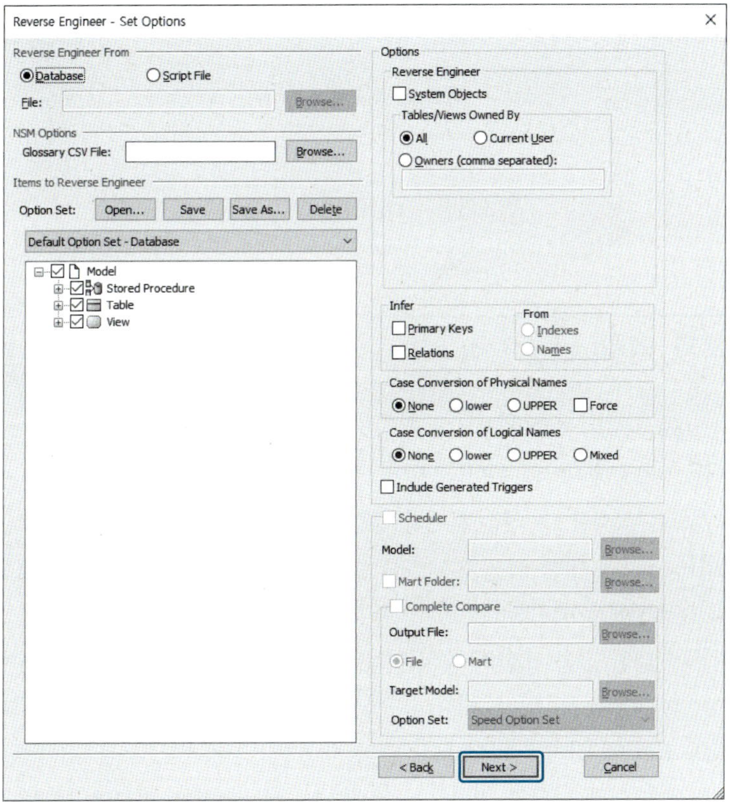

⑤ 역공학 작업이 진행되고, 다음과 같은 결과를 볼 수 있다.

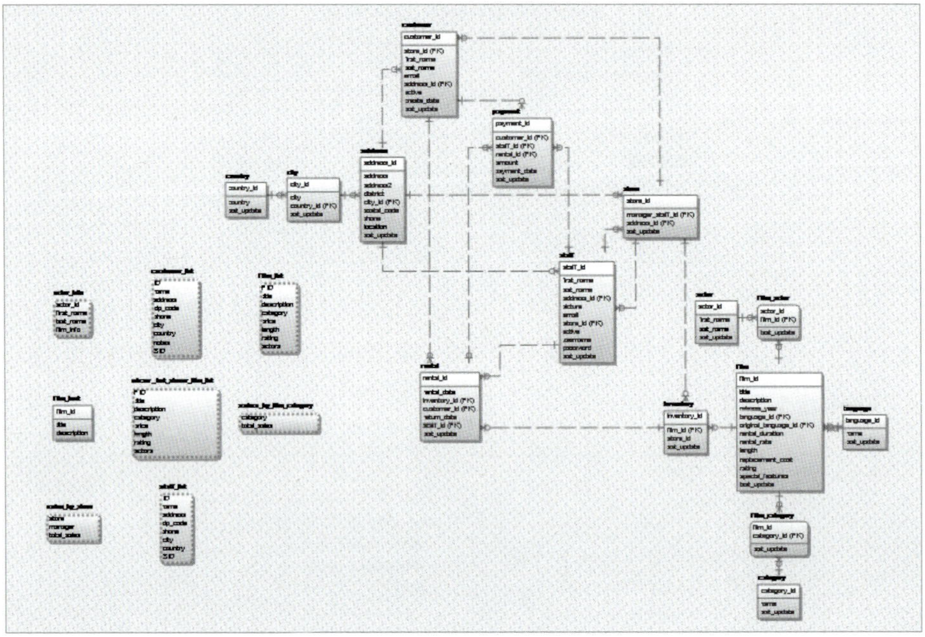

12.5 사용자, 역할, 권한 관리

데이터베이스에는 조직 전체의 정보가 통합적으로 관리되기 때문에 보안 관리가 용이한 장점이 있다. 그러나 데이터의 통합 저장이라는 특성상 권한이 있는 한 명의 사용자가 저장된 모든 정보를 검색할 수 있는 문제가 생길 수도 있다. 따라서 데이터베이스 설계자는 사용자에 따라 정보에 대한 접근을 제한할 수 있도록 보안 설계를 해야 할 필요가 있다. 일반적으로 DBMS에서 제공하는 보안 기능은 사용자 계정의 생성 및 사용자 계정에 따른 각 테이블에 대한 접근 권한의 지정 기능이다. 접근 권한의 지정을 용이하게 하기 위해 역할(role)을 이용할 수 있다. 역할이란 '과장', '대리', '개발자', '현장작업자'와 같이 현실세계에서의 직책 및 직위를 나타낸다. 만일 사용자1, 사용자2, 사용자3이 '현장작업자'라면 세 사람에게 권한을 각각 지정하는 것보다는 '현장작업자' 역할을 생성하여 역할에 권한을 부여하고 세 사람에게는 직접 권한을 부여하는 대신 역할을 부여함으로써 권한 관리를 쉽게 할 수 있다.

다음은 사용자, 역할을 생성하고 권한을 부여하는 SQL 문장이다. 사용자 user1~user6 계정을 만들고 역할은 operator, manager를 만든 뒤 user1, user2에는 manager 역할을 user3~user6에게는 operator 역할을 부여하는 과정을 보였다.

CREATE USER, GRANT 명령어는 DBMS 제품마다 상이한 부분이 있으므로 해당 제품의 매뉴얼을 참고하도록 한다.

```
// 사용자를 생성한다.
CREATE USER 'user1' IDENTIFIED BY 'kim123' ;
CREATE USER 'user2' IDENTIFIED BY 'qqq9134' ;
...
CREATE USER 'user6' IDENTIFIED BY '1good9' ;

// 역할을 생성한다.
CREATE ROLE 'operator' ;
CREATE ROLE 'manager' ;

// 사용자를 역할에 할당
GRANT manager TO user1, user2 ;
GRANT manager TO user3, user4, user5, user6 ;

// 권한을 역할에 부여
GRANT  ALL PRIVILEGES ON video_db TO manager;
GRANT SELECT, INSERT ON video_db TO operator ;
```

대부분의 상용 DBMS 제품들은 사용자 및 권한 관리를 용이하게 할 수 있도록 GUI 환경을 제공한다. MySQL Workbench는 사용자의 생성 및 간단한 권한 부여만 가능하므로 상세한 권한 관리를 하려면 SQL문을 이용해야 한다.

12.6 DB 구축의 예 : 도서관 관리

데이터베이스 구축을 위한 최종적인 물리적 ERD는 11.7절에 있다. 여기서는 MySQL을 대상으로 데이터베이스를 구축한 사례를 보이도록 한다. 데이터베이스 생성을 위한 스크립트 파일의 일부와 MySQL에 구축된 데이터베이스의 내용을 보이도록 한다.

```
-- MySQL dump 10.13  Distrib 8.0.23, for Win64 (x86_64)
--
-- Host: localhost    Database: library_whole
-- ------------------------------------------------------
-- Server version 8.0.23

/*!40101 SET @OLD_CHARACTER_SET_CLIENT=@@CHARACTER_SET_CLIENT */;
/*!40101 SET @OLD_CHARACTER_SET_RESULTS=@@CHARACTER_SET_RESULTS */;
/*!40101 SET @OLD_COLLATION_CONNECTION=@@COLLATION_CONNECTION */;
/*!50503 SET NAMES utf8 */;
/*!40103 SET @OLD_TIME_ZONE=@@TIME_ZONE */;
/*!40103 SET TIME_ZONE='+00:00' */;
/*!40014 SET @OLD_UNIQUE_CHECKS=@@UNIQUE_CHECKS, UNIQUE_CHECKS=0 */;
/*!40014 SET @OLD_FOREIGN_KEY_CHECKS=@@FOREIGN_KEY_CHECKS, FOREIGN_KEY_CHECKS=0 */;
/*!40101 SET @OLD_SQL_MODE=@@SQL_MODE, SQL_MODE='NO_AUTO_VALUE_ON_ZERO' */;
/*!40111 SET @OLD_SQL_NOTES=@@SQL_NOTES, SQL_NOTES=0 */;

--
-- Table structure for table 'book'
--

DROP TABLE IF EXISTS 'book';
/*!40101 SET @saved_cs_client     = @@character_set_client */;
/*!50503 SET character_set_client = utf8mb4 */;
CREATE TABLE 'book' (
  'book_id' int NOT NULL,
  'stock_date' date DEFAULT NULL,
  'etc_info' varchar(100) DEFAULT NULL,
  'product_no' int DEFAULT NULL,
  'rcv_no' int DEFAULT NULL,
  PRIMARY KEY ('book_id'),
  KEY 'R_9' ('product_no'),
  KEY 'R_14' ('rcv_no'),
  CONSTRAINT 'R_14' FOREIGN KEY ('rcv_no') REFERENCES 'tax_bill' ('rcv_no'),
```

```
  CONSTRAINT 'R_9' FOREIGN KEY ('product_no') REFERENCES 'product' ('product_no')
) ENGINE=InnoDB DEFAULT CHARSET=utf8mb4 COLLATE=utf8mb4_0900_ai_ci;
/*!40101 SET character_set_client = @saved_cs_client */;

--
-- Dumping data for table 'book'
--

LOCK TABLES 'book' WRITE;
/*!40000 ALTER TABLE 'book' DISABLE KEYS */;
/*!40000 ALTER TABLE 'book' ENABLE KEYS */;
UNLOCK TABLES;

--
-- Table structure for table 'book_club'
--

DROP TABLE IF EXISTS 'book_club';
/*!40101 SET @saved_cs_client     = @@character_set_client */;
/*!50503 SET character_set_client = utf8mb4 */;
CREATE TABLE 'book_club' (
  'club_id' int NOT NULL,
  'club_name' varchar(50) DEFAULT NULL,
  'no_of_member' int DEFAULT NULL,
  'age' tinyint DEFAULT NULL,
  'leader' int DEFAULT NULL,
  PRIMARY KEY ('club_id'),
  KEY 'R_5' ('leader'),
  CONSTRAINT 'R_5' FOREIGN KEY ('leader') REFERENCES 'member' ('member_id')
) ENGINE=InnoDB DEFAULT CHARSET=utf8mb4 COLLATE=utf8mb4_0900_ai_ci;
/*!40101 SET character_set_client = @saved_cs_client */;

--
-- Dumping data for table 'book_club'
--

LOCK TABLES 'book_club' WRITE;
/*!40000 ALTER TABLE 'book_club' DISABLE KEYS */;
/*!40000 ALTER TABLE 'book_club' ENABLE KEYS */;
UNLOCK TABLES;
```

```
--
-- Table structure for table 'company'
--

DROP TABLE IF EXISTS 'company';
/*!40101 SET @saved_cs_client     = @@character_set_client */;
/*!50503 SET character_set_client = utf8mb4 */;
CREATE TABLE 'company' (
  'comp_reg_no' int NOT NULL,
  'comp_name' varchar(50) DEFAULT NULL,
  'name' varchar(20) DEFAULT NULL,
  'address' varchar(80) DEFAULT NULL,
  'business_type' varchar(60) DEFAULT NULL,
  'business_item' varchar(60) DEFAULT NULL,
  PRIMARY KEY ('comp_reg_no')
) ENGINE=InnoDB DEFAULT CHARSET=utf8mb4 COLLATE=utf8mb4_0900_ai_ci;
/*!40101 SET character_set_client = @saved_cs_client */;
```

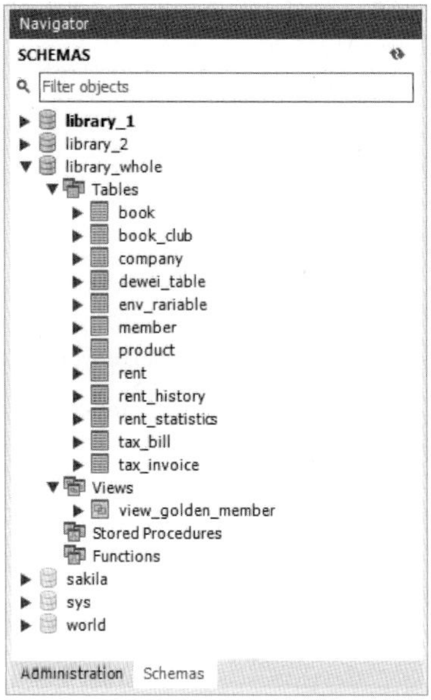

연습문제

1. 다음의 ERD에 대하여 지시하는 작업을 수행하시오.

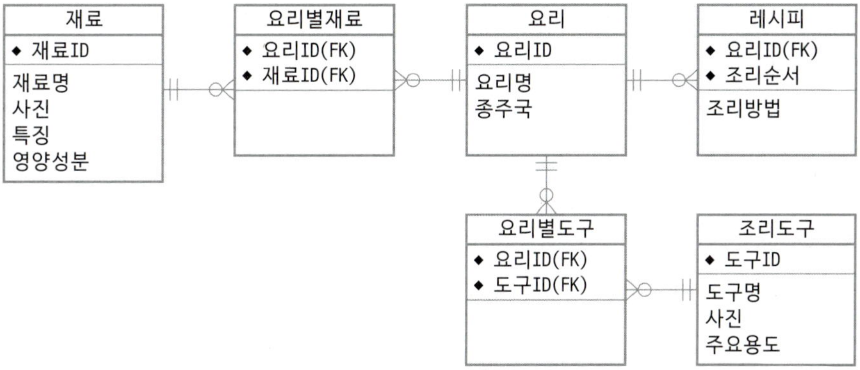

① erwin 도구를 이용하여 논리적, 물리적 ERD를 작성하시오.

② 12.3절을 참조하여 MySQL에 데이터베이스를 생성하시오. (erwin의 기능을 이용)

③ DBMS 기능을 이용하여 요리 테이블 안에 '그룹분류(group)' 컬럼을 추가하시오.

④ user1, user2 계정을 생성한 후에 user1에게는 모든 테이블에 대한 권한을 부여하고 user2에게는 레시피 테이블에 대한 읽기, 쓰기 권한만 부여하시오.

⑤ 5가지 요리에 대한 데이터를 적당히 만들어 입력한 후에 SQL 명령문을 가지고 다음의 데이터를 조회해 보시오.

- 요리명과 그 요리에 들어가는 모든 재료명
- 요리명과 그 요리에 들어가는 모든 도구명, 도구의 주요 용도
- 종주국이 한국인 모든 요리의 레시피

부록

APPENDIX
01 설계 사전

본 설계 사전은 데이터 모델링 시 발생할 수 있는 여러 사례에 대해 정리한 것이다. 또한 여러 유형의 업무에 대한 데이터 모델링 결과를 포함하고 있다. 따라서 모델링을 하면서 비슷한 유형이 사전에 있다면 비슷한 설계를 적용할 수 있다.

(1) 엔티티와 엔티티의 관계 공식

ERD에서 관계가 있는 두 엔티티는 부모, 자식 관계에 있다.

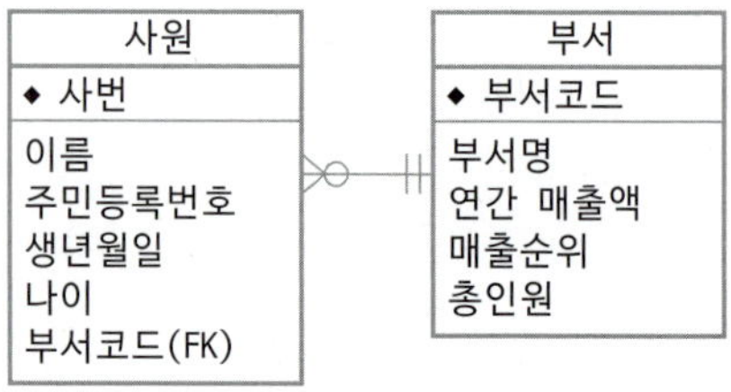

(공식 1) 두 엔티티가 관계가 있으려면 두 엔티티를 연결해줄 수 있는 공통 속성이 존재해야 한다. (공통 속성의 이름이 같을 필요는 없다.)

- 사원 엔티티와 부서 엔티티는 부서코드를 공통 속성으로 하여 관계를 가진다.

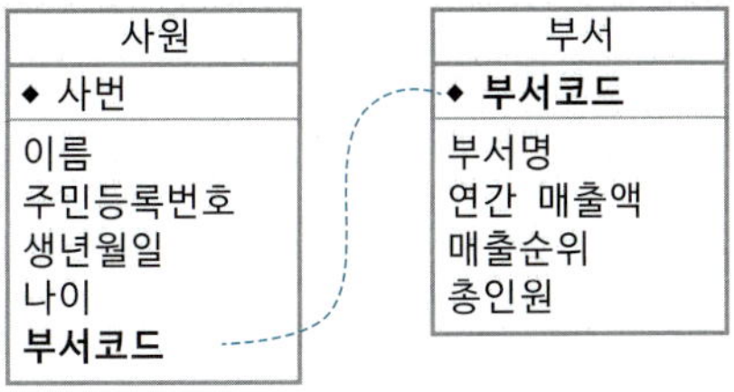

(공식 2) 두 엔티티에서 데이터가 먼저 생성되는 쪽이 부모 엔티티, 데이터를 가져다 쓰는 쪽이 자식 엔티티이다.

- 부서 엔티티에 부서정보를 입력하면 사원 엔티티의 부서코드 속성에서 가져다 사용하므로 부서가 부모 엔티티이고, 사원이 자식 엔티티이다.

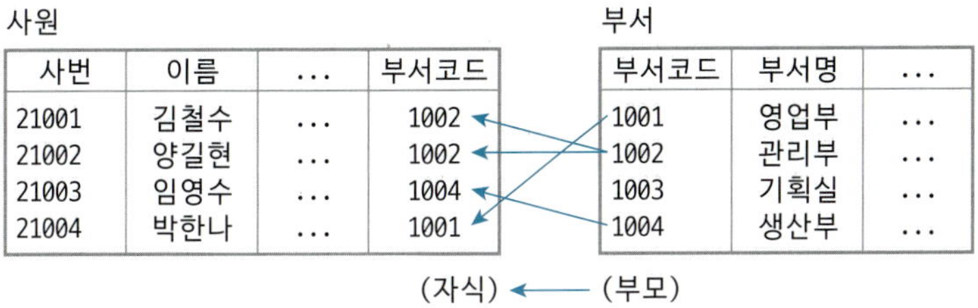

(공식 3) 두 엔티티가 부모 자식 관계에 있으면 부모 엔티티에서는 주식별자 속성이, 자식 엔티티에서는 외래식별자 속성이 공통 속성이다. (자식의 외래식별자 속성이 부모의 주식별자 속성과 연결된다.)

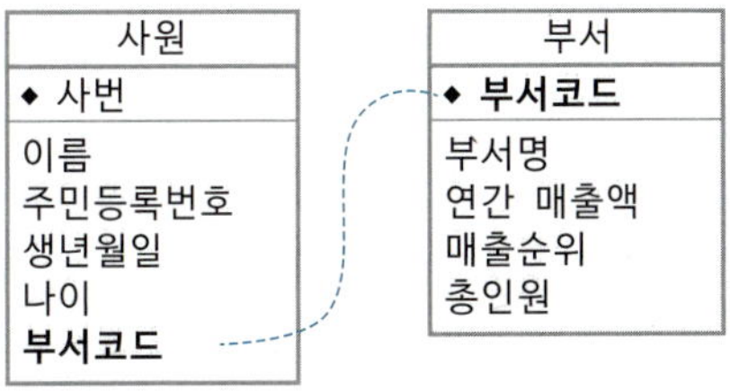

(공식 4) 부모 엔티티와 자식 엔티티의 카디낼러티는 일반적으로 1:N이다. (1:1인 경우와 M:N인 경우는 공식 5, 6을 보라.)

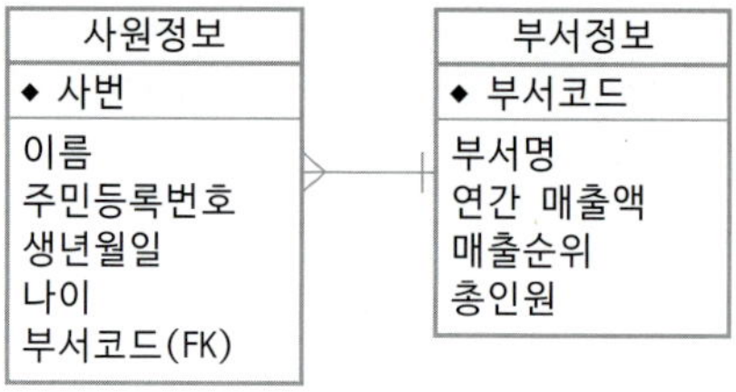

N : 1

(공식 5) 부모 엔티티와 자식 엔티티의 카디낼러티가 1:1인 경우는 자식 엔티티의 외래식별자 = 부모 엔티티의 주식별자인 경우이다. (즉, 부모 엔티티의 주식별자와 자식 엔티티의 주식별자는 같다.)

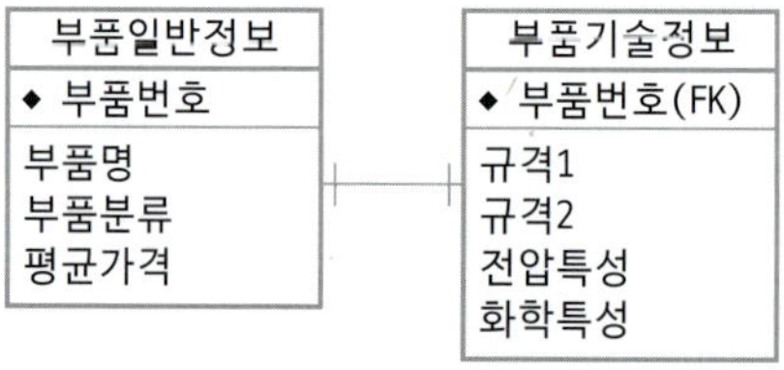

(부모) → (자식)

부품번호	부서명	...
P001	volt1	...
P002	part x	...
P003	skey	...
P004	millt	...

부품번호	규격1	...
P001	24"	...
P002	16x15	...
P003	7"24	...
P004	156	...

(공식 6) 두 엔티티의 카디낼러티가 M:N인 경우는

① 두 엔티티 간에는 부모, 자식 관계가 성립하지 않는다.

② 외래키를 이용하여 두 엔티티의 관계를 나타낼 수 없다.

③ 두 엔티티의 관계를 나타내기 위해서는 중간에 다른 엔티티(교차 엔티티)를 필요로 한다.

④ 두 엔티티 A, B가 M:N 관계이고 중간에 연결을 위해 필요한 교차 엔티티 C가 있을 때 카디널러티 A:C=1:M, B:C=1:N이다.

⑤ 두 엔티티 A, B의 교차 엔티티 C의 주식별자는 A, B의 주식별자를 함께 포함한다.

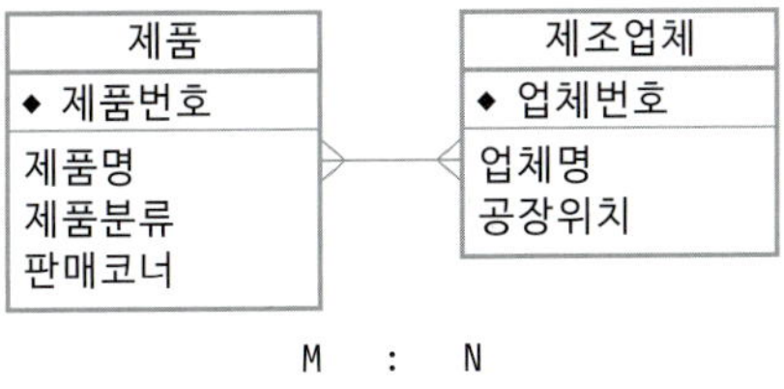

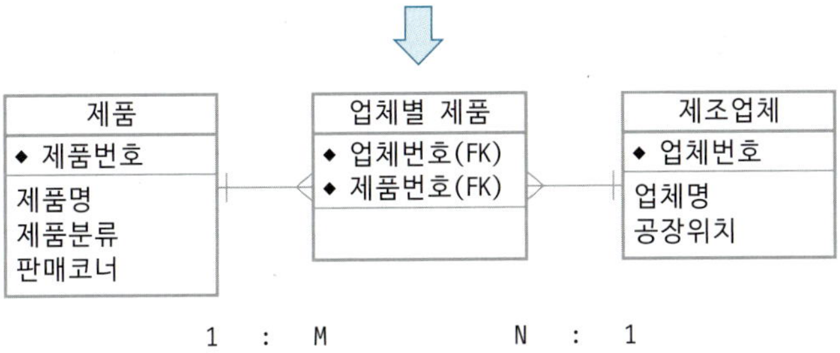

(2) 각종 코드 엔티티의 설계

■ 예제 문서

```
국가 코드 정보
========================================
국가코드   국가명(영문)       국가명(한글)
========================================
  004      AFGHANISTAN      아프가니스탄
  008      ALBANIA          알바니아
  036      AUSTRALIA        오스트레일리아
  156      CHINA            중화인민공화국
  208      DENMARK          덴마크
  250      FRANCE           프랑스
  ...
```

■ ERD

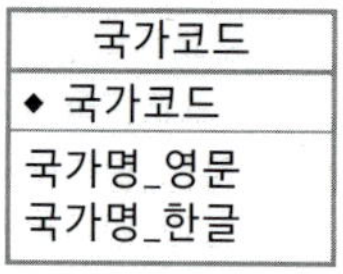

(3) 달력(calender) 엔티티의 설계

■ 예제 문서

```
===============================================
일자          요일  기념일/국경일  근무여부    주요행사
===============================================
2005.01.01 토      신정        휴무
2005.01.02 일                  휴무
2005.01.03 월                  근무
2005.01.04 화                  근무
2005.01.05 수                  근무
2005.01.06 목                  근무      1월급여지급
2005.01.07 금                  근무
...
```

■ ERD

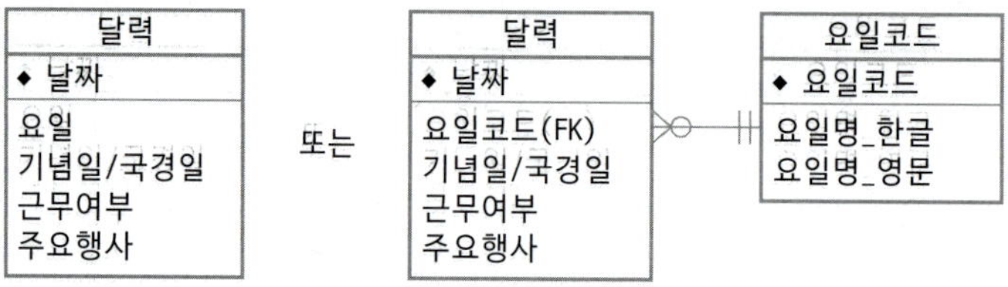

(4) Header와 Detail로 구성된 문서

■ 예제 문서

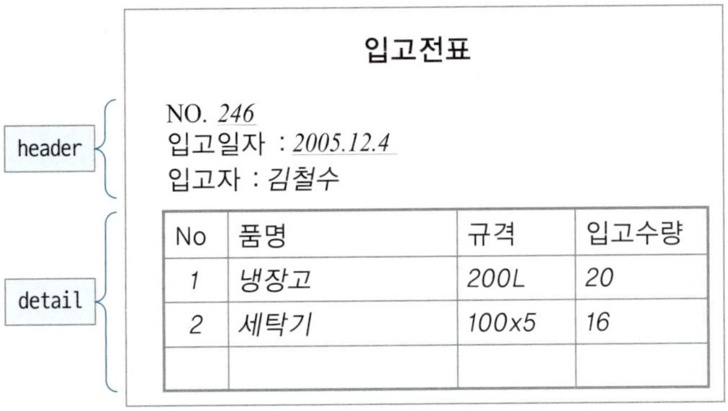
header
detail

입고전표

NO. *246*
입고일자 : *2005.12.4*
입고자 : *김철수*

No	품명	규격	입고수량
1	*냉장고*	*200L*	*20*
2	*세탁기*	*100x5*	*16*

- 많은 문서들이 앞의 입고전표와 같이 header와 detail로 구성된다. header에는 문서에 공통적으로 해당하는 내용이 들어 있고 detail에는 상세 데이터가 반복적으로 나타난다.

■ ERD

(앞의 내용을 그대로 ERD로 표현)

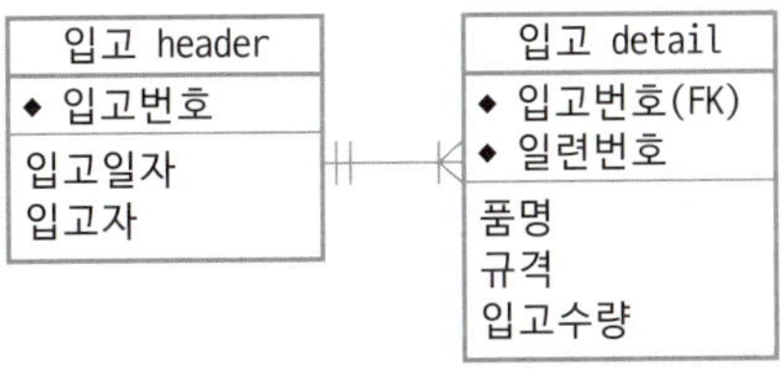

두 엔티티가 Header와 Detail의 관계에 있다면 Header가 부모 엔티티가 되고, Detail이 자식 엔티티가 된다. 또한 Detail의 주식별자는 반드시 Header의 주식별자를 외래식별자로서 포함하게 된다.

(개선된 ERD)

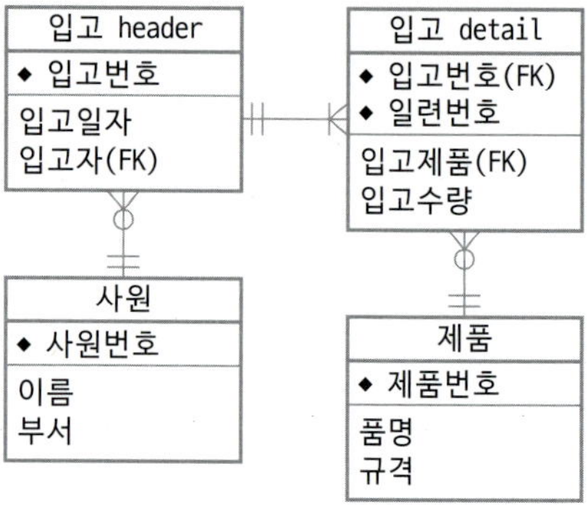

입고 Header의 입고자는 사원 중의 한 명이므로 사원정보를 참조하도록 하였고, 입고 Detail의 품명(입고되는 제품)도 제품정보가 별도로 있을 것이므로 제품 엔티티를 참조하도록 하였다.

(5) 이력서에 대한 ERD

■ 예제 문서

이 력 서

작성 년/월/일: 20 년 월 일

1. 기초자료

	성 명			
	주민등록번호			
	E-mail			
	전화번호		휴 대 폰	
	우편번호		팩스번호	
	주 소			
호적관계	호주성명		호주와의 관계	

2. 병역 및 보훈사항

군 별	육군/해군/공군/기타	병 역	필/미필/면제/복무중
계 급			
복무기간	0000.00.00~0000.00.00		
보훈대상	보훈대상/보훈비대상		

3. 신상자료

최종학력		결혼여부	결혼/미혼	종 교	기독교/불교/무
신 장	cm	체 중	kg	혈액형	A/B/AB
시 력					
취 미		특 기			

4. 가족사항

연번	관계	성명	연령	최종학력	직업	동거여부
1						
2						
3						
4						

5. 학력사항

년/월/일	학 교 명	학 과

6. 경력사항(전직 근무기간, 아르바이트, 연수, 학원 등)

기간	회 사 명	부서	직위/직급

7. 자격증

취득년월일	자 격 증	발령청

■ ERD

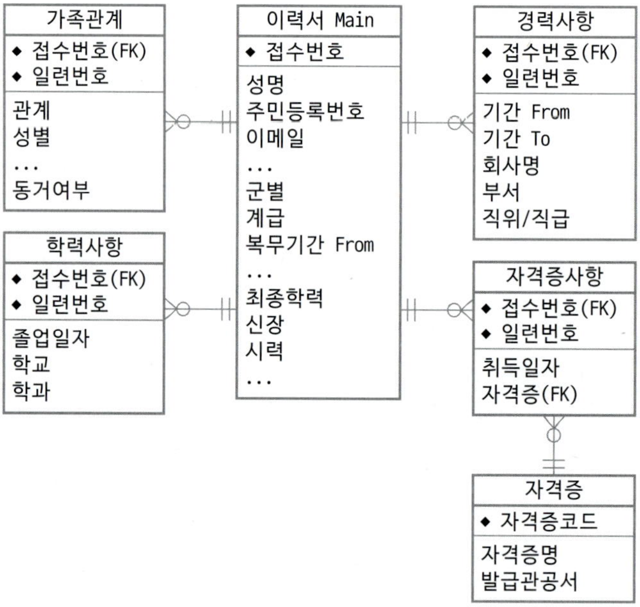

(6) 트리 형태의 데이터 표현

■ 예제 문서

부품구성표(BOM)

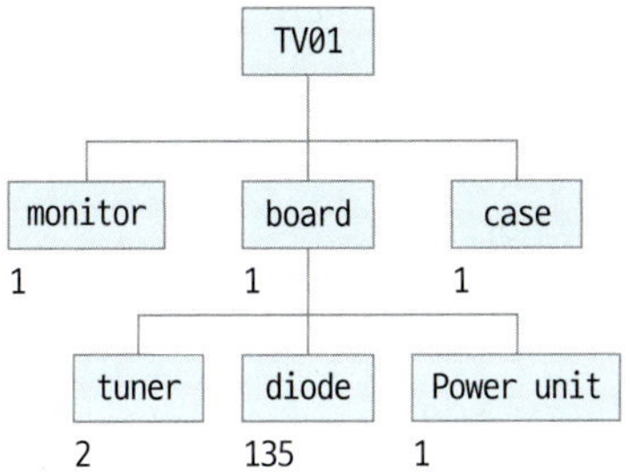

- 부품구성표란 어떤 제품을 만드는 데 어떤 부품이 몇 개 필요한지를 계층적 트리 형태로 나타낸 것이다. 이와 같은 형태의 다른 데이터로는 조직도가 있다.

■ ERD

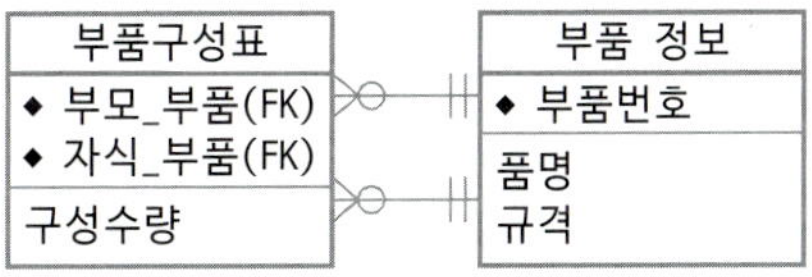

부품구성표에서 부모_부품과 자식_부품이 각각 부품정보를 참조하기 때문에 관계가 두 개로 맺어졌다.

(7) 내용이 비슷한 문서에 대한 ERD 설계

■ 예제 문서

입고전표

NO. *246*
입고일자 : *2005.12.4*
입고자 : *김철수*
납품업체 : *영진전자*

No	품명	규격	입고수량
1	*Power supply*	*220V*	*450*
2	*Diode*	*D25 45*	*1200*

출고전표

NO. *346*
출고일자 : *2005.12.4*
출고자 : *홍길동*　　출고부서 : *생산1부*
생산지시번호 : *PR05_12_143*

No	품명	규격	출고수량
1	*Main board*	*QR30*	*340*
2	*Power supply*	*220V*	*270*

- 위와 같이 내용이 비슷한 문서는 각각에 대해 엔티티를 만들기보다는 하나로 만드는 것이 유리하다. (하나의 품목에 대해 들어오고 나간 이력을 추적하는 경우를 생각해 보라.)

■ ERD

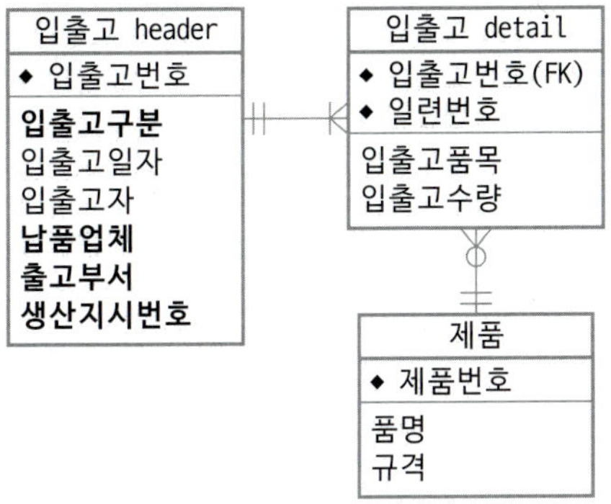

(8) 격자형 문서 : 주간 일정표, 월별 집계표

■ 예제 문서

2005.10.2-8

	월	화	수	목	금	토
9:00		영어학원			주간보고서 작성	등산
10:00	부서회의					등산
11:00			팀별회의			등산
12:00		팀 식사			영어학원	
...						

■ ERD

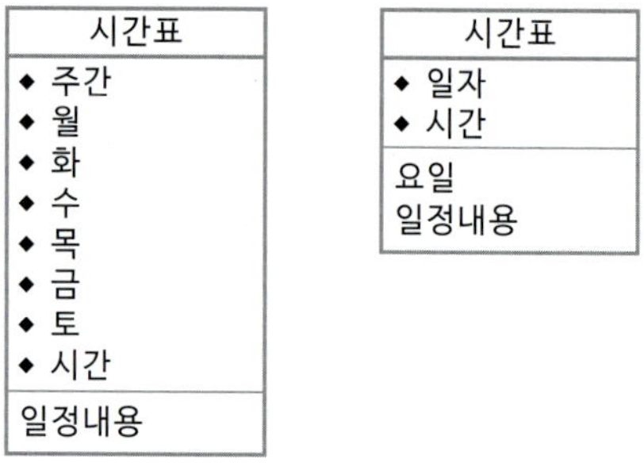

(잘못된 설계)　　(올바른 설계)

■ 예제 문서

2005.7월 생산실적 집계

	1	2	3	4	5	6	...	29	30	31
TV	120	130	120	150	160	180	...	120	140	150
냉장고	300	316	270	350	160	190	...	180	290	360
세탁기	56	80	90	75	90	100	...	95	95	85

■ ERD

- 특정 연도, 월을 기준으로 생산실적을 보고자 하는 경우 왼쪽과 같이 설계하는 것이 나중에 SQL문 작성 시 유리하다.

APPENDIX 02

웹사이트 게시판을 위한 DB 설계

대부분의 웹사이트는 여러 종류의 게시판을 필요로 하며, 게시판의 게시물은 데이터베이스에 저장하는 것이 보편화되어 있다. 부록2에서는 게시판 관리를 위한 데이터베이스 설계 과정을 소개한다. 간단한 게시판으로부터 시작하여 점차 기능을 추가해감에 따라 설계가 어떻게 변화되는지를 볼 수 있기 때문에 설계에 대한 좋은 공부가 될 수 있을 것이다.

일단 다음과 같은 상황을 가정한다.

- 회원과 비회원을 구분하여 비회원은 사용 권한의 제약을 받는다.
- 회원도 등급에 따라 글올리기, 삭제, 댓글달기 등에 대해 차등적인 권한을 부여받는다.
- 하나의 게시판은 하나의 테이블에 저장되는 것으로 가정한다. (게시판이 두 개이면 두 개의 테이블이 필요하다. 그러나 두 게시판 테이블의 구조는 동일하다.)

■ 게시판의 예[1)]

IT News

번호	제목	한마디	작성일	조회
2078	KIPA, `씽크프리 오피스` 도입 new	0	2005-10-12	26
2077	피싱(Phishing) 꼼짝마! new	0	2005-10-12	20
2076	[월요기획]개발 툴:구현만하는 툴은 가라 이젠 통합형이 뜬다 new	0	2005-10-11	51
2075	[월요기획]개발 툴 X인터넷업체 전략 new	0	2005-10-11	46
2074	첫 지능형 로봇 기술표준 탄생 `초읽기` new	0	2005-10-11	23
2073	아파치 소프트웨어 재단, 비하이브 1.0 공개	0	2005-10-07	100
2072	[월드 투데이] "구글과 선의 협력, 툴바 홍보에 불과"	0	2005-10-07	37
2071	[beyond e러닝 코리아](33)e러닝강국을 위해⑫중앙정보처리학원	0	2005-10-07	16
2070	현대차, 텔레매틱스 서비스 위한 독자 플랫폼 구축 나선다	0	2005-10-07	17
2069	KTF, WCDMA용 콤비 스마트카드 개발	0	2005-10-07	12

제목 [검색어] 찾아보기

1 2 3 4 5 6 7 8 9 10 ▷ ▷▷

(1) 기본 설계

- 게시판은 게시물번호, 제목, 내용, 작성일자, 작성시간, 작성자, 조회수를 관리한다.
- 게시물 작성은 회원만 가능하다.

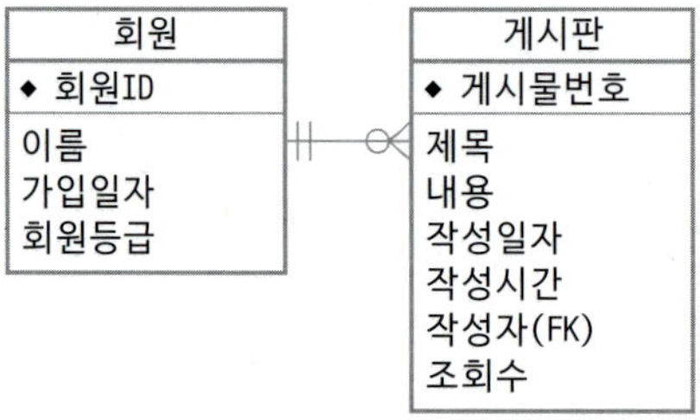

- 앞 페이지의 기본 가정에서 하나의 게시판은 하나의 테이블에 저장된다고 했으므로 위의 ERD에서 게시판 엔티티는 나중에 여러 이름의 테이블이 될 수 있다. 즉, 위의 게시판 엔티티는 실제 게시판 테이블을 만들기 위한 템플릿(template)의 역할을 한다.

1) http://www.javanuri.com에서 참조했음

(2) 게시판에 대한 회원의 권한 등급 지정

- 각 게시판은 회원의 권한 등급에 따라 사용 권한이 제한된다. 따라서 각 게시판별로 사용 등급이 관리되어야 한다.
- 각 게시판에 대해 회원 중 한 사람이 관리자로 지정되고, 관리자는 모든 게시판 사용에 대한 모든 권한을 갖는다.

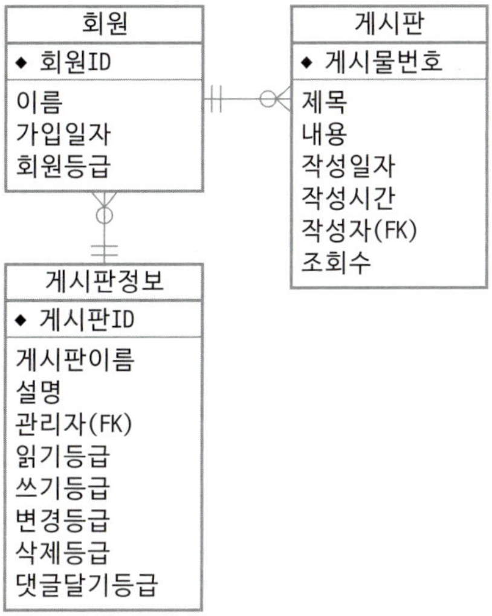

(3) 게시글의 카테고리 지정

- 각 게시판의 게시글들에 대해 카테고리를 지정할 수 있다.
  (예: IT 뉴스를 위한 게시판이라면 SW 제품, 데이터베이스, 업계소식 등으로 게시글을 분류할 수 있다.)

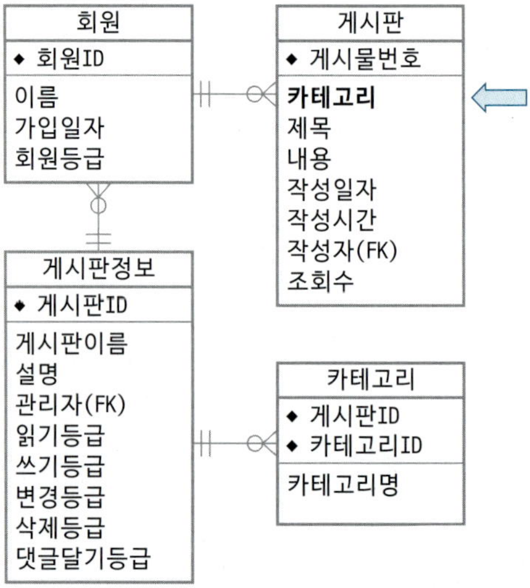

- 위의 ERD상에서는 **게시판**과 **카테고리** 엔티티가 직접 연결되지 않지만 실제로 **게시판**이 테이블로 만들어지면 **게시판정보** 엔티티의 **게시판** ID 속성과 **게시판** 엔티티의 **카테고리** 속성을 통해서 **카테고리** 엔티티에 연결된다.

(4) 파일 첨부 기능의 추가

- 게시글들에는 파일을 2개까지 첨부할 수 있다.
- 관리자는 각 게시판에 대해 파일 첨부를 허용할지 말지를 설정할 수 있어야 한다.
- 또한 관리자는 각 게시판에서 첨부할 수 있는 파일의 최대 크기를 지정할 수 있어야 한다.

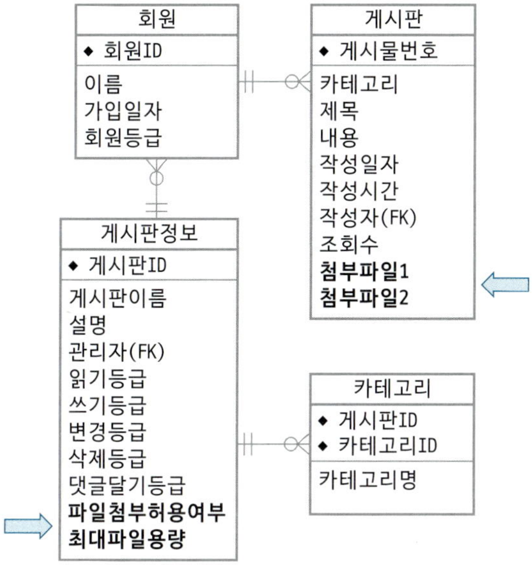

- 첨부할 수 있는 파일의 개수를 두 개가 아닌 여러 개로 하려고 한다면 다음과 같이 하는 것이 바람직하다.

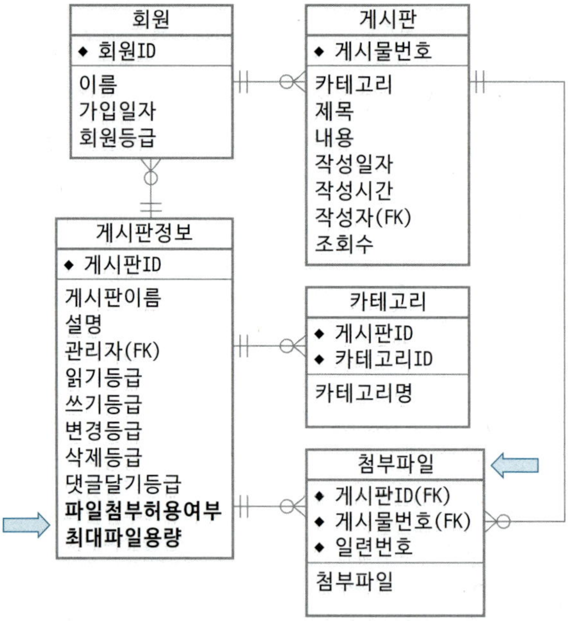

- 첨부파일 엔티티의 경우 위와 같이 하는 것이 바람직하나 웹의 특성상 웹페이지에서 웹페이지로 파라미터를 넘겨줄 때 파라미터 값이 여러 개이면 불편하기 때문에 모든 테이블의 기본키는 단일 컬럼으로 하는 것이 일반화되어 있다. 위의 첨부파일의 경우 다음과 같이 주식별자를 단일 속성으로 한다.

(5) 댓글달기 기능의 추가

- 게시글들에는 댓글을 달 수 있고 게시판에서 게시글과 관련된 댓글은 연이어서 화면에 표시되어야 한다.

- 댓글을 처리하는 것은 예상외로 복잡하다. 여기서는 게시글과 관련된 댓글이 연이어서 화면에 표시되게 하는 것은 프로그램에서 처리하기로 하고, 프로그램에서 필요로 하는 부분을 엔티티에 반영하였다.

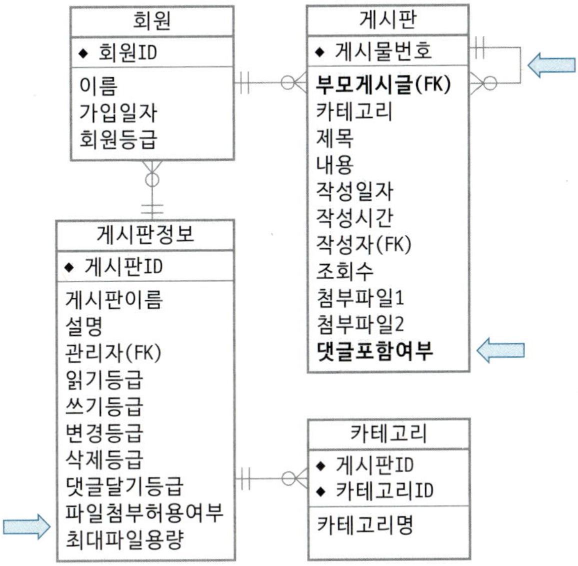

- 프로그램에서 댓글을 관련 게시글에 연이어 출력하는 방법은 다음과 같다.
  ① '부모게시글' 컬럼의 값이 NULL인 튜플들만을 읽어온다.
  (NULL이 아니면 어떤 게시글에 대한 댓글임을 의미한다.)
  ② 게시글을 하나 읽어 '댓글포함여부' 컬럼 값이 'NO'이면 게시글을 화면에 출력하고 다음 게시글을 읽어온다.
  ③ 게시글을 하나 읽어 '댓글포함여부' 컬럼 값이 'YES'이면 게시글을 화면에 출력한 다음 게시판을 다시 읽어 '부모게시글' 컬럼의 값이 현재 게시글 값과 동일한 튜플들을 읽어와서 화면에 출력한다.
  ④ 이와 같은 과정을 반복한다.

(6) 최종적으로 완성된 ERD

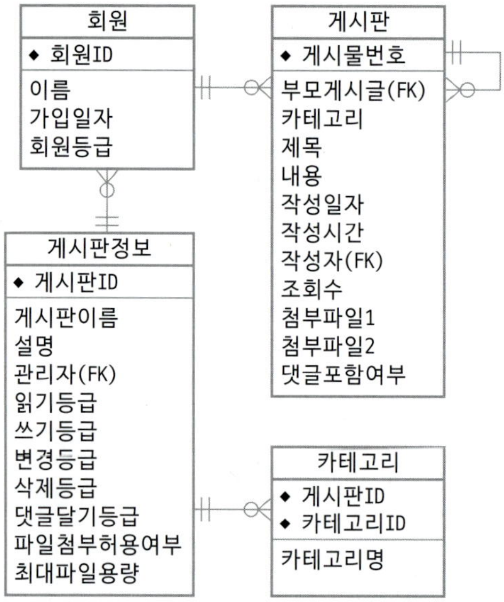

APPENDIX

03 erwin 사용자 테마 설정 방법

erwin은 테마 설정을 통해서 ERD의 배경색, 폰트, 관계표시 등을 조절할 수 있다. erwin에서 두 가지 테마를 제공하는데, ERD를 보다 명확히 표시하기 위해 나만의 테마를 만들어 보도록 하자.

erwin을 처음 실행하면 다음과 같이 기본 테마가 적용된 상태로 보여진다.

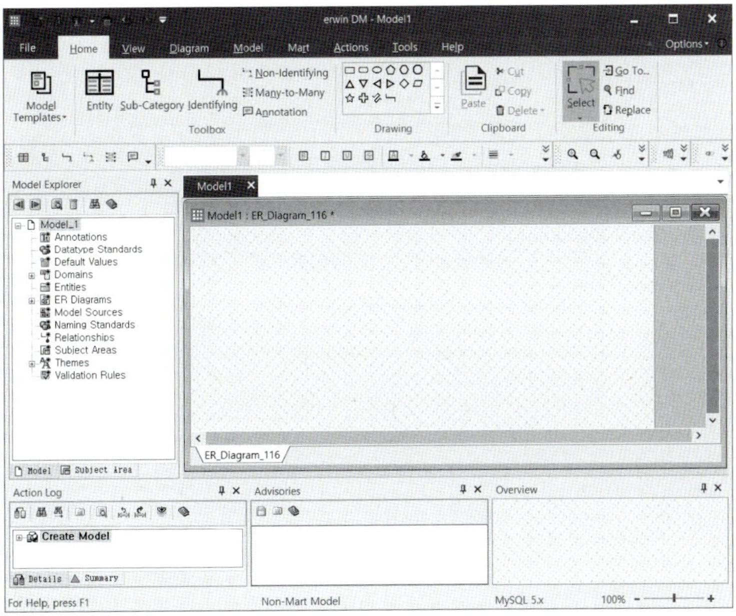

메인메뉴에서 [View] → [Themes]를 선택하고, 다음과 같이 테마 에디터 창이 나타나면 새 테마 생성 아이콘을 클릭한다.

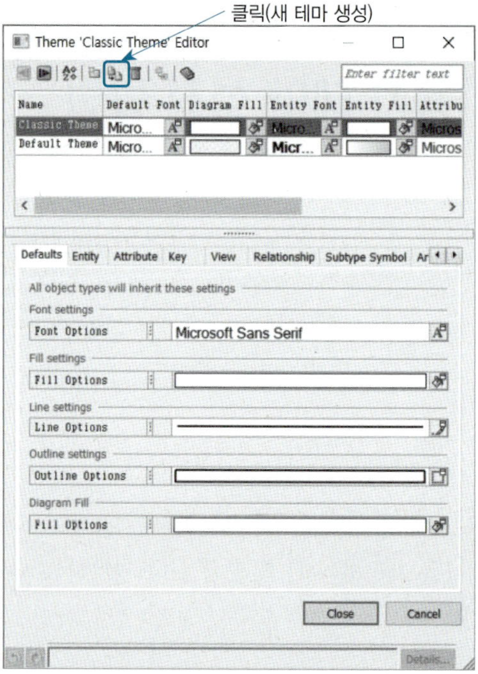

아래와 같이 테마 목록의 마지막에 새 테마 이름을 입력한다. 이기서는 새 테마 이름을 My Theme로 하기로 한다.

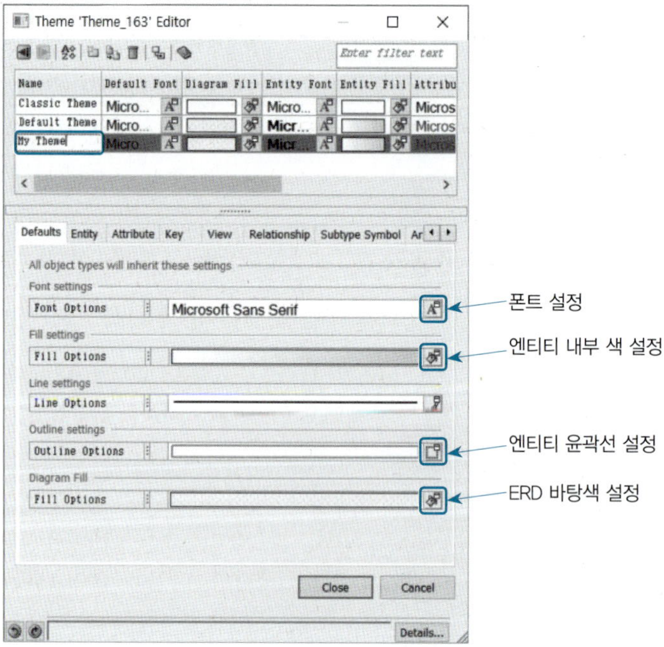

새 테마 이름을 입력하고 난 후 하단의 [Default] 탭에서 폰트, 배경색 등 다양한 설정을 변경할 수 있다.

■ 폰트의 설정

이제 [Default] 탭에서 아래와 같이 Font Options의 아이콘을 클릭하여 폰트(Font) 에디터가 나타나면 아래와 같이 원하는 폰트를 선택 후 [Close]를 클릭한다. 원하면 폰트의 크기(Size)와 색(Color), 강조(Bold), 이텔릭체(Italic) 여부도 변경할 수 있다.

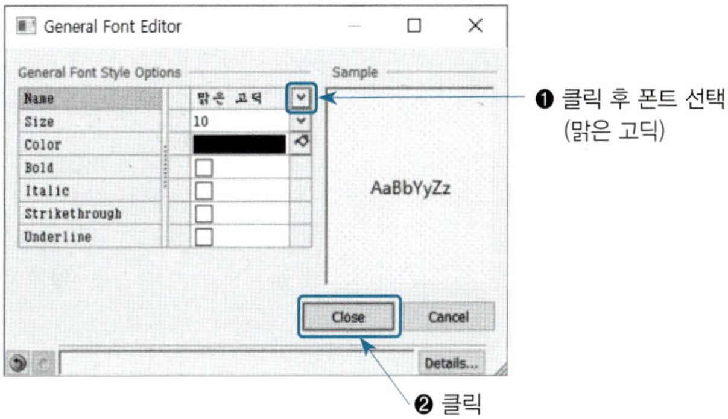

■ 엔티티의 내부 색 설정

[Default] 탭에서 Fill Option의 아이콘을 클릭하여 채우기(Fill) 에디터가 나타나면 아래와 같이 Fill Style, Fill Color의 값을 Sold와 흰색을 선택하고 [Close]를 클릭하여 종료한다. 그러면 엔티티 배경색이 흰색으로 설정된다.

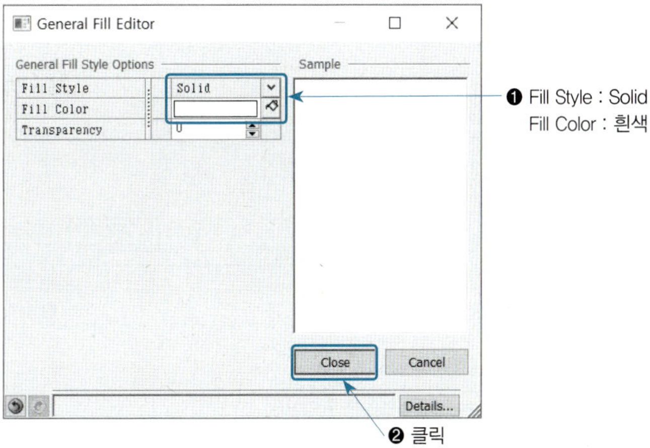

■ 엔티티의 윤곽선 설정

[Default] 탭에서 Outline Option의 아이콘을 클릭하여 윤곽선(Outline) 에디터가 나타나면 윤곽선 색을 검은색으로 설정한다. 이외에도 윤곽선의 종류(Style), 윤곽선 두께(Width) 등을 설정할 수 있다.

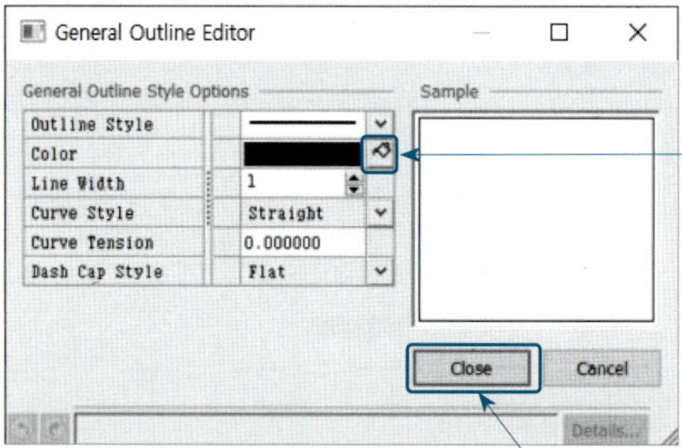

■ ERD의 배경색 설정

[Default] 탭에서 Outline Option의 아이콘을 클릭하여 Diagram Fill 에디터가 나타나면 Fill style과 Color를 각각 Solid와 흰색으로 설정한다.

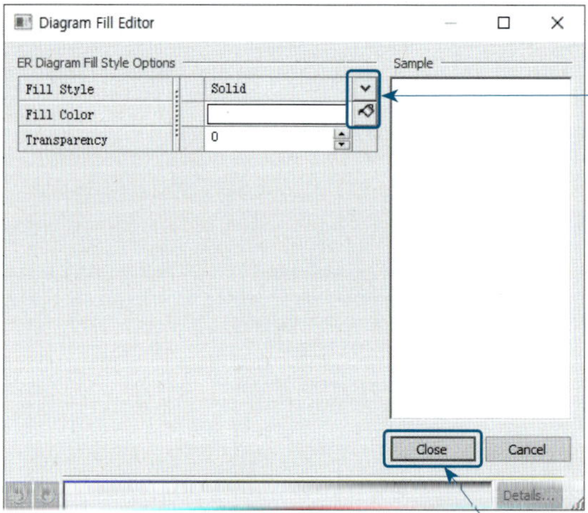

■ 속성의 색 설정

엔티티의 일반 속성과 외래 키 속성의 색을 설정해 보자. [Attribute] 탭으로 이동한 다음 ❶ 외래 키(Foreign Key) 속성의 색을 검은 색으로 설정한다. ❷ Font options의 아이콘을 클릭하여 속성 폰트(Attribute Font) 편집 창이 표시되면 ❸ 속성의 색(Color)을 검은색으로 설정 후 ❹ [Close] 버튼을 클릭하여 작업을 종료한다.

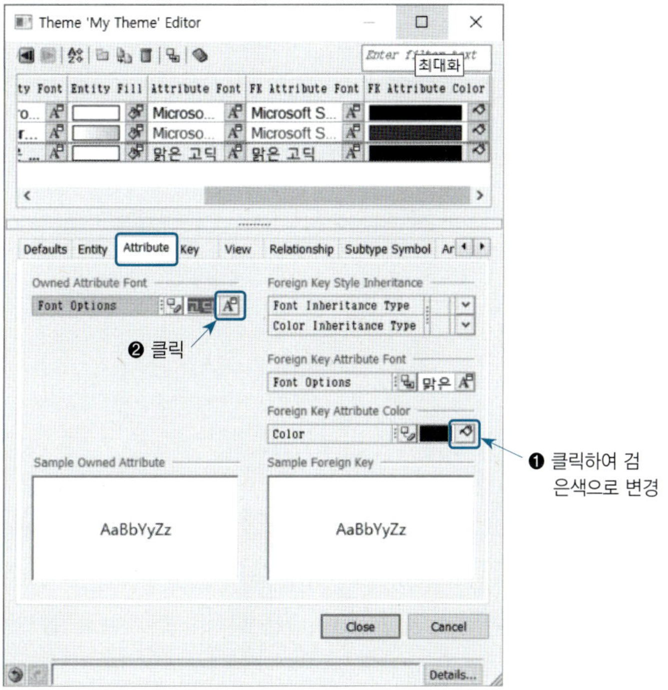

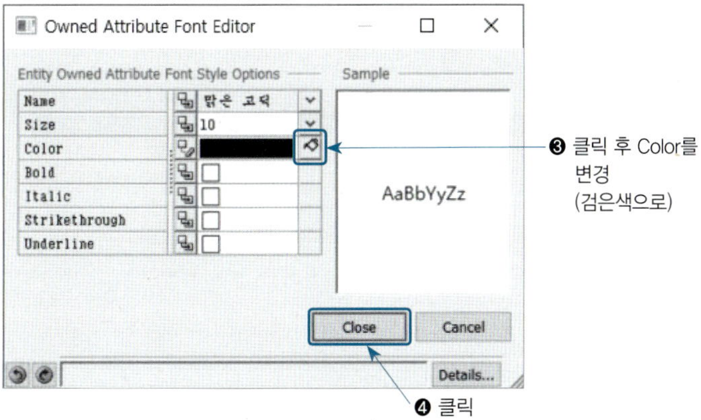

■ 새로운 테마의 적용

이제 사용자 테마의 설정이 끝났으니 이를 현재 작성 중인 ERD에 적용해 보자. ERD 작성 화면에서 마우스 오른쪽 버튼을 클릭하면 메뉴가 표시되는데 여기서 [Property]를 선택한다.

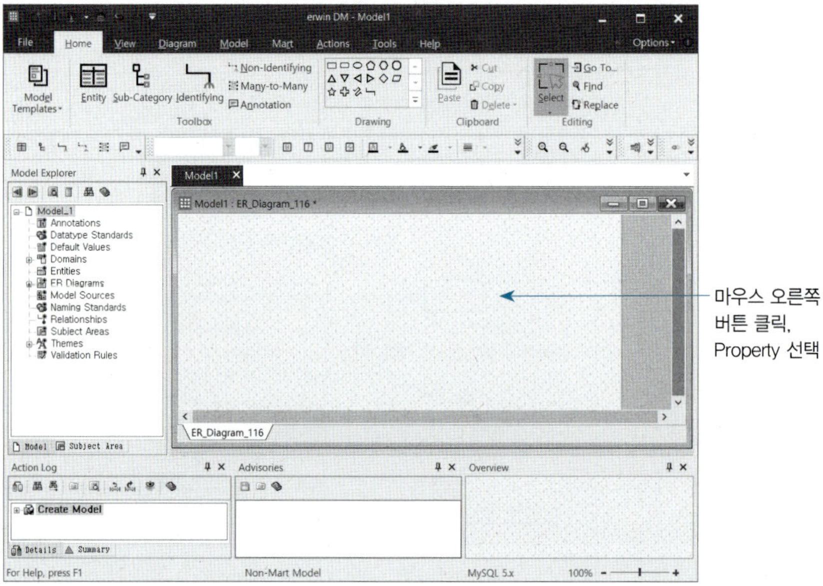

ER 다이어그램 에디터에서 [General] 탭을 선택하고 Theme 옵션에서 새로 생성한 My Theme를 선택하고 작업을 종료한다.

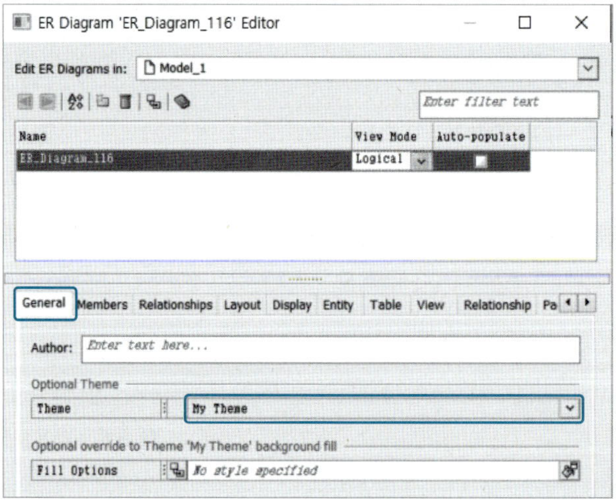

마지막으로 메인 메뉴에서 [Model] → [Model Properties]를 선택한다. 모델 에디터 창이 표시되면 [Default] 탭으로 이동하여 테마를 My Theme로 변경 후 [Close] 버튼을 클릭하면 테마의 적용 작업이 마무리된다.

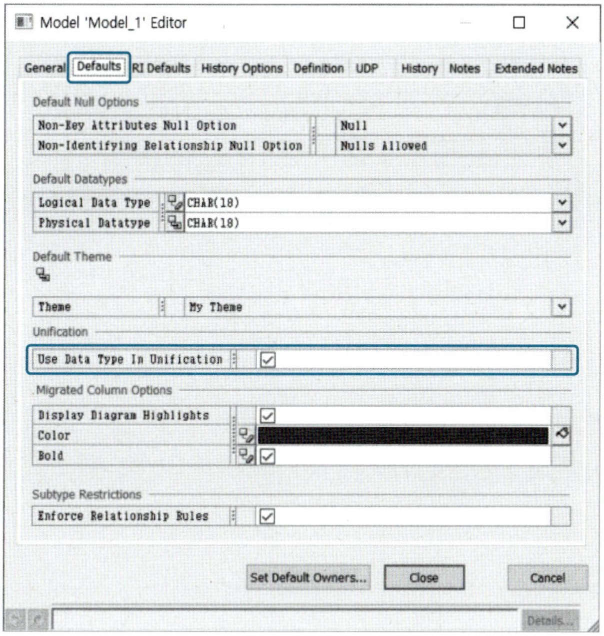

(Note. 새로 생성한 테마는 현재 작업 중인 파일에만 적용된다. 만일 새로운 파일에 ERD를 작성하게 되면 그 ERD에는 새로운 테마가 적용되지 않는다. 이를 해결하는 방법을 설명하도록 한다. 새로 생성한 테마가 my_test.erwin에 저장되어 있다고 가정하자. 그러면 새로운 모델 파일을 생성하는 화면에서 다음과 같이 Template를 my_test.erwin으로 지정하면 my_test.erwin에 있는 테마를 사용할 수 있게 된다.)

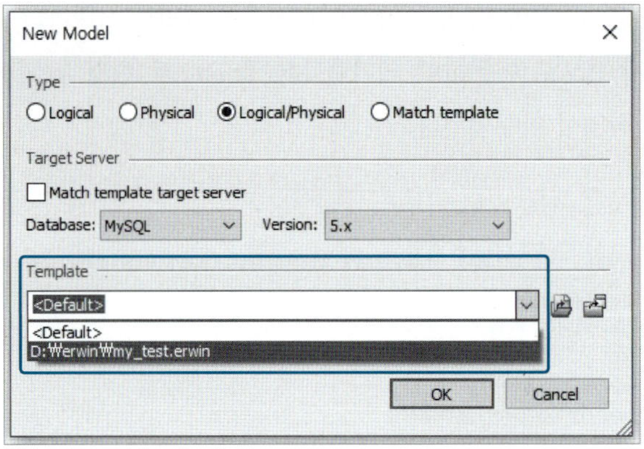
New Model
Type
Logical
Physical
Logical/Physical
Match template
Target Server
Match template target server
Database: MySQL
Version: 5.x
Template
<Default>
<Default>
D:₩erwin₩my_test.erwin
OK
Cancel

APPENDIX 04

MySQL Workbench 기본 사용법

MySQL Workbench는 MySQL DBMS를 편리하게 사용할 수 있도록 지원하는 사용자 인터페이스이다. 데이터베이스 및 테이블의 생성, 데이터 조회, SQL문의 실행, 데이터베이스 관리 등 다양한 기능을 제공한다.

(1) MySQL Workbench 로그인

MySQL Workbench를 실행하면 다음과 같은 로그인 화면이 표시된다. root 계정으로 로그인할 수 있는 접속 경로(connection)가 있는데 여기를 통해서 로그인한다. 로그인 시 비밀번호를 입력해야 한다. root 계정이 아닌 다른 계정으로 로그인하려면 로그인 화면에서 새로운 계정을 생성하여야 한다.

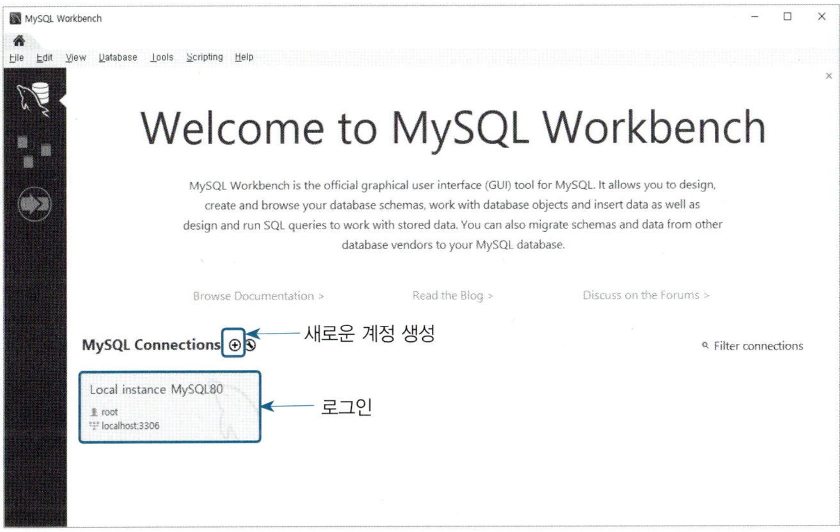

로그인에 성공하면 다음과 같은 작업 화면을 볼 수 있다.

- 스키마 창: MySQL에 연결된 데이터베이스, 테이블, 뷰 등에 대한 탐색기 기능 제공
- 작업 창: SQL 명령문의 실행, 테이블 생성, 데이터 입력/수정/삭제 등의 작업이 표시된다.
- 명령 실행 결과 표시창: 작업창에서 실행한 명령문 및 작업의 결과를 표시한다. SELECT 문을 실행하면 검색 결과가 표시된다.

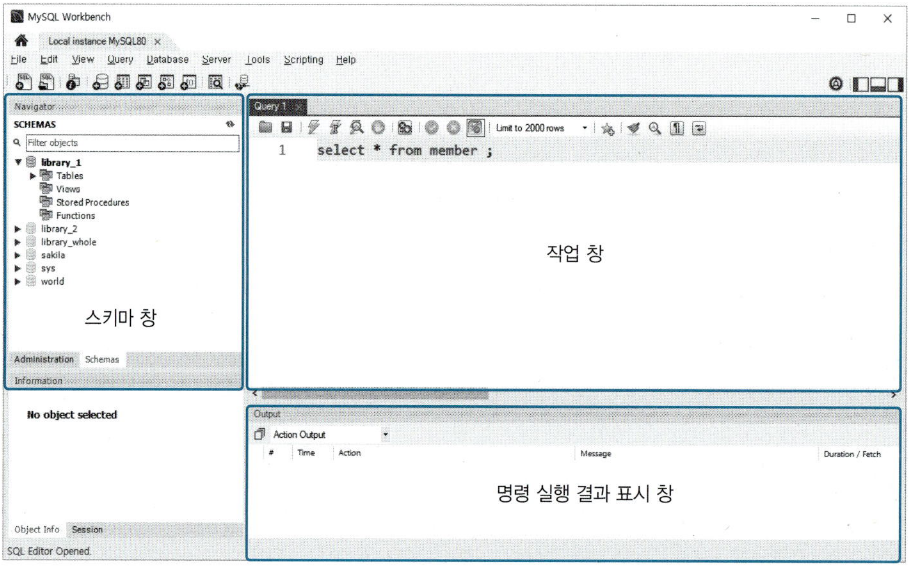

(2) Database 생성

새로운 데이터베이스를 생성하려면 메뉴 아이콘 중 ❶에 해당하는 아이콘을 클릭한다. 그러면 작업 창에 데이터베이스 생성을 위한 입력화면이 표시된다. ❷ 부분에 생성을 원하는 데이터베이스 이름을 입력한 후 ❸에 있는 [Apply] 버튼을 클릭한다. 그러면 데이터베이스 생성을 위한 SQL문 화면이 나오는데 여기서 한 번 더 [Apply] 버튼을 클릭하면 데이터베이스가 생성된다. 종료 화면에서 [Finish] 버튼을 클릭하여 작업을 종료한다.

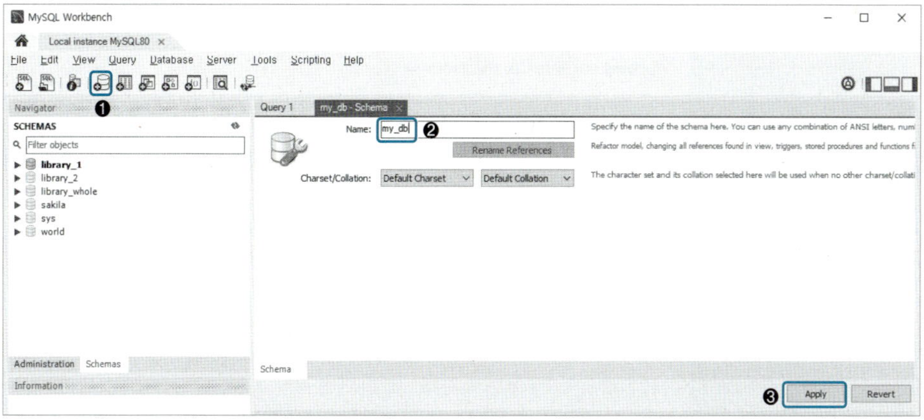
MySQL Workbench
Local instance MySQL80
File Edit View Query Database Server Tools Scripting Help
Navigator
❶
SCHEMAS
Filter objects
library_1
library_2
library_whole
sakila
sys
world
Administration Schemas
Information
Query 1
my_db - Schema
Name: my_db
❷
Rename References
Charset/Collation: Default Charset Default Collation
Specify the name of the schema here. You can use any combination of ANSI letters, num
Refactor model, changing all references found in view, triggers, stored procedures and functions f
The character set and its collation selected here will be used when no other charset/collati
Schema
❸
Apply
Revert

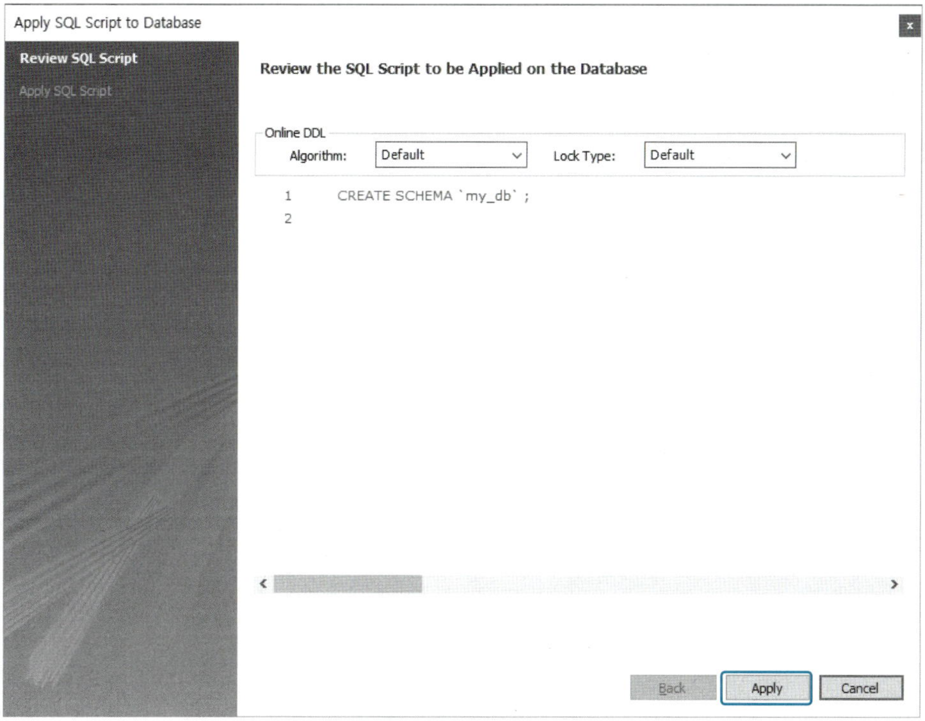
Apply SQL Script to Database
Review SQL Script
Apply SQL Script
Review the SQL Script to be Applied on the Database
Online DDL
Algorithm: Default
Lock Type: Default
1 CREATE SCHEMA `my_db` ;
2
Back
Apply
Cancel

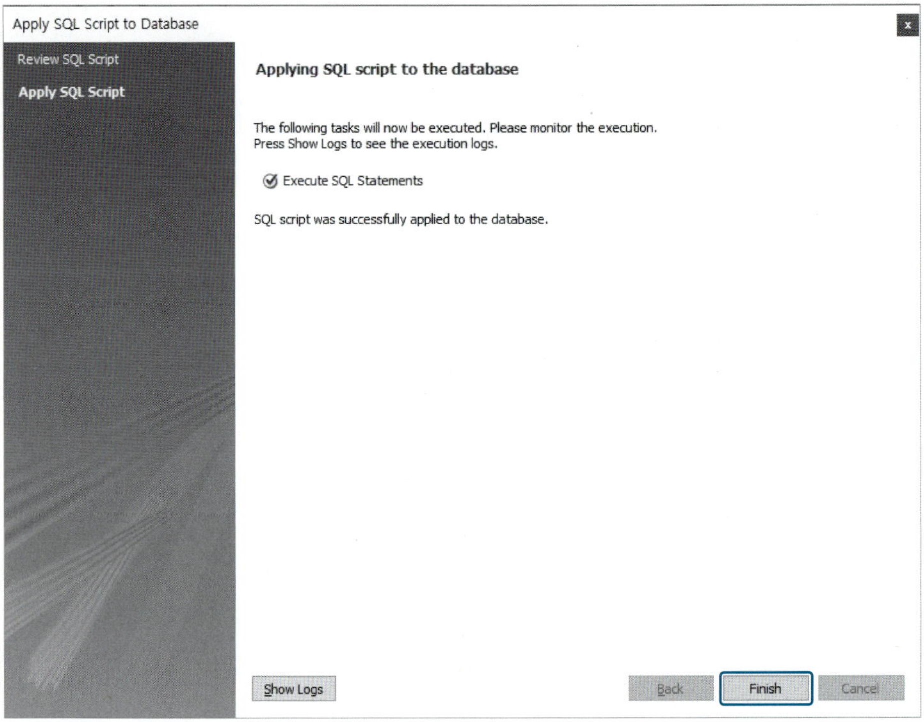

생성된 데이터베이스는 스키마 창에서 확인할 수 있다. 만일 생성된 데이터베이스가 보이지 않으면 새로고침 아이콘을 클릭한다.

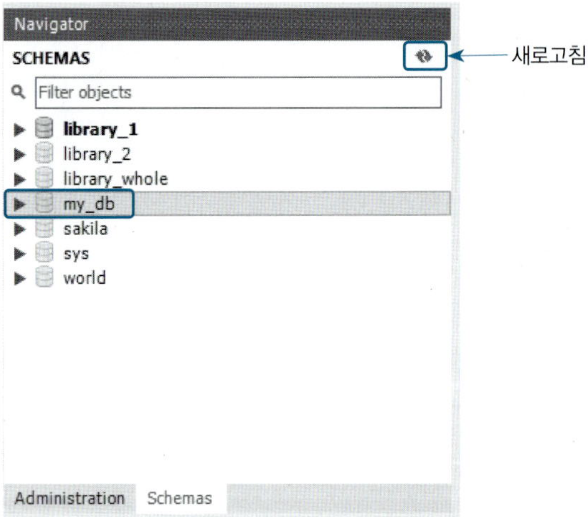

(3) 기본 작업 데이터베이스의 설정

MySQL은 여러 데이터베이스를 관리하기 때문에 테이블 등을 생성하려면 어떤 데이터베이스 안에 생성할지를 결정해야 한다. 이때 특정 데이터베이스를 기본 작업 데이터베이스로 설정해 놓으면 특별한 지시가 없는 한 모든 작업은 기본 작업 데이터베이스를 대상으로 실행되기 때문에 편리하다.

기본 작업 데이터베이스를 설정하기 위해서는 아래와 같이 원하는 데이터베이스를 선택 후 마우스 오른쪽 버튼을 누르면 작업 메뉴가 표시되는데, 여기서 [Set as Default Schema]를 선택한다. 그러면 선택한 데이터베이스 이름이 강조체로 바뀌는데, 이것이 기본 작업 데이터베이스로 지정되었다는 표시이다.

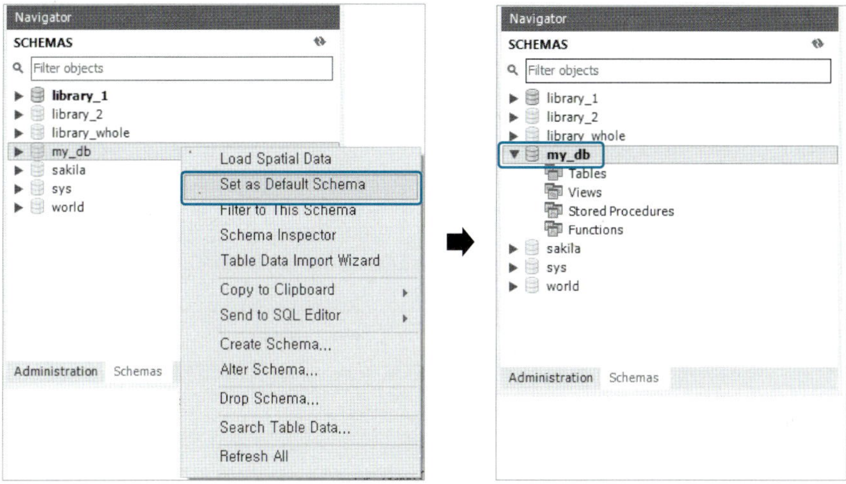

(4) 테이블의 생성

기본 작업 데이터베이스에 다음과 같은 두 개의 테이블을 생성해 보자. (PK는 기본키, FK는 외래키를 의미한다.)

dept

(PK)	deptno	int
	dname	varchar
	loc	varchar

emp

(PK)	empno	int
	ename	varchar
(FK)	mgr	int
	hiredate	date
	sal	decimal
(FK)	deptno	int

먼저 기본 작업 데이터베이스의 Tables 항목을 선택 후 마우스 오른쪽 버튼을 클릭한 후 작업 메뉴에서 [Create Table]을 선택한다.

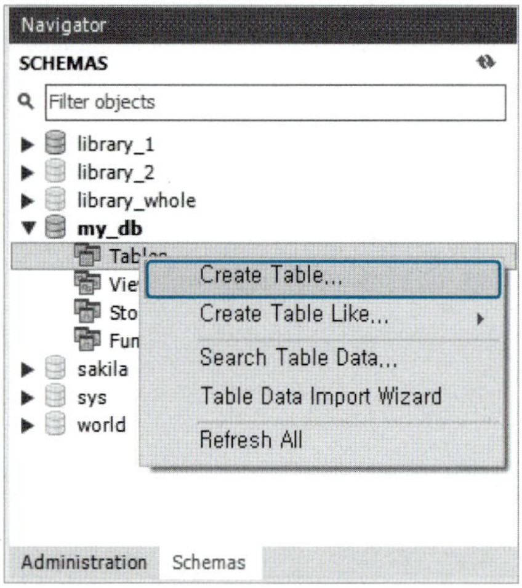

그러면 작업 창에 테이블 생성을 위한 화면이 표시되는데 아래와 같이 테이블명, 컬럼명, 데이터타입을 입력 후 [Apply] 버튼을 클릭하여 dept 테이블을 생성한다.

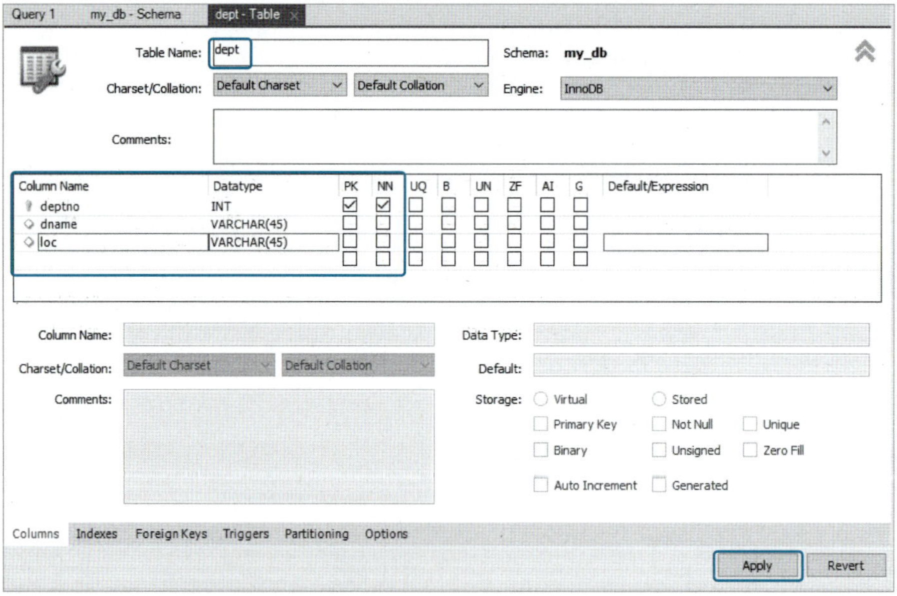

동일한 방법으로 emp 테이블도 생성한다.

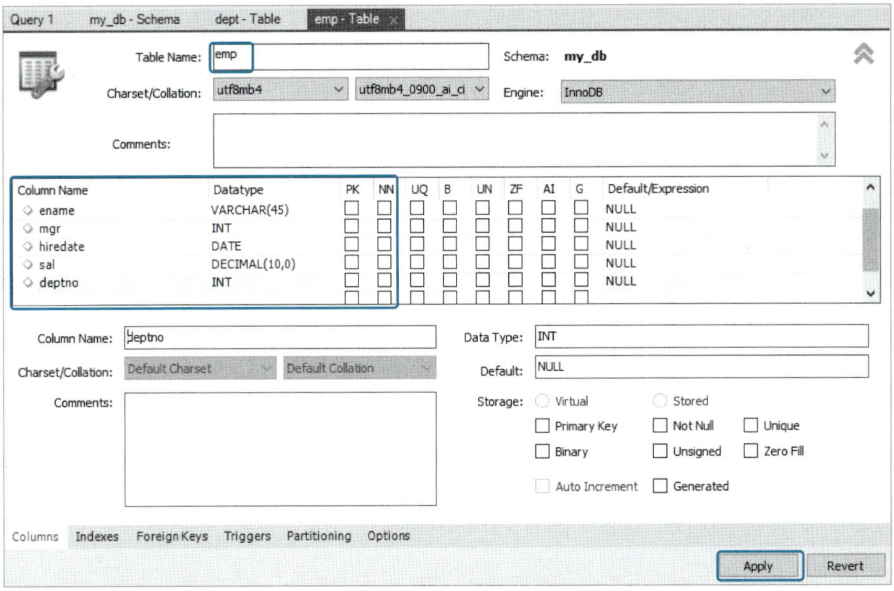

(5) 외래키의 설정

예제 테이블에서는 emp 테이블의 deptno 컬럼이 외래키로서 dept 테이블의 deptno를 참조하고 있다. 외래키를 설정하기 위해서는 자식 테이블인 emp 테이블 편집 화면에서 작업해야 한다. ❶ emp 테이블 편집 화면 하단의 [Foreign Keys] 탭을 클릭한다. ❷ 외래키 이름을 입력한다. 외래키 이름은 사용자가 임의로 지정할 수 있다. ❸ 외래키가 참조할 테이블을 지정한다. ❹ emp 테이블의 외래키 컬럼을 선택한다. ❺ 부모 테이블인 dept 테이블의 참조되는 컬럼을 선택한다. ❻ [Apply] 버튼을 클릭한다.

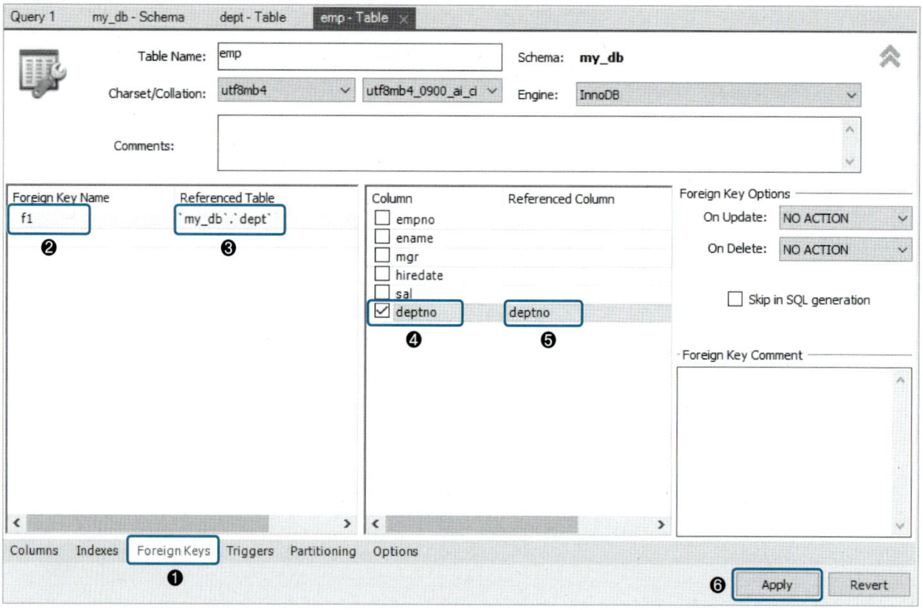

emp 테이블의 mgr 컬럼은 동일한 emp 테이블의 empno를 참조하고 있는데, 이런 경우를 자기참조라고 한다. 자기참조의 경우도 아래와 같이 동일한 방법으로 설정할 수 있다.

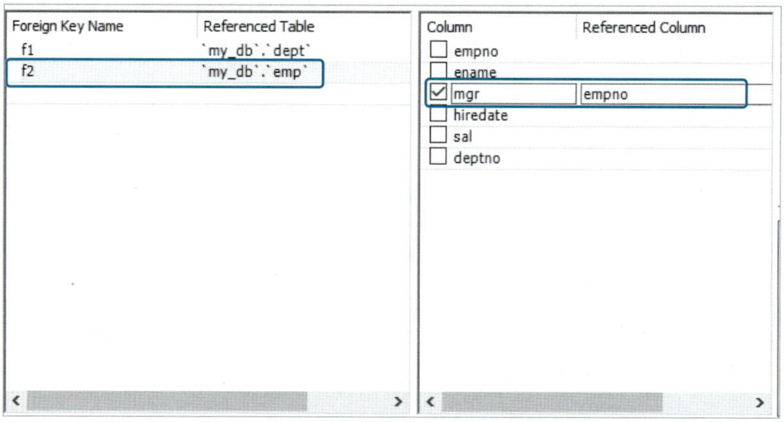

생성된 테이블들은 다음과 같이 스키마 창에서 확인할 수 있다.

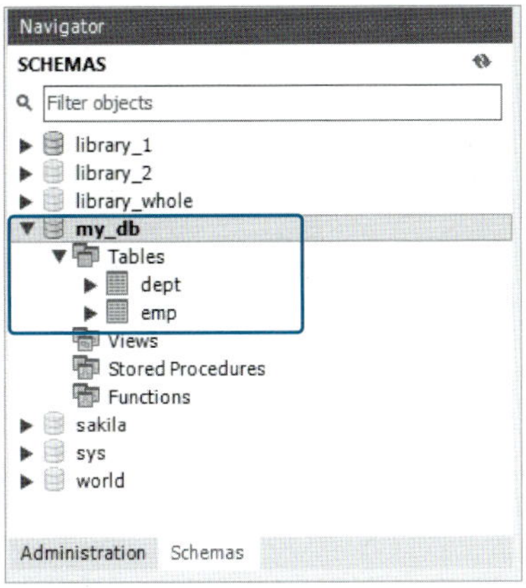

(6) 테이블에 데이터(튜플) 입력하기

테이블을 처음 생성하면 테이블의 구조만 있고 내용은 비어있는 상태가 된다. dept 테이블에 데이터(튜플)를 입력해 보자. 먼저 dept 테이블을 선택 후 마우스 오른쪽 버튼을 클릭하면 작업메뉴가 표시되는데 여기서 [Selct Rows-Limit2000]을 선택한다. 참고로 이 항목은 테이블의 내용을 조회하거나 새로운 데이터를 입력 또는 기존 데이터를 수정할 때 사용한다. 테이블에 많은 데이터가 저장되어 있을 경우 앞쪽 2,000개의 데이터만 가져와서 보여준다.

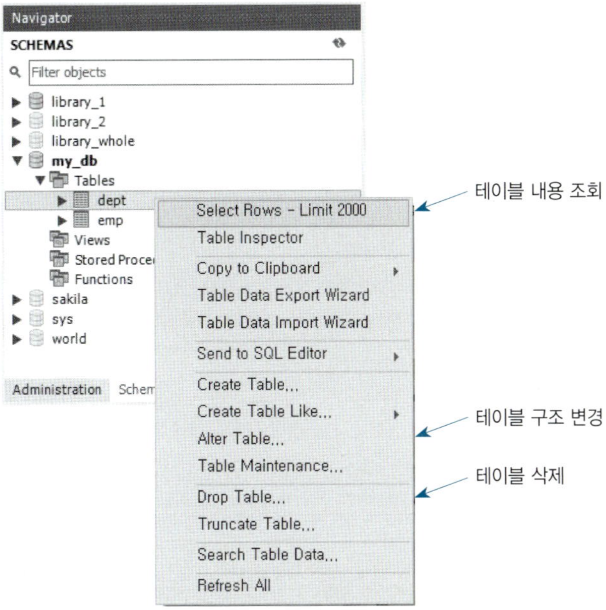

작업 창에 테이블 조회/입력 화면이 아래와 같이 표시되는데 하단의 엑셀 모양 영역이 데이터가 표시되는 부분이다. 여기에 필요한 데이터(튜플)를 입력하면 된다. 데이터 입력이 마무리되면 [Apply] 버튼을 클릭하여 작업을 마무리한다.

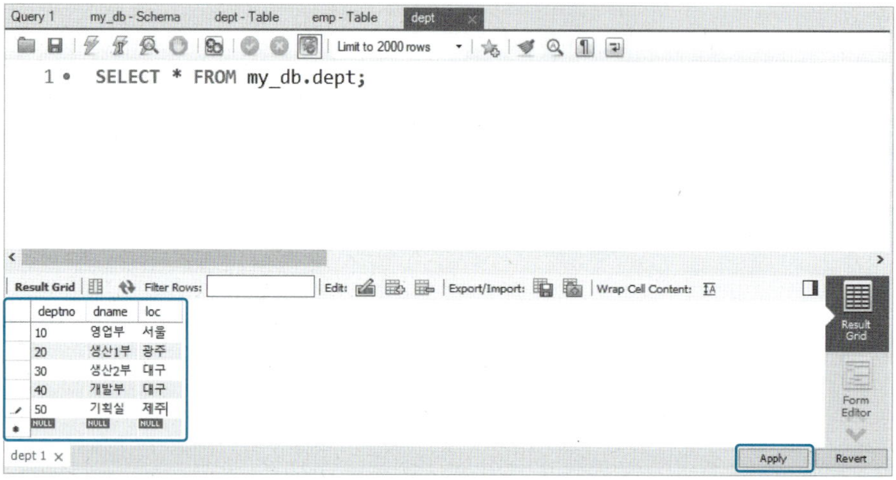

(7) SQL문 실행하기

MySQL Workbench에서 가장 많이 사용하는 기능 중의 하나는 SQL문의 실행일 것이다. 원하는 SQL문을 실행하기 위해서는 SQL문 실행 창을 열어야 하는데 다음과 같이 작업한다.

❶ 메뉴 아이콘에서 SQL 실행 아이콘을 클릭한다. ❷ 그러면 작업 창에 SQL 실행 탭이 생성되는데, 여기에 원하는 SQL문을 입력한다. ❸ 입력한 SQL문을 실행하려면 번개 모양의 아이콘을 클릭한다. ❹ SQL문에 이상이 없다면 결과 창에 실행 결과가 표시된다. 만일 SQL문에 오류가 있다면 오류 메시지가 출력된다.

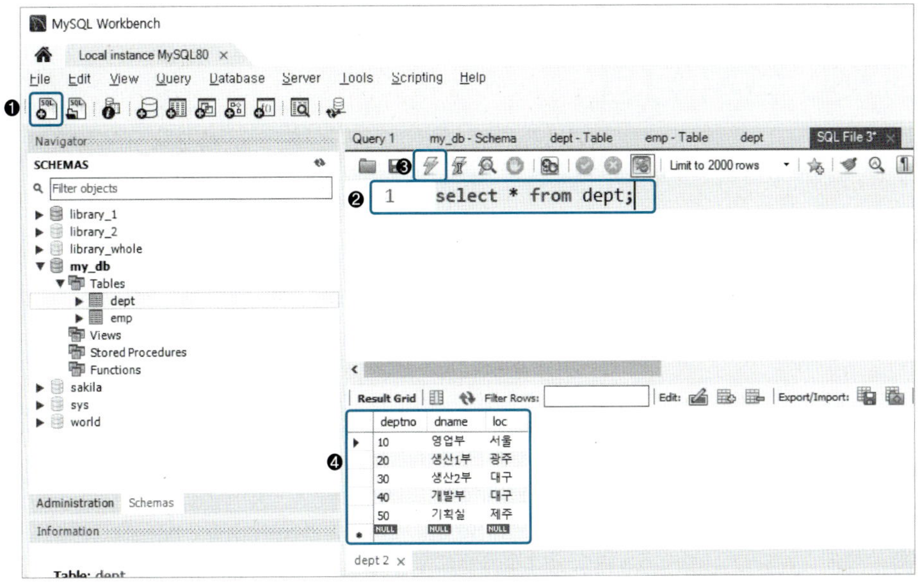

※ SQL 실행 창에서는 모든 종류의 SQL문(SELECT, INSERT, UPDATE, DELETE, CREATE, DEROP 등)을 실행할 수 있다.

APPENDIX 05

ODBC 설치 방법

ODBC는 MS-Window 환경에서 실행되는 응용프로그램들이 DBMS의 종류에 상관없이 동일한 SQL 문법으로 DBMS를 사용할 수 있도록 해주는 표준이다. 각 DBMS 회사들은 자신의 DBMS를 위한 ODBC를 제공하고 있으므로 사용하고자 하는 DBMS에 맞는 ODBC를 다운로드받아 설치해야 한다. 여기서는 MySQL ODBC를 설정하는 방법을 설명한다.

① 윈도우의 프로그램 검색창에서 'ODBC'를 입력하면 ODBC 데이터 원본 앱이 확인되는데, 이 앱을 실행한다.

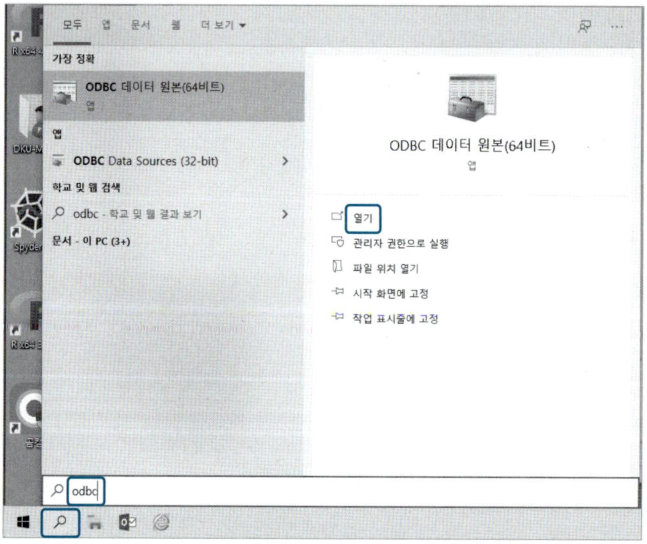

② ODBC 데이터 원본 관리자 앱에서 [추가] 버튼을 클릭한다.

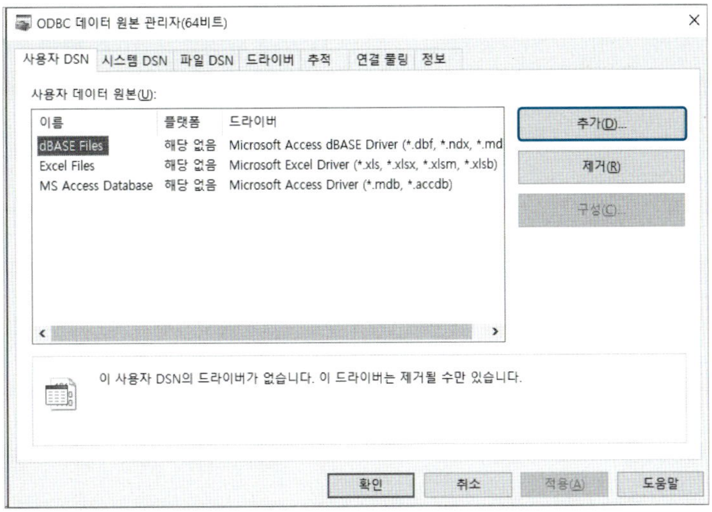

③ 새 데이터 원본 만들기 창에서 'MySQL ODBC 8.0 ANSI Driver'를 선택하고 [마침] 버튼을 클릭한다.

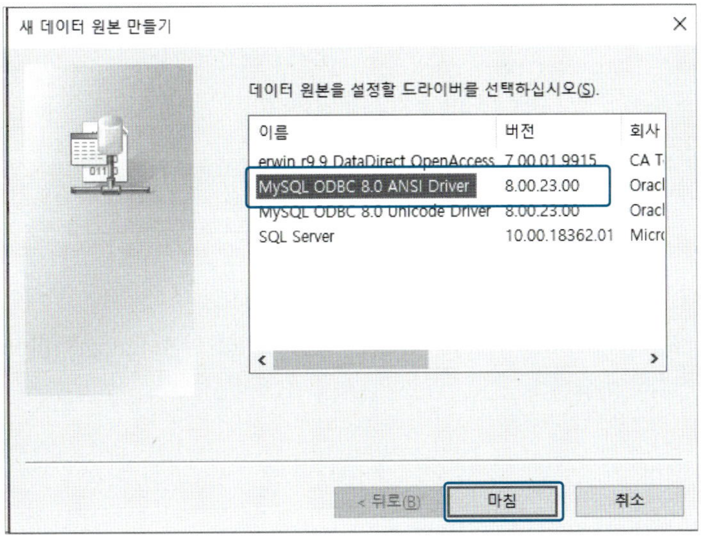

④ MySQL과의 연결 설정 창이 표시되면 다음의 순서로 필요한 내용을 입력한다. ❶ 데이터 원본(Data Source) 이름을 입력한다. 이름은 사용자가 임의로 지정할 수 있는데, 'DBMS명_데이터베이스명'과 같이 하면 나중에 알아보기 쉽다. ❷❸ 데이터베이스 접속을 위한 사용자 ID와 비밀번호를 입력한다. ❹ 사용할 데이터베이스를 선택한다. ❺ [테스트] 버튼을 클릭하여 정상적으로 데이터베이스와 연결이 되는지를 확인한다. 이상이 없으면 아래 오른쪽과 같이 연결 성공 메시지가 표시된다. ❻ [OK] 버튼을 클릭하여 작업을 마무리한다.

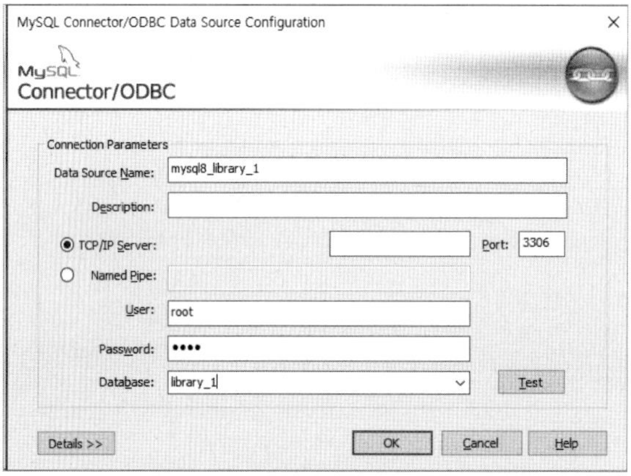

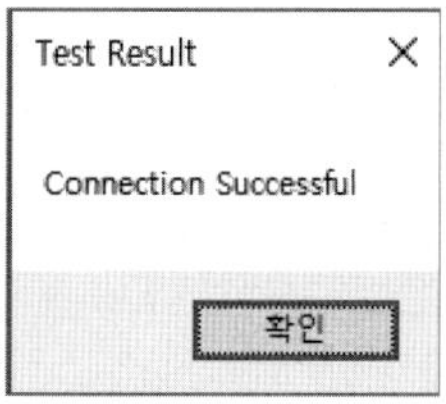

※ 데이터 원본(Data Source)은 응용프로그램에서 연결하고자 하는 데이터베이스 별로 생성되어야 한다. 두 개의 데이터베이스에 연결이 필요하면 두 개의 데이터 원본을 설정하여야 한다.

⑤ 정상적으로 작업이 완료되었다면 다음과 같이 새로 생성된 데이터 원본을 볼 수 있다. [확인] 버튼을 클릭하여 작업을 종료한다. 이제 MySQL의 library_1 데이터베이스를 필요로 하는 응용프로그램에서는 새로 생성한 데이터 원본 'musql8_library_1'을 이용하여 접속이 가능하다.

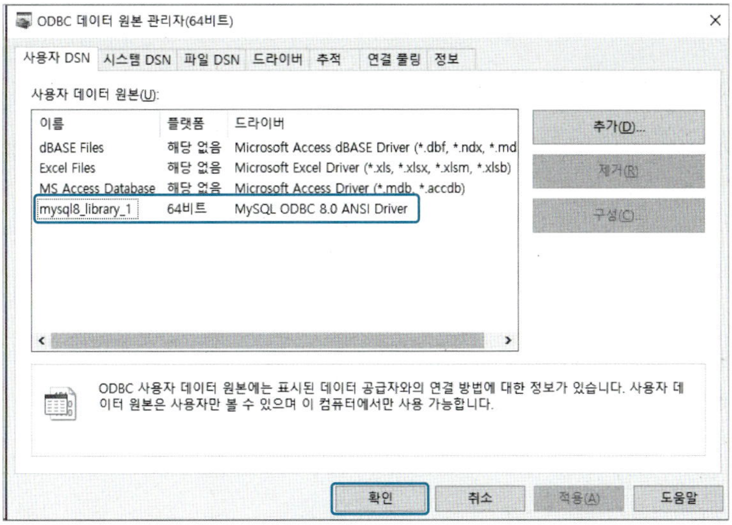
ODBC 데이터 원본 관리자(64비트)
사용자 DSN
시스템 DSN
파일 DSN
드라이버
추적
연결 풀링
정보
사용자 데이터 원본(U):
이름
플랫폼
드라이버
dBASE Files
해당 없음
Microsoft Access dBASE Driver (*.dbf, *.ndx, *.md
Excel Files
해당 없음
Microsoft Excel Driver (*.xls, *.xlsx, *.xlsm, *.xlsb)
MS Access Database
해당 없음
Microsoft Access Driver (*.mdb, *.accdb)
mysql8_library_1
64비트
MySQL ODBC 8.0 ANSI Driver
추가(D)...
제거(R)
구성(C)...
ODBC 사용자 데이터 원본에는 표시된 데이터 공급자와의 연결 방법에 대한 정보가 있습니다. 사용자 데이터 원본은 사용자만 볼 수 있으며 이 컴퓨터에서만 사용 가능합니다.
확인
취소
적용(A)
도움말

찾아보기